司法解释理解与适用配套图书

医疗损害责任司法解释导读与典型案例指导

吴兆祥　陈龙业　编著

【司法解释条文·导读·相关法条·典型案例】

人民法院出版社

图书在版编目（CIP）数据

医疗损害责任司法解释导读与典型案例指导/吴兆祥，陈龙业编著．—北京：人民法院出版社，2018.1
ISBN 978-7-5109-2030-1

Ⅰ.①医… Ⅱ.①吴… ②陈… Ⅲ.①医疗事故—民事纠纷—处理—法律解释—中国 Ⅳ.①D922.165

中国版本图书馆CIP数据核字（2018）第002618号

医疗损害责任司法解释导读与典型案例指导

吴兆祥 陈龙业 编著

责任编辑	王 婷 执行编辑 田 夏
出版发行	人民法院出版社
地 址	北京市东城区东交民巷27号（100745）
电 话	（010）67550617（责任编辑） 67550558（发行部查询）
	65223677（读者服务部）
网 址	www.courtpress.com
E—mail	courtpress@sohu.com
印 刷	保定彩虹印刷有限公司
经 销	新华书店
开 本	787×1092毫米 1/16
字 数	386千字
印 张	26
版 次	2018年1月第1版 2018年1月第1次印刷
书 号	ISBN 978-7-5109-2030-1
定 价	78.00元

版权所有 侵权必究

前　言

医者父母心。医生对于维护生命健康至关重要，历来被人们赋予崇高的地位，负有神圣的使命。人类的健康水平不断提升，很大程度上得益于医疗卫生水平的不断进步。但医学本身是一种探索性、经验性和专业性非常强的科学，具有很强的时代和地域限制。对于生命和健康的无穷奥秘，人类的认识还是有限的，还有许多疾病成因尚不清楚，没有有效的治疗技术和药物。医疗历来具有很高的风险性，很多情况下，治病但不能救命。实践中，因医疗没有达到患者预期的就医目的，发生的医疗纠纷不断增多，有时还出现医患矛盾激化的情况，对于构建和谐的医患关系构成了挑战。人民法院近年来受理的医疗纠纷案件虽然总量不大，但案案事关患者生命健康，极容易矛盾激化，处理的难度很大。为正确适用侵权责任法规定，平衡医患双方利益，妥善处理医疗侵权纠纷案件，统一司法裁量标准，更好地保护患者合法权益，更好地维护医疗卫生行业的健康发展，最终让人们在医学进步中使生命健康得到更好的保障，最高人民法院经过深入调研，广泛征求意见，出台了《最高人民法院关于审理医疗损害责任纠纷案件若干问题的解释》（以下简称《医疗损害责任解释》）。《医疗损害责任解释》为正确理解和适用法律提供了明确的指引，解决了医疗侵权纠纷案件中适用法律的疑难问题，有利于人民法院妥善处理医疗侵权案件，公正司法，提升司法公信力。《医疗损害责任解释》的正确理解和适用，囿于其成文性，既可能出现理解分歧的认识问题，也可能有如何实际运用的操作问题。案例是看得见，摸得着的鲜活教材，好的案例本身就能发挥着对后案处理的参考甚至指导作用。有必要在《医疗损害责任解释》出台以后，编选一批典型案例，配合解释适用。

本书共编选典型案例 41 例，主要是从《最高人民法院公报》、《人民法院案例选》以及最新有关法院判决中选取，具有很高的典型性和适用指导意义。案例的选取，完全针对《医疗损害责任解释》的相关规定，特别是重点条文，按照 26 个具体问题确定。既包括程序问题的案例，也包括实体案例，各个案例都体现了司法解释条文适用的重点和要求。每一个案例，都包括基本案情、裁判结果、裁判理由和裁判规则四部分。每个案例所体现的裁判规则，都符合《医疗损害责任解释》的规定，既有对《医疗损害责任解释》条文的再解释，也有对《医疗损害责任解释》条文未明确之内容的补充，能够起到类案处理的参考作用。

医疗纠纷案件类型多样，情况复杂，问题众多。尤其是涉及到医疗的过错、因果关系的认定，以及鉴定问题，既有法律适用难题，又有科学技术问题，《医疗损害责任解释》未能穷尽各种情形，所选案例为完全真实的案例未作修改，因此也做不到对医疗纠纷案件处理提供全面的指引。由于水平有限，时间紧张，本书错误疏漏之处在所难免，请多批评指正。

编者

2018 年 1 月 3 日

目 录

一、医疗损害责任司法解释的适用范围是什么 …………（1）

【医疗损害责任司法解释条文】………………………………（1）
【导读】…………………………………………………………（1）
【典型案例】……………………………………………………（6）
  1. 余××、李甲、李乙与重庆西南医院医疗损害赔偿纠纷案
    ——《中华人民共和国侵权责任法》施行前发生的医疗损害
      责任纠纷，应当适用当时的法律规定 …………………（6）
  2. 李××等与卫生部北京医院医疗损害责任纠纷案
    ——医疗机构的无合法资质人员实施诊疗行为造成患者损害的，
      医疗机构应当依法承担赔偿责任 ………………………（13）
  3. 郑××、陈××诉江苏省人民医院医疗服务合同纠纷案
    ——当事人以医疗服务合同纠纷起诉主张精神损害赔偿的，
      人民法院依法不予支持 …………………………………（19）

二、在有多个医疗机构的医疗损害责任纠纷中如何确定和追加
    当事人 ……………………………………………………（24）

【医疗损害责任司法解释条文】………………………………（24）
【导读】…………………………………………………………（24）
【典型案例】……………………………………………………（28）

1. 吕×诉淮南东方医院集团总医院等服务站医疗损害责任纠纷再审案
   ——多家医疗机构对患者同一伤病进行诊治发生的医疗损害责任纠纷，可以作为共同被告被诉，但其中某个医疗机构虽有过错诊疗行为，但该行为与损害后果没有因果关系的，则该医疗机构不承担赔偿责任 …………（ 28 ）
2. 姜××、张××与鹤壁市淇滨区大赉店中心卫生院、鹤壁市第一人民医院医疗损害赔偿纠纷案
   ——两家医疗机构分别实施诊疗行为，须均存在诊疗过错为承担责任的前提，至于责任形态，则要根据案件具体情况确定；因过错诊疗行为切除患者子宫，侵害了配偶的生育权，该配偶可以主张精神损害赔偿 ………………（ 35 ）

三、医疗产品责任中如何确定和追加当事人 ………（ 41 ）

【医疗损害责任司法解释条文】 ………………………（ 41 ）
【导读】 …………………………………………………（ 41 ）
【典型案例】 ……………………………………………（ 45 ）

1. 赖××与福建省汀州医院、北京托普恩商贸有限公司医疗产品责任纠纷案
   ——当事人起诉医疗机构后，可以依法申请追加医疗产品的生产者、销售者作为第三人参加诉讼 ……………（ 45 ）
2. 高×与德士鼎公司、枣阳一医院医疗产品责任纠纷案
   ——在医疗产品责任纠纷中，患者起诉医疗机构后，该医疗机构可以依法申请人民法院追加其他主体参加诉讼 ………（ 51 ）

四、医疗损害责任纠纷中如何分配医患双方的举证证明责任 ……（ 60 ）

【医疗损害责任司法解释条文】 ………………………（ 60 ）
【导读】 …………………………………………………（ 60 ）
【典型案例】 ……………………………………………（ 66 ）

1. 薛×、关×中等与郑州市第一人民医院医疗损害责任纠纷案
——患者一方依据《中华人民共和国侵权责任法》第五十四条主张损害赔偿责任的，应当就医疗机构的诊疗过错、因果关系等要件事实提交证据证明，并可以通过申请鉴定来解决……（66）

2. 徐××等与铜陵市人民医院医疗损害责任纠纷案
——患者一方提供证据不足以证明医疗机构存在过错，且申请鉴定由于客观原因无法鉴定导致案件事实无法认定的，患者一方应当承担相应的不利后果……（73）

五、侵害患者知情同意权的纠纷中如何分配医患双方的举证证明责任……（77）

【医疗损害责任司法解释条文】……（77）
【导读】……（77）
【典型案例】……（80）
   航空总医院与姜×医疗损害责任纠纷案
——实施手术、特殊检查及特殊治疗的情形下，医疗机构应当对其履行了告知义务承担举证证明责任……（80）

六、病历资料的范围与医院提交病历资料的义务……（87）

【医疗损害责任司法解释条文】……（87）
【导读】……（87）
【典型案例】……（92）

1. 陆×与沛县鹿楼镇鹿楼卫生院医疗损害责任纠纷案
——主观性病历属于人民法院认定案件事实的重要证据；医疗费等费用损失的范围，人民法院应当在现有证据的基础上，根据案件具体情况予以判定……（92）

2. 谢×等与北京市昌平区天通苑中医医院医疗损害责任纠纷案
——医疗机构病历书写不规范或者未告知患者可以通过尸检查明死因的，应认定为存在过错，但这一过错

行为与损害后果无因果关系的，医疗机构不承担责任……………（101）

七、医疗产品责任纠纷中如何分配双方当事人举证证明责任 ……（108）

【医疗损害责任司法解释条文】………………………………………（108）
【导读】…………………………………………………………………（108）
【典型案例】……………………………………………………………（115）

1. 孙××诉费县人民医院医疗产品责任纠纷案
　　——金属接骨板在植入体内发生断裂的，应当推定该医疗器械存在
　　　缺陷，医疗机构有异议的，应当承担举证证明责任………（115）

2. 王×杰诉南通医学院附属医院等医疗损害赔偿案
　　——《中华人民共和国侵权责任法》施行前，应当适用当时的
　　　法律确定输血感染纠纷的举证责任及责任承担规则…………（118）

3. 原告已发生的医疗费、治疗费、交通费、误工费、营养费等
   均属赔偿范围，根据原告已转为慢性丙肝的病情，对今后的
   治疗费用，可按三个疗程的治疗等费用予以赔偿
　　——黄×与上海交通大学医学院附属第九人民医院
　　　等医疗产品责任纠纷案……………………………………（123）

八、医疗损害责任鉴定启动的方式有哪些 ……………………（126）

【医疗损害责任司法解释条文】………………………………………（126）
【导读】…………………………………………………………………（126）
【典型案例】……………………………………………………………（131）

1. 王××与中国人民解放军总医院医疗损害责任纠纷
　　——患者一方对于医疗机构的诊疗行为有无过错及其损害后果
　　　有无因果关系及原因力大小的专门性问题，可以通过申请
　　　鉴定来解决……………………………………………………（131）

2. 陈×丹等与中日友好医院医疗损害责任纠纷案
　　——未经尸检仍然可以继续鉴定的，对依法作出的鉴定意见
　　　且鉴定人依法出庭接受询问的人民法院应当认可该鉴定

意见的证据效力 ……………………………………………（138）

九、医疗损害鉴定中鉴定人的确定 ……………………（148）

【医疗损害责任司法解释条文】 ……………………………（148）
【导读】 ……………………………………………………（148）
【典型案例】 ………………………………………………（153）

  1. 吴××与沈阳医科大学附属盛京医院医疗损害赔偿纠纷案

    ——医疗机构的诊疗行为虽经医学会鉴定认为不属于医疗事故的
但根据此后合法有效的司法鉴定意见认定医疗机构存在诊疗
过错且与患者损害后果有部分因果关系的，人民法院可以参照
该鉴定意见的认定，依法计算相关费用的赔偿数额…………（153）

  2. 刘×波等与东莞友谊医院医疗损害责任纠纷案

    ——医学会作出的医疗机构的诊疗行为不属于医疗事故的鉴定
结论，并不能否定人民法院在诉讼中依法委托而作出的鉴定
意见对诊疗过错、因果关系及原因力大小的认定…………（162）

十、委托医疗损害鉴定的，对提交的鉴定材料有什么要求 ………（172）

【医疗损害责任司法解释条文】 ……………………………（172）
【导读】 ……………………………………………………（172）
【典型案例】 ………………………………………………（176）

  1. 刘××因与被申诉人中国医科大学附属盛京医院医疗损害责任纠纷案

    ——在判决生效后，检察院因同一鉴定机构作出不同于判决
所依据鉴定意见的补充说明意见而提起抗诉的，人民
法院依法受理 …………………………………………（176）

  2. 邹×秀等与安乡县人民医院医疗损害责任纠纷案

    ——患者死亡后未进行尸检不影响当事人申请对诊疗过错及因果
关系认定的，医疗机构应当按照其诊疗过错及原因力的
大小承担赔偿责任 ……………………………………（186）

十一、医疗损害鉴定的具体事项及要求 ……（193）

【医疗损害责任司法解释条文】……………………………（193）
【导读】……………………………………………………（193）
【典型案例】………………………………………………（197）
  李×平与北京大学首钢医院医疗损害责任纠纷案
    ——鉴定意见与人民法院依据庭审调查对案件事实的认定以及
     责任构成的判定不符的，人民法院可以对此鉴定意见
     不予采信 ……………………………………………（197）

十二、原因力规则在医疗损害责任鉴定中如何体现 ……（207）

【医疗损害责任司法解释条文】……………………………（207）
【导读】……………………………………………………（207）
【典型案例】………………………………………………（210）
 1. 荀×甲与某市医院等医疗损害赔偿纠纷上诉案
   ——按照比较过错和原因力的规则，对医疗机构应当承担的赔偿
    责任；对患者的损害赔偿的赔偿标准，适用现行法律、司法
    解释的规定确定；给患者造成重大精神损害的，应当依
    法给予较高数额的精神抚慰金 …………………………（210）
 2. 游××等诉酉阳土家族苗族自治县某某医院等医疗损害责任纠纷案
   ——受害人因交通事故受伤后又因过错诊疗行为最终发生
    损害后果的，两侵权主体应当各自按照各自原因力
    大小承担按份责任；当事人对鉴定意见有异议的，
    可以依法申请人民法院通知鉴定人出庭作证 …………（215）

十三、医疗损害责任纠纷中对于鉴定人出庭作证有什么具体要求 ……（221）

【医疗损害责任司法解释条文】……………………………（221）
【导读】……………………………………………………（221）

【典型案例】 …………………………………………………… (224)

  1. 张×卿等与中国医学科学院北京协和医院医疗损害责任纠纷案

    ——当事人可以依法申请鉴定人出庭接受质询；医疗机构在尸检问题上对患者一方告知不足，但此与患者死亡后果无因果关系的，不能据此判决医疗机构承担赔偿责任 …………… (224)

  2. 郑×与华北电网有限公司北京电力医院医疗损害责任纠纷案

    ——医疗机构未尽到告知义务但此与患者的损害后果无因果关系的，不承担赔偿责任，但可以根据案件具体情况酌判医疗机构给予患者适当补偿 ………………………… (228)

十四、专家辅助人提出意见及其证据效力 ……………… (233)

【医疗损害责任司法解释条文】 ………………………………… (233)

【导读】 …………………………………………………………… (233)

【典型案例】 …………………………………………………… (237)

  首都医科大学附属北京同仁医院与张××等医疗损害责任纠纷案

    ——当事人就医疗损害责任有关鉴定意见的问题，可以申请鉴定人出庭作证，也可以申请专家辅助人出庭就鉴定意见或者其他专门性事实问题提出意见 ……………… (237)

十五、自行委托医疗损害鉴定的鉴定意见的效力 ………… (245)

【医疗损害责任司法解释条文】 ………………………………… (245)

【导读】 …………………………………………………………… (245)

【典型案例】 …………………………………………………… (248)

  李×与长沙市中心医院医疗损害责任纠纷案

    ——当事人单方委托鉴定作出的鉴定意见，对方当事人不认可的，人民法院对该证据不予采信；在鉴定意见作出后，双方当事人可以依法申请就有关专门性问题进行补充鉴定或者重新鉴定，也可以依法申请鉴定人出庭作证 ……………… (248)

十六、如何认定医疗机构及其医务人员的过错 ……………（257）

【医疗损害责任司法解释条文】………………………………（257）
【导读】…………………………………………………………（257）
【典型案例】……………………………………………………（261）

 1. 胡××等与中国人民解放军北京军区总医院医疗损害责任纠纷
  ——患者一方要对诊疗过错及与损害后果的因果关系承担
   举证证明责任，否则要承担相应的不利后果 ………（261）

 2. 邵××与大连市妇幼保健院医疗损害责任纠纷
  ——婴儿出生过程中因医疗机构的诊疗过错行为造成其人身损害的，
   医疗机构应当依法对该婴儿的损害承担赔偿责任………（267）

十七、医务人员违反告知义务的损害赔偿责任 ………………（271）

【医疗损害责任司法解释条文】………………………………（271）
【导读】…………………………………………………………（271）
【典型案例】……………………………………………………（274）

 中国人民解放军第三○九医院与闫×等医疗损害责任纠纷案
  ——虽然已让患者一方签署知情同意书，但医疗机构未尽到相应
   告知义务的，仍要根据过错及原因力大小承担赔偿责任……（274）

十八、不能取得患者近亲属意见的具体情形及紧急救治时的
   责任 ……………………………………………………（283）

【医疗损害责任司法解释条文】………………………………（283）
【导读】…………………………………………………………（283）
【典型案例】……………………………………………………（287）

 1. 金×仙等诉宁波市鄞州区鄞江中心卫生院医疗损害责任纠纷案
  ——在紧急情况下，医疗机构没有依法尽到相应的诊疗义务
   和告知义务的，应当认定医疗机构存在过错；没有进行
   尸检无法确定确切死因的，人民法院可以结合病历资料等

案件事实综合认定医疗机构责任的有无及大小 …………（287）

2. 宋×卿、刘××等与河南省煤炭总医院、郑州大学第一附属医院医疗损害责任纠纷案

——紧急救助的情况下，医疗机构存在过错，人民法院依照合法有效的鉴定意见的认定，判决有关医疗机构承担连带赔偿责任 ……………………………………（291）

十九、多个医疗机构的诊疗行为造成患者同一损害时如何承担赔偿责任 ………………………………………（296）

【医疗损害责任司法解释条文】 ……………………（296）
【导读】 ……………………………………………………（296）
【典型案例】 ………………………………………………（299）
王甲等与上海某医院等医疗损害赔偿纠纷案
——两家医疗机构合作对患者实施诊疗行为造成患者损害的，该两家医疗机构应当依法共同对患者承担赔偿责任 …………（299）

二十、医师外出会诊造成患者损害的，由哪家医疗机构承担赔偿责任 ……………………………………………（309）

【医疗损害责任司法解释条文】 ……………………（309）
【导读】 ……………………………………………………（309）
【典型案例】 ………………………………………………（313）
刘×与金坛市人民医院等医疗损害责任纠纷案
——受邀实施手术的医务人员未尽告知义务导致患者精神损失的，该邀请医疗机构应当承担相应的赔偿责任 ………（313）

二十一、医疗产品责任及输入不合格血液导致损害的责任承担 …（319）

【医疗损害责任司法解释条文】 ……………………（319）
【导读】 ……………………………………………………（319）
【典型案例】 ………………………………………………（325）

长春长生生物科技有限责任公司（原长春长生生物科技股份
有限公司）与山东润光液压科技股份有限公司、青州市疾病
预防控制中心产品责任纠纷案
　　——医疗机构承担责任后向医疗产品的生产者行使追偿权的，
　　　在前诉未对该生产者承担责任的事实予以认定的情况下，
　　　人民法院在本诉中应当对该生产者应否承担医疗产品
　　　责任进行审理，该生产者应当依法对相应的法定免责
　　　事由承担举证责任 ………………………………………（325）

**二十二、医疗产品缺陷与诊疗过错并存的多因一果情形下损害
　　　　　赔偿责任的承担** ……………………………………（332）

【医疗损害责任司法解释条文】 ………………………………（332）
【导读】 ……………………………………………………………（332）
【典型案例】 ………………………………………………………（336）
郭×与中国人民解放军第三〇六医院、大连昊德商贸有限公司
医疗损害责任纠纷案
　　——医疗机构与医疗产品的销售者因其共同过错行为
　　　导致患者损害的，应当承担连带赔偿责任 ………………（336）

二十三、医疗产品责任中如何适用惩罚性赔偿？ ……………（352）

【医疗损害责任司法解释条文】 ………………………………（352）
【导读】 ……………………………………………………………（352）
【典型案例】 ………………………………………………………（355）
杨××诉上海赛亚磨具有限公司、姜××产品责任纠纷案 ……（355）

**二十四、医疗机构依法不承担赔偿责任时残疾赔偿金、死亡
　　　　　赔偿金的计算标准** ……………………………………（362）

【医疗损害责任司法解释条文】 ………………………………（362）
【导读】 ……………………………………………………………（362）

【典型案例】 ………………………………………………………（367）
　　河北医科大学第二医院与杨×录等医疗损害责任纠纷案
　　　　——患者在一地医疗机构就诊后转院到另一地
　　　　　　医疗机构就诊后发生死亡后果的，有关死亡赔偿金的
　　　　　　计算标准要注意区分不同的情形确定 ………………（367）

二十五、患者近亲属等的损害赔偿请求权的准用及医疗产品的界定 …………………………………………………（379）

【医疗损害责任司法解释条文】 ……………………………（379）
【导读】 ………………………………………………………（379）
【典型案例】 …………………………………………………（384）
　　屈××等与首都医科大学附属北京安贞医院医疗损害责任纠纷案
　　　　——患者死亡后，患者近亲属可以依法主张医疗损害责任；
　　　　　　未尸检不影响鉴定程序进行的，人民法院可以采信
　　　　　　该依法作出的鉴定意见对于身患绝症患者死亡的
　　　　　　死亡赔偿金的赔偿作出判决 ……………………（384）

二十六、如何认识医疗损害责任司法解释的适用效力 ………（397）

【医疗损害责任司法解释条文】 ……………………………（397）
【导读】 ………………………………………………………（397）
【典型案例】 …………………………………………………（400）
　　王××与华中科技大学同济医学院附属协和医院、上海铠唏尔
　　医疗器械贸易有限公司医疗产品责任纠纷案
　　　　——医疗损害解释前发生的医疗损害责任纠纷适用当时的
　　　　　　法律确定相应的举证责任 ………………………（400）

一、医疗损害责任司法解释的适用范围是什么

【医疗损害责任司法解释条文】

第一条 患者以在诊疗活动中受到人身或者财产损害为由请求医疗机构，医疗产品的生产者、销售者或者血液提供机构承担侵权责任的案件，适用本解释。

患者以在美容医疗机构或者开设医疗美容科室的医疗机构实施的医疗美容活动中受到人身或者财产损害为由提起的侵权纠纷案件，适用本解释。

当事人提起的医疗服务合同纠纷案件，不适用本解释。

【导读】

医疗损害责任是指患者在医疗机构就医时，由于医疗机构及其医务人员的过错，在诊疗护理活动中受到损害的，医疗机构应当承担侵权损害赔偿责任。本解释是关于审理医疗损害责任纠纷案件适用法律作出的解释，因此首先应当明确医疗损害责任纠纷的范围。本条规定首要的目的在于针对理论界和实务界存在的医疗损害责任赔偿问题的双轨制问题，依据侵权责任法的规定，明确了医疗损害责任纠纷统一适用《中华人民共和国侵权责任法》以及本解释的相关规定。本条所界定的医疗损害责任纠纷构成要素主要有：一是纠纷是由于患者在诊疗活动中受到损害而引起；二是纠纷的主体一方为患者，另一方为医疗机构，医疗产品的生产者、销售者或者血液提供机构；三是纠纷的案由为医疗损害责任纠纷。

一般认为，医疗损害责任属于替代责任。替代责任，是指责任人为他人的行为和为人之行为以外的自己管领下的物件所致损害负有的侵权赔偿责任。按照替代责任的基本规则，应该由替代责任人对行为人的行为后果负责，即在起诉时该替代责任人为适格被告。在医疗损害责任纠纷中，则应当以该医疗机构为被告提起诉讼。在具体法律适用上，存在《中华人民共和国侵权责任法》第五十四条与第三十四条第一款关于用人单位责任规定的法条竞合。对此，《中华人民共和国侵权责任法》第五十四条关于医疗损害责任的替代责任规定应当属于《中华人民共和国侵权责任法》第三十四条规定在医疗损害责任领域的具体化规定，即上述两条规定应属于特别规定与一般规定的关系，在法律适用上，应当直接适用《中华人民共和国侵权责任法》第五十四条规定。

本条第二款在总结审判经验和实践做法的基础上明确规定医疗美容损害责任纠纷案件要适用本解释的规定，即将医疗美容纠纷纳入到医疗损害责任纠纷中。《医疗机构管理条例实施细则》第八十八条将"医疗美容"界定为"使用药物以及手术、物理和其他损伤性或者侵入性手段进行的美容"。《医疗美容服务管理办法》（2016年修正）第二条将"医疗美容"定义为"运用手术、药物、医疗器械以及其他具有创伤性或者侵入性的医学技术方法对人的容貌和人体各部位形态进行的修复与再塑"。第十五条规定："实施医疗美容项目必须在相应的美容医疗机构或开设医疗美容科室的医疗机构中进行。"即医疗美容服务由专门的美容医疗机构或开设医疗美容科室的医疗机构提供。这符合医疗损害责任纠纷系发生在医疗机构与患者之间因诊疗活动引起是损害责任纠纷的基本属性。而且，与其他典型意义上的诊疗行为一样，医疗美容也具备"创伤性"与"侵入性"，故应属于诊疗行为的范畴。因此，医疗美容纠纷应当属于医疗损害责任纠纷的一种类型，当然要适用医疗损害责任的法律规则，也就要适用本解释的规定。由于医疗损害责任纠纷案由项下只有"（1）侵害患者知情同意权责任纠纷、（2）医疗产品责任纠纷"两个四级案由，按照案由确定的基本规则，应当将医疗美容责任纠纷直接列为医疗损害责任纠纷。

对于本款的适用，还要准确把握医疗美容与生活美容的区别，避免法律适用上的错误。依据《美容美发业管理暂行办法》第二条第二款的规定，美容，是指运用手法技术、器械设备并借助化妆、美容护肤等产品，为消费者提供人体表面无创伤性、非侵入性的皮肤清洁、皮肤保养、化妆修饰等服务的经营性行为。这里的"美容"即为生活美容的含义。医疗美容和生活美容是两类不同性质的美容，在资质要求、技术标准、功能作用等方面都有明显不同，由此引发的纠纷在法律适用上当然也有根本区别。生活美容本身既不符合诊疗活动侵袭性和公益性的基本特征，施行主体也非医疗机构及其医务人员，因此，因生活美容引发的纠纷并非医疗美容责任纠纷，也不能界定为医疗损害责任纠纷，不能适用医疗损害责任的法律规则，而应当适用过错责任的一般侵权责任构成规则。

医疗损害责任纠纷较为普遍的存在违约责任与侵权责任竞合的问题。对此，应当适用《中华人民共和国合同法》第一百二十二条的规定，这已没有太多争议。但对于有关具体法律适用则实践中把握尺度不一。本条第三款明确规定了"当事人提起的医疗服务合同纠纷案件，不适用本解释"。本款规定的目的旨在明确医疗服务合同纠纷应当适用合同法及相关司法解释规定，不能适用侵权责任法的规定，人民法院也不能直接援引本解释有关规定进行审理。审判实践中对于医疗机构起诉要求患者出院、终止医疗服务合同或者要求患者偿还拖欠的医疗费的，应属于医疗服务合同纠纷。对于患者起诉的医疗纠纷中，医疗机构提起反诉能否合并审理的问题。依据《最高人民法院关于适用〈中华人民共和国民事诉讼法〉的解释》第二百三十三条第二款的规定，反诉与本诉的诉讼请求基于相同法律关系、诉讼请求之间具有因果关系，或者反诉与本诉的诉讼请求基于相同事实的，人民法院应当合并审理。即患者以医疗服务合同纠纷为由起诉的，医疗机构提起上述反诉的，人民法院应当合并审理。但在患者以医疗损害责任纠纷起诉的案件中医疗机构将上述请求作为反诉提起的，由于所诉法律关系并非同一，这时人民法院不能合并审理，故应告知医疗机构另行起诉。

【相关法条】

《中华人民共和国侵权责任法》

第五十四条 患者在诊疗活动中受到损害，医疗机构及其医务人员有过错的，由医疗机构承担赔偿责任。

第五十九条 因药品、消毒药剂、医疗器械的缺陷，或者输入不合格的血液造成患者损害的，患者可以向生产者或者血液提供机构请求赔偿，也可以向医疗机构请求赔偿。患者向医疗机构请求赔偿的，医疗机构赔偿后，有权向负有责任的生产者或者血液提供机构追偿。

《中华人民共和国合同法》

第一百二十二条 因当事人一方的违约行为，侵害对方人身、财产权益的，受损害方有权选择依照本法要求其承担违约责任或者依照其他法律要求其承担侵权责任。

《中华人民共和国药品管理法》

第一百条 本法下列用语的含义是：

药品，是指用于预防、治疗、诊断人的疾病，有目的地调节人的生理机能并规定有适应症或者功能主治、用法和用量的物质，包括中药材、中药饮片、中成药、化学原料药及其制剂、抗生素、生化药品、放射性药品、血清、疫苗、血液制品和诊断药品等。

辅料，是指生产药品和调配处方时所用的赋形剂和附加剂。

药品生产企业，是指生产药品的专营企业或者兼营企业。

药品经营企业，是指经营药品的专营企业或者兼营企业。

《医疗机构管理条例实施细则》

第二条 条例及本细则所称医疗机构，是指依据条例和本细则的规定，经登记取得《医疗机构执业许可证》的机构。

第八十八条 条例及本细则中下列用语的含义：

诊疗活动：是指通过各种检查，使用药物、器械及手术等方法，对疾病作出判断和消除疾病、缓解病情、减轻痛苦、改善功能、延长生命、帮助患者恢复健康的活动。

医疗美容：是指使用药物以及手术、物理和其他损伤性或者侵入性手段进行的美容。

特殊检查、特殊治疗：是指具有下列情形之一的诊断、治疗活动：

（一）有一定危险性，可能产生不良后果的检查和治疗；

（二）由于患者体质特殊或者病情危笃，可能对患者产生不良后果和危险的检查和治疗；

（三）临床试验性检查和治疗；

（四）收费可能对患者造成较大经济负担的检查和治疗。

卫生技术人员：是指按照国家有关法律、法规和规章的规定取得卫生技术人员资格或者职称的人员。

技术规范：是指由卫生部、国家中医药管理局制定或者认可的与诊疗活动有关的技术标准、操作规程等规范性文件。

军队的医疗机构：是指中国人民解放军和中国人民武装警察部队编制内的医疗机构。

《医疗美容服务管理办法》

第二条 本办法所称医疗美容，是指运用手术、药物、医疗器械以及其他具有创伤性或者侵入性的医学技术方法对人的容貌和人体各部位形态进行的修复与再塑。

本办法所称美容医疗机构，是指以开展医疗美容诊疗业务为主的医疗机构。

第十六条 实施医疗美容项目必须在相应的美容医疗机构或开设医疗美容科室的医疗机构中进行。

第二十七条 美容医疗机构和医疗美容科室发生医疗纠纷或医疗事故，按照国家有关规定处理。

【典型案例】

1. 余××、李甲、李乙与重庆西南医院医疗损害赔偿纠纷案

——《中华人民共和国侵权责任法》施行前发生的医疗损害责任纠纷，应当适用当时的法律规定

案号：（2013）民抗字第 55 号

[裁判要点]

医疗损害责任纠纷属于民事侵权纠纷的范畴。侵权责任法施行前发生的医疗损害责任纠纷，应当适用当时的民事法律和司法解释的规定来确定相应的赔偿标准。在本案中，患者近亲属在患者死亡后对医疗机构提起民事侵权诉讼，要求其承担死亡赔偿金，由于本案侵权事实发生在侵权责任法施行前，应当适用《中华人民共和国民法通则》及《最高人民法院关于审理人身损害赔偿案件适用法律若干问题的解释》的规定确定相应的赔偿标准。

此外，本案还有两点内容值得注意：一是关于比较过错和原因力规则的适用。本案中患者死亡原因系脓毒败血症继发全身多器官功能衰竭所致，主要与其个人体质和所患疾病有关；但医疗机构在对前来就诊的患者李××进行治疗的过程中，其医疗行为存在过错，并与患者死亡之间存在着一定的因果关系，应当承担次要责任。人民法院根据鉴定机构的鉴定意见，根据比较过错和原因力的规则，结合本案实际情况，确定医疗机构对患者死亡造成承担40％的赔偿责任。二是患者一方受到损害后自行购买的药品，在符合日常经验法则的情况下，也应当认定为患者的正常指出，属于患者损失的范畴。本案中，患者适用的人血白蛋白中有二十瓶系从他处自行购买，原告方虽未能提供其购买人血白蛋白的收费凭证，但明确表示

认可医疗机构提供的明显低于其主张费用的人血白蛋白出售价格,因此,可以按照这一价格将由此支出的费用计算在患者住院期间产生的医疗费之中。

[法条索引]

《中华人民共和国侵权责任法》第五十四条

《中华人民共和国民法通则》第一百零六条

《最高人民法院关于民事诉讼证据的若干规定》第二条

《最高人民法院关于审理人身损害赔偿案件适用法律若干问题的解释》第十九条、第二十九条

[基本案情]

余××之夫,李甲、李乙之父李××,因腰部疼痛不适,于2009年7月22日到重庆西南医院治疗,被诊断为腰椎间盘突发,低钠血症。医院建议:骨科就诊,就诊电解质,抗炎。7月24日,李××在重庆西南医院骨科住院治疗,入院诊断为腰椎管狭窄症,行术前检查时发现患者有感染征象,予以抗感染,补充白蛋白、对症、支持治疗。但李××病情逐渐加重,腹胀明显,且有右踝关节红、肿、热、痛炎性表现。7月26日,病情持续加重,被诊断为双肺感染。7月31日,李××经全院会诊后被转入感染科继续治疗,并下达病危通知。转入诊断:败血症,肺部感染,右踝软组织感染等。行抗感染治疗,但病情进一步加重、恶化。8月2日诊断为:多器官功能障碍综合症。2009年8月9日,李××经抢救无效死亡,死亡诊断为:多器官功能障碍综合症,脓毒血症,双肺肺炎,右踝软组织感染。

余××、李甲、李乙向重庆市沙坪坝区人民法院提起诉讼,请求重庆西南医院支付医疗费48843.27元(含人血白蛋白16200元)、住院伙食补助费680元、陪护费850元、丧葬费15481.5元、交通费500元、死亡赔偿金236235元、精神损害抚慰金72864元,共计374953.77元。

一审过程中,根据重庆西南医院的申请,经双方当事人共同选定鉴定机构,一审法院委托重庆市法医学会司法鉴定所对重庆西南医院在治疗过程中是否存在过错、过错与医疗损害结果之间是否存在因果关系以及医疗

过错行为对医疗损害后果的责任程度进行司法鉴定。重庆市法医学会司法鉴定所作出渝法医所2010（临床G）鉴字第38号司法鉴定意见书，鉴定意见为：重庆西南医院对李××的医疗行为中存在过错，其过错行为是导致患者死亡的间接因素。重庆西南医院支付鉴定费5000元。

余××、李甲、李乙在二审中申请重新鉴定，二审法院委托司法鉴定科学技术研究所司法鉴定中心进行了重新鉴定。司法鉴定科学技术研究所司法鉴定中心作出司鉴中心〔2011〕病鉴字第174号鉴定意见书，鉴定意见为：李××的死亡原因符合脓毒败血症继发全身多器官功能衰竭，主要与其个人体质有关；重庆西南医院的医疗行为存在一定过错，与患者死亡之间存在一定因果关系，属次要责任，建议参与度40%左右。余××、李甲、李乙支付鉴定费10000元。

重庆市沙坪区人民法院于2010年5月21日受理余××、李甲、李乙的起诉，于2010年11月9日公开开庭进行了审理。一审认为：根据重庆市法医学会司法鉴定所鉴定意见（结论），重庆西南医院在李××入院时存在感染的情况下，未及时复查血常规；特别是应用糖皮质激素时，更应该每日复查血常规，以了解和控制感染，重庆西南医院的治疗行为存在不规范。同时，在治疗过程中，重庆西南医院与患方沟通不足，病历记录患方自行要求出院，但没有患者家属的签字，亦存在不规范的行为。因此，重庆西南医院的治疗行为存在过错。但李××的死亡后果与其所患疾病的凶险性存在密切关联，其自身疾病的自然转归是直接因素，重庆西南医院的过错行为是李××死亡后果的诱发或促进因素。酌情确定重庆西南医院承担30%责任，余××、李甲、李乙自行承担70%责任。本案属于以治疗疾病为目的医疗过错引起的纠纷，应参照国务院《医疗事故处理条例》规定的赔偿范围、标准解决本案赔偿问题。

李××住院期间的医疗费以32643.27元凭据计算，余××、李甲、李乙主张其自购的人血白蛋白费用16200元，无相应的依据，不予支持。住院伙食补助费按照国家机关一般工作人员出差伙食补助标准32元/天计算16天为512元，余××、李甲、李乙主张40元/天的标准无依据，不予支持。余××、李甲、李乙主张陪护费按照50元/天计算不违反法律规定，应予支持，陪护16天，陪护费为800元。丧葬费按照本地区上一年度职工月平均工资标准计算6个月为15481.5元。交通费酌情计算300元。精神损害抚慰金按照事故发生地居民平均生活费标准酌情计算2年为24288元（12144元/年×2年）。余××、李甲、李乙要求的死亡赔偿金于法无据，不予支持。依照《中华人民共和国民法通则》第一百零六条第二款、第一百三十四条第一款（七）项，国务院《医疗事故处理条例》第五十条，《最高人民法院关于参照〈医疗事故处理条例〉审理医疗纠纷民事案件的通知》，《最高人民法院关于民事诉讼证据的若干规定》第二条、第二十七条的规定，于2011年1月7日作出（2010）沙法民初字第3525号民事判决：一、由重庆西南医院赔偿余××、李甲、李乙因李××死亡所产生的医疗费32643.27元、住院伙食补助费512元、陪护费800元、丧葬费15481.5、交通费300元，共计49736.77元的30%即14921.03元。限重庆西南医院于判决生效后立即支付余××、李甲、李乙。其余费用由余××、李甲、李乙负担。二、由重庆西南医院赔偿余××、李甲、李乙因李××死亡所产生的精神损害抚慰金24288元，限重庆西南医院于判决生效后立即支付余××、李甲、李乙。三、驳回余××、李甲、李乙的其他诉讼请求。案件受理费2781元、鉴定费5000元，由余××、李甲、李乙负担1946.7元，由重庆西南医院负担5834.3元。

余××、李甲、李乙向重庆市第一中级人民法院提起上诉。

重庆市第一中级人民法院二审认为：司法鉴定科学技术研究所司法鉴定中心和重庆市法医学会司法鉴定所作出的司法鉴定，均认为重庆西南医院在对李××的医疗行为中存在过错，其医疗过错行为与李××死亡后果之间存在因果关系，对此予以确认，重庆西南医院应当对李××的死亡承担民事责任。司法鉴定科学技术研究所司法鉴定中心的鉴定意见明确确定重庆西南医院的责任程度为40%左右，据此确定重庆西南医院对李××的死亡造成的经济损失承担40%的赔偿责任。一审判决判令重庆西南医院赔偿精神损害抚慰金24288元，符合法律规定。

因二审程序中出现新证据，致一审判决责任划分不当，依法予以改判。依照民法通则第一百零六条第二款、第一百三十四条第一款（七）

项，国务院《医疗事故处理条例》第五十条，《最高人民法院关于参照〈医疗事故处理条例〉审理医疗纠纷民事案件的通知》《中华人民共和国民事诉讼法》第一百五十三条第一款第三项的规定，于 2011 年 11 月 10 日作出（2011）渝一中法民终字第 02816 号民事判决：一、维持重庆市沙坪坝区人民法院（2010）沙法民初字第 3525 号民事判决第二项；二、撤销重庆市沙坪坝区人民法院（2010）沙法民初字第 3525 号民事判决第三项；三、变更重庆市沙坪坝区人民法院（2010）沙法民初字第 3525 号民事判决第一项为：重庆西南医院赔偿余××、李甲、李乙因李××死亡产生的医疗费、住院伙食补助费、陪护费、丧葬费、交通费 19894.71 元；四、驳回余××、李甲、李乙的其他诉讼请求。一审案件受理费 2781 元，鉴定费 5000 元，由余××、李甲、李乙负担 1946.7 元，重庆西南医院负担 5834.3 元；二审案件受理费 1000 元，鉴定费 10000 元，由余××、李甲、李乙负担 6600 元，重庆西南医院负担 4400 元。

余××、李甲、李乙向重庆市高级人民法院申请再审。重庆市高级人民法院再审后最高人民检察院提出抗诉认为，（2012）渝高法民提字第 00155 号民事判决认定的基本事实缺乏证据证明，适用法律确有错误。

根据重庆西南医院出具的临时医嘱记录单，为李××注射人血白蛋白的医疗记录中有些明确标注为"自备"，可见余××等人确实按照重庆西南医院医嘱自行购买了人血白蛋白。即使不能提供购买人血白蛋白的费用收据，也可以根据医嘱中李××的注射量及市场价格计算出余××等人支出的费用。仅以余××等人没有提供购买收据即对其关于人血白蛋白费用的诉讼请求不予支持，认定事实缺乏证据证明。

本案系因医疗事故以外原因引起的医疗赔偿纠纷，不应参照《医疗事故处理条例》处理。《最高人民法院关于参照〈医疗事故处理条例〉审理医疗纠纷民事案件的通知》第一条规定："因医疗事故以外的原因引起的其他医疗赔偿纠纷，适用民法通则的规定。"重庆西南医院的医疗行为存在一定过错，与患者死亡之间存在一定因果关系，余××等人以重庆西南医院在医疗过程中存在过错导致患者人身损害为由提起医疗赔偿诉讼，为医疗事故以外的原因引起的医疗赔偿纠纷，应当适用民法通则及相关的司法解释的规定。2004年5月1日起施行的《最高人民法院关于审理人身损害赔偿案件适用法律若干问题的解释》对各种侵权行为致人损害的赔偿范围和计算标准作出了详细规定。本案发生在《中华人民共和国侵权责任法》颁布施行前，确定赔偿范围和计算赔偿标准时，在《中华人民共和国民法通则》没有规定具体的赔偿范围和计算标准的情况下，应适用上述司法解释相关规定。

最高人民法院再审查明，李××死亡时为六十五周岁，2009年重庆市城镇居民家庭人均可支配收入为15749元。李××在重庆西南医院使用的人血白蛋白中有二十瓶系余××、李甲、李乙遵重庆西南医院之嘱在外面所购。虽然不能提供收费依据，但余××、李甲、李乙同意按照重庆西南医院的出售价格计算其支出费用。重庆西南医院出具的证明显示，其出售的人血白蛋白价格为每瓶360元。重庆西南医院主张人血白蛋白费用很有可能已由李××生前工作单位报销，没有证据支持，最高人民法院不予确认。据此，最高人民法院认定余××、李甲、李乙遵重庆西南医院之嘱在外面购买的人血白蛋白费用为7200元。

[裁判结果]

高院再审法院判决：

维持重庆市第一中级人民法院（2011）渝一中法民终字第02816号民事判决。

最高人民法院再审法院判决：

一、撤销重庆市高级人民法院（2012）渝高法民提字第00155号民事判决，撤销重庆市第一中级人民法院（2011）渝一中法民终字第02816号民事判决第二项、第三项、第四项，撤销重庆市沙坪坝区人民法院（2010）沙法民初字第3525号民事判决第三项；

二、维持重庆市第一中级人民法院（2011）渝一中法民终字第02816号民事判决第一项，维持重庆市沙坪坝区人民法院（2010）沙法民初字第3525号民事判决第二项；

三、变更重庆市第一中级人民法院（2011）渝一中法民终字第02816号民事判决第三项、重庆市沙坪坝区人民法院（2010）沙法民初字第3525

号民事判决第一项为：由重庆西南医院赔偿余××、李甲、李乙因李××死亡所产生的医疗费39843.27元（含人血白蛋白费用7200元）、住院伙食补助费512元、陪护费800元、丧葬费15481.5元、交通费300元、死亡赔偿金236235元，共计293171.77元的40%即117268.71元，限重庆西南医院在本判决生效后十日内支付；

四、驳回余××、李甲、李乙的其他诉讼请求。

[裁判理由]

最高人民法院生效裁判认为，李××的死亡原因系脓毒败血症继发全身多器官功能衰竭所致，主要与其个人体质和所患疾病有关；但重庆西南医院在对前来就诊的患者李××进行治疗的过程中，其医疗行为存在过错，并与患者死亡之间存在着一定的因果关系，应当承担次要责任。二审判决根据鉴定机构的鉴定意见，结合本案实际情况，确定重庆西南医院对李××死亡造成的经济损失承担40%的赔偿责任，是正确的。原审判决对于住院伙食补助费、陪护费、丧葬费、交通费数额的认定，具有事实和法律依据；对精神损害抚慰金数额的确认也符合重庆西南医院在本案中承担次要责任的实际情况，最高人民法院予以维持。余××、李甲、李乙要求增加精神损害抚慰金的主张法律依据不足，最高人民法院不予支持。

依据重庆西南医院的医疗记录，李××使用的人血白蛋白中有二十瓶系余××、李甲、李乙从他处自行购买，重庆西南医院对此项事实也予以认可，并提供证据证明每瓶人血白蛋白在重庆西南医院的出售价格为每瓶360元。余××、李甲、李乙虽未能提供其购买人血白蛋白的收费凭证，但明确表示认可重庆西南医院提供的明显低于其主张费用的人血白蛋白出售价格，因此，余××、李甲、李乙主张的16200元人血白蛋白费用应按7200元（20瓶×360元/瓶＝7200元）计算在李××住院期间产生的医疗费之中。原审判决对余××、李甲、李乙主张的人血白蛋白费用不予支持，属认定事实错误，最高人民法院对此予以纠正，李××医疗费总额应为39843.27元（48843.27－16200＋7200＝39843.27），重庆西南医院应按照其过错程度对上述医疗费用承担赔偿责任。在本案中，重庆西南医院的医疗行为并未进行医疗事故鉴定，余××、李甲、李乙对重庆西南医院的过错行为给李××造成死亡的结果提起民事侵权诉讼，要求其承担死亡赔偿金，符合民法通则的有关规定。《最高人民法院关于审理人身损害赔偿案件适用法律若干问题的解释》是根据民法通则制定的，已经于2004年5月1日起施行，对死亡赔偿金的适用范围和计算标准都有明确规定。因此，应当按照民法通则和《最高人民法院关于审理人身损害赔偿案件适用法律若干问题的解释》相关规定以及李××年龄计算死亡赔偿金为236235元（15749×15＝236235），再根据重庆西南医院的过错程度确定其承担数额。原审判决认为余××、李甲、李乙关于死亡赔偿金的诉讼请求没有法律依据，属适用法律错误，最高人民法院依法予以改判。

附：再审法院裁判理由：

重庆市高级人民法院再审认为，本案损害发生在《中华人民共和国侵权责任法》实施之前，应适用《中华人民共和国民法通则》进行处理。但民法通则没有规定具体赔偿范围和计算标准，而医疗损害基于医疗机构的社会公益性及医疗行为的高风险性，有别于普通人身损害，故原审判决参照《医疗事故处理条例》计算赔偿金额并无不当，予以维持。对于余××、李甲、李乙主张的人血白蛋白费用，虽然李××在治疗过程中实际使用了人血白蛋白，但余××、李甲、李乙未提供相应的购买票据，无法证明人血白蛋白费用是否实际产生，故原审判决对此费用不予支持并无不当。余××、李甲、李乙在再审中提出精神损害抚慰金数额过低，但其并无充分证据加以证明，原判认定的精神损害抚慰金数额符合法律规定，予以维持。

2. 李××等与卫生部北京医院医疗损害责任纠纷案

——医疗机构的无合法资质人员实施诊疗行为造成患者损害的，医疗机构应当依法承担赔偿责任

案号：（2014）二中民终字第10800号

[裁判要点]

医疗机构安排没有合法资质的人员对患者实施诊疗行为，应当认定医疗机构存在过错。但医疗机构是否要对此承担最终的侵权责任，则要以符合相应的医疗损害责任构成要件为前提，其中最重要的就是这一过错行为是否与损害后果有因果关系以及原因力的大小问题，而这也涉及专业领域的判断，往往也需要通过申请鉴定来解决也有赖于鉴定。

在此需要注意的是，过错的诊疗行为与造成损害的因果关系问题往往比交通事故、一般侵权类型等要复杂的多。若认为诊疗行为与损害后果的因果关系，诊疗过错各自作为单独的要件，即与诊疗行为无联系的单独要件，则判断诊疗行为与损害的因果关系的界定门槛就会很低，比如患者手术后死亡，其有原发疾病，但确实是该疾病与手术行为并发症引起，故没有手术就没有此并发症的发生，则该手术行为当然要与死亡有因果关系。但如果这一手术并发症又是手术难以避免的，换言之，实施该手术的行为本身是无过错的，仅是在其进行化验或者其他非手术事项时用了未经注册的人员进行了一些诊疗行为。这些行为是有过错的。但这一过错的诊疗行为就与损害后果之间没有因果关系，该医疗机构对此就无须承担责任。因此，若放宽到诊疗行为与损害后果的因果关系界定为诊疗行为是损害后果的条件之一，则由于诊疗行为本身的侵袭性以及该行为在对病患进行治疗的不可或缺性，无疑或出现任何诊疗行为都会与损害后果都有因果关系的结论，这不仅会给医疗机构造成过重负担，更会阻碍医学的进步，最终也会不利于患者利益的保护。故为合理确定医疗损害责任，不能课以医院过重的责任，应当限定为"过错"的诊疗行为与损害后果之间有无因果关系这一层面。这一因果关系问题也较为复杂，首先就要有一个专业判断问题。本案中，关于医疗机构使用未经执业注册的人员独立进行临床工作的问题，法院认为确实违反了相关法律规范的规定。但就上述不当行为是否导致医疗机构应该就此承担民事赔偿责任，还需确定该行为是否造成患者身体损害，并最终通过依法申请鉴定确定了因果关系及参与度。

实践中还需要探讨的问题是，医疗损害责任限定为诊疗行为，故非诊疗行为似要排除在外，但对于急救、转院等以及与诊疗密切相关的供电、护理等似都应属于诊疗行为的范畴。当然这一基础性依据还在于有关法律、行政法规、规章以及有关诊疗规范等对医疗机构的具体诊疗义务作出的规定为依据。

本案还有一个典型特点是法院在综合案件具体情况，比如患者自身损害程度、医疗机构的过错程度等情形，通过依法行使自由裁量权，适当提高了鉴定意见的因果关系参与度比例，以给予患者更加充分的救济。

[法条索引]

《中华人民共和国侵权责任法》第五十四条

[基本案情]

患者付××出生于1935年12月28日，系李××之夫。付甲、付乙、李×系李××与付××之子女。2010年12月28日，付××因右侧胸腔积液入住北京医院治疗。2011年1月5日，北京医院于××和廖×两位医生为付××进行抽胸水的手术，手术进行一段时间后，于××医生离开。后北京医院又于2011年1月6日、1月7日连续两天为付××实施抽胸水手术，其中1月6日的手术，有廖×医生和另外一名医生在场；1月7日的手术，由廖×医生单独操作。2011年2月10日，付××因多脏器功能衰竭死亡。付××住院共45天。付××本次在北京医院住院期间共发生医疗费78578.94元，其所在核工业北京化工冶金研究院已报销69039.86元。

另查：廖×取得医师资格证书的时间为2010年12月15日，取得医师执业证书的时间为2011年6月1日。

一审法院审理中，应李××、付甲、付乙、李×申请，曾致函北京市卫生局，就廖×医师资格及执业资格等问题进行咨询。北京市卫生局于2012年8月22日作出《北京市卫生局关于东城区人民法院请求给予协助的复函》，复函主要内容如下：胸膜腔穿刺术是一项临床技术操作，常用于检查胸腔积液的性质、抽液减压或胸腔内局部注射给药等。廖×首次医师执业注册批准日期为2011年6月1日，执业地点为卫生部北京医院。廖×执业行为是否违反规定建议依据《中华人民共和国执业医师法》第十四条"未经医师注册取得执业证书，不得从事医师执业活动"及《卫生部关于取得医师资格但未经执业注册的人员开展医师执业活动有关问题的批复》第三条"对于取得医师资格但未经医师注册取得执业证书而从事医师执业活动的人员,按照《中华人民共和国执业医师法》第三十九条的规定处理。在教学医院中实习的本科生、研究生、博士生以及毕业第一年的医学生可以在执业医师的指导下进行临床工作,但不能单独从事医师执业活动"等相关规定结合本案具体情况裁定。

另,经李××、付甲、付乙、李×申请,原审法院于 2012 年 3 月 28 日委托北京明正司法鉴定中心(以下简称明正鉴定中心)对文书形成时间、文书形成时间及勾划的心电图对以后的医疗鉴定是否构成实质性影响进行鉴定。2012 年 4 月 20 日,该鉴定中心做出《退案说明》,由于病历的怀疑时间与标称时间相差未超过 3 个月,不具备文书形成时间鉴定条件;如文书形成时间无法确认,则文书形成时间部分及勾划的心电图对医疗鉴定是否构成实质性影响亦无法明确。故该中心对此案作退案处理。2012 年 6 月 6 日,原审法院询问笔录记载:承办法官告知双方当事人(患方为付甲)明正鉴定中心退案说明,双方均表示无异议。同时付甲明确医疗损害责任鉴定事项为:付××的死因、北京医院的诊疗行为是否存在过错,且与付××的死亡是否存在因果关系以及过错参与度;并表示如有时间将到场参观摇号过程。2012 年 7 月 9 日,原审法院当庭告知经北京市高级人民法院摇号确定由北京市红十字会急诊抢救中心司法鉴定中心(以下简称红十字鉴定中心)对付××的死亡原因、北京医院对付××的诊疗行为是否存在医疗过错及参与度;北京医院的医疗过错与付××死亡之间是否存在因果关系及参与度进行鉴定。该鉴定中心于 2013 年 3 月 27 日出具《法医学鉴定意见书》,认为关于付××死亡原因仅就送检病历材料等进行分析,因心功能衰竭及肺部感染加重,最终导致多脏器功能衰竭死亡。关于诊疗行为,北京医院使用未经执业注册的人员独立进行临床工作,不符合相关法律法规的规定,建议到医学会进行评估。气胸是胸腔穿刺术难以避免的并发症之一,但北京医院在进行胸水引流时选择负压吸引装置不规范,存在不足。自 2011 年 1 月 26 日起,北京医院认为无明显感染征象,停用抗生素治疗,未能有效控制其肺部感染,存在不足。第一次出现气胸后经胸腔闭式引流治疗,病情已基本稳定,与死亡之间无明确因果关系。第二次出现气胸因病情危重行抢救治疗，不存在错误。综上，付××是在原发病基础上，最终引起多脏器功能衰竭死亡。付××死亡主要系自身疾病发展转归所致，北京医院对付××的诊疗过程中存在过失，系导致其死亡后果之次要因素。鉴定意见为付××死亡原因为多脏器功能衰竭；北京医院对付××诊疗行为存在过失，系导致其死亡后果之次要因素；建议医疗过失参与度为10%～20%。经原审法院主持双方当事人对该鉴定意见书进行质证，北京医院表示认可；李××、付甲、付乙、李×持有异议，认为鉴定意见书载明医院的操作不规范太笼统，应详细释明，并认为既然鉴定结论说医院的操作不规范是次要因素，那么医院过失参与度应为20%～40%，并提出要求鉴定人员出庭接受质询的申请。2013年8月8日，红十字鉴定中心鉴定人孙祥出庭接受质询。针对李××、付甲、付乙、李×提出质疑逐一予以解答，特别是关于北京医院使用设施不规范以及患方主张的廖×操作失误是否可能造成患者付××气胸的后果等关键问题进行了解答。另，李××、付甲、付乙、李×在质证过程中并未对该鉴定中心接受法院委托进行本次鉴定的程序提出质疑。

李××、付甲、付乙、李×为证实其主张的误工费损失，提交了付甲、李×的收入证明，但未提交误工证明及纳税证明。北京医院对此不予认可。李××、付甲、付乙、李×对其主张的护理费、交通费，未提交证据。

二审法院审理中，李××、付甲、付乙认可其在红十字鉴定中心鉴定过程中并未对该鉴定中心接受委托进行鉴定一事提出质疑。

上述事实，有双方当事人的陈述和病历材料复印件、结算清单及住院收费专用收据复印件、鉴定意见书、北京市卫生局复函、医师资格证书、医师执业证书等在案佐证。

[裁判结果]

一审法院判决：

一、卫生部北京医院于判决生效后十五日内赔偿李××、付甲、付乙、李×医疗费二千八百六十一元七角二分、住院伙食补助费六百七十五元、护理费二千零二十五元、死亡赔偿金六万零四百八十一元五角、丧葬费九千四百零一元五角五分、精神损害抚慰金一万元；二、驳回李××、付甲、付乙、李×的其他诉讼请求。

二审法院判决：

驳回上诉，维持原判。

[裁判理由]

人民法院生效裁判认为，根据《中华人民共和国侵权责任法》第五十四条之规定，患者在诊疗活动中受到损害，医疗机构及其医务人员有过错的，由医疗机构承担赔偿责任。由于医疗纠纷涉及医学专业问题，一般需由专门机构对医疗行为是否存在过错及与患者所诉的损害后果是否存在因果关系进行评判。司法鉴定意见书是人民法院审理此类纠纷的重要证据。原审法院审理本案过程中，已经按照规定程序，组织双方当事人对涉案病历材料进行了质证、封存，并移送红十字鉴定中心作为检材使用。该中心按照相关程序对本病例进行了鉴定，并出具了鉴定意见书。且鉴定人孙祥出庭接受质询时，针对李××、付甲、付乙、李×提出的质疑予以了解答，特别是就北京医院使用设施不规范以及患方主张的廖×操作失误是否可能造成患者付××气胸的后果等关键问题进行了解答。李××、付甲、付乙上诉提出的原审法院在确定鉴定机构时存在程序问题，其并未就此提供证据，而从二审法院审查原审卷宗所见，没有显示存在其所述问题，二审法院对其所述难以采信。现李××、付甲、付乙虽仍对该鉴定意见书存疑，但未能提供足以推翻该鉴定意见书的证据，二审法院对该鉴定意见书的证明效力予以确认。原审法院参照该鉴定意见书，综合考虑本案实际情况，确定北京医院按照30％的比例对于因其不当医疗行为给李××、付甲、付乙、李×造成的合理损失予以赔偿，是适当的。

关于合理损失的确定。因我国民事赔偿制度采取的是填平原则，付××医疗费中已经报销的部分不属于李××、付甲、付乙、李×的合理损失范围，未报销部分才属于合理损失范围，应由北京医院按照其应承担的赔偿比例予以赔偿。关于住院伙食补助费、死亡赔偿金、丧葬费、精神抚慰金，均属于法定赔偿项目，但李××、付甲、付乙、李×主张的数额缺乏依据，原审法院根据本案实际情况酌情确定了具体赔偿数额，是适当的。

至于李××、付甲、付乙、李×主张的其他各项费用，其没有提供详实证据佐证该损失确实存在且确系北京医院不当医疗行为所致法定应赔偿的直接损失，原审法院没有支持，符合法律规定。

关于北京医院使用未经执业注册的人员独立进行临床工作的问题，二审法院认为确实违反了相关法律规范的规定。但就上述不当行为是否导致北京医院应该就此承担民事赔偿责任，还需确定该行为是否造成患者付××身体损害，这无疑属于医疗技术鉴定范围，红十字鉴定中心就此已经给予了评价，确定了因果关系及参与度。现李××、付甲、付乙坚持要求北京医院因此赔偿其全部损失，依据不足，二审法院实难支持。

3. 郑××、陈××诉江苏省人民医院医疗服务合同纠纷案

——当事人以医疗服务合同纠纷起诉主张精神损害赔偿的，人民法院依法不予支持

[裁判要点]

医疗服务合同中，医疗机构作为合同一方当事人，未适当履行合同义务的，应当承担赔偿损失等违约责任。损失赔偿的数额应当相当于因违约所造成的损失，包括合同履行后可以获得的利益，但不得超过违反合同一方订立合同时预见到或者应当预见到的因违反合同可能造成的损失，也不包括精神损害赔偿。

医疗机构履行医疗服务合同时，在非紧急情况下，未经同意擅自改变合同双方约定的医疗方案，属于合同法第一百零七条规定的履行合同义务不符合约定的行为。

[法条索引]

《中华人民共和国合同法》第一百零七条

[基本案情]

郑××、陈××系夫妻关系，因生育障碍到江苏省人民医院就医。2002年9月9日，郑××、陈××与江苏省人民医院签订了"试管婴儿辅助生育治疗协议和须知"（以下简称"协议和须知"）。人工辅助生育存在多种治疗技术，IVF和ICSI都是人工辅助生育的技术手段，"协议和须知"中没有明确约定江苏省人民医院将采取哪一种技术为原告进行治疗。但郑××交纳的检查费为5400元，与江苏省人民医院举证的ICSI技术的收费标准中前三项相加的数额相符，而郑××交费时ICSI技术的收费项目中最后一项相应的医疗措施尚未进行。江苏省人民医院的诉讼代理人在庭审中亦认可江苏省人民医院按照ICSI技术的收费标准收取了医疗费。江苏省人民医院举证的2002年9月9日"IVF促排卵治疗记录单"中也记载了"拟行治疗"为"ICSI"。因此，虽然原、被告双方没有书面约定采取何种技术进行治疗，但是综合分析以上证据可以认定，原告已知悉存在两种不同的治疗技术手段，其交费的行为应当认为是对治疗技术方案做出的选择，江苏省人民医院收费的行为应当认为是对原告选择的确认，因此亦可以推定，原、被告之间已经就采取ICSI技术进行人工辅助生育治疗达成合意，江苏省人民医院有义务按照ICSI技术为原告进行治疗。

2002年9月25日，郑××向江苏省人民医院交纳了检查费5400元，同日省江苏省人民医院对郑××进行了采卵手术并采集了陈××的精子。医务人员在观察了陈××的精子后，认为适宜按照IVF技术进行治疗，遂按照IVF技术操作，但是最终治疗未获成功。

另查明，郑××、张国青向江苏省人民医院支付检查费、医药费等共计人民币6072元（包括上述5400元），为促进排卵，郑××、陈××在院外购买药品支出人民币5362.05元，两项合计11434.05元。

上述事实有原、被告的陈述、病历记录、医药费发票等证据证实。

[裁判结果]

一审法院判决：

一、被告江苏省人民医院自本判决生效之日起5日内一次性向原告郑××、陈××赔偿医疗费人民币11434.05元；

二、驳回原告郑××、陈××的其他诉讼请求。

本案受理费人民币1465元由郑××、张国青负担995元，被告负担470元。

二审法院判决：

驳回上诉，维持原判。

[裁判理由]

法院生效裁判认为，当事人应当按照约定全面履行自己的义务。当事人一方不履行合同义务或者履行合同义务不符合约定的，应当承担继续履行、采取补救措施或者赔偿损失等违约责任。郑××、陈××现虽无直接证据证明双方约定采取ISCI治疗技术，但其所提交的2002年9月25日的交费单据表明，江苏省人民医院是按照ISCI技术的收费标准收取的医疗费；电话录音及郑××、陈××致江苏省人民医院医务处的信件中均提到他们原来是要求采取ISCI技术进行治疗；江苏省人民医院提交的2002年9月9日"IVF促排卵治疗记录单"中亦记载了拟行治疗为ISCI。上述间接证据相互印证，可以认定郑××、陈××与江苏省人民医院口头约定采取ISCI技术进行人工辅助生育治疗，江苏省人民医院应当按照双方的约定全面履行医疗服务合同。履行医疗服务合同时，在非紧急情况下，医院在未经过患者或其代理人同意的情况下，擅自改变双方约定的医疗方案，属于合同法第一百零七条规定的履行合同义务不符合约定的行为。在本案中，江苏省人民医院为郑××、陈××治疗过程中，在未出现需要紧急抢救等非常状态的情况下，未经郑××、陈××同意，擅自改变治疗方案。江苏省人民医院的行为，属于履行合同义务不符合约定，由此造成合同相对方的损失，依法应当承担赔偿损失的责任，一审法院对违约责任和具体损失的认定是正确的，据此所作的判决并无不当。江苏省人民医院上诉理由不足，故不予支持。

附：一审法院裁判理由：

南京市鼓楼区人民法院认为：原告主张本案应当适用消费者权益保护法，但消费者权益保护法侧重于通过规范经营者的行为，保护消费者在购买、使用商品和接受服务时应享有的权益。该法中所指的服务，是经营者为获取经济利益而提供的商业性服务。法院向江苏省卫生厅调取的证据表明，人民医院不是以盈利为目的的机构，不属于经营者，人民医院向社会公众提供的是公共医疗卫生服务，而不是商业服务，故本案不应适用消费者权益保护法。本案原告提起违约之诉，应该先确定双方之间是否存在合同关系及合同是否生效。医疗服务合同在患者向医院提出进行诊查、治疗的请求，并经医方做出承诺时成立。本案被告已经收取了原告交纳的医疗费，两原告与被告签订了"协议和须知"，被告也对原告进行了治疗，应当认定双方之间的医疗服务合同已经成立并生效。

《中华人民共和国合同法》第六十条规定："当事人应当按照约定全面履行自己的义务。当事人应当遵循诚实信用原则，根据合同的性质、目的和交易习惯履行通知、协助、保密等义务。"医疗服务合同以为患者治疗疾病为目的，医院一方应当以足够的勤勉和高度的注意谨慎行事，又由于医疗行为具有高度的专业性，因此医院在履约中具有较高的裁量权。但医院与患者在医疗服务合同关系中是平等的民事主体，且医疗行为的实施结果会对患者的身体造成直接影响，若完全不考虑患者的选择权明显有失公平。在医疗服务合同中，医院负有对医疗方案的说明义务，而患者享有对医疗方案一定的选择权。在实施医疗方案之前，除非在紧急情况下，医院有义务就该医疗方案向患者或其代理人进行充分的说明。患者有权充分了解医疗方案可能给自己带来的后果，有权对医疗方案进行选择。

对患者选择权的尊重应体现于存在两个以上治疗方案的场合，医院应该就几种不同治疗方案的利弊对患者进行充分说明，并以患者的决定为准选择治疗方案。本案中人工辅助生育存在 ICSI、IVF 等多种治疗技术。原、被告已经约定采取 ICSI 技术，如果医务人员在治疗过程中认为原告的状况更适合采取 IVF 技术，在条件允许的情况下，应当向原告予以说明，并就治疗技术方案的改动征求原告的意见。但被告的举证只能证明原告知悉治疗技术的改动，不能证明被告已经就该改动取得了原告的同意，故应当认定其行为构成违约，应当承担相应的责任。

《中华人民共和国合同法》第一百零七条规定："当事人一方不履行合同义务或者履行合同义务不符合约定的，应当承担继续履行、采取补救措施或者赔偿损失等违约责任。"本案中，原告为履行医疗服务合同而付出的医疗费属于其损失，具体范围包括原告向人民医院支付的检查费、医药费以及原告在院外购买药品支出的费用，被告应当予以赔偿。但是原告提供的误工费证据仅有其工作单位出具的证明，而非当时未领取有关款项的证据。因此应认为原告对于自己提出的误工费赔偿请求未能提供充分证据，故该诉讼请求不予支持。

关于原告要求被告给予精神损害赔偿的诉讼请求，因本案为合同违约之诉，依据《中华人民共和国合同法》第一百零七条、第一百一十三条第一款的规定，合同当事人未适当履行合同义务的，应当承担赔偿损失等违约责任。损失赔偿的数额应当相当于因违约所造成的损失，包括合同履行后可以获得的利益，但不得超过违反合同一方订立合同时预见到或者应当预见到的因违反合同可能造成的损失，亦不包括精神损害赔偿，故本案对要求被告承担精神损害赔偿不予支持，亦不支持要求被告公开赔礼道歉的请求。

二、在有多个医疗机构的医疗损害责任纠纷中如何确定和追加当事人

【医疗损害责任司法解释条文】

第二条 患者因同一伤病在多个医疗机构接受诊疗受到损害，起诉部分或者全部就诊的医疗机构的，应予受理。

患者起诉部分就诊的医疗机构后，当事人依法申请追加其他就诊的医疗机构为共同被告或者第三人的，应予准许。必要时，人民法院可以依法追加相关当事人参加诉讼。

【导读】

患者在多家医疗机构就诊发生诊疗损害的，有可能起诉其就诊的所有医疗机构，也有可能仅起诉部分医疗机构。在实践中能否追加其他医疗机构以及如何追加的问题存在争议。本条即对这一问题作了明确。第一款本着尊重当事人诉权的原则，规定了患者因同一伤病在多个医疗机构接受诊疗受到损害，以多个就诊医疗机构为共同被告提起诉讼的，人民法院应予受理。以患者只转诊转一次为例，这时损害后果是由前一个医疗机构所致还是后一个所致，或是两个医疗机构是否都存在过错，通常难以认定。这时一般都要通过启动鉴定程序来解决。经鉴定只有一家医疗机构存在诊疗过错，且其过错诊疗行为与损害后果存在因果关系，则只能由该家医疗机构承担侵权责任。在两家医疗机构都有诊疗过错且与损害后果的发生都具有原因力的情况下，则两家医疗机构通常是按照原因力的大小来确定其责任份额。但在少数情况下，也可能存在二者承担连带责任的情形。

本条第二款明确了患者仅起诉部分医疗机构时，能否追加其他医疗机构的问题。经研究，本解释规定患者申请追加其他医疗机构为共同被告，人民法院应当准许。但有时当事人申请追加其他医疗机构，仅是为查明案件事实的需要，或者在原告没有申请追加而被诉医疗机构申请追加其他医疗机构且不构成必要共同诉讼的情况下，这时应当允许追加该其他医疗机构为第三人。另外，根据调研意见，参考《最高人民法院关于审理食品药品纠纷案件适用法律若干问题的规定》第二条的表述，规定了必要时人民法院可以依职权追加当事人的规定。本款规定的"当事人"，并不是限定在作为原告的患者一方，也可以包括作为被告的医疗机构。但原告申请追加当事人的范围及被追加人的诉讼地位与被告申请追加不同。但无论是依当事人申请还是依职权追加共同诉讼当事人、第三人的，依据《中华人民共和国民事诉讼法》第七十四条的规定，都应当书面通知被追加的当事人，并通知其他当事人。如果需要被追加的当事人是遗漏的必须共同诉讼的当事人，则人民法院必须追加为共同原告或者共同被告，如果未予以追加，则会构成严重程序错误，要《中华人民共和国民事诉讼法》第一百七十条第一款规定的"遗漏当事人"的严重违反法定程序撤销原判发回重审的规则或者构成《中华人民共和国民事诉讼法》第二百条第八项规定的应当参加诉讼的当事人因不能归责于本人的事由未参加诉讼的再审事由。

在此需要注意的是，关于本条情形下医疗机构被追加为第三人的问题。通常而言，在本条情形下，医疗机构会被诉或者被追加为共同被告，但也会存在被确定或者追加为第三人的情形。由于医疗机构不具备成为有独立请求权第三人的资格，其作为第三人都是以无独立请求权第三人的身份出现。依据《中华人民共和国民事诉讼法》第五十二条第二款的规定，其本身可以申请参加诉讼，或者由人民法院通知他参加诉讼，审判实践中以人民法院通知其参加诉讼为常见。至于将该医疗机构追加为共同被告还是第三人，应当根据当事人的申请是否符合《中华人民共和国民事诉讼法》的规定来确定。如上所述，在法律没有禁止性规定的情形下，通常要以尊重原告的处分权为原则，但也要以不构成必要共同诉讼为前提。

【相关法条】

《中华人民共和国侵权责任法》

第八条 二人以上共同实施侵权行为，造成他人损害的，应当承担连带责任。

第十一条 二人以上分别实施侵权行为造成同一损害，每个人的侵权行为都足以造成全部损害的，行为人承担连带责任。

第十二条 二人以上分别实施侵权行为造成同一损害，能够确定责任大小的，各自承担相应的责任；难以确定责任大小的，平均承担赔偿责任。

第十三条 法律规定承担连带责任的，被侵权人有权请求部分或者全部连带责任人承担责任。

《中华人民共和国民事诉讼法》

第五十二条 当事人一方或者双方为二人以上，其诉讼标的是共同的，或者诉讼标的是同一种类、人民法院认为可以合并审理并经当事人同意的，为共同诉讼。

共同诉讼的一方当事人对诉讼标的有共同权利义务的，其中一人的诉讼行为经其他共同诉讼人承认，对其他共同诉讼人发生效力；对诉讼标的没有共同权利义务的，其中一人的诉讼行为对其他共同诉讼人不发生效力。

第五十六条第一、二款 对当事人双方的诉讼标的，第三人认为有独立请求权的，有权提起诉讼。

对当事人双方的诉讼标的，第三人虽然没有独立请求权，但案件处理结果同他有法律上的利害关系的，可以申请参加诉讼，或者由人民法院通知他参加诉讼。人民法院判决承担民事责任的第三人，有当事人的诉讼权利义务。

第一百三十二条 必须共同进行诉讼的当事人没有参加诉讼的，人民法院应当通知其参加诉讼。

《最高人民法院关于适用〈中华人民共和国民事诉讼法〉的解释》

第七十三条 必须共同进行诉讼的当事人没有参加诉讼的,人民法院应当依照民事诉讼法第一百三十二条的规定,通知其参加;当事人也可以向人民法院申请追加。人民法院对当事人提出的申请,应当进行审查,申请理由不成立的,裁定驳回;申请理由成立的,书面通知被追加的当事人参加诉讼。

第七十四条 人民法院追加共同诉讼的当事人时,应当通知其他当事人。应当追加的原告,已明确表示放弃实体权利的,可不予追加;既不愿意参加诉讼,又不放弃实体权利的,仍应追加为共同原告,其不参加诉讼,不影响人民法院对案件的审理和依法作出判决。

第八十一条 根据民事诉讼法第五十六条的规定,有独立请求权的第三人有权向人民法院提出诉讼请求和事实、理由,成为当事人;无独立请求权的第三人,可以申请或者由人民法院通知参加诉讼。

第一审程序中未参加诉讼的第三人,申请参加第二审程序的,人民法院可以准许。

《最高人民法院关于审理人身损害赔偿案件适用法律若干问题的解释》

第三条第一款 二人以上共同故意或者共同过失致人损害,或者虽无共同故意、共同过失,但其侵害行为直接结合发生同一损害后果的,构成共同侵权,应当依照民法通则第一百三十条规定承担连带责任。

第五条第一款 赔偿权利人起诉部分共同侵权人的,人民法院应当追加其他共同侵权人作为共同被告。赔偿权利人在诉讼中放弃对部分共同侵权人的诉讼请求的,其他共同侵权人对被放弃诉讼请求的被告应当承担的赔偿份额不承担连带责任。责任范围难以确定的,推定各共同侵权人承担同等责任。

【典型案例】

1. 吕×诉淮南东方医院集团总医院等服务站医疗损害责任纠纷再审案

——多家医疗机构对患者同一伤病进行诊治发生的医疗损害责任纠纷，可以作为共同被告被诉，但其中某个医疗机构虽有过错诊疗行为，但该行为与损害后果没有因果关系的，则该医疗机构不承担赔偿责任

案号：（2013）淮民一再终字第 00039 号

[裁判要点]

在医疗损害责任纠纷中，医疗机构承担赔偿责任需以满足相应的侵权责任构成要件为前提，不仅要求医疗机构实施诊疗行为过程中有过错，还要满足该诊疗行为与损害后果之间具有因果关系的要件。由于诊疗行为是一种具有高度专业性、相当复杂性并同时具有一定的风险性的活动过程，确定医疗机构在对患者的诊疗过程中是否存在过错及该过错诊疗行为与患者的损害后果之间是否存在因果关系的问题，往往需要通过申请鉴定来解决。人民法院依法委托的鉴定机构及鉴定人的主体资质合法、鉴定程序正当、鉴定结论的依据充分，具有较高的科学性、公正性，且原、被告对该份鉴定意见书的真实性和合法性均无异议的，该鉴定意见可以作为认定案件事实的重要证据。

本案中，患者因病前往三被告处就诊后发生损害而形成纠纷。患者一方应当对相应的侵权责任构成要件承担举证证明责任，并可以通过申请鉴定来认定医疗机构的诊疗行为有无过错、与损害后果之间有无因果关系等。人民法院依法委托作出的鉴定意见认为，其中一家医疗机构对患者未行全面体格检查和必要辅助检查，也存在门诊病历记载不完整、未予患者

做详细的体格检查、相关的实验室及辅助检查的不足之处，存在医疗过错，但这些过错行为与患者病程的发展及转归无因果关系。另两家医疗机构对患者的诊疗行为未见违反医疗原则之处，即没有过错，也无需承担责任。

[法条索引]

《中华人民共和国侵权责任法》第五十四条

《中华人民共和国民事诉讼法》第六十四条

[基本案情]

吕×与淮南东方医院集团总医院（以下简称淮南东方医院）、淮南朝阳医院、龙泉街道龙眼社区卫生服务站（以下简称龙眼社区卫生服务站）医疗损害责任纠纷一案，淮南市田家庵区人民法院于2012年4月10日作出（2011）田民一初字第01000号民事判决。宣判后，吕×不服，向淮南市中级人民法院提起上诉。淮南市中级人民法院于2012年12月6日作出（2012）淮民一终字第00491号民事判决，已经发生法律效力。吕×仍不服，向安徽省高级人民法院申诉。安徽省高级人民法院于2013年7月10日作出（2013）皖民申字第00095号民事裁定：一、指令淮南市中级人民法院再审本案；二、再审期间，中止原判决的执行。淮南市中级人民法院依法组成合议庭，公开开庭审理了本案，申请再审人吕×的委托代理人段××、陈××，被申请人淮南东方医院的委托代理人饶×、胡××，被申请人淮南朝阳医院的委托代理人顾×、冉×，被申请人龙眼社区卫生服务站的委托代理人史××到庭参加诉讼。吕×、淮南东方医院的法定代表人江××、淮南朝阳医院的法定代表人宋××、龙眼社区卫生服务站的负责人胡××经合法传唤未到庭。本案的基本案情如下：

2008年8月6日，原告吕×因"大便次数增多，3~4次/日，糊状伴呃逆"，前往被告淮南东方医院集团总医院门诊（专家）就诊，检查：心肺（-），腹软，无压痛。未做相关辅助及实验室检查，拟诊"肠易激综合征（IBS）"给予口服药物治疗。8月13日，原告因"大便出血"又去该院找同一专家就诊，仍未做相关检查，继续给予口服药物治疗。8月27日，原告再次就诊，门诊医生开出大便化验单，8月28日大便常规检验报告显示：色黄、硬度稀，镜检 WBC（++），建议住院进一步检查治疗，但原告因故没有住院。8月31日，大便常规检验报告显示：大便红，脓血便，镜检 WB（+++）、RBC（++）。同日，原告前往被告龙泉社区卫生服务站治疗，该站予以输液治疗，处方笺显示："0.9%NS250ml、庆大霉素、左氧，……"同年9月2日，处方笺显示："0.9%NS、头孢曲松钠、5%GSAmK、654-2、左氧"。同年9月6日，处方笺显示："AmK、左氧、头孢曲松钠……"同年9月13日，原告又前往被告淮南东方医院集团总医院就诊，该院对其大便常规检验报告显示：大便黄，黏脓便、WBC+++、RBC3～4/HP。次日，原告前往被告淮南朝阳医院住院治疗。同年9月19日，该院电子结肠镜及病理诊断为：直肠乙状结肠炎。同年9月26日，原告经治疗好转出院。此后，原告多次前往安徽医科大学第一附属医院门诊及安徽省立医院门诊就诊，安徽省立医院拟诊为："乙状结肠炎"，给予相关药物灌肠治疗。同年10月21日，原告入住被告淮南东方医院消化内科进行治疗，诊断：溃疡性结肠炎。经治疗，原告于同年12月10日出院。2009年1月6日，原告吕×与被告淮南东方医院集团总医院共同申请淮南市医学会对双方的医疗纠纷进行医疗事故鉴定。同年1月15日，淮南市医学会作出淮医鉴〔2009〕01号医疗事故技术鉴定书，内容："……八、分析意见：（一）经审核，淮南东方医院集团总医院为合法医疗机构，医护人员为合法执业人员。（二）根据医患双方提供的相关资料，鉴定专家组认为：1.医方门诊诊疗过程基本正确。2.医方门诊诊疗过程中存在以下不足：（1）门诊病历记载不完整。（2）医方未予患者做详细的体格检查、相关的实验室及辅助检查。3.医方的不足之处与患者病程的发展及转归无因果关系。4.不属于医疗事故。鉴定意见：本病例不属于医疗事故。"原告吕×不服，向安徽省医学会提出申请，要求进行再次鉴定，同年4月15日，安徽省医学会作出皖医鉴〔2009〕10号医疗事故技术鉴定书，内容："……八、分析意见：1.该患者因腹泻一周去淮南东方医院集团总医院门诊就诊，因患者系年轻男性，仅腹泻无脓血，病程短，未作大便检查，当时给予相应治疗，未违反诊疗常规；2.患者及家属陈述，以后数次去该院就诊，但没有提供患者本人就诊及检查取药依据（所提供化验单及处方均与吕×姓名不符）；3. 患者目前一般情况正常，无脓血便，不存在不良后果，故不构成医疗事故；4. 院方存在一些管理上不足，如门诊病历书写欠规范、欠完整，但这和患者疾病的变化、转归无因果关系。九、结论：本病例不属于医疗事故"。2009 年 5 月 18 日，原告吕×因医疗损害赔偿纠纷起诉本案三被告至二审法院。案件审理过程中，原告于 2009 年 9 月 4 日前往安徽省立医院住院治疗，诊断为：溃疡性结肠炎（慢性复发型、活动期、直肠），同年 9 月 24 日原告出院。2009 年 9 月 29 日，原告至南京市鼓楼医院（南京大学医学院附属医院）入院治疗，该院诊断为溃疡性结肠炎，经治疗，原告病情好转，于 2009 年 10 月 20 日出院。2010 年 1 月 17 日二审法院委托南京医科大学司法鉴定所，对被告淮南东方医院集团总医院、淮南朝阳医院、龙泉社区卫生服务站对原告吕×的诊疗行为是否有过错，该过错与损害结果是否有因果关系及过错参与度进行司法鉴定，该所于同年 4 月 26 日作出南医大司鉴所〔2010〕书鉴字第 10 号《司法鉴定意见书》，其《分析说明》载明：溃疡性结肠炎是一种病因尚不十分清楚的直肠和结肠慢性非特异性炎症性疾病。病变主要限于大肠黏膜与黏膜下层，临床表现为腹泻、黏液脓血便、腹痛，病情轻重不等，多呈反复发作的慢性病程。本病可发生于任何年龄，多见于 20～40 岁。起病多数缓慢，病程慢性经过，多表现为发作期与缓解期交替，少数症状持续并逐渐加重。对于溃疡性结肠炎初发病例临床表现、结肠镜改变不典型者，临床往往暂不作出诊断，须随访 3～6 个月，观察发作情况，在认真排除各种可能有关的病因后才能作出本病诊断。根据委托方的送检材料，结合临床专家会诊意见，分析如下：1. 淮南东方医院集团总医院的诊疗行为：根据委托方提供的材料，吕×2008 年 8 月 6 日因"大便次数增多"前往淮南东方医院集团总医院就诊，门诊病历记载查体"心肺（-），腹软，无压痛"，诊断为肠激惹综合征（IBS）；予以兰索拉唑、思密达、金双歧治疗。门诊病历显示院方未对吕×进行全面的体格检查和常规的辅助检查，如血常规、粪常规等以帮助诊断，直至 2008 年 8 月 31 日查粪常规"脓血便，镜检（+++）、RBC（++）"。腹泻原因很多，只有通过认真排除各种可能有关的病因后才能作出明确诊断。一个完整的诊断应包括其临床类型、临床严重程度、病变范围、病情分期及并发症。淮南东方医院集团总医院门诊在未行全面体格检查和必要辅助检查的情况下，仅凭临床症状诊断为肠激惹综合征、未尽谨慎注意义务，存在医疗过错，不能排除院方对吕×的诊疗行为有延误疾病诊断的可能。2008年10月21日吕×入住淮南东方医院集团总医院住院，诊断为溃疡性结肠炎，予抗感染、灌肠等治疗，期间病情有缓解，住院期间的诊疗行为未见明显违反原则之处。2. 田家庵区龙泉街道龙眼社区卫生服务站的诊疗行为：社区卫生服务功能有开展健康教育、预防、保健、康复、计划生育技术服务和一般常见病、多发病的诊疗服务；因受自身条件所限，对于一些稍复杂或疑难疾病，其诊疗水平难以满足需要。吕×在田家庵区龙泉街道龙眼社区卫生服务站2008年8月31日、2008年9月2日、2008年9月6日三天输注庆大霉素、左氧、头孢曲松钠、654-2等抗感染、解痉等处理，其输液行为本身符合一般社区卫生服务站的水平，未违反医疗原则。3. 淮南朝阳医院的诊疗行为：吕×于2008年9月14日因"腹泻2月余"入住淮南朝阳医院，入院考虑为直肠乙状结肠炎，并于2008年9月18日经电子肠镜检查，确诊为直肠乙状结肠炎。院方在其住院期间予以营养肠道、调节菌群、补液等处理，提示治疗后症状好转，治疗未见明显违反诊疗常规之处。综上所述，淮南东方医院集团总医院门诊对吕×未行全面体格检查和必要辅助检查，未尽谨慎注意义务，存在医疗过错。田家庵区龙泉街道龙眼社区卫生服务站和淮南朝阳医院对吕×的诊疗行为未见违反医疗原则之处。4. 因果关系：溃疡性结肠炎具有慢性过程、反复发作的特点，其目前状况符合其自身疾病自然转归；虽不能排除淮南东方医院集团总医院的医疗过错有延误诊治的可能，但对其最终后果无必然影响。鉴定意见：1. 根据现有材料，淮南东方医院集团总医院门诊对吕×未行全面体格检查和必要辅助检查，未尽谨慎注意义务，存在医疗过错。田家庵区龙泉街道龙眼社区卫生服务站和淮南朝阳医院对吕×的诊疗行为未见违反医疗原则之处。2. 吕×目前情况符合自身溃疡性肠炎的自然转归；虽不能排除淮南东方医院集团总医院的医疗过错有延误诊治的可能，但对其最终后果无必然影响。案件在审理过程中，由于原告未按期缴纳诉讼费用，二审法院于2010年6月25日作出（2009）田民一初字第1091号民事裁定：该案按自动撤回起诉处理。2010年11月1日，原告再次起诉淮南东方医院，要求淮南东方医院集团总医院赔偿损失，同年12月21日，原告撤回了起诉。现吕×再次提起诉讼，以上述同样理由，请求判决三被告连带赔偿各项损失98212.33元〔医疗费22512.18元、误工费53325.15元、护理费5450元（109天×50元＝5450元）、住宿费2545元、交通费7920元、住院伙食补助费1090元（109天×10元＝1090元）、营养费3270元（109天×30元＝3270元）、第一次医疗事故鉴定费2100元，合计98212.33元〕，精神抚慰金和残疾赔偿金待定残后追加起诉，后续各项费用待发生后另行起诉。

淮南市田家庵区人民法院另查明，吕×在淮南东方医院集团总医院门诊治疗期间花去医疗费180元，住院59天，花去医疗费3045.84元（其中保险公司支付1324.05元）；在淮南朝阳医院住院12天，花去医疗费1960.3元（其中保险公司支付927.3元）；在安徽省立医院、南京鼓楼医院等医院治疗，花去医疗费21428.68元。

[裁判结果]

一审法院判决：

驳回原告吕×的诉讼请求；

二审法院判决：

驳回上诉，维持原判；

再审法院判决：

维持（2012）淮民一终字第00491号民事判决。

[裁判理由]

再审法院生效裁判认为，本案争议焦点为淮南东方医院、淮南朝阳医院、龙眼社区卫生服务站在对吕×的医疗行为中是否存在过错，是否应当承担赔偿责任。

《中华人民共和国侵权责任法》第五十四条规定："患者在诊疗活动中受到损害，医疗机构及其医务人员有过错的，由医疗机构承担赔偿责任。"根据本条的规定，医疗损害责任的构成要件有四个：一是医疗机构和医务人员的诊疗行为；二是患者的损害；三是诊疗行为与损害后果之间的因果关系;四是医务人员的过错。淮南东方医院、淮南朝阳医院、龙眼社区卫生服务站与吕×形成医患关系事实清楚,判定淮南东方医院、淮南朝阳医院、龙眼社区卫生服务站承担医疗损害责任的前提是医疗机构医疗行为与吕×人身损害后果之间具有因果关系。鉴定意见是具有医学专业知识的人员根据法定程序所作出的鉴定结论,对于医疗机构的医疗行为是否存在过错以及其过错与患者的损害是否有因果关系,具有比较强的证明力。根据南京医科大学司法鉴定所《鉴定意见书》确认淮南东方医院门诊对吕×未行全面体格检查和必要辅助检查,未尽谨慎注意义务,存在医疗过错。虽不能排除淮南东方医院的医疗过错有延误诊治的可能,但对吕×最终后果无必然影响,吕×目前情况符合自身溃疡性结肠炎的自然转轨。据此,淮南东方医院在对吕×的门诊治疗过程中虽然存在门诊病历记载不完整、未予患者做详细的体格检查、相关的实验室及辅助检查的不足之处,但淮南东方医院的不足之处与吕×病程的发展及转归无必然影响,不足以认定淮南东方医院医疗过错与吕×的损害后果两者之间有因果关系。故吕×要求淮南东方医院赔偿损失的诉讼主张证据不足,不予支持。南京医科大学司法鉴定所《鉴定意见书》确认龙眼社区卫生服务站和淮南朝阳医院对吕×的诊疗行为未见违反医疗原则之处,故吕×要求龙眼社区卫生服务站和淮南朝阳医院赔偿损失的诉讼主张缺乏事实依据,不予支持。

附:二审法院裁判理由:

二审法院认为:本案争议的焦点是三被上诉人是否应对上诉人承担赔偿责任。医疗机构对患者承担医疗损害赔偿责任,应同时具备三项必要条件,即患者存在医疗损害后果、医疗机构在诊疗过程中存在医疗过错、该医疗过错与患者医疗损害后果之间有因果关系。本案经原审法院委托南京医科大学司法鉴定所对于淮南东方医院集团总医院、淮南朝阳医院、龙眼社区卫生服务站对吕×的诊疗行为是否有过错,该过错与损害结果是否有因果关系及过错参与度进行了司法鉴定,淮南朝阳医院、龙眼社区卫生服务站对吕×的诊疗行为未见违反医疗原则之处,即不存在医疗过错,故淮南朝阳医院、龙眼社区卫生服务站不应对吕×承担医疗损害赔偿责任;淮南东方医院集团总医院虽然存在医疗过错,但吕×所患溃疡性结肠炎是一种病因尚不十分清楚的直肠和结肠慢性非特异性炎症性疾病，该病情具有轻重不等、反复发作的慢性病程特点，吕×目前情况符合自身溃疡性肠炎的自然转归，即使不排除该医疗过错有延误诊治的可能，对吕×所患疾病的最终后果也无必然影响，即不存在医疗行为的损害后果，因此淮南东方医院亦不应对吕×承担医疗损害赔偿责任。原判决认定事实清楚，适用法律正确，上诉人吕×的上诉理由均不能成立。依照《中华人民共和国民事诉讼法》第一百五十三条第一款第（一）项之规定判决：驳回上诉，维持原判。

2. 姜××、张××与鹤壁市淇滨区大赉店中心卫生院、鹤壁市第一人民医院医疗损害赔偿纠纷案

——两家医疗机构分别实施诊疗行为，须均存在诊疗过错为承担
责任的前提，至于责任形态，则要根据案件具体情况确定；
因过错诊疗行为切除患者子宫，侵害了配偶的生育权，
该配偶可以主张精神损害赔偿

案号：（2010）鹤民再字第10号

[裁判要点]

人民法院可以参照鉴定意见中认定专门性问题的案件事实作出裁判。本案二审及再审即按照鉴定意见中认定的患者"患宫颈妊娠，其病情自然转归存在因出血量大而须行全子宫切除的可能"，进而认定第二家医疗机构成功实施子宫切除术，并没有诊疗过错，不应承担责任。

两家医疗机构的诊疗行为直接结合造成患者同一损害的，应当承担连带赔偿责任，此并不违反侵权责任法的规定，且完全符合《最高人民法院关于审理人身损害赔偿案件适用法律若干问题的解释》的规定。但对于此规则的适用要主要必须是满足两个过错诊疗行为的存在，且系行为直接结

合共同造成同一损害后果的条件。本案一审判决之所以被改判，就是因为对于患者的损害只有一家医疗机构有过错，另外一家医疗机构没过错，故这两家医疗机构之间不能承担连带责任。

本案还有一个典型之处在于，由于患者子宫被切除，进而丧失了生育能力，不仅患者本人遭受精神痛苦，其丈夫的生育权也受到侵害，也必然遭受精神痛苦，法院一并判决医疗机构给予夫妻二人一定的精神损害赔偿。

[法条索引]

《最高人民法院关于审理人身损害赔偿案件适用法律若干问题的解释》第三条

《最高人民法院关于确定民事侵权精神损害赔偿责任若干问题的解释》第二条

[基本案情]

2006年2月14日，姜××到大赉店卫生院就诊，经B超检查，被诊断为：宫腔残留物。大赉店卫生院为姜××开具了米索前列醇片及米非司酮片，让其口服药物流产。姜××服药后，2006年2月16日出现大量出血，头晕、心慌后晕倒，急到第一人民医院就诊，被诊断为：1. 宫颈妊娠；2. 失血性休克；3. 药物流产术后；4. 贫血。于2006年2月16日行子宫全切术。姜××2006年2月16日至2006年2月23日在第一人民医院住院7天，支出医疗费用7637.34元。姜××在大赉店卫生院治疗支出医疗费用52元。鹤壁众益司法鉴定中心于2006年10月15日出具了鹤众益司鉴中心〔2006〕临鉴字第051号司法鉴定书，鉴定结论为：姜××子宫切除构成七级伤残。住院期间需要护理人员2～3人/天，出院后需要护理人员1人/天至医疗终结，医疗终结期限一般情况下需1个月左右。河南科技大学司法鉴定中心于2006年11月20日出具了河科大司鉴中心〔2006〕临鉴字第06162号司法鉴定书，鉴定结论为："姜××所受损失与自身病情存在主要因果关系。鹤壁市大赉店中心卫生院（淇滨妇产医院）对姜××的诊疗行为存在误诊和用药不当过错；但宫颈妊娠极罕见，且其发展后果多为因出血量大而须行全子宫切除，因此该过错与姜××子宫切除的后果无直接因果关系。"另查明，姜××出生于1964年3月13日，为非农业家庭户口。张××与姜××系夫妻关系。

[裁判结果]

一审法院判决：

一、鹤壁市大赉店中心卫生院、鹤壁市第一人民医院赔偿姜××、张××医疗费、护理费、误工费、住院伙食补助费、残疾赔偿金及精神损害抚慰金共计65294.19元，于本判决生效后五日内履行完毕；

二、驳回姜××、张××的其他诉讼请求。

二审法院判决：

（一）撤销鹤壁市淇滨区人民法院（2006）淇滨民初字第320号民事判决；

（二）鹤壁市淇滨区大赉店中心卫生院赔偿姜××、张××医疗费、护理费、误工费、住院伙食补助费、残疾赔偿金及精神损害抚慰金共计65294.19元，于本判决生效后五日内履行完毕；

（三）驳回姜××、张××的其他诉讼请求。

再审法院判决：

维持本院（2008）鹤民一终字第98号民事判决。

[裁判理由]

再审法院认为，姜××分别在大赉店卫生院治疗和在第一人民医院治疗，属于前后连续的两个治疗行为。姜××因怀孕于2006年2月14日到大赉店卫生院治疗，大赉店卫生院为其作B超诊断为宫腔残留物，开具了米索前列醇片和米非司酮片，并让姜××在家服用，姜××服用后在2006年2月16日出现大出血、昏迷、休克症状，遂急到第一人民医院就诊，该事实清楚。有姜××当庭陈述和第一人民医院的病历为证。姜××到第一人民医院就诊的行为是大赉店卫生院诊疗行为导致其大出血，需及时抢救、控制大出血、挽救生命的延续治疗行为。鹤壁市中级人民法院二审依据二医疗机构在为姜××诊治过程中是否存在过错，明确了二医疗机构的责任承担。

附：二审裁判理由：

二审法院认为：《中华人民共和国民法通则》第一百零六条规定："公

民、法人由于过错侵害国家的、集体的财产，侵害他人财产、人身的，应当承担民事责任。"大赉店卫生院对姜××的诊疗行为存在误诊和用药不当过错，此有河南科技大学司法鉴定中心〔2006〕临鉴字第06162号司法鉴定书佐证，对姜××子宫切除构成七级伤残应当承担民事赔偿责任。大赉店卫生院上诉称不应承担责任的理由，不能成立，本院不予支持。姜××因子宫切除丧失了生育能力，也剥夺了丈夫张××的生育权，夫妻遭受一定的精神痛苦，大赉店卫生院上诉称不应支持精神损害赔偿金的主张，不能成立，二审法院不予支持。根据河科大司鉴中心〔2006〕临鉴字第06162号司法鉴定书中分析说明："姜××患宫颈妊娠，其病情自然转归存在因出血量大而须行全子宫切除的可能。"鉴定结论摘要："宫颈妊娠极罕见，且其发展后果多为因出血量大而须行全子宫切除。"第一人民医院上诉称其成功实施子宫切除术，医疗行为无过错，不应承担连带赔偿责任的主张成立，二审法院予以支持。

一审裁判理由：

淇滨区人民法院一审认为：因医疗行为引起的侵权诉讼，患者应就侵权行为和损害后果提出证据，医疗机构应当就医疗行为与损害结果之间不存在因果关系及不存在医疗过错承担举证责任。本案中，姜××举证证明了分别在大赉店卫生院、第一人民医院诊治和子宫切除的事实，已完成了其相应的举证责任。大赉店卫生院应当就其开具流产药物与姜××子宫切除之间不存在因果关系及不存在医疗过错承担举证责任，第一人民医院应当就其对姜××行子宫全切术不存在医疗过错承担举证责任。大赉店卫生院申请鉴定，河南科技大学司法鉴定中心的鉴定结论为："姜××所受损失与自身病情存在主要因果关系。鹤壁市大赉店中心卫生院（淇滨妇产医院）对姜××的诊疗行为存在误诊和用药不当过错；但宫颈妊娠极罕见，且其发展后果多为因出血量大而须行全子宫切除，因此该过错与姜××子宫切除的后果无直接因果关系。"该鉴定明确大赉店卫生院存在误诊和用药不当过错，但其过错与姜××子宫切除的后果无直接因果关系。米非司酮片说明书中显示："【禁忌】有下列任何情况之一者，禁止使用米非司酮片和米索前列醇终止妊娠：确证或怀疑宫外孕，或未诊断明确的附件肿块

（治疗程序对于终止宫外孕是无效的）。【注意事项】2.米非司酮片必须在具有急诊、刮宫手术和输液、输血条件的临床单位使用。请在医生指导下使用。"米索前列醇片说明书中显示："【禁忌】3.带宫内节育器妊娠和怀疑宫外孕者。【注意事项】1.本品用于终止早孕时，必须与米非司酮配伍，严禁单独使用。2.本品配伍米非司酮终止早孕时，必须医生处方，并在医生监管下有急诊、刮宫手术和输液、输血条件的单位使用。本品不得在药房自行出售。3.服药前必须向服药者详细告知治疗效果，及可能出现的副反应，服用本品时必须在医院观察4~6小时，治疗或随诊过程中，如出现大量出血或其他异常情况应及时就医。"从说明书也可以看出，米非司酮与米索前列醇禁止适用于宫外孕，且必须在具有急诊、刮宫手术和输液、输血条件的单位使用，大赉店卫生院不但误诊，而且违反说明书的要求，让姜××将药物带走服用，其诊治行为存在明显过错，依法应当承担损害赔偿责任。因第一人民医院未申请鉴定，河南科技大学司法鉴定中心出具的河科大司鉴中心〔2006〕临鉴字第06162号司法鉴定书中也未涉及第一人民医院的诊疗行为有无过错，第一人民医院没有完成对姜××行子宫全切术不存在医疗过错的举证责任，依法应当承担相应的赔偿责任。河南科技大学鉴定中心出具的河科大司鉴中心〔2006〕临鉴字第06162号司法鉴定书中分析说明："姜××患宫颈妊娠，其病情自然转归存在因出血量大而需行全子宫切除的可能，因此，姜××所受损失与自身病情存在主要因果关系。"故对姜××因子宫切除所受损失，姜××应当承担主要责任，酌定为承担损失的60%为宜，大赉店卫生院与第一人民医院应承担次要责任，酌定为承担损失的40%为宜。姜××口服大赉店卫生院开具的米索前列醇片及米非司酮片后，出现大量出血，急到第一人民医院就诊，被切除子宫，二被告虽无共同过失，但大赉店卫生院开具流产药物的行为与第一人民医院行子宫全切术的行为直接结合发生同一损害结果，故二被告应承担连带责任。姜××的损失为：医疗费7689.34元、误工费994元（9810.26÷365天×37天＝994元，参照河南省2006年度城镇居民人均可支配收入9810.26元/年标准计算）、住院伙食补助费70元（参照鹤壁市国家机关一般工作人员的出差伙食补助标准10元/天计算，原告住院7天），护理费 1283 元（10644 元÷365 天×7 天×2 人＋10644 元÷365 天×30 天×1 人＝1283 元，参照河南省居民服务和其他服务业职工平均工资 10644 元/年计算）、残疾赔偿金 78482.08 元（七级伤残，按照河南省 2006 年度城镇居民人均可支配收入 9810.26 元/年标准计算 20 年，9810.26×20 年×40％＝78482.08 元），共计 88518.42 元。大赉店卫生院与第一人民医院应当承担的数额为 35294.19 元（其中护理费按二原告请求的 400 元计算，超过部分不予支持）。姜××子宫切除构成七级伤残，二原告正值壮年，子宫切除的直接后果是姜××丧失了生育能力，也剥夺了张××的生育权，二原告必然遭受巨大的精神痛苦，结合本地经济情况，对赔偿姜××精神损害抚慰金，本院酌定为 2 万元为宜，对赔偿张××精神损害抚慰金，本院酌定为 1 万元为宜，共计 3 万元，予以支持。对于二原告请求二被告赔偿今后治疗费 1000 元，因未提供证据证明姜××今后仍需继续治疗，故对该项请示不予支持。

三、医疗产品责任中如何确定和追加当事人

【医疗损害责任司法解释条文】

第三条 患者因缺陷医疗产品受到损害,起诉部分或者全部医疗产品的生产者、销售者和医疗机构的,应予受理。

患者仅起诉医疗产品的生产者、销售者、医疗机构中部分主体,当事人依法申请追加其他主体为共同被告或者第三人的,应予准许。必要时,人民法院可以依法追加相关当事人参加诉讼。

患者因输入不合格的血液受到损害提起侵权诉讼的,参照适用前两款规定。

【导读】

药品、消毒药剂、医疗器械属于产品,根据《中华人民共和国侵权责任法》第四十三条的规定,因产品存在缺陷造成损害的,被侵权人可以向产品的生产者请求赔偿,也可以向产品的销售者请求赔偿。按照《中华人民共和国侵权责任法》第五十九条的规定,因医疗产品缺陷造成患者损害的,患者可以向生产者或者血液提供机构请求赔偿,也可以向医疗机构请求赔偿。通说认为,医疗机构与医疗产品的生产者、销售者之间的责任形态是不真正连带责任。虽然不真正连带责任在性质上确实不同于连带责任,各责任人的责任是独立的,不具有连带性,但这不能作为否认不真正连带责任的案件可以作为共同诉讼的理由。不真正连带责任最本质的特征之一是给付标的是同一的,也即无论是哪个责任人承担责任,均属于是对

受害人的同一责任，一个责任人承担全部责任后，其他责任的责任对受害人而言全部消灭。在这一点上与连带责任完全相同，符合《中华人民共和国民事诉讼法》第五十二条规定的必要共同诉讼的基本要件。尤为重要的是，立法确立不真正连带责任的目的主要就是方便受害人提起诉讼，确保对受害人损害的救济，如果禁止采用共同诉讼方式允许受害人同时起诉各不真正连带责任人，将与保护受害人的立法目的相悖。而且各地审判实践中基本上都肯定了不真正连带责任下，允许受害人选择起诉部分或者全部责任人。本条正是按照这一思路确立了有关医疗产品责任纠纷和输入不合格缺陷纠纷的当事人确定规则。

  本条要解决的问题与第二条类似，确立的规则也与第二条一致，旨在明确医疗产品责任纠纷中的当事人确定尤其是追加有关责任主体的规则。按照《中华人民共和国侵权责任法》第四十三条、第五十九条的规定，患者可以同时向医疗产品的生产者、销售者或血液提供机构和医疗机构请求赔偿，一者法律并无禁止性规定，二者这样做便于查明案件事实，也有利于纠纷的彻底解决。在此需要注意的是，本款将"缺陷医疗产品的生产者、销售者或者医疗机构"并列规定为共同诉讼当事人，相比《中华人民共和国侵权责任法》第五十九条规定增加了"医疗产品的销售者"。此属于既符合审判实践需要也符合对侵权责任法进行体系解释的要求。医疗产品属于产品，《中华人民共和国侵权责任法》第五十九条规定医疗产品的生产者和医疗机构对缺陷医疗产品造成患者损害的承担侵权责任，属于产品责任的特殊规定。《中华人民共和国侵权责任法》第五章规定了产品责任属于一般规定，按照法律适用的一般原则，特别法有规定的优先适用，特别法没有规定的，可以适用一般法的规定。《中华人民共和国侵权责任法》第四十三条规定："因产品存在缺陷造成损害的，被侵权人可以向产品的生产者请求赔偿，也可以向产品的销售者请求赔偿。产品缺陷由生产者造成的，销售者赔偿后，有权向生产者追偿。因销售者的过错使产品存在缺陷的，生产者赔偿后，有权向销售者追偿。"该条规定不仅赋予了受害人向生产者和销售者进行求偿的权利，同时也明确了终局责任的确定标准，即以造成缺陷的之过错归属而确定由生产者或者是销售者承担终局责任。即医疗产品的销售者应当属于医疗产品责任中的承担主体之一。这既是我国审判实践的通行做法，也是其他国家或地区的通例。销售者对医疗产品缺陷造成的损害承担责任的目的在于加大对受害人的救济力度，避免因为生产者在国外或者不明时无法行使诉权。

第二款根据调研意见对患者仅起诉医疗机构、医疗产品的生产者、销售者中部分主体的追加当事人规则作了规定。对于患者而言，其可以依法申请追加本条规定的未被诉的他责任主体为共同被告，也可以申请追加为无独立请求权的第三人，人民法院应予准许。对于被起诉的医疗机构、医疗产品的生产者或者销售者等责任主体，其也可以根据案件情况申请追加其他责任主体为共同被告，或者申请追加为无独立请求权的第三人。只是在被诉主体申请其他共同被告的情形，应当符合必要共同诉讼的要求，这也是人民法院必要时依职权追加其他责任主体的要求。对于被追加的其他责任主体为无独立请求权的第三人情形，该第三人承担责任也可以依法行使追偿权。其他有关规则同于本解释第二条的内容。

第三款对输入不合格的血液案件的当事人追加规则作了指引性规定，即应当适用与医疗产品责任纠纷相同的规则。

【相关法条】

《中华人民共和国侵权责任法》

第四十三条 因产品存在缺陷造成损害的，被侵权人可以向产品的生产者请求赔偿，也可以向产品的销售者请求赔偿。

产品缺陷由生产者造成的，销售者赔偿后，有权向生产者追偿。

因销售者的过错使产品存在缺陷的，生产者赔偿后，有权向销售者追偿。

第五十九条 因药品、消毒药剂、医疗器械的缺陷，或者输入不合格的血液造成患者损害的，患者可以向生产者或者血液提供机构请求赔偿，也可以向医疗机构请求赔偿。患者向医疗机构请求赔偿的，医疗机构赔偿后，有权向负有责任的生产者或者血液提供机构追偿。

《中华人民共和国民事诉讼法》

第五十二条 当事人一方或者双方为二人以上，其诉讼标的是共同的，或者诉讼标的是同一种类、人民法院认为可以合并审理并经当事人同意的，为共同诉讼。

共同诉讼的一方当事人对诉讼标的有共同权利义务的，其中一人的诉讼行为经其他共同诉讼人承认，对其他共同诉讼人发生效力；对诉讼标的没有共同权利义务的，其中一人的诉讼行为对其他共同诉讼人不发生效力。

第五十六条第一、二款 对当事人双方的诉讼标的，第三人认为有独立请求权的，有权提起诉讼。

对当事人双方的诉讼标的，第三人虽然没有独立请求权，但案件处理结果同他有法律上的利害关系的，可以申请参加诉讼，或者由人民法院通知他参加诉讼。人民法院判决承担民事责任的第三人，有当事人的诉讼权利义务。

第一百三十二条 必须共同进行诉讼的当事人没有参加诉讼的，人民法院应当通知其参加诉讼。

《最高人民法院关于适用〈中华人民共和国民事诉讼法〉的解释》

第七十三条 必须共同进行诉讼的当事人没有参加诉讼的，人民法院应当依照民事诉讼法第一百三十二条的规定，通知其参加；当事人也可以向人民法院申请追加。人民法院对当事人提出的申请，应当进行审查，申请理由不成立的，裁定驳回；申请理由成立的，书面通知被追加的当事人参加诉讼。

第七十四条 人民法院追加共同诉讼的当事人时，应当通知其他当事人。应当追加的原告，已明确表示放弃实体权利的，可不予追加；既不愿意参加诉讼，又不放弃实体权利的，仍应追加为共同原告，其不参加诉讼，不影响人民法院对案件的审理和依法作出判决。

《最高人民法院关于审理食品药品纠纷案件适用法律若干问题的规定》

第二条 因食品、药品存在质量问题造成消费者损害，消费者可以分别起诉或者同时起诉销售者和生产者。

消费者仅起诉销售者或者生产者的,必要时人民法院可以追加相关当事人参加诉讼。

【典型案例】

1. 赖××与福建省汀州医院、北京托普恩商贸有限公司医疗产品责任纠纷案

——当事人起诉医疗机构后,可以依法申请追加医疗产品的生产者、销售者作为第三人参加诉讼

案号:(2014)岩民终字第 164 号

[裁判要点]

医疗机构或者医疗产品的生产者、销售者无证据证明案涉医疗器械的缺陷系由原告自身存在故意或重大过失导致断裂,应当对其主张的该医疗器械不存在缺陷承担举证不能的后果。患者作为一名普通人,并不具备专业知识,其遵照医嘱进行康复治疗本身并无过错。由于医疗机构未妥善保管鉴材,致使无法进行重新鉴定,由此导致无法确定涉案内固定物的质量是否有缺陷的情况下,医疗机构与医疗器械的销售者应当承担相应的不利后果。

在医疗产品责任纠纷中,患者一方起诉医疗机构后,可以依照当事人的申请或者依照职权追加医疗产品的销售者、生产者为共同被告或者第三人参加诉讼。本案即是追加医疗产品的销售者为第三人,并最终依法判决医疗机构与医疗产品的销售者承担共同赔偿责任。

[法条索引]

《中华人民共和国侵权责任法》第五十九条

[基本案情]

上诉人赖××因与被上诉人福建省汀州医院、北京托普恩商贸有限公

司医疗产品责任纠纷一案，不服（2011）汀民初字第2051号民事判决，提起上诉。本案的基本案情如下：

2009年12月5日，原告因摔伤被送往汀州医院治疗，医院诊断：左下肢多发性骨折。2009年12月9日，原、被告及第三人分别以丙、乙、甲的身份共同在《临床使用骨折内固定物的协议书》签字。协议书的主要内容为："四、如果乙方和丙方在手术、住院治疗及出院后严格遵照上述规范操作和注意事项在手术后三个月内发生内固定物折弯或断裂，则甲方应对此引起的不良后果负责全部赔偿责任。五、如果乙方在诊疗过程中存在违反有关有关法律、法规、部门规章和操作、诊疗常规的过失行为，则由此引起的不良后果应由乙方承担赔偿责任。六、如果丙方不配合乙方治疗或在术后不遵照医师护士和出院小结的指导，不慎导致内固定物折弯或断裂等不良后果，则应由丙方自己承担一切责任。"2009年12月10日被告为原告行"左下肢多发性骨折切开复位+内固定术"。其中在原告股骨外侧置入9孔金属直型接骨板固定（该9孔金属直型接骨板在手术护理记录上粘贴的合格证内容为注册证号：国食药监械（准）字2009第3460710号生产日期：20091030）。同年12月23日，原告出院，出院医嘱为：手术后12～14天拆线，继续促骨愈合等治疗，定期复查X线，门诊随诊。2010年2月2日，原告在汀州医院拍片复查。2010年6月7日傍晚六时许，原告突然感觉左股骨轻微声响，随后发觉左脚无力。同年6月8日，原告到汀州医院拍片复查，发现置入股骨外侧的9孔金属直型接骨板断裂。同年6月18日，原告征得被告同意到长汀县中医院进行保守治疗，托普恩公司为该次治疗给付原告治疗费用5000元（原告未提供医疗费用清单）。同年7月4日，原告拍片检查后发现保守治疗效果差，于7月5日转至汀州医院治疗47天。同年7月8日，汀州医院为原告行第二次手术，并垫付了此次医疗费。2011年12月9日，福建正中司法鉴定所出具了正中司鉴所（2011）临证字第35号书证审查意见书，审查意见为：被告（汀州医院）对赖××的医疗行为没有违反现行医疗卫生法律法规及诊疗常规，被告对赖××医疗行为不存在医疗过错，其医疗行为与原告钢板断裂不存在因果关系。2012年9月20日，根据一审法院委托，上海华碧检测技术有限公司微量物证司法鉴定所对植入原告股骨外侧断裂 9 孔金属直型接骨板出具沪华碧（2012）物鉴字第 023 号《司法鉴定检验报告书》，检验结果为：1. 涉案检材金属接骨板的质量在钛合金化学成分、力学性能（抗拉强度和规定非比例延伸强度）上不符合"GB/T3620.1－2007 钛及钛合金牌号和化学成分"和"YY0342－2002 外植入物接骨板弯曲强度和刚度的测定"国家标准的要求；2. 涉案检材金属接骨板断口形貌与过载脆性断裂的物证特征具有同一性。涉案检材金属接骨板在力学强度性能方面存在的质量缺陷物证特征与该检材的断裂现象存在明显的因果关系。另查明，植入原告体内断裂的 9 孔金属直型接骨板生产者为天津市金兴达实业有限公司（以下简称"天津金兴达"），该公司生产的产品是福建省县级以上医疗机构第三批医用耗材网上集中采购的入围品种的项目。托普恩公司为厦门广昌泰和医疗器械有限公司天津市金兴达产品在长汀县汀州医院二级代理商，授权代理产品为天津金兴达四肢创伤、髓内钉、脊柱系列，代理期限自 2009 年 11 月 2 日至 2011 年 12 月 31 日。原告赖××诉至法院，请求判令赔偿原告医疗费、误工费、住院伙食补助费、护理费、交通费等各项经济损失人民币 59275.1 元；案件受理费由被告负担。

[裁判结果]

一审法院判决：

一、被告福建省汀州医院、第三人北京托普恩商贸有限公司应于本判决生效之日起十五内共同向原告赖××赔偿医疗费、误工费、住院伙食补助费、护理费共计 17270.06 元；二、驳回原告赖××其他诉讼请求。

二审法院判决：

一、维持长汀县人民法院（2011）汀民初字第 2051 号民事判决第二项，即"驳回原告赖××的诉讼请求。"

二、变更长汀县人民法院（2011）汀民初字第 2051 号民事判决第一项为："被上诉人福建省汀州医院、北京托普恩商贸有限公司应于本判决生效之日起十五内共同向上诉人赖××赔偿医疗费、误工费、住院伙食补助费、护理费、交通费共计 17770.06 元。"

[裁判理由]

法院生效裁判认为,赖××在接受福建省汀州医院、福建省汀州医院福建省汀州医院诊疗过程中因被赖××植入赖××体内的内固定物产生断裂而进行多次治疗,福建省汀州医院、福建省汀州医院福建省汀州医院认为系赖××自身原因造成,未提供证据予以反驳,原审判决认定由两福建省汀州医院、福建省汀州医院共同承担赖××的赔偿责任正确。福建省汀州医院、福建省汀州医院福建省汀州医院认为其不应承担赔偿责任的抗辩不能成立。《最高人民法院关于审理人身损害赔偿案件适用法律若干问题的解释》第二十条规定,误工时间根据受害人接受治疗的医疗机构出具的证明确定。受害人因伤致残持续误工的,误工时间可以计算至定残日前一天。因赖××未提供有关医疗证明其误工时间,且赖××至今未进行伤残鉴定,故无法认定其具体的误工时间。根据赖××目前的治疗情况,原审判决认定误工时间为半年并无不当。因赖××所诉的是因内固定物的断裂而进行的后续治疗产生的费用,故原审判决根据《最高人民法院关于审理人身损害赔偿案件适用法律若干问题的解释》第二十一条的规定,结合赖××的伤情,确定其护理期限为65天正确,赖××要求计算至起诉之日止没有依据,二审法院不予支持。虽然赖××所提供的交通费发票无法证明与其治疗存在因果关系,但从赖××病情及治疗情况考虑,二审法院认为赖××要求支持其交通费500元的诉讼请求合乎情理,原审判决不予支持不当,二审法院予以纠正。赖××要求由福建省汀州医院、福建省汀州医院支付其后续治疗费用,应另行主张。

附:一审法院裁判和理由:

本案系因原告在接受被告诊疗过程中因被告植入原告体内的内固定物是否存在缺陷产生纠纷,存在着违约责任、侵权责任的竞合,依照《中华人民共和国合同法》的规定,原告具有选择权。鉴于原告在诉讼中明确基于被告侵权起诉,故依照医疗产品责任予以办理,案由定为医疗产品责任纠纷。本案原告于2009年12月5日摔伤至被告处住院治疗,在治疗过程中,被告为原告行左下肢多发性骨折切开复位+内固定术。原、被告、第三人于2009年12月9日签订了《临床使用骨折内固定物的协议书》,系三方当事人真实意思表示，三者约定了就使用内固定物的纠纷解决及责任承担方式。原告是否需要对其植入内固定物的断裂承担责任，原审判决认为被告并无证据证明其在为原告植入内固定物时有将该产品的说明书交于原告，使原告清楚这个定期复查为术后12～14周复查，同时被告在出院医嘱中也只是注明定期复查，并没有明确具体何时复查，但原告也于术后2010年2月2日到被告处进行了拍片等复查行为；被告也无任何证据证明原告自身存在故意或重大过失，导致内固定物断裂，故原告作为一名普通的病患者，在履行了正常合理的注意义务，遵照医嘱进行了康复治疗，故其不需对内固定物的断裂承担责任。至于被告与第三人对原告内固定的断裂产生损失的责任分担问题，认为被告与第三人应承担共同赔偿责任。理由为：一、第三人将该内固定物供应给被告时，一并提供该批产品的医疗器械注册证注册号为国食药监械（准）字2008第3460731号，导致第三人申请对内固定质量鉴定时，被告只能提供注册证号为国食药监械（准）字2008第3460731号，第三人当时也未提出异议，鉴定机构依照该注册证号项下的标准进行了质量鉴定，出具了该内固定物质量有缺陷的结论。但在被告提供的证据18手术记录单上粘贴合格证上9孔的内固定物的注册证号为国食药监械（准）字2009第3460710号，故鉴定机构出具的结论不具有参考性，有被告与第三人的过错；二、第三人认为上海华碧司法鉴定所不具有鉴定资质，因在选定该机构时，原、被告及第三人均无异议，现第三人申请重新鉴定，由于被告领回检测剩余内固定物样品时未妥善保管，至一审法院限定提交剩余样品期限内未提供，致使无法进行重新鉴定。由于被告与第三人过错导致鉴定结论不具有参考性，同时又无法重新鉴定，所以在无法确定涉案内固定物的质量是否有缺陷的情况下，被告与第三人作为医疗器械的销售者理应保证其提供的产品达到一般同类产品的使用年限，但是，原告在术后恢复期中发生内固定物断裂，被告及第三人又不能证明是原告原因造成，因此，对原告的损失应承担共同赔偿责任。虽福建正中司法鉴定所鉴定认为被告（汀州医院）对赖××的医疗行为没有违反现行医疗卫生法律法规及诊疗常规，被告对赖××医疗行为不存在医疗过错，但并不能作为被告提供错误的内固定物注册证导致鉴定结果不具参考性减轻责任的依据。原告的损失有：1. 医疗费，原告诉称被告及第三人垫付的票据不在原告处，予以采信。但原告提供的长汀县门诊处方笺骨伤敷药 200 元、长汀县联合诊所卫生所处方笺骨折中草药 3000 元及长汀县门诊部处方笺 532 元，无正式票据，亦无医嘱及其他医疗材料辅证，无法认定其真实性及与本案的关联性，上述 3732 元费用不予以支持，但原告诉请中 584.06 元，因有票据佐证，予以支持。2. 误工费，原告诉请误工时间为 414 天即为自内固定物断裂 2010 年 6 月 8 日至起诉之日，根据《最高人民一审法院关于审理人身损害赔偿案件适用法律若干问题的解释》第二十条规定，误工时间根据受害人接受治疗的医疗机构出具的证明确定。受害人因伤致残持续误工的，误工时间可以计算至定残日前一天。本案中原告未提供有关医疗证明原告误工为 414 天，且原告未定残，故原告要求误工时间自内固定物断裂至起诉之日，不予支持，但原告确因内固定物的断裂加长了康复时间，同时被告也同意误工按半年计，故酌定该误工时间为半年即 180 天，故误工费为 62.8 元/天×180 天＝11304 元；3. 住院伙食补助费、护理费，认为原告要求将其 2009 年 12 月 5 日摔伤至 2009 年 12 月 23 日出院第一次住院时间 18 天计入其损失，不予支持，但被告自内固定物断裂到长汀县中医院住院治疗始即 2010 年 6 月 18 日至 2010 年 7 月 4 日，再于 2010 年 7 月 5 日至被告处再行第二次手术，该时间段为其损失，予以支持，但由于第二次手术医疗费由被告垫付，原告无票据，被告也未举证，同时被告及第三人均同意一审法院裁定该段时间，故酌定该段时间为原告诉请的时间扣除第一次手术时间即为 83 天-18 天＝65 天，故住院伙食补助费 20 元/天×65 天＝1300 元、护理费为 62.8 元/天×65 天＝4082 元；四、交通费，包车费收条 500 元，无正式票据，内容指向不明确，缺乏合理性和必要性，不予采信。其余虽为正式票据，但缺乏相应的医疗材料证明该交通费用系原告治伤所产生的，不予以采信，所以对原告诉请的交通费不予支持。综上，原告的损失合计为 17270.06 元。

2. 高×与德士鼎公司、枣阳一医院医疗产品责任纠纷案

——在医疗产品责任纠纷中，患者起诉医疗机构后，该医疗机构可以依法申请人民法院追加其他主体参加诉讼

案号：（2015）鄂襄阳中民二终字第00688号

[裁判要点]

在医疗产品责任纠纷中，患者起诉医疗机构后，该医疗机构可以依法申请人民法院追加医疗产品的生产者、销售者作为共同被告或者第三人参加诉讼。

虽然鉴定意见认为医疗机构对钢板质量把关不严的过错参与度占60%，但审理法院综合全案事实认定患者的损害后果是因接骨板的产品质量不符合标准与医疗机构在诊疗活动中的过错共同造成，医疗产品的生产者与医疗机构均应当对患者的损害后果承担赔偿责任，此并非单纯的医疗产品责任，还有与医疗机构自身诊疗过错行为的混合。审理法院依法判决该医疗机构与医疗产品的生产者承担连带责任，而将上述鉴定意见中认定的医疗机构的过错参与度作为医疗机构与该医疗产品生产者之间内部责任分配的依据。并明确武汉德士鼎医疗器械有限公司与枣阳一医院可在内部责任分配中将过错参与度作为参考依据不违反法律规定。

当事人的申请，不符合重新鉴定的条件，审理法院依法对其重新鉴定的申请不予准许。

[法条索引]

《中华人民共和国侵权责任法》第五十九条

[基本案情]

上诉人德士鼎公司与被上诉人高×、枣阳一医院医疗产品责任纠纷一

案，不服（2015）鄂枣阳民一初字第00394号的一审民事判决，提起上诉。本案的基本案情如下：

高×系枣阳市第七中学高三（七）班学生，2011年10月17日中午，高×在学校操场不慎摔倒，致其右股骨骨折。高×于当日到枣阳一医院住院治疗，诊断为"右股骨骨折"。2011年10月18日，枣阳一医院为高×行椎管内麻醉下右股骨切开复位钢板内固定术。高×住院治疗19天，于同年11月5日出院。为此支付医疗费13536.80元，高×个人自付8014.20元，城镇居民医疗保险报销5522.60元。2012年1月9日，其突然感到右大腿剧烈疼痛，活动受限，当日入枣阳一医院治疗，其病情诊断为"右股骨陈旧性骨折术后钢板断裂"，其于2012年1月11日出院转入襄阳市中医医院住院治疗，支付医疗费565.90元。高×的病情在襄阳市中医医院诊断为"右股骨骨折术后再骨折"，于同年1月16日行右股骨断裂钢板取出、切开复位，交锁髓内钉内固定+取自体髂骨混合同种异体骨植骨术，于2012年2月24日出院，住院治疗24天，支付医疗费33599.03元。高×出院后自2012年3月1日至2012年6月15日期间在襄阳市中医医院门诊部治疗3次，花费医疗费3792.70元。2012年4月19日，高×委托襄阳中立法医司法鉴定所就枣阳一医院对高×行右股骨骨折内固定术后内固定钢板断裂，枣阳一医院的治疗行为是否存在过错，该过错行为与高×的损害后果是否有因果关系；高×二次骨折后人身损伤的伤残程度，需护理日数、人数及后续治疗费等事项进行鉴定。2012年6月18日襄阳中立法医司法鉴定所作出〔2012〕法医临鉴字第1135号法医学鉴定意见书，鉴定意见为："枣阳一医院为高×提供使用的钢板存在瑕疵或缺陷，钢板存在瑕疵或缺陷与钢板断裂存有因果关系，枣阳一医院为高×右股骨中段粉碎性骨折行内固定使用钢板不当，且使用了存在瑕疵或缺陷钢板而导致钢板断裂存在过错。"高×人身右股骨骨折内固定术后二次骨折之损伤构成《道标》十级伤残。高×人身右股骨自2012年1月9日二次骨折时起需他人护理日数建议确定为100日。其中2012年1月9日（钢板断裂之日）至2012年2月4日先后在枣阳一医院和襄阳市中医医院住院26日期间每日需2人护理。高×右股骨骨折内固定钢板后期住院行手术取出及后期复查约需9500元。高×支付鉴定费6000元。2012年6月19日，高×再次入襄阳市中医医院住院治疗，于6月21日行右股骨交锁髓内钉下部锁钉取出术，动力化内固定治疗。于6月24日出院，住院5天，支付医疗费5427.01元。高×认为其钢板断裂是枣阳一医院造成的，要求枣阳一医院赔偿未果，其诉至法院请求解决。

本案在审理中，因高×植入的内固定钢板是德士鼎公司销售给枣阳一医院的，根据枣阳一医院的申请，原审法院依法追加德士鼎公司作为被告参加诉讼。庭审中，枣阳一医院对襄阳中立法医司法鉴定所作出的〔2012〕法医临鉴字第1135号法医学鉴定意见书的鉴定意见提出异议，申请重新鉴定。经双方当事人选择，法院委托苏州华碧微科检测技术有限公司司法鉴定所对枣阳一医院为高×使用的金属接骨板产品质量是否合格，该金属接骨板质量与其断裂是否存在因果关系及原因力比例进行鉴定；另外委托湖北中真司法鉴定所对以下鉴定事项进行鉴定：1. 枣阳一医院在对高×行内固定金属接骨版术的诊疗行为中有无过错；2. 该过错与高×的损伤有无因果关系？若有，参与度为多少；3. 高×的伤残程度、二次骨折后所需的护理人数及护理期限。2013年12月6日，苏州华碧微科检测技术有限公司司法鉴定所作出苏华碧鉴〔2013〕物鉴字第265号司法鉴定意见书。该鉴定意见书分析说明载明"经鉴定，涉案金属接骨板检材的显微组织、硬度、外观均符合YY0017-2008《骨接合植入物金属接骨板》的要求；由于未提供检材牌号，故对其化学成分不作判定；检材表面发现不连续裂纹缺陷，不符合YY0017-2008《骨接合植入物金属接骨板》的要求。"鉴定意见为："1. 送检的涉案金属接骨版表面存在不连续裂纹缺陷，不符合YY0017-2008《骨接合植入物金属接骨板》的要求，系产品质量不合格。2. 涉案金属接骨版断裂与其表面存在不连续裂纹缺陷存在因果关系。"德士鼎公司支付鉴定费20000元，支付法院司法技术室工作人员差旅费等3116元，合计23116元。2014年6月10日，湖北中真司法鉴定所作出鄂中司鉴〔2014〕中鉴字第258号法医学司法鉴定意见书。该鉴定意见书分析说明载明："1. 根据送检临床病历、影像学资料所示，并结合临床专家会诊意见，认为被鉴定人高×的主要损伤为右股骨干粉碎性骨折术后钢板断裂。2. 被鉴定人高×2011年10月17日因右股骨干粉碎性骨折，入住枣阳一医院住院治疗，于2011年10月18日在椎管内麻醉下行右股骨切开复位内固定术。选择10孔钢板螺钉固定手术方法选择得当，钢板及内固定方式选择符合医疗原则，术后复查骨折复位也比较满意。被鉴定人骨折为粉碎性，骨折中部有三角形骨块，内固定后活动时无着力点，故应力点全部在钢板上，活动时易引起金属疲劳导致钢板断裂，加之本次鉴定前已检测出钢板质量问题（见《苏华碧司鉴〔2013〕物鉴字第265号司法鉴定意见书》），故分析认为枣阳一医院存在以下过错：钢板质量把关不严之过错。该过错与被鉴定人的损伤后果之间存在一定的因果关系，关于过错责任参与度，目前国家法律、地方法规尚无统一的评定标准，基于法院鉴定委托要求，故根据湖北省司法鉴定协会关于《医疗损害司法鉴定中医疗过失参与度的有关规定》，建议过错参与度约60%。3. 被鉴定人高×右股骨干粉碎性骨折，经钢板内固定治疗后，84天后钢板断裂，经交锁髓内钉及钢板内固定手术治疗后，目前右下肢负重差，萎缩明显，影响行走及负重功能，致一肢功能丧失约10%，其损伤根据《道路交通事故受伤人员伤残评定》（GB18667-2002）第4.10.10.i条之规定，综合评定为Ⅹ级伤残；二次骨折护理时间建议60日，护理人数为1人。"鉴定意见为："1. 枣阳一医院在对高×治疗过程中存在钢板质量把关不严之过错，该过错与被鉴定人的损伤后果之间存在一定的因果关系，关于过错责任参与度，目前国家法律、地方法规尚无统一的评定标准，基于法院鉴定委托要求，故根据湖北省司法鉴定协会关于《医疗损害司法鉴定中医疗过失参与度的有关规定》，建议过错参与度约60%。2. 被鉴定人高×的损伤为Ⅹ级伤残；二次骨折护理时间建议60日，护理人数为1人。"枣阳一医院支付鉴定费8000元，支付法院司法技术室工作人员差旅费等1962元，合计9962元。对湖北中真司法鉴定所的鉴定意见，法院就以下问题要求该所作出补充说明：1. 枣阳一医院的过错参与度为60%，那么患者高×对钢板断裂是否有过错？2. 枣阳一医院60%的过错是否仅为钢板质量把关不严？3. 钢板质量不合格，对钢板断裂的过错责任程度？2015年4与17日，湖北中真司法鉴定所向法院作出鄂中鉴发2015（5）号补充说明函，说明如下："1. 枣阳一医院的过错残疾的约60％，患者高×对钢板断裂无病历资料证明有过错。2.枣阳一医院60％的过错仅为钢板质量把关不严。3.钢板质量不合格的过错责任，根据钢板质量不合格的鉴定评定。"

原审另查明，2014年1月20日，高×入襄阳市中医医院住院治疗，于次日行右股骨内固定取出术，住院治疗6天，于1月26日出院。本次医疗费6173.66元，高×个人支付3101.56元，居民医疗保险报销3072.10元。高×因二次骨折治疗及伤情鉴定，共支付交通费2045元。

[裁判结果]

一审法院判决：

一、被告武汉德士鼎医疗器械有限公司和枣阳市第一人民医院连带赔偿原告高×各项损失100544.89元，于本判决生效后十日内付清。二、驳回原告高×的其他诉讼请求。

二审法院判决：

驳回上诉，维持原判。

[裁判理由]

二审法院生效裁判认为，原审中高×委托襄阳中立法医司法鉴定所对其损伤与医疗机构的诊疗行为是否存在因果关系进行了鉴定。高×、枣阳市第一人民医院枣阳一医院对该鉴定意见不服申请重新鉴定，武汉德士鼎医疗器械有限公司德士鼎公司交纳了鉴定费，并与二高×、枣阳市第一人民医院共同选定了苏州华碧微科检测技术有限公司司法鉴定所对涉案接骨板的质量进行鉴定。该鉴定机构在二审法院鉴定名册备案，且鉴定机构的许可证载明的鉴定业务范围为"微量物证鉴定（包含产品质量鉴定）"，原审二审法院采信该鉴定机构的鉴定意见并无不当。武汉德士鼎医疗器械有限公司虽对该鉴定机构的鉴定资质提出异议，同时在二审向本院申请重新鉴定，但因其提供的证据不足以证实其主张，亦不符合重新鉴定的条件，本院对其重新鉴定的申请不予准许，对该项上诉请求亦不予支持。关于参与度，虽然湖北中真司法鉴定所建议医疗机构对钢板质量把关不严的过错参与度占60％，但本案中高×的损害后果是因接骨板的产品质量不符合标准与枣阳一医院在诊疗活动中的过错共同造成，武汉德士鼎医疗器械有限公司作为医疗器械的生产者与医疗机构均应当对高×的损害后果承担赔偿责任。原审判决武汉德士鼎医疗器械有限公司与枣阳一医院承担连带责任,并明确武汉德士鼎医疗器械有限公司与枣阳一医院可在内部责任分配中将过错参与度作为参考依据不违反法律规定。武汉德士鼎医疗器械有限公司主张高×植入的内固定钢板是一种风险产品,其不应当承担赔偿责任的上诉请求无事实和法律依据,本院不予支持。武汉德士鼎医疗器械有限公司还提出原审赔偿数额计算不当,但并未明确提出具体计算不当的项目与金额,经审核,原审判决对高×的医疗费、住院伙食补助费、护理费、交通费、残疾赔偿金及精神损害抚慰金的计算均无不当。综上,武汉德士鼎医疗器械有限公司德士鼎公司的各项上诉请求和理由均不能成立,法院不予支持。原审判决认定事实清楚,适用法律正确。

附:一审法院裁判理由:

原审法院认为,高×因伤于2011年10月17日到枣阳一医院住院治疗,枣阳一医院为高×行椎管内麻醉下右股骨切开复位钢板内固定术,治疗好转后出院,双方已形成医患关系。2012年1月9日,高×在休养康复期间其内固定钢板突然断裂,导致高×再次住院治疗,造成高×经济上的损失和身体上的痛苦。枣阳一医院给高×治疗过程中是否存在过错及钢板断裂原因,钢板断裂与高×受到的二次损害是否存在因果关系是本案争议的焦点。对此高瑞诉前委托襄阳中立法医司法鉴定所进行鉴定,但是枣阳一医院对襄阳中立法医司法鉴定所作出的〔2012〕法医临鉴字第1135号法医学鉴定意见书的鉴定意见不服,申请重新鉴定。经双方当事人选择,法院委托苏州华碧微科检测技术有限公司司法鉴定所和湖北中真司法鉴定所对相关鉴定事项进行了重新鉴定。苏州华碧微科检测技术有限公司司法鉴定所鉴定意见为:"1.送检的涉案金属接骨版表面存在不连续裂纹缺陷,不符合YY0017-2008《骨接合植入物金属接骨板》的要求,系产品质量不合格。2.涉案金属接骨版断裂与其表面存在不连续裂纹缺陷存在因果关系。"湖北中真司法鉴定所鉴定意见为:"1.枣阳一医院在对高×治疗过程中存在钢板质量把关不严之过错,该过错与被鉴定人的损伤后果之间存在一定的因果关系,关于过错责任参与度,目前国家法律、地方法规尚无统一的评定标准，基于法院鉴定委托要求，故根据湖北省司法鉴定协会关于《医疗损害司法鉴定中医疗过失参与度的有关规定》，建议过错参与度约60％。2. 被鉴定人高×的损伤为Ⅹ级伤残；二次骨折护理时间建议60日，护理人数为1人。"经法院要求，湖北中真司法鉴定所对该所的鉴定作如下补充说明："1. 枣阳一医院的过错残疾的约60％，患者高×对钢板断裂无病历资料证明有过错。2. 枣阳一医院60％的过错仅为钢板质量把关不严。3. 钢板质量不合格的过错责任，根据钢板质量不合格的鉴定评定。"上述两个鉴定机构具备相应的鉴定资质，鉴定程序合法，结论客观真实，法院对上述鉴定意见予以采信。《中华人民共和国侵权责任法》第五十四条规定："患者在诊疗活动中受到损害，医疗机构及其工作人员有过错的，由医疗机构承担赔偿责任。"第五十九条规定："因药品、消毒药剂、医疗器械的缺陷，或者输入不合格的血液造成患者损害的，患者可以向生产者或者血液提供机构请求赔偿，也可以向医疗机构请求赔偿。患者向医疗机构请求赔偿的，医疗机构赔偿后，有权向负有责任的生产者或者血液提供机构追偿。"枣阳一医院为高×植入的内固定钢板，经鉴定存在缺陷，产品质量不合格，因内固定钢板断裂，导致高×二次伤害，致其Ⅹ级伤残。在医疗产品责任纠纷案件中，产品本身的缺陷是产生问题的关键，但是对于给患者造成的损害，医疗机构开出的处方是不可或缺的，因此医疗产品的生产者、销售者以及医疗机构对患者的损害承担无过错连带赔偿责任，故对高×的人身损害，作为缺陷医疗产品的销售者德士鼎公司依法应当承担赔偿责任。枣阳一医院在对高×治疗过程中存在钢板质量把关不严之过错，该过错与被鉴定人的损伤后果之间存在一定的因果关系，其应当承担与德士鼎公司的连带赔偿。根据湖北中真司法鉴定所的鉴定补充说明，高×对钢板断裂无过错，对其因钢板断裂致二次伤害造成的损失，德士鼎公司应当承担全部赔偿责任。高×提起诉讼，要求枣阳一医院赔偿按照2012年度《湖北省道路交通事故损害赔偿标准》标准计算赔偿因本次医疗损害所致的各项损失共计126632元。后因枣阳一医院申请对高×体内内固定钢板的质量及二次骨折伤情进行重新鉴定，新的鉴定意见于2014年作出，其变更诉讼请求，要求按照2014年度《湖北省道路交通事故损害赔偿标准》

城镇居民标准计算赔偿原告的各项损失共计133942.66元。高×二次骨折伤情第一次鉴定定残之日为2012年6月18日，本案第一次庭审于2012年7月19日辩论结束，只是由于进行重新鉴定延长了案件的审理时间，并且高×伤情定残重新鉴定意见对其伤情定残仍为十级，与原鉴定意见相同，故高×的伤情致残情况在2012年7月第一次庭审辩论结束时已经明确固定，故应当按照2012年度《湖北省道路交通事故损害赔偿标准》计算高×的相关损失。对高×因内固定钢板断裂致二次骨折身体受到损害造成的损失，法院核定如下：

一、医疗费46486.20元。高×因内固定钢板断裂二次骨折在枣阳一医院及襄阳市中医医院治疗（包括后期行内固定取出术），共花费医疗费46486.20元，由医疗发票为证，予以确认。

二、住院伙食补助费740元（20元/天×37天＝620元）。

三、护理费3525.69元。根据鉴定意见：高×二次骨折护理时间建议60日，护理人数为1人。故其护理费为3525.69元（21448元/年÷365天/年×60天＝3525.69元）。

四、交通费2045元。高×因二次骨折治疗及伤情鉴定共支付交通费2045元，由交通费支出明细及票据为证，予以确认。

五、残疾赔偿金36748元。高×属城镇居民，其十级伤残残疾赔偿金为36748元（18374元/年×20年×10％＝36748元）。

六、鉴定费6000元。

七、精神损害抚慰金5000元。高×因内固定钢板断裂致二次骨折，虽经治疗，目前其右下肢负重差，萎缩明显，影响行走及负重功能，致右下肢功能丧失约10％，致其Ⅹ级伤残。由于高×现年21周岁，正值读书求学年龄，其身体致残，对其以后的求学、就业和家庭组成均会产生加大影响，其必然遭受要为严重的精神痛苦，侵权人应当赔偿精神损害抚慰金予以抚慰，结合侵权人的过错程度、高×的伤残构成情况以及当地平均生活水平，法院酌定精神损害抚慰金以5000元为宜。

综上，高×因内固定钢板断裂致二次骨折人身损害造成的各项损害共计100544.89元。虽然湖北中真司法鉴定所的鉴定意见对枣阳一医院在对高×治疗过程中存在钢板质量把关不严之过错的责任参与度建议约为60%，但该过错责任参与度并不是医疗机构、医疗产品的生产者和销售者对患者的损害承担赔偿责任比例的计算依据，而是医疗机构与医疗产品生产者和销售者在内部关系中适用过错责任原则承担责任的参考依据。对高×因内固定钢板断裂致二次骨折人身损害造成的各项损害共计100544.89元，依法应当由德士鼎公司承担全部赔偿责任，枣阳一医院承担连带赔偿责任。关于枣阳一医院支付鉴定费用9962元，德士鼎公司支付的鉴定费用23116元，由于鉴定意见认为德士鼎公司销售的植入高×体内的钢板为不合格产品，枣阳一医院对高×治疗过程中存在钢板质量把关不严之过错，故上述鉴定费用应当枣阳一医院和德士鼎公司各自承担。

四、医疗损害责任纠纷中如何分配医患双方的举证证明责任

【医疗损害责任司法解释条文】

第四条 患者依据侵权责任法第五十四条规定主张医疗机构承担赔偿责任的,应当提交到该医疗机构就诊、受到损害的证据。

患者无法提交医疗机构及其医务人员有过错、诊疗行为与损害之间具有因果关系的证据,依法提出医疗损害鉴定申请的,人民法院应予准许。

医疗机构主张不承担责任的,应当就侵权责任法第六十条第一款规定情形等抗辩事由承担举证证明责任。

【导读】

诊疗损害责任是医疗损害责任的最主要的责任形态,也是最为基本和常见的医疗侵权案件类型。举证证明责任分配问题对于医疗纠纷的妥善解决至关重要,也是实务中最为复杂和极易引发当事人争议的内容,正因如此,本条规定是本司法解释的核心条款。

本条内容系针对《中华人民共和国侵权责任法》第五十四条规定的诊疗损害责任的举证证明责任进行了明确。《最高人民法院关于民事诉讼证据的若干规定》关于举证责任倒置的做法虽然在一定程度上缓和了患者举证责任,也在一定时期内起到其应有作用,但这确实被证明存在不利于医学发展进步也不利于从根本上维护患者看病就医的权利。在侵权责任法起

草过程中，关于医疗损害责任是否适用过错责任还是过错推定责任也引起了深入讨论，最终立法机关在充分考虑医疗活动的未知性、特异性和专业性，为防止过错推定可能助长保守医疗，不利于医学科学进步，对诊疗活动引起的纠纷，采用了一般过错责任。医疗机构及其医务人员有过错的，医疗机构才承担赔偿责任，原则上由原告承担举证责任。只有在特殊情况下如医务人员有违规治疗行为或者隐匿、拒绝提供与纠纷有关的医学资料，才适用过错推定责任原则，发生举证责任转移。[1]

在本解释起草过程中，对于诊疗损害责任是否完全适用《最高人民法院关于适用〈中华人民共和国民事诉讼法〉的解释》确定的举证证明责任一般规则，也存在很大争议。在按照过错责任及"谁主张、谁举证"的做法分配患者的举证责任下，对于医疗过错和因果关系采取进一步缓和的做法，规定患者一方提供"初步证据"。主要是参考了《2011年全国民事审判工作会议纪要》中规定"患者一方请求医疗机构承担侵权责任，应证明与医疗机构之间存在医疗关系及受损害的事实，并提供医疗机构及其医务人员有过错的初步证据。"在部分法院调研中，也有意见提出明确将举证责任交给患者，一方面会使患者举证责任过重，另一方面由于医疗纠纷案件的裁判往往需要依赖鉴定程序，患者承担举证责任就意味着患者是鉴定申请的主体，或者可能会在不少案件中出现鉴定费交纳困难的问题，不利于在实践中推动医院与患者之间就相关纠纷通过非诉方式解决。在审议过程中放弃了方案二的初步证据规则，主要有以下几点理由：一是"初步证据"的提法对于平衡医患之间的举证责任具有积极意义，但"初步证据"欠缺具体明确的统一标准，在审判实践中不好把握，且有违侵权责任法关于医疗损害责任适用过错责任原则的一般原则。二是"初步证据"在说理上是指在没有相反证据的情况下可具有最终说服力的证据。在我国采用的"内心确信"的高度可能性证明标准，初步证据只是达到了一般可能性的证明标准，类似于英美法国家的优势证据证明标准，不符合我国民事诉讼证明标准的一般规则。第三，规定"初步证据"规则后，必须要明确完成

---

[1] 王胜明主编：《中华人民共和国侵权责任法释义》，法律出版社2010年版，第279页。

初步证据的举证后,是否要发生举证责任转移的后果,对此争论太大。

经过深入调研、综合分析,本司法解释最终采取了适用过错责任作为归责原则的侵权纠纷一般举证证明责任规则。即侵权责任法明确规定诊疗损害责任为过错责任,在举证证明责任分配上,原则上应当依据举证责任分配的一般规则,即"谁主张谁举证"规则,适用《最高人民法院关于适用〈中华人民共和国民事诉讼法〉的解释》第九十一条的规定,由患者一方对医疗损害责任构成的四个要件事实包括:侵权行为、过错、损害和因果关系负举证证明责任。

而且,诊疗损害责任案件具有特殊性,由于其高度专业化、显著的实验性、探索性特点,对诊疗行为是否有过错、过错与患者损害之间是否有因果关系,一般难以通过普通的生活经验知识去判断,必须借助于专业的医疗损害鉴定来解决。患者起诉时,除了证明到医疗机构就诊及损害事实外,还应当举证证明诊疗行为具有过错和因果关系。如果医疗机构认为没有过错或不具有因果关系的,患者应当申请进行医疗损害鉴定,最终通过鉴定认定过错和因果关系要件是否成立。因此,本条第二款规定患者对医疗过错和因果关系欠缺证据时,可以向人民法院申请医疗损害鉴定。第二款是依据《中华人民共和国侵权责任法》和《中华人民共和国民事诉讼法》规定对患者一方采取的缓和其举证证明责任的方法。

免责、减责的情形作为抗辩事由,独立于请求权基础事实。因此,在患者主张诊疗损害侵权赔偿时,医疗机构关于免责、减责事由的主张系抗辩性事实主张,产生独立的举证责任。因此,医疗机构以侵权责任法第六十条规定的事由主张不承担赔偿责任的,应当承担举证证明责任。

此外,依据《中华人民共和国侵权责任法》第五十八条规定,患者能够举证证明医疗机构存在该条规定的三种推定医疗机构有过错的情形之一的,不再就医疗机构及其医务人员有过错承担举证责任,以此减轻患者的举证证明责任。该条规定了在医疗机构或者其医务人员违反法律、行政法规、规章等有关诊疗规范的规定实施的诊疗行为、隐匿或者拒绝提供与纠纷有关的病历资料、伪造、篡改或者销毁病历资料的情形下,推定医疗机构有过错。本条没有规定存在《中华人民共和国侵权责任法》第五十八条规定的情形之一如何举证的规则，是考虑到《中华人民共和国侵权责任法》第五十八条规定直接推定医疗机构有过错，是缓和患者一方举证责任的规则，其意义在于患者能够证明医疗机构一方有第五十八条规定情形时，直接认定医疗机构有过错，此时其对医疗过错的举证责任即告完成，甚为明确，无须在解释中再次重复。第四条规定加上《中华人民共和国侵权责任法》第五十八条的规定，共同构成了诊疗损害责任纠纷案件的举证证明责任的分配规则体系。

在医疗损害责任纠纷案件中经常会出现有关尸检的问题，甚至引发很大争议，需要引起特别注意。从民事诉讼法的角度讲，其主要内容是拒绝或者拖延尸检案件对于事实的认定的影响抑或这种情况下举证证明责任如何分配的问题，即因没有进行尸检导致案件事实真伪不明时的不利后果应当由谁承担的问题。对此，应当把握以下几点：

1. 从承担相应后果的主体上讲，首先要明确拒绝或者拖延尸检的责任主体不限于患者近亲属，还包括医疗机构。即医疗机构拒绝或者拖延尸检导致无法查明责任构成的案件事实时，也要承担相应的不利后果。依据《医疗事故处理条例》第十三条的规定："医务人员在医疗活动中发生或者发现医疗事故、可能引起医疗事故的医疗过失行为或者发生医疗事故争议的，应当立即向所在科室负责人报告，科室负责人应当及时向本医疗机构负责医疗服务质量监控的部门或者专（兼）职人员报告；负责医疗服务质量监控的部门或者专（兼）职人员接到报告后，应当立即进行调查、核实，将有关情况如实向本医疗机构的负责人报告，并向患者通报、解释。"如果因为医务人员没有履行本条规定的报告义务，导致无法进行尸检的，医疗机构当然要承担相应的不利后果。此外，对于患方的准确提法应该采用《医疗事故处理条例》第十八条的表述，即患者近亲属。但需要明确的是患者近亲属可能有多人，拒绝或者拖延进行尸检的近亲属与提起诉讼的近亲属非同一人时，也不影响相应不利后果的承担。

2. 行为样态上应当与《医疗事故处理条例》第十八条保持一致，即"拒绝或者拖延尸检，超过规定时间"。但从解释论的角度讲，拒绝或者拖延进行尸检，在主观状态上应当是故意，故"无正当理由拒绝或者拖延尸检"应是"拒绝或者拖延尸检"题中应有之意。"超过规定时间"即该条规定的"在患者死亡后 48 小时内进行尸检；具备尸体冻存条件的，可以延长至 7 日"。对于患者近亲属无正当理由拒绝或者拖延尸检的举证，应该按照"谁主张，谁举证"的一般规则，由主张这一事实存在的医疗机构承担相应的不利后果。

3. 责任后果承担的要件也要作具体分析和必要限定。诊疗损害责任的构成要件包括违法行为、损害后果、因果关系和过错四个要件。对于拒绝或者拖延进行尸检，只有在影响上述要件事实导致该事实真伪不明的情况下，才应该适用举证证明责任分配的规则。换言之，即使未进行尸检，患者近亲属能够通过其他方式举证证明医疗机构符合医疗损害责任构成的，医疗机构仍然要承担医疗损害责任。

【相关法条】

《中华人民共和国侵权责任法》

第五十四条 患者在诊疗活动中受到损害，医疗机构及其医务人员有过错的，由医疗机构承担赔偿责任。

第五十八条 患者有损害，因下列情形之一的，推定医疗机构有过错：

（一）违反法律、行政法规、规章以及其他有关诊疗规范的规定；

（二）隐匿或者拒绝提供与纠纷有关的病历资料；

（三）伪造、篡改或者销毁病历资料。

第六十条 患者有损害，因下列情形之一的，医疗机构不承担赔偿责任：

（一）患者或者其近亲属不配合医疗机构进行符合诊疗规范的诊疗；

（二）医务人员在抢救生命垂危的患者等紧急情况下已经尽到合理诊疗义务；

（三）限于当时的医疗水平难以诊疗。

前款第一项情形中，医疗机构及其医务人员也有过错的，应当承担相应的赔偿责任。

《最高人民法院关于适用〈中华人民共和国民事诉讼法〉的解释》

第九十条 当事人对自己提出的诉讼请求所依据的事实或者反驳对方诉讼请求所依据的事实，应当提供证据加以证明，但法律另有规定的除外。

在作出判决前，当事人未能提供证据或者证据不足以证明其事实主张的，由负有举证证明责任的当事人承担不利的后果。

第九十一条 人民法院应当依照下列原则确定举证证明责任的承担，但法律另有规定的除外：

（一）主张法律关系存在的当事人，应当对产生该法律关系的基本事实承担举证证明责任；

（二）主张法律关系变更、消灭或者权利受到妨害的当事人，应当对该法律关系变更、消灭或者权利受到妨害的基本事实承担举证证明责任。

《最高人民法院关于民事诉讼证据的若干规定》

第四条第八项 因医疗行为引起的侵权诉讼，由医疗机构就医疗行为与损害结果之间不存在因果关系及不存在医疗过错承担举证责任。

《最高人民法院关于审理食品药品纠纷案件适用法律若干问题的规定》

第五条 消费者举证证明所购买食品、药品的事实以及所购食品、药品不符合合同的约定，主张食品、药品的生产者、销售者承担违约责任的，人民法院应予支持。

消费者举证证明因食用食品或者使用药品受到损害，初步证明损害与食用食品或者使用药品存在因果关系，并请求食品、药品的生产者、销售者承担侵权责任的，人民法院应予支持，但食品、药品的生产者、销售者能证明损害不是因产品不符合质量标准造成的除外。

《最高人民法院关于审理侵害信息网络传播权民事纠纷案件适用法律若干问题的规定》

第六条 原告有初步证据证明网络服务提供者提供了相关作品、表演、录音录像制品，但网络服务提供者能够证明其仅提供网络服务，且无过错的，人民法院不应认定为构成侵权。

【典型案例】

1. 薛×、关×中等与郑州市第一人民医院医疗损害责任纠纷案

——患者一方依据《中华人民共和国侵权责任法》第五十四条主张损害赔偿责任的，应当就医疗机构的诊疗过错、因果关系等要件事实提交证据证明，并可以通过申请鉴定来解决

案号：（2015）豫法民提字第00390号

[裁判要点]

当事人对自己提出的诉讼请求所依据的事实或者反驳对方诉讼请求所依据的事实有责任提供证据加以证明。没有证据或者证据不足以证明当事人的事实主张的，由负有举证责任的当事人承担不利后果。依据《中华人民共和国侵权责任法》第五十四条的规定，在医疗损害责任纠纷中，患者一方应当对医疗机构、医务人员的诊疗过错以及其过错诊疗行为与损害后果之间的因果关系承担举证责任，患者对于这两个侵权责任构成要件事实可以通过申请鉴定来解决，医疗机构也可以就此专门行性问题申请鉴定。本案中，应当事人申请先后三次委托相关司法鉴定机构对医疗机构在对患者实施的诊疗活动中医疗过错参与度以及医疗机构的医疗行为与损害后果之间是否存在因果关系等事项进行鉴定，但均被退回，造成本案鉴定不能，故无法确认医疗机构在诊疗活动中是否存在过错。关于医疗机构是否尽到诊疗义务，由于患者未提交相应证据予以证明，应当承担相应的不利后果。

[法条索引]

《中华人民共和国侵权责任法》第五十四条

《中华人民共和国民事诉讼法》第六十四条

《最高人民法院关于适用〈中华人民共和国民事诉讼法〉的解释》第九十一条

[基本案情]

再审申请人薛×、关×中因与被申请人郑州市第一人民医院（以下简称第一医院）医疗损害责任纠纷一案，不服郑州市中级人民法院（2014）郑民二终字第2045号民事判决，向再审法院申请再审。再审法院于2015年9月2日作出（2015）豫法立二民申字第01112号民事裁定，提审本案。再审法院依法组成合议庭，公开开庭审理了本案。再审申请人薛×及薛×、关×中共同的委托代理人郑×、闫××，被申请人第一医院的委托代理人郑××到庭参加诉讼。

2012年4月12日，关×航以"发现心脏杂音5年余"为主诉到第一医院处就诊，第一医院门诊以"先天性房间隔缺损"收入先心病区住院治疗，入院诊断为：先天性房间隔缺损、21-三体综合征。2012年4月12日的住院记录上专科检查显示"呼吸节律规整，……呼吸运动两侧对称，未触及语颤及胸膜摩擦感，双肺呼吸音清晰，未闻及干湿啰音。"病程记录显示：4月18日，第一医院在全麻低温体外循环下对关×航行房间隔缺损修补术，并给予呼吸机辅助呼吸。4月19日，关×航双肺呼吸音粗，闻及少量干湿啰音……考虑灌注肺出现。4月20日，充分吸痰后拔除气管插管，给予面罩吸氧，患儿呼吸平稳，无呼吸困难。5月3日，关×航出院，出院记录上载明：出院诊断为："先天性心脏病：房间隔缺损、动脉导管未闭"，出院医嘱为：1.注意休息，避免剧烈运动；2.3个月后复查心脏彩超；3.若病情出现变化，随时来院就诊。

同年5月5日，关×航以"反复喘息15天，再发加重1天"为主诉到第一医院就诊，第一医院门诊以"急性支气管炎、21-三体综合征"收入儿科一病区住院治疗，入院诊断为：急性支气管炎、21-三体综合征。第一医院对关×航给予头孢西丁钠针、阿糖腺苷针抗感染，配合平喘、化痰止咳等对症治疗处理，住院4天。经复查血常规及CRP正常。5月9日关×航出院，出院诊断为：急性支气管炎、21-三体综合征。出院医嘱载明：1.继续巩固治疗，避免受凉，防止感冒。2.合理营养，加强护理。3.如有不适，及时来院就诊。

同年5月21日，关×航到驻马店市中心医院就诊，在进行胸部正位检查后，该院影像诊断报告显示影像表现为："两侧胸廓对称，气管居中；两肺野内带可见索条状及片子高密度影，双侧肺门阴影增浓；双侧膈面光整，双侧肋膈角锐利"；印象为："考虑两肺感染，请结合临床。"5月31日，关×航又到该院进行胸部正位检查，影像表现为："临床提示肺炎治疗后：两侧胸廓对称，气管居中；两下肺野条片状高密度影，双侧肺门阴影增浓；双侧膈面光整，双侧肋膈角锐利"；印象为："两肺感染治疗后，请对比原片。"6月12日，关×航到河南省胸科医院进行胸部CT平扫，该院出具的检查报告单显示："双肺散在结节及片条影，邻近胸膜增厚粘连，双肺野局限透光度增强，纵隔及两腋窝见增大淋巴结影，胸壁骨质及软组织未见异常。"印象为："两肺感染灶并局限疱性气肿；纵隔及两腋窝淋巴结增大；请结合临床考虑。"6月13日，关×航到郑州市儿童医院进行鼻咽镜检查，该检查报告显示镜检所见为："喉黏膜呈慢性充血，声门上区，双声带也轻度充血，声带稍肥厚，活动好，声门闭合欠佳，声门下气管狭窄。"诊断为："1.慢性喉炎；2.气管狭窄。"建议为："转上级医院诊治。"

同年6月20日，关×航以"气急、呼吸困难2月余"到上海交通大学医学院附属新华医院（以下简称新华医院）处就诊，新华医院门诊以"声门下狭窄、先心术后"收入耳鼻喉颈外科住院治疗，入院诊断为：声门下狭窄、先心术后。7月1日，新华医院对关×航实施了全麻下行气管镜探查+气管切开术。关×航于7月13日出院，出院小结上载明：出院诊断为："声门下狭窄、先心术后"，出院时情况为："体温正常，一切情况可，呼吸平稳，无吸气性凹陷，咽部无充血，两肺呼吸音清、对称。"出院后用药及建议为："出院3月后门诊随访（周二、五下午黄琦主任专家门诊），忌硬、烫食物。带药：可尔生75mg×2盒，每日3次，每次1包，口服。"

同年 7 月 16 日，关×航到驻马店市中心医院进行胸部 CT 检查后，该院影像诊断报告显示影像表现为："胸廓对称，纵隔居中；肺窗显示两肺内见多发片状、斑片状高密度影，密度不均，边界模糊。左肺下叶肺透亮度增强；纵隔内见多发囊样低密度气体影；胸部皮下见低密度气体影；纵隔窗显示两肺门无增大，气管内见插管影；纵隔未见肿大淋巴结。"印象为："1. 两肺炎性病变。2. 胸部皮下及纵隔积气。3. 左肺下叶局限性肺气肿。"

2013 年 1 月 19 日，关×航以"咳嗽、气喘 3 天，加重一天"为主诉到驻马店市中心医院儿童重症科住院治疗，入院诊断为：1. 支气管肺炎；2. 呼吸功能不全；3. 气管切开术后；4. 先天性心脏病术后。同年 1 月 23 日出院，出院记录上载明：出院诊断为：1. 支气管肺炎；2. 呼吸功能不全；3. 气管切开术后；4. 先天性心脏病术后。出院医嘱载明：1. 院外巩固治疗；2. 预防感染；3. 注意个人卫生；4. 不适时随诊。

2013 年 6 月 18 日，关×航以"气管切开术后 1 年"到郑州市儿童医院耳鼻喉科住院治疗，入院诊断为：1. 喉狭窄；2. 气管切开术后状态；3.21-三体综合征；4. 先天性心脏病（术后）。2013 年 6 月 19 日，该院对关×航实施了局麻下更换气管套管手术，给予头孢西汀抗感染对症治疗。关×航于 6 月 20 日出院，出院记录上载明出院诊断为：1. 喉狭窄；2. 气管切开术后状态；3.21-三体综合征；4. 先天性心脏病（术后）。出院医嘱为：1. 做好气管切开术后护理；2. 不适随诊。

关×航认为第一医院在 2012 年 4 月 12 日至 5 月 9 日住院手术治疗过程中进行呼吸插管，导致原告出现支气管肺炎及灌注肺症状，第一医院在医疗过程中存在过错，对关×航的人身造成损害。

庭审中关×航明确其诉讼请求为要求第一医院支付其从第一医院出院后支付的医疗费 28239.31 元，依据是关×航提供的医疗费票据；护理费 374960 元，依据是自关×航在第一医院住院 2012 年 4 月 12 日至关×航 18 周岁，根据人身损害护理行业标准每天 80 元计算；交通费 2174.5 元，依据是关×航出院后为治病所支付的交通费，有交通费票据为证；住院伙食补助费 2200 元，依据是关×航在第一医院及其他医院住院共计 55 天，按每天 40 天计算；营养费 1100 元，依据是关×航在第一医院处及其他医院住院共计 55 天，按每天 20 元计算；伤残赔偿金 118654.76 元，依据是虽未鉴定，但根据关×航现在的状况及关于伤残的有关规定，关×航构成四级伤残，根据上年度农村居民人均纯收入 8475.34 元，四级伤残应为 118654.76 元；伤残器具辅助费 10 万元，因为关×航气管塌陷，目前需要伤残器具辅助并且需要经常更换器具，数额由关×航自己估算，请求法院酌定；后期治疗费 178341.4 元，依据是关×航自己估算，请求法院酌定；精神损失费 10 万元，依据是由于第一医院的医疗行为造成关×航呼吸困难，不能说话，对关×航及家人造成了伤害。以上共计 905669.97 元。

本案一审法院审理期间，关×航申请进行鉴定，鉴定请求为：1. 对治疗过程中第一医院是否构成医疗过错进行鉴定；2. 对关×航的人身损害结果与第一医院的医疗行为是否存在因果关系及第一医院的医疗过错参与度进行鉴定；3. 对关×航的伤残等级程度、护理人数以及期间、营养期间、后期治疗费用进行鉴定。一审法院于 2013 年 6 月 5 日委托河南同一法医临床司法鉴定所进行鉴定，该鉴定所以案件案情复杂，难以较好完成本案件鉴定工作为由终止鉴定。后经第一医院申请，一审法院调取了关×航在上海交通大学医学院附属新华医院 2012 年 6 月 20 日至 2012 年 7 月 13 日住院治疗的全套住院病历，委托司法鉴定科学技术研究所司法鉴定中心对关×航的申请进行鉴定。2013 年 10 月 28 日，一审法院技术科作出退卷通知："司法鉴定科学技术研究所司法鉴定中心认为根据现有材料，无法出具明确的鉴定意见，故本案不予受理。致使本次鉴定无法进行，鉴定机构终止此次鉴定。"后经关×航、第一医院双方同意，一审法院委托北京法源司法科学证据鉴定中心对关×航的申请进行鉴定，该中心于 2013 年 12 月 17 日出具不予受理说明函，以"患儿手术后出现呼吸困难的病情在临床上比较少见，患儿本身发育存在先天性异常，对该术后的病情评价系并发症还是过失行为非常困难，属于疑难复杂案件，超出我中心鉴定能力"为由不予受理。

郑州市中级人民法院二审经审理查明的事实同一审一致。

再审法院再审过程中，再审法院向第一医院发送限期举证通知书，责令该单位提交：××患者关×航在第一医院先心病区诊疗过程中形成的每日费用清单和总费用清单。第一医院在再审法院限定时间内提交了关×航的每日费用清单和总费用清单。每日费用清单显示，关×航在第一医院心脏大血管外科治疗的最后日期是2012年5月3日，从2012年4月12日至同年5月3日，费用总额是34245.77元。总费用清单显示，关×航的费用区间是2012年4月12日至同年5月4日，费用总额是34245.77元。薛×、关×中质证称：1.关×航的每日费用清单和总费用清单可以证明第一医院存在隐匿病历的行为。2.关×航2012年4月18日的每日费用清单和总费用清单中均显示第一医院使用了三种抢救药物，即盐酸利多卡因注射液、尼卡地平针和去甲肾上腺素针，对比第一医院在一审中提交的关×航病历中的长期、临时医嘱单，均未发现使用过这三种药物的记载，这也可以证明第一医院存在隐匿病历的行为。第一医院解释称，关×航治疗日期和费用区间不一致是由于关×航的出院时间和费用结算时间不一致导致的，关×航于2012年5月3日出院，关×航的费用是次日结算的。每日费用清单和总费用清单的费用总额一致，表明第一医院不存在隐匿病历的行为。对三种药物的使用问题，第一医院未作出解释，但不认可薛×、关×航关于第一医院隐匿病历的意见。对此，再审法院认为，由于每日费用清单和总费用清单中记载的费用总额是一致的，将这两份清单的内容结合在一起可以看出，关×航在2012年5月4日并未产生费用，故根据每日费用清单和总费用清单记载的日期不能认定第一医院存在隐匿病历的行为，也不能认定关×航于2012年5月5日直接由先心病区转入了儿科。薛×、关×中关于第一医院隐匿病历的意见证据不足，再审法院不予采纳。对薛×、关×中关于向关×航同病房的患者进行调查取证的申请，因不符合《最高人民法院关于民事诉讼证据的若干规定》第十七条的规定，故再审法院未予准许。

再审法院再审查明的案件事实与郑州市中级人民法院二审认定的案件事实一致。另查明，1.第一医院在一审中提交的住院病案首页记载，关×航的入院日期是2012年4月12日15时，出院时间是2012年5月4日18时，实际住院22天，其中的出院日期改为2012年5月3日18时。第一医院在一审中提交的住院收费专用票据记载，关×航出院日期是2012年5月4日。关×航的总费用清单显示，关×航的费用区间是2012年4月12日至同年5月4日。对此，薛×、关×中认为，第一医院涂改、隐匿病历。第一医院陈述称，关×航出院时间是2012年5月3日，其费用结算时间是2012年5月4日，第一医院不存在隐匿病历的行为。2.2015年7月1日，关×航死亡。

[裁判结果]

一审法院判决：

驳回关×航的诉讼请求。

二审法院判决：

驳回上诉，维持原判。

再审法院判决：

维持郑州市中级人民法院（2014）郑民二终字第2045号民事判决。

[裁判理由]

法院生效裁判认为从第一医院提交的关×航病历的整体内容看，在2012年5月3日夜晚至同年5月5日期间，第一医院对关×航未实施任何诊疗行为，薛×、关×中也未能提交第一医院在此期间对关×航实施诊疗行为的有力证据，故根据本案现有证据不能认定，2012年5月3日夜晚至同年5月5日期间第一医院对关×航实施了诊疗行为，也不能认定第一医院存在隐匿病历的行为。在一审审理过程中，经一审法院委托，鉴定机构进行了三次鉴定，均因疑难复杂鉴定不能而被退卷，三次鉴定均未认定第一医院在诊疗过程中存在过错。薛×、关×中的再审理由不能成立，再审法院不予支持。一、二审判决正确，应予维持。

附：一审、二审裁判理由：

郑州市管城回族区人民法院一审认为，当事人对自己提出的诉讼请求所依据的事实或者反驳对方诉讼请求所依据的事实有责任提供证据加以证明。没有证据或者证据不足以证明当事人的事实主张的，由负有举证责任的当事人承担不利后果。根据《中华人民共和国侵权责任法》的规定，医疗机构承担赔偿责任的情形有两种：其一，在医疗损害责任纠纷案件中，患者在诊疗活动中受到损害，医疗机构及其医务人员有过错的，由医疗机构承担赔偿责任。其二，在诊疗过程中，医疗机构未尽相关诊疗义务，应承担赔偿责任。本案中，应当事人申请先后三次委托相关司法鉴定机构对第一医院在对关×航实施的诊疗活动中医疗过错参与度以及第一医院的医疗行为与损害后果之间是否存在因果关系等事项进行鉴定，但均被退回，造成本案鉴定不能，故无法确认第一医院在诊疗活动中是否存在过错。关于第一医院是否尽到诊疗义务，由于关×航未提交相应证据证明第一医院没有尽到诊疗义务，故不能确认第一医院没有尽到诊疗义务。综上，关×航要求第一医院赔偿相关损失的诉讼请求，证据不足，理由不能成立。

郑州市中级人民法院二审认为，当事人对自己提出的主张，有责任提供证据。根据《中华人民共和国侵权责任法》第七章关于医疗损害责任的相关规定精神，患者在诊疗活动中受到损害，医疗机构及其医务人员有过错的或者医务人员在诊疗活动中未尽到相应诊疗义务的，由医疗机构承担赔偿责任，适用过错责任归责原则。结合本案，一审法院根据关×航的申请事项，先后三次委托相关司法鉴定机构进行鉴定，均因疑难复杂鉴定不能而被退卷，法院也无法确定第一医院在本案纠纷中是否存在过错或者未尽到应有的诊疗义务。故一审法院以关×航要求第一医院赔偿相关损失的诉讼请求证据不足为由，判决驳回关×航诉讼请求并无不当。

2. 徐××等与铜陵市人民医院医疗损害责任纠纷案
——患者一方提供证据不足以证明医疗机构存在过错，且申请鉴定由于客观原因无法鉴定导致案件事实无法认定的，患者一方应当承担相应的不利后果

案号：（2014）铜中民一终字第 00033 号

[裁判要点]

根据《中华人民共和国侵权责任法》第五十四条规定，医疗损害责任

适用过错责任原则，依据《最高人民法院关于适用〈中华人民共和国民事诉讼法〉的解释》第九十一条的规定，患者一方应当对医疗机构的诊疗过错、因果关系等要件事实承担举证责任，即适用"谁主张，谁举证"的一般规则。患者一方提供的证据不能证明医疗机构存在过错，且人民法院根据患者一方的申请依法委托后作出的鉴定意见也认为无法认定医疗机构过错及因果关系的，患者一方应当承担相应的不利后果。在此需要注意的是，本案中的鉴定机构或者鉴定人因为相关资料不全及对手术知情同意书医患双方存在分歧，导致最终无法鉴定的。

患者一方主张医疗机构提供的《手术知情同意书》中的告知事项手写部分是医疗机构违规对病历进行了篡改，但并未提出对《手术知情同意书》告知的手写部分的填写时间进行鉴定，且医疗机构已就此作了合理说明的，不能认定医疗机构对此有过错。

[法条索引]

《中华人民共和国侵权责任法》第五十四条、第五十八条

[基本案情]

徐××系周××的丈夫，徐×是周××的女儿。2012年3月26日，周××因下消化道梗阻，到铜陵市人民医院就诊，后住院治疗。4月5日进行全麻下行腹会阴联合直肠癌根治手术，后又行乙状结肠造口术+术中肿块活检。术后予以对症治疗，2013年4月16日周××出院。后又多次在铜陵市人民医院化疗。2013年6月16日周××去世。

依徐××和徐×申请，本院委托南京医科大学司法鉴定所对铜陵市人民医院是否有过错、铜陵市人民医院的诊疗行为与周××的死亡是否有因果关系进行鉴定。南京医科大学司法鉴定所于2013年10月13日出具终止鉴定函："由于对手术知情同意书医患双方存在分歧（患方认为手写部分系后加上去的），且缺乏相应CT片及盆腔MRI片，我所不能完成贵院委托要求，故退回贵院。"另查明：铜陵市人民医院在治疗过程中，已向徐××和徐×提供了CT片及盆腔MRI片。

徐××和徐×于2013年7月11日向一审法院提起诉讼，要求法院判决铜陵市人民医院赔偿徐××和徐×各项损失62925.24元。庭审中，徐×

×和徐×将诉讼请求变更为63463.45元，并承担本案诉讼费用。

二审审理过期间，徐××和徐×申请法院到铜陵市人民医院调取周××2012年3月到2013年6月在铜陵市人民医院治疗的CT、MRI等相关影像资料，本院依法去铜陵市人民医院调取，只调取到了部分盆腔MRI片的电子图像。

徐××和徐×在二审中提交以下新证据：1.2002出台的《医疗机构病历管理规定》，证明从该规定可知医疗机构应当保存病历资料15年；2.2013年出台的《医疗机构病历管理规定》，证明从该规定可知医疗机构应当保存病历资料30年；3.后期治疗的部分影像资料，证明周××的病情。

铜陵市人民医院对以上证据质证意见为：两份规定不属于证据，对影像资料的真实性无异议。

徐××、徐×和铜陵市人民医院所举的其他证据与一审相同，质证意见也同于一审，二审法院认证意见与一审一致。

[裁判结果]

一审法院判决：

驳回原告徐××、徐×的诉讼请求。

二审法院判决：

驳回上诉，维持原判。

[裁判理由]

法院生效裁判认为，本案的争议焦点为1.本案是否属于医疗事故纠纷？2.铜陵市人民医院是否应当承担举证责任？3.铜陵市人民医院对周××的死亡是否应当承担赔偿责任？

二审法院认为：2008年最高人民法院发布了《民事案件案由规定》（已失效），已经在第一个三级案由"生命权、健康权、身体权纠纷"项下列了"医疗损害赔偿纠纷"作为第四级案由，将原来的医疗事故损害赔偿纠纷改变为医疗损害赔偿纠纷，这个案由是符合《中华人民共和国侵权责任法》规定的。根据《中华人民共和国侵权责任法》第五十四条规定，《中华人民共和国侵权责任法》对医疗损害责任实行的是过错责任原则，也就是医疗机构承担民事责任是需要患者证明医务人员存在过错的。根据《中华人民共和国侵权责任法》第五十八条规定，徐××和徐×认为，铜陵市人民医院《手术知情同意书》中的告知事项手写部分，在患者和铜陵市人民医院签字时没有，是铜陵市人民医院违规对病历进行了篡改。二审法院认为《手术知情同意书》为格式性的文件，医院因为病人病情的不同而增加相关告知事项并无不当，且徐××和徐×在一审和二审审理过程中，均没有提出对《手术知情同意书》告知的手写部分的填写时间进行鉴定，故不能认定铜陵市人民医院有过错。周××的CT片等资料在本案诉讼前已由铜陵市人民医院交付给徐××和徐×，一审中铜陵市人民医院提交了周××的病案，并没有隐匿或拒绝提供与纠纷有关的病历资料的情况发生。一审法院委托南京医科大学司法鉴定所对铜陵市人民医院是否有过错、铜陵市人民医院的诊疗行为与周××的死亡是否有因果关系进行鉴定。但因为相关资料不全及对手术知情同意书医患双方存在分歧，导致无法鉴定，故无法证明铜陵市人民医院应当承担赔偿责任。

附：一审法院裁判理由：

一审法院认为：患者在诊疗活动中受到损害，医疗机构及其医务人员有过错的，由医疗机构承担赔偿责任。但是当事人对于自己提出的诉讼请求所依据的事实有责任提供证据加以证明。没有证据或者证据不足以证明当事人的事实主张的，由负有举证责任的当事人承担不利后果。本案中，对于铜陵市人民医院的诊疗行为是否有过错、铜陵市人民医院的诊疗行为与周××的死亡之间是否有因果关系、参与度多少等，均应由徐××和徐×承担举证责任。现相关鉴定程序已因徐××和徐×不向鉴定机构提交CT片及盆腔MRI片而终止，徐××和徐×不能向本院提交有关鉴定意见书。而仅凭徐××和徐×提交的门诊病历、诊断证明书、化验单、住院治疗记录等证据，法院无法对过错、因果关系和参与度作出判决。徐××和徐×应当承担举证不能的不利后果。

五、侵害患者知情同意权的纠纷中如何分配医患双方的举证证明责任

【医疗损害责任司法解释条文】

第五条 患者依据侵权责任法第五十五条规定主张医疗机构承担赔偿责任的,应当按照前条第一款规定提交证据。

实施手术、特殊检查、特殊治疗的,医疗机构应当承担说明义务并取得患者或者患者近亲属书面同意,但属于侵权责任法第五十六条规定情形的除外。医疗机构提交患者或者患者近亲属书面同意证据的,人民法院可以认定医疗机构尽到说明义务,但患者有相反证据足以反驳的除外。

【导读】

依据《中华人民共和国侵权责任法》第五十五条第一款的规定,医务人员在诊疗活动中应当向患者说明病情和医疗措施。这是医务人员在诊疗活动中一般应尽的义务。除此以外,如果需要实施手术、特殊检查、特殊治疗的,还应当及时向患者说明医疗风险、替代医疗方案等情况,并取得其书面同意。上述说明如果不宜向患者说明,例如将会造成患者悲观、恐惧、心理负担沉重,不利于治疗,医务人员应当向患者的近亲属说明,并取得其书面同意。该条第二款规定,医务人员未尽到前款义务,造成患者损害的,医疗机构应当承担赔偿责任。对此,并非医务人员尽到了该条第一款规定的义务,在后续的诊疗活动中造成患者损害的,医疗机构就可以不承担赔偿责任。依据《中华人民共和国侵权责任法》第五十七条的规

定，医务人员在诊疗活动中未尽到与当时的医疗水平相应的诊疗义务，造成患者损害的，医疗机构应当承担赔偿责任。医务人员即使尽到了说明义务或者取得了患者或者其近亲属同意相关治疗的签字，但如果在后续的诊疗活动中未尽到与当时的医疗水平相应的诊疗义务，造成患者损害的，医疗机构仍应当承担赔偿责任。① 对于该条规定的医疗损害责任，学界认为这是医疗伦理责任的重要类型。② 侵害患者知情同意权纠纷的医疗损害责任构成要件也要按照《中华人民共和国侵权责任法》第五十五条第二款的规定并结合第五十四条规定的过错责任原则的一般要求来确定，具备四个构成要件：损害后果；违法行为即未履行告知义务而为的诊疗行为，此种行为样态多表现为不作为或者告知不充分；因果关系，即医疗机构未尽告知义务的行为与侵害患者知情权、自我决定权以及相关利益受到损害之间具有因果关系；主观过错。对此相应的侵权责任构成要件事实，患者一方就要承担举证证明责任。

在此需要注意的是，相对于患者而言，医疗机构是否尽到告知义务涉及专业判断问题，而且实践中患者可能也难以提供医疗机构违反说明义务的证据，这时患者就需要通过申请鉴定来解决，这也是缓和患者举证证明责任的一种方式。此外，医疗机构依据《中华人民共和国侵权责任法》第六十条第一款规定主张不承担赔偿责任的，也要承担举证证明责任。就举证责任分配而言，依据本解释第四条的规定，医疗机构仍应对免责事由承担举证证明责任，此可以理解为法律的特殊规定，也符合《最高人民法院关于适用〈中华人民共和国民事诉讼法〉的解释》第九十一条规定的基本精神。

在本解释起草过程中，曾对医务人员未尽到说明义务的举证责任分配存在争议。有意见认为，对于患者而言属于待证法律事实中的"消极事实"，其对此难以举证，要求患者承担举证责任，不尽合理。本解释最终没有采纳这一意见，而是采取了以"谁主张，谁举证"为基本规则，同时

---

① 参见王胜明主编：《〈中华人民共和国侵权责任法〉条文解释与立法背景》，人民法院出版社 2010 年版，第 215 页。

② 参见杨立新：《侵权法论（第五版）》，人民法院出版社 2013 年版，第 573 页。

对患者实行一定程度的举证责任缓和。其中，本条第一款按照过错责任的基本法理，对患者的举证责任作出了规定。这一做法符合上述《最高人民法院关于适用〈中华人民共和国民事诉讼法〉的解释》第九十一条所确立的举证证明责任分配的一般规则，即主张权利受到妨害的当事人，应当对权利受到妨害的基本事实承担举证证明责任。本条第二款则在实施手术、特殊检查、特殊治疗的情形下对患者一方实行了举证责任缓和，进一步规定了医疗机构提供了患者或者患者近亲属的书面同意证据的，人民法院可以认定医疗机构尽到说明义务。同时又规定了一个除外条款，即在患者提供了相反证据的情况下，仍应认定医疗机构未尽到说明义务。此主要考虑是，一者医疗机构客观上掌控着患者的病历资料，医疗机构对其尽到说明义务比较容易完成举证；二者，实施手术、特殊检查、特殊治疗对患者而言影响较大，要求医疗机构承担举证责任，有利于督促医疗机构规范诊疗行为，切实维护患者合法权益；再者，在举证责任分配上适度平衡患者与医疗机构之间的关系，也有利于构建和谐的医患关系。

【相关法条】

《中华人民共和国侵权责任法》

第五十五条　医务人员在诊疗活动中应当向患者说明病情和医疗措施。需要实施手术、特殊检查、特殊治疗的，医务人员应当及时向患者说明医疗风险、替代医疗方案等情况，并取得其书面同意；不宜向患者说明的，应当向患者的近亲属说明，并取得其书面同意。

医务人员未尽到前款义务，造成患者损害的，医疗机构应当承担赔偿责任。

第五十六条　因抢救生命垂危的患者等紧急情况，不能取得患者或者其近亲属意见的，经医疗机构负责人或者授权的负责人批准，可以立即实施相应的医疗措施。

《中华人民共和国执业医师法》

第二十三条　医师实施医疗、预防、保健措施，签署有关医学证明文件，必须亲自诊查、调查，并按照规定及时填写医学文书，不得隐匿、伪造或者销毁医学文书及有关资料。

医师不得出具与自己执业范围无关或者与执业类别不相符的医学证明文件。

第二十六条 医师应当如实向患者或者其家属介绍病情，但应注意避免对患者产生不利后果。

医师进行实验性临床医疗，应当经医院批准并征得患者本人或者其家属同意。

《医疗机构管理条例》

第三十三条 医疗机构施行手术、特殊检查或者特殊治疗时，必须征得患者同意，并应当取得其家属或者关系人同意并签字；无法取得患者意见时，应当取得家属或者关系人同意并签字；无法取得患者意见又无家属或者关系人在场，或者遇到其他特殊情况时，经治医师应当提出医疗处置方案，在取得医疗机构负责人或者被授权负责人员的批准后实施。

【典型案例】

航空总医院与姜×医疗损害责任纠纷案
——实施手术、特殊检查及特殊治疗的情形下，医疗机构应当对其履行了告知义务承担举证证明责任

案号：（2014）三中民终字第07684号

[裁判要点]

医务人员未尽向患者说明病情和医疗措施，造成患者损害的，医疗机构应当承担赔偿责任。本案中，案涉医疗机构未提供证据证明其在对患者进行面神经穿刺治疗时履行了告知相关风险及多种治疗方法的义务，使患者丧失了知情权，该医疗机构对此存在过错，审理法院依法认定该医疗机构应对患者的损害结果负主要责任，判决其承担75%民事赔偿责任。

[法条索引]

《中华人民共和国侵权责任法》第五十五条

[基本案情]

姜×在航空总医院处门诊病历记载:"2012年5月4日9时,左面部痉挛,2006年做面部整容手术。此后出现左面部眼角抽动,涉及面部,发作时不痛,无感觉异常。查体:左眼睑、左口角面部痉挛,左面部肌肉萎缩。诊断:美容术后面肌痉挛,面部肌肉萎缩。治疗:1.修正式面神经孔(颈乳孔)穿刺渗透法3~6次;2.星状神经节阻滞10次左右。预约下周过来治疗。2012年5月16日9时30分,按预约今天进行左修正式面神经孔穿刺压迫法。Rx:常规,丁卡因,无水乙醇。Px:生理盐水250ml,VC1000mg,用法:缓慢静脉点滴。5月18日10时,痉挛已停止,已治愈。左眼闭不上及歪嘴(治疗前已交代,同意),今天进行1.SL照射星状神经节,80%输出20min。2.注射用腺苷钴胺1.5mg×20,用法:肌肉注射,1天1次。6月1日10时,面肌痉挛好了,但尚有歪斜嘴,患者着急,要行治疗。星状神经节阻滞,Rx:常规。6月6日9时30分,行星状神经节阻滞。6月8日9时40分,星状神经节阻滞。6月13日9时20分,1.神经妥乐平,1天1次,肌注;2.注射用腺苷钴胺1.5mg×20肌注,1天1次;2.维生素B11片,口服,一天三次,饭后;4.左星状神经节阻滞。6月15日9时40分,今天察看,面歪消失,有明显好转。左星状神经节阻滞。6月20日9时50分,①左星状神经节阻滞(至此六次),②左上下眼睑Naosan局注。8月8日10时,①上、下眼睑Naosan法;②左星状神经节超激光照射,Px:常规,地米,照射80%输出20min。8月10日10时,①上、下眼睑Naosan法;②左星状SL照射,Px:常规,地米,照射80%输出量20min持续。"宣武医院门诊病历载:"2012年8月15日,面肌痉挛做阻滞术后出现面神经损伤(左周围性面瘫)。PE:神清,左周围性面瘫。诊断:面神经损伤。"北京军区总医院肌电图诱发电位报告:"2012年8月21日结论:1.左面神经损伤(运动神经复合电位波幅低)。2.瞬目反射:左侧周围性损害(传出型)。请结合临床。"北京天坛医院肌电图诱发电位报告:"2013年6月4日临床诊断:面神经麻痹(面瘫)。结论：1. 面神经直接反应：眼轮匝肌与口轮匝肌记录，左侧复合肌肉动作电位波幅下降，潜伏期较右侧延长。右侧复合肌肉动作电位波幅正常，潜伏期正常。2. F 波：左侧面神经 F 波出现率正常，潜伏期延长。3. 瞬目反射：刺激左侧 R1，R2 波形分化差，潜伏期延长；R2 波形分化尚可，重复性尚可，潜伏期正常。刺激右侧 R1，R2 波形分化尚可，重复性尚可，潜伏期正常；R2 波形分化差，潜伏期延长。提示：左侧面神经受损。"

一审中，姜×申请就姜×的损害后果是什么；航空总医院的医疗行为有无过错，如有过错，与姜×的损害后果之间是否存在因果关系及责任程度；以及姜×的伤残等级和误工期限进行鉴定。经双方当事人共同选择确定，由中天司法鉴定中心作为本案的鉴定机构。2014 年 1 月 24 日，中天司法鉴定中心做出中天司鉴中心〔2013〕临鉴字 023 号《法医临床鉴定意见书》，鉴定结论为："1. 被鉴定人姜×的损害后果为左侧面神经麻痹（面瘫）。2. 航空总医院对姜×的医疗行为中存在过错，过错与损害后果之间存在因果关系，医疗过失参与度考虑为 E 级。3. 被鉴定人姜×的伤残等级为七级。4. 被鉴定人姜×的误工期为 120 日。"姜×、航空总医院均认可《法医临床鉴定意见书》的真实性。姜×认可鉴定结论，航空总医院不认可鉴定结论，称依据《人体损伤致残程度鉴定标准》第 2.7.6 条的规定，具有"一侧面神经完全性麻痹"症状方可鉴定为七级伤残。而根据《人体损伤致残程度鉴定标准》附录 B《损伤检查和判定依据》中 B.41 条明确"面神经完全性麻痹"的表现为："（1）额纹消失；（2）眼睑不能充分闭合；（3）口角下垂，饮食时汤水流溢。"根据 B.42 条的规定，若只出现上述部分症状，应为面神经不完全性麻痹，依据《人体损伤致残程度鉴定标准》2.10.11 条的规定，应鉴定为十级伤残。鉴定机构在对姜×进行查体后描述为"左侧额纹变浅、双侧眼裂尚对称、双侧口角尚对称"，明显与附录 B《损伤检查和判定依据》中 B.41 条描述不吻合。就此，航空总医院申请鉴定人杨保丰出庭，鉴定人的答复为：《人体损伤致残程度鉴定标准》中面瘫伤残的级别只有十级和七级，鉴定中只要被鉴定人五个面神经分支都受损了就是完全性麻痹，为七级伤残；部分分支受损就是部分麻痹，为十级伤残，而不论各分支的受损程度。航空总医院问及鉴定时如何认定被鉴定人处于治疗中还是治疗终结，鉴定人的答复为：鉴定时机通常为损伤发生后 3 至 6 个月，我们一般要求损伤发生后 6 个月以上进行鉴定。姜×自损伤发生到进行鉴定已经超过 12 个月，姜×的临床状态已经稳定，可以进行鉴定。航空总医院对于鉴定人的意见仍不予认可。法院以航空总医院提出的异议致电北京市司法鉴定业协会，对方答复称：鉴定业协会受理的投诉，审查仅限于标准的适用，不涉及标准的制定和解释，现本案中当事人的疑问已涉及标准的制定，现无法因个案启动制定人体损伤致残程度鉴定标准的标准委员会再行讨论。此后，航空总医院又自行向北京市司法鉴定业协会投诉，但北京市司法鉴定业协会以当事人"仅对鉴定结论有异议的，不属于投诉受案范围"为由未予受理。为此，姜×支付鉴定费 11200 元，航空总医院支付鉴定人出庭费 1200 元。

就医疗费，姜×称其在国内发生的医疗费共计 6181.2 元，其中航空总医院医院的医疗费共计 4341.26 元，北京军区总医院的医疗费共计 1842.94 元，在美国发生的医疗费共计美元 249.92 元，但相应票据原件均在美国，现仅能提供医疗费票据复印件。航空总医院认可姜×在航空总医院处发生的医疗费金额，但称不清楚姜×是否已经医保报销；需要姜×提供票据原件证明其没有经过医保报销。北京军区总医院和美国的医疗费票据没有原件，均不认可。姜×称其没有医保，且在航空总医院处治疗前签署了自费协议，现协议原件在航空总医院处保留，说明姜×是自费治疗的。航空总医院称没有这份协议，姜×全部病历资料都应该在其病历中。

就交通费，姜×提交机票代理公司的证明、电子客票行程单和机票订购网页打印件（英文，未提供翻译件）各一份。航空总医院不认可证据的真实性，称即使姜×去过美国，也不能证明姜×是去治疗的。

就误工费和直接经济损失，姜×提交演员聘用合同、解聘合同、姜×在新浪网站上的明星网页打印件各一份以及拍摄协议两份，其中聘用合同和解聘合同中相对方均为益彩年华（北京）文化传媒有限公司，两份拍摄协议中甲方均为北京 M2 文化发展有限公司，约定姜×作为模特参加甲方平面拍摄活动，拍摄时间分别为 2012 年 5 月 9 日~10 日和 2012 年 5 月 14 日~15 日。航空总医院不认可演员聘用合同、解聘合同、姜×在新浪网站上的明星网页打印件的真实性，认可两份拍摄协议的真实性，称演员聘用合同和解聘合同可能是姜×诉讼后补做的，聘用合同中没有写明合同价款，姜×也没有证据证明聘用方曾经出品过电视作品，不能证明姜×的损失；根据拍摄协议约定的内容看，两份协议均应该在航空总医院对姜×进行治疗前履行完毕，与本案无关。

姜×另提交离婚协议书复印件一份，欲证明因航空总医院给其造成的损害导致其离婚，使其遭受了精神痛苦。航空总医院不认可证据的真实性，称离婚不是精神损害的根本原因。

就护理费、住宿费、住院伙食补助费，姜×均未举证。

查，姜×系城镇居民户口。

[裁判结果]

一审法院判决：

一、航空总医院于判决生效之日起七日内赔偿姜×医疗费三千二百五十五元九角五分、误工费三万元、残疾赔偿金二十一万八千八百一十四元、精神损害抚慰金四万元。二、驳回姜×的其他诉讼请求。

二审法院判决：

驳回上诉，维持原判。

[裁判理由]

法院生效裁判认为，患者在诊疗活动中受到损害，医疗机构及其医务人员有过错的，由医疗机构承担赔偿责任。医务人员未尽向患者说明病情和医疗措施，造成患者损害的，医疗机构应当承担赔偿责任。本案中，航空总医院未提供证据证明该医院在2012年5月16日对姜×进行面神经穿刺治疗时履行了告知相关风险及多种治疗方法的义务，使姜×丧失了知情权，航空总医院对此存在过错，原审法院认定航空总医院应对患者的损害结果负主要责任，承担民事赔偿责任的比例为75%，正确，二审法院予以维持。

关于姜×伤残等级问题。根据相关规定，涉及人体损伤残疾程度的标准，应适用北京司法鉴定业协会制定的《人体损害致残程度标准（试行）》的规定，在该标准中，对于一侧面神经完全性麻痹的病理反应并无具体标准。鉴定机构通过被鉴定人面部表情肌肉的变化、查体后认为属于七级伤残，并无不当。航空总医院认为属于十级伤残，依据不充分，二审法院不予支持。

关于航空总医院主张的误工费及医疗费问题，姜×为证明其系演员职业，提供了《演员聘用合同》，航空总医院未提出相反证据，二审法院予以认可，因姜×无法就其收入水平提出证据，但参照本市相同或相近行业平局收入确定其工资标准，具有合理性，相应的误工费数额确定适当，二审法院予以支持。姜×医疗费的主张虽仅提供了医疗费复印件，但以此能印证姜×存在医疗费支出的事实，航空总医院主张姜×存在医疗保险，仅系该院猜测，无证据支持，二审法院不予采信。

附：一审法院裁判理由：

原审法院经审理认为：医疗机构承担医疗侵权损害赔偿责任的前提条件是其医疗行为存在过错并与患者的损害后果有因果关系。经鉴定，鉴定机构认为航空总医院在姜×的诊疗过程中存在过失，与姜×的损害后果之间存在因果关系，并将医疗过错参与度考虑为E级（对应责任程度为主要责任），故法院根据现有证据及本案的实际情况，依法确定航空总医院承担民事赔偿责任的比例为75%。航空总医院虽对鉴定结论不认可，但其未提出足以反驳鉴定结论的相关证据，故法院对于航空总医院的主张不予支持。

当事人对自己提出的主张，有责任提供证据。医疗费根据医疗机构出具的医药费等收款凭证予以确定，现姜×提交的证据均系复印件，不足以证明其医疗费实际发生金额，但航空总医院对于姜×在其处发生的医疗费金额认可，法院不持异议。对于其他医疗机构的医疗费票据复印件，法院难以采信。航空总医院同时称姜×已经发生的医疗费可能已经医保报销，但未举证，故法院对此亦不予采信。误工费根据受害人的误工时间和收入状况确定。误工时间根据受害人接受治疗的医疗机构出具的证明确定。受害人因伤致残持续误工的，误工时间可以计算至定残日前一天。受害人有固定收入的，误工费按照实际减少的收入计算。受害人无固定收入的，按照其最近三年的平均收入计算；受害人不能举证证明其最近三年的平均收入状况的，可以参照受诉法院所在地相同或者相近行业上一年度职工的平均工资计算。本案中，姜×称其收入来源具有多样性，其提交的《演员聘用合同》无法证明姜×的年收入水平，故法院参照北京市2012年相同或者相近行业平均收入金额确定姜×收入水平，并按鉴定结论中确定的姜×误工期限120天计算姜×误工费。残疾赔偿金按照北京市2012年城镇居民人均可支配收入标准，按20年计算。精神损害抚慰金结合航空总医院的过错程度、姜×损害程度及持续时间和损害对姜×职业的影响等因素，具体赔偿数额由法院依法酌情判处。以上各项诉讼请求均以姜×的诉讼请求为限。姜×提交的证据不足以证明因航空总医院的损害行为导致其实际发生了交通费和直接业务经济损失，法院不予支持。就护理费、住宿费、住院伙食补助费姜×均未举证，法院亦不予支持。

六、病历资料的范围与医院提交病历资料的义务

【医疗损害责任司法解释条文】

第六条 侵权责任法第五十八条规定的病历资料包括医疗机构保管的门诊病历、住院志、体温单、医嘱单、检验报告、医学影像检查资料、特殊检查（治疗）同意书、手术同意书、手术及麻醉记录、病理资料、护理记录、医疗费用、出院记录以及国务院卫生行政主管部门规定的其他病历资料。

患者依法向人民法院申请医疗机构提交由其保管的与纠纷有关的病历资料等，医疗机构未在人民法院指定期限内提交的，人民法院可以依照侵权责任法第五十八条第二项规定推定医疗机构有过错，但是因不可抗力等客观原因无法提交的除外。

【导读】

在医疗损害责任纠纷案件中，病历资料往往是认定医疗机构有无过错或者责任大小的重要证据，对于妥善解决医患纠纷至关重要。这类资料作为证据，往往直接导致医疗诉讼的成败。但由于病历资料都是由医务人员填写、制作，诸如住院志、检验报告、手术及麻醉记录、病理资料、护理资料等病历资料也都保管在医疗机构。从证据角度讲，医疗机构一方对于证据的掌握和控制是强势的，因此，必须在合理的限度内赋予患者查阅和

复制这类资料的权利，以平衡双方在举证责任能力上的悬殊。① 正因如此，《中华人民共和国侵权责任法》第六十一条对于医疗机构保管病历的义务和患者一方查阅复制病历的权利作了规定，同时在第五十八条分两项对有关伪造、篡改或者销毁病历，隐匿或者拒绝提供与纠纷有关的病历资料等推定为医疗机构有关过错。这两种情形，一方面反映了医疗机构的恶意，另一方面使患者难于取得与医疗纠纷有关的证据资料，这时再让患者举证已不合理。因此，推定医疗机构有过错。② 目前审判实践中对于第五十八条规定的病历资料范围与第六十一条规定的患者查阅、复制的病历资料范围是否一致，抑或在发生医疗损害责任纠纷后，医疗机构应当提交病例的范围是否全部包括主观性病例、客观性病例存有争议。一种意见认为，对此按照《中华人民共和国侵权责任法》第六十一条规定的范围为准进行确定；第二种意见认为，有必要结合既有的行政法规、规章的规定，对病历的范围作进一步细化，以更好地指导审判实践。

经过深入研究、反复论证，本解释最终采纳了上述第二种意见，参照《医疗事故处理条例》《医疗机构病历管理规定（2013年版）》的规定，细化了《中华人民共和国侵权责任法》第五十八条第（二）项规定的病历资料的范围，新增了门诊病历、体温单、医学影像检查资料、特殊检查（治疗）同意书、手术同意书、医疗费用、出院记录，并以国务院卫生行政部门规定的其他病历资料作为兜底，以防止列举不全。考虑到一般情况下，门（急）诊病历由患者负责保管，只有在医疗机构建有门（急）诊病历档案的才由医疗机构负责保管；而住院病历一般均由医疗机构负责保管，本条第一款将此病历资料限定为"医疗机构保管"的范围。

按照"谁主张，谁举证"的一般规则，患者一方要对医疗机构隐匿或者拒绝提供病历的事实承担举证证明责任，但这在审判实践中通常难以举证。为解决患者对此的举证难问题，本条第二款在总结各地审判实践经验

---

① 王胜明主编：《〈中华人民共和国侵权责任法〉条文解释与立法背景》，人民法院出版社2010年版，第247页。

② 王胜明主编：《〈中华人民共和国侵权责任法〉条文解释与立法背景》，人民法院出版社2010年版，第227页。

的基础上，明确了医疗机构应提供与治疗有关的所有资料，无正当理由拒不提供的，即视为隐匿或拒绝提供的做法，将"患者申请医疗机构向人民法院提交由其保管的与纠纷相关的病历资料，医疗机构未及时提交"的情形，纳入到"医疗机构隐匿或者拒绝提供与纠纷有关的病历资料"的情形。同时采纳一些高院意见，将原来表述中的"未及时提交"修改为"医疗机构未在人民法院指定的期限内提交"，以更有利于实务操作。

实践中患者也掌握一些病历材料，而这些病历材料对于案件事实的认定也会起到重要作用。在本解释起草过程中，也有意见建议在本条增加一款规定患者对其保管病历的提交义务及相应的后果。本解释基于各方考虑最终没有规定患者提交病历的义务，但这并不妨碍患者对其掌握的病历资料负有提交证据的义务。因为，按照过错责任的要求，患者依然承担相应的举证证明责任，对此的法律适用可以按照患者举证责任的一般规则和《最高人民法院关于适用〈中华人民共和国民事诉讼法〉的解释》有关文书提交命令等规则来解决。患者有提交其掌握的病历资料的义务，否则应当按照举证证明责任分配的规则，承担相应的不利后果。门（急）诊病历不仅属于证明医疗关系存在的基本证据材料，而且对于确定诊疗过错大小乃至责任大小具有重要作用。《第八次全国法院民事商事审判工作会议（民事部分）纪要》中明确："患者一方请求医疗机构承担侵权责任，应证明与医疗机构之间存在医疗关系及受损害的事实。对于是否存在医疗关系，应综合挂号单、交费单、病历、出院证明以及其他能够证明存在医疗行为的证据加以认定。"

【相关法条】

《中华人民共和国侵权责任法》

第五十八条　患者有损害，因下列情形之一的，推定医疗机构有过错：

（一）违反法律、行政法规、规章以及其他有关诊疗规范的规定；

（二）隐匿或者拒绝提供与纠纷有关的病历资料；

（三）伪造、篡改或者销毁病历资料。

第六十条　患者有损害，因下列情形之一的，医疗机构不承担赔偿责任：

（一）患者或者其近亲属不配合医疗机构进行符合诊疗规范的诊疗；

（二）医务人员在抢救生命垂危的患者等紧急情况下已经尽到合理诊疗义务；

（三）限于当时的医疗水平难以诊疗。

前款第一项情形中，医疗机构及其医务人员也有过错的，应当承担相应的赔偿责任。

第六十一条　医疗机构及其医务人员应当按照规定填写并妥善保管住院志、医嘱单、检验报告、手术及麻醉记录、病理资料、护理记录、医疗费用等病历资料。

《中华人民共和国民事诉讼法》

第六十四条　当事人对自己提出的主张，有责任提供证据。

当事人及其诉讼代理人因客观原因不能自行收集的证据，或者人民法院认为审理案件需要的证据，人民法院应当调查收集。

人民法院应当按照法定程序，全面地、客观地审查核实证据。

《最高人民法院关于适用〈中华人民共和国民事诉讼法〉的解释》

第九十四条　民事诉讼法第六十四条第二款规定的当事人及其诉讼代理人因客观原因不能自行收集的证据包括：

（一）证据由国家有关部门保存，当事人及其诉讼代理人无权查阅调取的；

（二）涉及国家秘密、商业秘密或者个人隐私的；

（三）当事人及其诉讼代理人因客观原因不能自行收集的其他证据。

当事人及其诉讼代理人因客观原因不能自行收集的证据，可以在举证期限届满前书面申请人民法院调查收集。

《医疗事故处理条例》

第十条　患者有权复印或者复制其门诊病历、住院志、体温单、医嘱单、化验单（检验报告）、医学影像检查资料、特殊检查同意书、手术同意书、手术及麻醉记录单、病理资料、护理记录以及国务院卫生行政部门规定的其他病历资料。

患者依照前款规定要求复印或者复制病历资料的，医疗机构应当提供复印或者复制服务并在复印或者复制的病历资料上加盖证明印记。复印或者复制病历资料时，应当有患者在场。

医疗机构应患者的要求，为其复印或者复制病历资料，可以按照规定收取工本费。具体收费标准由省、自治区、直辖市人民政府价格主管部门会同同级卫生行政部门规定。

第十六条 发生医疗事故争议时，死亡病例讨论记录、疑难病例讨论记录、上级医师查房记录、会诊意见、病程记录应当在医患双方在场的情况下封存和启封。封存的病历资料可以是复印件，由医疗机构保管。

《医疗机构病历管理规定》

第二条 病历是指医务人员在医疗活动过程中形成的文字、符号、图表、影像、切片等资料的总和，包括门（急）诊病历和住院病历。病历归档以后形成病案。

第十条 门（急）诊病历原则上由患者负责保管。医疗机构建有门（急）诊病历档案室或者已建立门（急）诊电子病历的，经患者或者其法定代理人同意，其门（急）诊病历可以由医疗机构负责保管。

住院病历由医疗机构负责保管。

第十一条 门（急）诊病历由患者保管的，医疗机构应当将检查检验结果及时交由患者保管。

第十二条 门（急）诊病历由医疗机构保管的，医疗机构应当在收到检查检验结果后 24 小时内，将检查检验结果归入或者录入门（急）诊病历，并在每次诊疗活动结束后首个工作日内将门（急）诊病历归档。

第十九条 医疗机构可以为申请人复制门（急）诊病历和住院病历中的体温单、医嘱单、住院志（入院记录）、手术同意书、麻醉同意书、麻醉记录、手术记录、病重（病危）患者护理记录、出院记录、输血治疗知情同意书、特殊检查（特殊治疗）同意书、病理报告、检验报告等辅助检查报告单、医学影像检查资料等病历资料。

《病历书写基本规范》

第一条 病历是指医务人员在医疗活动过程中形成的文字、符号、图表、影像、切片等资料的总和，包括门（急）诊病历和住院病历。

第十条 对需取得患者书面同意方可进行的医疗活动，应当由患者本人签署知情同意书。患者不具备完全民事行为能力时，应当由其法定代理人签字；患者因病无法签字时，应当由其授权的人员签字；为抢救患者，在法定代理人或被授权人无法及时签字的情况下，可由医疗机构负责人或者授权的负责人签字。

因实施保护性医疗措施不宜向患者说明情况的，应当将有关情况告知患者近亲属，由患者近亲属签署知情同意书，并及时记录。患者无近亲属的或者患者近亲属无法签署同意书的，由患者的法定代理人或者关系人签署同意书。

第十六条 住院病历内容包括住院病案首页、入院记录、病程记录、手术同意书、麻醉同意书、输血治疗知情同意书、特殊检查（特殊治疗）同意书、病危（重）通知书、医嘱单、辅助检查报告单、体温单、医学影像检查资料、病理资料等。

第三十一条 打印病历是指应用字处理软件编辑生成并打印的病历（如 Word 文档、WPS 文档等）。打印病历应当按照本规定的内容录入并及时打印，由相应医务人员手写签名。

【典型案例】

1. 陆×与沛县鹿楼镇鹿楼卫生院医疗损害责任纠纷案

——主观性病历属于人民法院认定案件事实的重要证据；医疗费等费用损失的范围，人民法院应当在现有证据的基础上，根据案件具体情况予以判定

案号：（2015）徐少民终字第 00092 号

[裁判要点]

住院患者的病程记录、死亡病例讨论记录、疑难病例讨论记录、会诊意见、上级医师查房记录等病历资料既是医疗损害责任纠纷中鉴定机构和鉴定人进行医疗损害鉴定的重要鉴定材料，也是人民法院认定相关案件事实的重要证据。依据《医疗事故处理条例》第二十八条的规定，医疗机构提交的有关医疗事故技术鉴定的材料应当包括"住院患者的病程记录、死亡病例讨论记录、疑难病例讨论记录、会诊意见、上级医师查房记录等病历资料原件"，"医疗机构无正当理由未依照本条例的规定如实提供相关材料，导致医疗事故技术鉴定不能进行的，应当承担责任"。

关于医疗费数额的认定，应当根据医疗机构出具的医药费、住院费等收款凭证，结合病历和诊断证明等相关证据确定。这里的收款凭证主要依据符合国家相关财务管理规范的合法凭证，包括套印税务机关发票监制章的发票以及经省级税务机关批准不套印发票监制章的专业发票和财政部门管理的行政性收费收据以及经财政部门、税务部门认可的其他凭证。基于现实生活中纠纷案件的复杂性，有些医疗费用的支出虽然没有上述凭证，但是符合日常经验法则或者医疗机构对此也予以认可的情形，应当将该医疗费的支出列入损害赔偿的范围之内。

至于具体的后续康复治疗费用及其他的住宿费等支出，则应当根据案件具体情况判断。比如本案中患者到外地进行康复治疗的，法院认为就患者的病情而言，当地医疗机构具有治疗其疾病的条件，其至外地治疗并非系"确有必要"。因此，对患者至苏州治疗的医疗费和住宿费，只应对其合理部分予以支持，对此法院应该在现有证据的基础上根据具体情况通过依法行使自由裁量权酌情予以判定。

[法条索引]

《中华人民共和国侵权责任法》第十六条、第五十四条、第五十八条

《最高人民法院关于审理人身损害赔偿案件适用法律若干问题的解释》第十七条、第十八条、第十九条、第二十条、第二十一条、第二十二条、第二十三条、第二十四条

《医疗事故处理条例》第二十八条

《中华人民共和国民事诉讼法》第六十四条

[基本案情]

陆×于2007年9月20日在鹿楼卫生院出生,出生后被诊断为"新生儿重度窒息",后因陆×反复抽搐,在出生后数小时即转至沛县人民医院救治,当天又转入徐州市儿童医院治疗,徐州市儿童医院初步诊断为:新生儿缺氧缺血性脑病、新生儿肺炎。陆×在徐州市儿童医院治疗14天后出院,出院医嘱为半月后复查、康复科诊疗。陆×从徐州市儿童医院出院后,在该医院进行康复诊疗。陆×在康复诊疗期间由其母杨敏及其姑姑、姐姐陪护,上述陪护人员均无固定工作。2010年7月31日,徐州市儿童医院出具病情证明一份,载明:"患儿姓名陆×,临床诊断脑性瘫痪,建议康复治疗(需2个人陪护)。"2010年8月18日,徐州市儿童医院出具病情证明一份,载明:"患儿姓名陆×,临床诊断脑瘫,建议康复治疗期间应加强营养支持。"

此后,陆×多次诉至法院,要求鹿楼卫生院赔偿其各项经济损失。

一、陆×于2008年8月12日向沛县人民法院起诉,要求鹿楼卫生院赔偿陆×医疗费15143.36元、护理费539元、营养费197元、住院伙食补助费270元,合计16149.36元。沛县人民法院于2010年5月17日作出(2008)沛民一初字第2327号民事判决,认为:沛县鹿楼镇鹿楼卫生院主张双方的纠纷已经了结,所提交的协议书及收款条不是陆×的法定代理人所为,也无陆×法定代理人的委托和事后认可,鹿楼卫生院的抗辩不能成立。不能认定双方的医疗纠纷已经了结、不能认定鹿楼卫生院已经赔偿了陆×12000元。根据《最高人民法院关于民事诉讼证据的若干规定》第四条:"因医疗行为引起的侵权诉讼,由医疗机构就医疗行为与损害结果之间不存在因果关系及不存在医疗过错承担举证责任"、《医疗事故处理条例》第二十八条"……医疗机构提交的有关医疗事故技术鉴定的材料应当包括下列内容:(一)住院患者的病程记录、死亡病例讨论记录、疑难病例讨论记录、会诊意见、上级医师查房记录等病历资料原件;(二)住院患者的住院志、体温单、医嘱单、化验单(检验报告)、医学影像检查资料、特殊检查同意书、手术同意书、手术及麻醉记录单、病理资料、护理记录等病历资料原件……医疗机构无正当理由未依照本条例的规定如实提供相关材料,导致医疗事故技术鉴定不能进行的,应当承担责任"。鹿楼卫生院申请医疗事故鉴定中,因自己提交的病案虚假、不完整造成医疗事故技术鉴定不能进行。应当承担不利于自己的法律后果。由于鹿楼卫生院所举证据及相关人员出庭说明,均不能证明其在医疗过程中没有过错,应承担举证不能的责任,应当对陆×的损害承担赔偿责任。遂判决鹿楼卫生院赔偿陆×各项损失共计15733.36元。鹿楼卫生院不服该判决,上诉至徐州市中级人民法院,2010年1月20日,徐州市中级人民法院作出(2010)徐少民终字第38号民事判决书,维持一审判决。

二、2010年8月5日,陆×第二次起诉鹿楼卫生院,要求鹿楼卫生院赔偿医疗费、护理费、营养费、住宿费合计184189.70元。鹿楼卫生院在该次诉讼中申请对陆×出院后进行康复治疗用药合理性进行鉴定,沛县人民法院本院依法委托徐州医学院司法鉴定所进行鉴定,该所于2011年1月14日出具"退鉴函",载明:"沛县人民法院:贵院送来(2011)沛司委字第7号案,委托本所对陆×治疗及用药合理性进行鉴定。因技术条件有限,本所不能完成委托要求,予以退鉴。特此函告"。后经双方协商鉴定机构,沛县人民法院依法委托江苏省人民医院司法鉴定所进行鉴定,该所于2011年3月23日出具"不予受理通知书",载明:"沛县人民法院:接贵院(2011)沛司委字第28号委托书委托,经对送检材料初步审阅,因鉴定要求超出本所鉴定能力,依据《司法鉴定程序通则》第十六条相关规定,决定不予受理。"2011年8月10日,沛县人民法院作出(2010)沛民初字第00999号民事判决书,判令鹿楼卫生院赔偿陆×医疗费等损失98341.7元。陆×、鹿楼卫生院均不服一审判决,上诉至徐州市中级人民法院,2011年11月11日,双方均撤回上诉。

三、2013年8月20日,陆×再次起诉鹿楼卫生院,要求鹿楼卫生院赔偿医疗费、护理费、营养费、住宿费合计184458元。鹿楼卫生院在第一次庭审中申请对陆×的护理问题进行鉴定,后第二次庭审中表示本次诉讼不再提交对护理问题申请鉴定,但保留将来诉讼中对护理问题是否申请鉴定的权利。2014年3月26日,沛县人民法院作出(2013)沛少民初字第

0099号民事判决书，判令鹿楼卫生院赔偿陆×医疗费等各项损失合计92571元。

四、2015年2月5日，陆×提起本次诉讼，要求鹿楼卫生院赔偿医疗费、护理费、营养费、住院伙食补助费、交通费、住宿费合计134076.62元。

陆×于2013年9月3日至2013年9月10日在徐州市儿童医院住院治疗，支出费用4253.77元，由沛县新型农村合作医疗报销1940元，实际支出费用2313.77元。2013年8月30日至2014年6月16日陆×在徐州市儿童医院数次门诊康复治疗，支出费用合计3780.19元。

陆×于2013年9月17日至2014年5月30日在苏州工业园博爱康复诊所（苏州工业园区博爱康复学校）康复治疗，合计支出费用40915.18元。

陆×于2014年4月27日在苏州市瑞康假肢有限公司购买下肢矫形器一双，支出费用900元；2014年6月9日在苏州市方舟康复器材有限公司购买进口矫形鞋垫一双，共支出费用1500元；2014年3月22日在酷溜轮滑体育用品经营部购买轮滑冰鞋，支出费用450元；2013年12月28日在迪卡侬（苏州）体育用品有限公司购买物品，支出费用119元，另有一张迪卡侬（苏州）体育用品有限公司发票一张242.5元，发票日期不详。

陆×于2014年7月1日至2014年8月31日，在徐州市鼓楼区环城街道阳光特殊儿童康复托养中心进行康复治疗，支出费用4200元。

陆×于2014年9月1日至2014年11月30日在徐州市禾润儿童康复幼教中心进行康复治疗，支出检查费和康复培训费用共计10025元。

陆×于2014年11月1日在徐州市矿山医院治疗，支出费用30元。

2013年8月27日，徐州市儿童医院出具陆×的病情证明，建议：康复治疗+特殊教育、需陪护2人、加强营养。2014年12月10日徐州市禾润儿童康复幼教中心出具营养证明，内容：陆×在我中心康复，康复期间需要加强营养，特此证明。

陆×的法定代理人杨敏于2013年9月18日在苏州工业园区亲情旅馆住宿，支出费用120元；苏州工业园区博爱学校分别于2013年9月30日和 2013 年 10 月 30 日分别出具 400 元和 455 元住宿费收据。杨敏与案外人签订了房屋租赁合同，租用建筑面积为 75 平方米的房屋使用。双方约定租金 2500 元/月，租房税金、物业管理费、水费、电费、煤气费、电话费、宽带费及其他因使用而产生的费用由杨敏承担。合同约定租赁时间从 2013 年 11 月 1 日至 2014 年 10 月 30 日止，实际租赁期间从 2013 年 11 月 1 日至 2014 年 5 月 31 日止。

2014 年 6 月 1 日起至 2015 年 6 月 1 日，陆×的法定代理人杨敏与案外人签订了房屋租赁合同，租用建筑面积为 27.81 平方米的二室一厨简卫的房屋使用，月租金 750 元/月。

2015 年 1 月 12 日徐州市儿童医院出具陆×病情证明，临床诊断：脑瘫、语言发育迟缓，建议：康复治疗期间加强营养。

二审另查明，陆×还曾于 2012 年 10 月 24 日起诉鹿楼卫生院，要求鹿楼卫生院赔偿医疗费、护理费、营养费、交通费、住宿费合计 188277.9 元。2012 年 12 月 24 日，沛县人民法院作出（2012）沛少民初字第 0053 号民事判决书，判令鹿楼卫生院赔偿陆×医疗费、护理费、营养费、交通费、住宿费等各项损失合计 98920.10 元。除上述事实外，二审经审理查明的其他事实与一审一致。

[裁判结果]

一审法院判决：

一、沛县鹿楼镇鹿楼卫生院于本判决生效后十日内赔偿陆×医疗康复费用 62080.24 元、护理费 20650 元、营养费 5782 元、住院伙食补助费 4716 元、交通费 1500 元、住宿费 24361 元，合计 119089.24 元。二、驳回陆×的其他诉讼请求。

二审法院判决：

一、维持江苏省沛县人民法院（2015）沛少民初字第 0051 号民事判决第二项，即二、驳回原告的其他诉讼请求。

二、撤销江苏省沛县人民法院（2015）沛少民初字第 0051 号民事判决第一项，即一、沛县鹿楼镇鹿楼卫生院于本判决生效后十日内赔偿陆×医疗康复费用 62080.24 元、护理费 20650 元、营养费 5782 元、住院伙食补助费 4716 元、交通费 1500 元、住宿费 24361 元，合计 119089.24 元。

三、沛县鹿楼镇鹿楼卫生院于本判决生效后十日内赔偿陆×医疗康复费用 57880.24 元、护理费 20650 元、营养费 5782 元、住院伙食补助费 4716 元、交通费 1500 元、住宿费 11622 元，合计 102150.24 元。

[裁判理由]

生效裁判认为，陆×于 2014 年 7 月、8 月在徐州市鼓楼区环城街道阳光特殊儿童康复托养中心进行康复治疗，诉称支出费用 4200 元，并提供徐州市鼓楼区环城街道阳光特殊儿童康复托养中心出具的二张收据，对此鹿楼卫生院认为没有法律认可的票据，不应予以支持。经查，医疗费应当根据医疗机构出具的医药费、住院费等收款凭证，结合病历和诊断证明等相关证据确定。这里的收款凭证应是符合国家相关财务管理规范的合法凭证，包括套印税务机关发票监制章的发票以及经省级税务机关批准不套印发票监制章的专业发票和财政部门管理的行政性收费收据以及经财政部门、税务部门认可的其他凭证。陆×提供的二张共计 4200 元的收据不属于上述收款凭证范围，故鹿楼卫生院的此点上诉理由，二审法院予以支持。

陆×于 2013 年 9 月 17 日至 2014 年 5 月 30 日在苏州工业园博爱康复诊所（苏州工业园区博爱康复学校）进行康复治疗，支出康复治疗费用计 40915.18 元，并在治疗期间支出苏州住宿费用计 18475 元（包括 2013 年 9 月 18 日在苏州工业园区亲情旅馆住宿 120 元；2013 年 10 月 30 日前在苏州工业园区博爱诊所住宿支出 855 元，从 2013 年 11 月 1 日至 2014 年 5 月 31 日在苏州租房，支出租房费用 17500 元），另外还支出苏州租房期间的煤气费用 89 元、水费 38 元、电费 331 元、物业费用 36 元等。对此，鹿楼卫生院认为到苏州工业园博爱康复诊所治疗无必要性及合理性，系扩大损失，对此费用不应予以支持。按照相关规定，受害人确有必要到外地治疗，因客观原因不能住院，受害人本人及其陪护人员实际发生的住宿费和伙食费，其合理部分应予赔偿。本案中，陆×至苏州工业园博爱康复诊所（苏州工业园区博爱康复学校）进行康复治疗之前及之后，曾在徐州市儿童医院康复科、徐州市淮海爱舟康复托养中心、徐州市鼓楼区环城街道阳光特殊儿童康复托养中心、徐州市禾润儿童康复幼教中心等多处机构进行康复治疗，就陆×的病情而言，当地医疗机构具有治疗陆×疾病的条件，陆×至外地治疗并非系"确有必要"。因此，对陆×至苏州治疗的医疗费和住宿费，只应对其合理部分予以支持。具体计算如下：苏州工业园博爱康复诊所（苏州工业园区博爱康复学校）康复治疗费用40915.18元，陆×已实际支出，且有该诊所出具的合法凭证证实，本次诉讼中，二审法院予以支持。至于陆×在苏州康复治疗期间的住宿费，对2013年9月18日在苏州工业园区亲情旅馆住宿120元、2013年10月30日前在苏州工业园区博爱诊所住宿支出855元，二审法院酌情予以支持；对从2013年11月1日至2014年5月31日在苏州租房，支出的费用17500元，参照陆×于此期间之前、之后在徐州租房情况，按每月750元的标准，予以酌情支持5250元（750元/月×7个月），对超过此部分的其他费用，二审法院不予支持。故对鹿楼卫生院的此点上诉理由，二审法院予以部分支持，原审法院对此部分费用的计算不当，应予纠正。

附：一审判决理由：

一审法院认为，公民的合法权益应受法律保护。

一、关于鹿楼卫生院是否应对陆×受到的损害承担赔偿责任。

双方之间的医疗纠纷已经人民法院数次审理，均认定鹿楼卫生院应对陆×受到的损害承担全部赔偿责任，因此鹿楼卫生院应对陆×受到的损害承担赔偿责任。

二、陆×在本案中的具体损失。

1. 陆×主张的医疗费64475.64元，包括徐州市儿童医院支出的医疗费6093.96元，徐州市矿山医院治疗费用30元，苏州工业园博爱康复诊所（苏州工业园区博爱康复学校）康复治疗支出费用40915.18元，徐州市鼓楼区环城街道阳光特殊儿童康复托养中心进行康复治疗支出费用4200元，徐州市禾润儿童康复幼教中心进行康复治疗支出检查费和康复培训费用共计10025元，合计支出61264.14元；陆×为康复治疗购买下肢矫形器的费用900元、进口矫形鞋垫的费用1500元、轮滑冰鞋的费用450元、其他体育物品的费用361.50元，合计支出3211.50元。上述费用有陆×提供医疗费发票和相关票据予以证实，诉讼中查明陆×医药费中含有感冒用药为

83.90元，鹿楼卫生院对陆×在徐州市儿童医院的医疗费票据中感冒用药提出异议，且无其他证据证明该用药与陆×的康复治疗之间存在必要性，故陆×要求赔偿治疗感冒的损失的要求证据不足，不予支持。陆×患脑瘫进行康复诊疗及训练是必要的，其在苏州工业园博爱康复诊所（苏州工业园区博爱康复学校）、徐州市鼓楼区环城街道阳光特殊儿童康复托养中心、徐州市禾润儿童康复幼教中心进行康复治疗费用及购买下肢矫形器的费用是合理的，予以支持。对于感冒用药83.90元和进口矫形鞋垫的费用1500元、轮滑冰鞋的费用450元、其他体育物品的费用361.50元，因鹿楼卫生院提出异议，陆×未提供相应证据证实该费用与其治疗存在因果关系，对该部分费用，不予支持。

2. 陆×主张的护理费27960元（60元/天×1人×466天），2013年8月27日，徐州市儿童医院出具病情证明一份，载明："患儿姓名陆×，临床诊断：脑性瘫痪（综合型），建议康复治疗+特殊教育、需陪护2人、加强营养"。陆×康复诊疗期间从2013年9月3日至2013年9月10日，2013年9月17日至2014年5月30日，2014年7月1日至2014年8月31日，2014年9月1日至2014年11月30日，合计413天。陆×主张一人的护理费用，其护理费损失应为20650元（382天×50元/天×1人），对超过部分的诉讼请求，不予支持。

3. 陆×主张营养费6524元（466天×14元/天），根据2015年1月12日徐州市儿童医院出具病情证明，建议康复治疗期间加强营养，据此对陆×康复治疗期间的营养费予以支持，营养费损失应为5782元（413天×14元/天），对超过部分的诉讼请求，不予支持。

4. 对陆×主张住院伙食补助费4716元（18元/天×262天），符合法律规定，予以支持。

5. 陆×主张交通费5692.60元。因其在苏州和徐州租住房屋长期治疗，但其提供的交通费发票中，经常性往返于徐州至沛县、徐州至苏州之间，该部分交通费支出明显不合理，综合考虑陆×就医的地点、时间、人数、次数，酌定陆×的交通费为1500元。

6. 陆×主张住宿费24708.38元。要求鹿楼卫生院赔偿其康复诊疗期间进行住宿及租住房屋的损失,对此认为,陆×在苏州治疗期间住宿支出为18470元(包括2013年9月18日在苏州工业园区亲情旅馆住宿120元;2013年10月30日前在苏州工业园区博爱诊所住宿支出855元,从2013年11月1日至2014年5月31日在苏州租房,支出租房费用17500元),在徐州康复治疗期间的住宿支出为5250元,陆×提供证据予以证实,予以认可。陆×在要求住宿费的同时主张物业、水、电、天然气费用,因在与案外人签订的房屋租赁中已经明确写明物业、水、电、天然气费用由承租方承担,陆×在苏州和徐州住宿期间该项费用为必须支出的费用,且支出的费用合理,故对陆×要求赔偿的苏州租房期间的煤气费用89元、水费38元、电费331元、物业费用36元;徐州租房期间的电费147元,予以支持,对超过部分的诉讼请求,不予支持。

综上,陆×在本次诉讼中的损失为119089.24元(医疗康复费用62080.24元、护理费20650元、营养费5782元、住院伙食补助费4716元、交通费1500元、住宿费24361元)。

2. 谢×等与北京市昌平区天通苑中医医院医疗损害责任纠纷案
——医疗机构病历书写不规范或者未告知患者可以通过尸检查明死因的,应认定为存在过错,但这一过错行为与损害后果无因果关系的,医疗机构不承担责任

案号:(2016)京01民终2817号

[裁判要点]

医疗机构提交鉴定的住院病历中未见有死亡病例讨论记录,违反了《病历书写基本规范》的相关要求,病历书写不规范,应认定为其诊疗行为存在过错;在急诊病危(重)通知书中告知患者家属"患者死亡"一栏有家属签字,但在是否要求尸体解剖栏中没有家属签字的,应当认定医疗

机构没有告知患者家属尸检的相关事宜，医方未尽到充分的告知义务。但是依据合法作出的鉴定意见认为上述医疗机构的过错行为与患者损害后果无因果关系的，医疗机构不就此承担损害赔偿责任。同样，对于是否尸检的问题没尽到告知义务以及病历资料不完整并不影响鉴定程序进行的，即并不影响案件事实认定的，医疗机构也无需承担相应的不利后果。

但是本案中医疗机构还存在其他过错行为，即鉴定意见认定的未尽到高度谨慎的注意义务、未进行溶栓治疗的过错行为就，法院最终认定该医疗机构在不能及时转院的客观情况下，并未参照诊疗规范，且在其医疗水平能力所及的情况下，没有及时采取常规溶栓治疗措施，最终未能避免患者死亡结果的发生。但是，患者死亡的损害结果，有自身疾病导致的主要因素，医疗机构未尽到与当时医疗水平相应的诊疗义务，与损害结果之间存在一定的因果关系，故判决其依法承担次要责任。

[法条索引]

《中华人民共和国侵权责任法》第十六条、第二十二条、第五十四条、第五十五条、第五十八条

《中华人民共和国民事诉讼法》第六十四条

[基本案情]

谢×与马×甲系夫妻关系，马×系谢×、马×甲之子。2013年6月14日，马×甲因"排便困难4天"到天通苑医院就诊并住院。入院时天通苑医院中医初步诊断为：肠闭、热结腑实证；西医初步诊断为：1.排便困难原因待查：肠梗阻？习惯性便秘？2.高血压病。入院后，天通苑医院给予甘油灌肠剂110ml灌肠，之后马×甲大便时突发心慌胸闷、心悸、大汗、全身乏力、呼吸困难等症状，入抢救室抢救，经抢救无效死亡，终年65周岁。现谢×、马×认为天通苑医院在诊疗过程中存在过错，诉至法院，请求同其诉称。本案审理过程中，经谢×、马×申请，法院委托了由北京市高级人民法院摇号随机确定的北京中正司法鉴定所对天通苑医院的诊疗行为是否存在医疗过错，若存在过错与马×甲的死亡损害后果之间是否存在因果关系及责任程度进行鉴定。2015年10月29日，北京中正司法鉴定所出具《司法鉴定意见书》，记载：三、检验过程。患方认为：1.院方没有

告知进行尸检,导致死亡原因无病理依据。2. 院方仅对便秘情况进行灌肠不当。3. 院方实施的具体灌肠措施不当。4. 院方实施的抢救措施不当:没有及时转院;没有及时溶栓;没有及时给予临时起搏处理;没有及时给予气管插管;院方在抢救过程中还有其他过错。5. 院方上述过错造成患者死亡的严重后果,对此应该承担100%的责任。医方认为:1. 医院的医疗行为符合诊疗规范和常规,不存在任何过错。2. 患者马×甲的病情加重源于患者病情本身。3. 医院已经依法履行了自己的诊疗义务,认真完成了自己的诊疗职责,依法不应承担任何赔偿责任。四、分析说明。(二)关于被鉴定人马×甲死亡原因的分析:……患者发病急,临床症状及心电图符合临床诊断,因而考虑患者的死亡原因为急性下壁心肌梗死致心源性猝死。(三)关于天通苑医院对被鉴定人马×甲诊疗行为的评价:1.《病历书写基本规范》卫医政发(2010)11号文件第一章基本要求……天通苑医院的住院病历中未见有死亡病例讨论记录,医方的病历记载中有瑕疵,不完善。综上所述,医方违反了《病历书写基本规范》的相关要求,病历书写不规范,诊疗行为存在过错。2. 根据病历资料记载:在急诊病危(重)通知书中(2013年6月14日17时21分钟),医方告知患者病情为"仍无自主呼吸、心跳、双侧瞳孔散大固定,家属同意停止抢救,宣布患者死亡",有家属签字。诊断:心源性猝死,急性心肌梗塞,心源性休克。但在是否要求尸体解剖栏中没有家属签字。显示医方没有告知患者家属尸检的相关事宜,医方未尽到充分的告知义务。3. 根据《护理常规》第257页记载,第十八节灌肠法,操作要点,要求有记录。审阅本案的病历材料,未见灌肠过程、相应的告知及观察措施的记载。分析认为,患者既往有20年高血压病史,此次入院时血压170/90mmHg,脉搏为108次/分钟,医方在为患者进行灌肠时,是否给予相应的告知,如排便时的用力情况等,使其清楚相应的风险,给予必要的注意;另外,医方也应给予必要的观察,发现异常时,及时停止灌肠,报告医生。但本案以上情况均未见记载,显示医方未尽到高度谨慎的注意义务,医疗行为存在过错。4. 排便困难原因待查(肠梗阻?习惯性便秘)及甘油灌肠剂的应用。被鉴定人马×甲自述于4天前无明显诱因出现排便困难,肛门不适,坠胀感,无腹部胀痛，专科情况：腹部平坦，未见腹壁静脉曲张，未见肠型及蠕动波，腹软，脐周轻压痛，无反跳痛及肌紧张，肝脾肋下未及，墨菲征（-），麦氏点（-），未及移动性浊音，双肾区无叩击痛，肠鸣音4次/分，肛门指诊未见肿物，指染无血。依据主诉及临床体征，排便困难原因待查的诊断成立。在此基础上，天通苑医院对马×甲给予了甘油灌肠剂110ml灌肠。根据《中华人民共和国药典——临床用药须知》第394页记载：……制剂与规格：20ml、60ml、110ml三种剂型。医方对患者马×甲给予了甘油灌肠剂110ml灌肠不存在使用甘油灌肠剂110ml严重过量的问题，医方的诊疗行为符合诊疗规范。5. 关于医方对马×甲抢救治疗措施的评价……被鉴定人马×甲于2013年6月14日14时55分用力排便时突发胸闷、心悸，大汗出、呼吸困难，立即测血压70/40mlHg，脉搏50次/分，面色苍白。医方立即给予了吸氧，建立静脉通路，急查心电图，考虑急性下壁心肌梗死，心源性休克，紧急请内科会诊，诊断为急性下壁心肌梗死，心源性休克，即刻入抢救室抢救。根据《2010急性ST段抬高型心肌梗死的诊断和治疗指南》之相关规定，直接PCI是再灌注治疗的首选，如果医院不具备PCI的条件，应该立即转院。本院医方当时考虑患者的病情不宜搬运，患者意识不清且家属不在现场，医方立即电话联系家属，告知患者病情，同时家属要求拨打急救车，在急救车赶来之前，医方实施了相关抢救措施，该过程符合诊疗规范。根据《2010急性ST段抬高型心肌梗死的诊断和治疗指南》之相关规定，直接PCI是再灌注治疗的首选，在不具备PCI的医院，且不能在90min内完成转运的医院，应立刻进行溶栓治疗。本案患者出现病危时，医方立即给予了吸氧，阿司匹林300mg、波利维300mg嚼服，肝素钠皮下注射，建立静脉通路，紧急请会诊等抢救措施，但未进行溶栓治疗，显示医方的抢救措施不完善，医方的医疗行为存在过错。（四）关于天通苑医院在对被鉴定人马×甲诊疗过程中存在的医疗过错行为与其损害后果之间的因果关系、责任程度的分析：1. 天通苑医院对被鉴定人马×甲诊疗过程中存在以下医疗过错行为：（1）病历书写不规范；（2）未尽到充分的告知义务；（3）未尽到高度谨慎的注意义务；（4）未进行溶栓治疗。2. 医方上述医疗过错行为中的第（1）项、第（2）项与被鉴定人马×

甲的死亡结果之间不存在必然的因果关系；医方上述医疗过错行为中的第(3)项、第(4)项与被鉴定人马×甲的死亡结果之间存在一定的因果关系，鉴于患者既往存在20余年的高血压病史，此次以排便困难就诊，突发心源性疾病，表现为起病隐匿，发病迅速。故此，分析认为医方负次要责任。五、鉴定意见。（一）天通苑医院对被鉴定人马×甲诊疗过程中存在以下医疗过错行为：1. 病历书写不规范；2. 未尽到充分的告知义务；3. 未尽到高度谨慎的注意义务；4. 未进行溶栓治疗。（二）天通苑医院上述医疗过错行为中的第1项、第2项与被鉴定人马×甲的死亡结果之间不存在必要的因果关系；医方上述医疗过错行为中的第3项、第4项与被鉴定人马×甲的死亡结果之间存在一定的因果关系，医方负次要责任。谢×、马×为此支付鉴定费8650元。谢×、马×认为鉴定机构对天通苑医院的责任程度认定过低，因天通苑医院不恰当的诊疗措施导致患者死亡，故天通苑医院应负全部责任。天通苑医院认为鉴定机构对其认定的责任程度过高，称其在诊疗过程中没有过错，也尽到了告知义务，其不应承担责任。另查，马×甲系城镇居民户籍。马×甲之父马×乙已于1995年3月28日去世，马×甲之母李××已于1996年2月13日去世，马×甲的第一顺序继承人即谢×、马×。谢×、马×另主张就医产生的交通费64元，并提交发票一张，显示2013年6月14日12：23分乘坐出租车发生费用64元。

上述事实，有住院病历、死亡医学证明书、司法鉴定意见书、居民户口簿、职工履历表、死亡证明信等证据及双方当事人陈述在案佐证。

二审法院另查明：双方在二审审理期间均未提供新证据，原审法院对证据的审核符合法律规定，据此认定的事实本院予以确认。

[裁判结果]

一审法院判决：

一、被告北京市昌平区天通苑中医医院于本判决生效后十日内赔偿原告谢×、马×各项损失共计二十三万三千二百七十一元六角。二、驳回原告谢×、马×的其他诉讼请求。

二审法院判决：

驳回上诉，维持原判。

[裁判理由]

生效裁判认为：医务人员在诊疗活动中未尽到与当时的医疗水平相应的诊疗义务，造成患者损害的，医疗机构应当承担赔偿责任。本案中，天通苑医院作为一家综合性医院，在收治患者马×甲进行治疗过程中，针对其入院病情采取了适当的治疗行为，在患者出现明显病情变化后，医方确实积极、及时进行了救治，但是，医方在已经考虑到患者出现了急性下壁心肌梗死的情况时，在不能及时转院的客观情况下，并未参照诊疗规范，且在其医疗水平能力所及的情况下，没有及时采取常规溶栓治疗措施，最终未能避免患者死亡结果的发生。虽然，患者死亡的损害结果，有自身疾病导致的主要因素，但是，医方未尽到与当时医疗水平相应的诊疗义务，与损害结果亦存在一定的因果关系，故应当依法承担相应民事责任。北京中正司法鉴定所的鉴定意见，依据充足，论理清楚，二审法院予以采信。天通苑医院的上诉理由，不能成立。

附：一审法院裁判理由：

原审法院经审理认为：医院的诊疗行为是否有过错，该过错与损害后果是否存在因果关系及过错行为与损害后果的参与度是多少，系专业性较强的技术性问题，需要国家认可的专业性机构鉴定方可得出结论。患者马×甲在天通苑医院诊疗后死亡，经北京中正司法鉴定所鉴定：天通苑医院对被鉴定人马×甲诊疗过程中存在部分医疗过错行为，其中部分医疗过错行为与被鉴定人马×甲的死亡结果之间存在一定的因果关系，医方负次要责任。虽然双方对鉴定结论提出异议，但均未提交反证予以证实，且双方所提异议均在《司法鉴定意见书》中做了分析说明，是鉴定意见已考虑的因素，故法院对鉴定结论予以采信，具体比例将根据鉴定结果，并结合本案的实际情况酌情确定为30%。对于谢×、马×诉讼请求中涉及的损失范围及赔偿数额问题，损失范围及赔偿标准应按照侵权责任法及相关司法解释的规定确定。对于住院伙食补助费，按照50元计算，天通苑医院应按责任比例赔偿15元。对于营养费，按照30元计算，天通苑医院应按责任比例赔偿9元。对于交通费，谢×、马×提交的交通费发票与马×甲就医时间等信息相符合，法院予以确认，天通苑医院应按责任比例赔偿19.2元。

对于死亡赔偿金，马×甲系城镇居民户籍，应按照受诉法院所在地上一年度城镇居民人均可支配收入标准，按二十年计算，六十周岁以上的，年龄每增加一岁减少一年，由天通苑医院按责任比例赔偿，计算为197595元（43910×15×30%）。对于丧葬费，应按照受诉法院所在上一年度职工月平均工资标准计算，以六个月总额计算，天通苑医院按责任比例应赔偿11633.4元（6463×6×30%）。对于精神损害抚慰金，考虑由于天通苑医院存在医疗过失，给谢×、马×造成一定的精神损害，酌情确定精神损害抚慰金数额，天通苑医院按责任比例应赔偿24000元。对于谢×、马×诉讼请求过高的部分，法院不予支持。

七、医疗产品责任纠纷中如何分配双方当事人举证证明责任

【医疗损害责任司法解释条文】

第七条 患者依据侵权责任法第五十九条规定请求赔偿的,应当提交使用医疗产品或者输入血液、受到损害的证据。

患者无法提交使用医疗产品或者输入血液与损害之间具有因果关系的证据,依法申请鉴定的,人民法院应予准许。

医疗机构,医疗产品的生产者、销售者或者血液提供机构主张不承担责任的,应当对医疗产品不存在缺陷或者血液合格等抗辩事由承担举证证明责任。

【导读】

医疗产品责任的举证责任分配的核心问题是产品缺陷以及产品缺陷与损害事实之间的因果关系由哪方承担举证证明责任。本条根据《中华人民共和国侵权责任法》第五十九条、第四十三条以及《最高人民法院关于适用〈中华人民共和国民事诉讼法〉的解释》第九十一条的规定,患者一方应当提供使用医疗产品或者输入血液、受到损害以及使用医疗产品或者输入血液与损害之间具有因果关系的证据。就因果关系问题,患者可以依法向人民法院申请鉴定来进行举证。医疗机构,医疗产品的生产者、销售者或者血液提供机构主张不承担责任的,应当对医疗产品不存在缺陷或者血液合格等抗辩事由承担举证证明责任。对于本条的具体适用,需要把握以下几个问题:

一、关于患者的举证证明责任

依据本条规定,患者应当提供使用医疗产品或者输入血液的证据,这些往往需要以病历资料的记载作为证据。在此要注意的是,对于医疗产品责任纠纷,这里还隐含着患者需证明存在诊疗关系事实的证据,这需要综合挂号单、交费单、病历、出院证明以及其他能够证明存在医疗行为的证据加以认定。如果患者不能对此加以证明,则应当按照举证证明责任分配的规则承担相应的不利后果。

对于患者能够证明使用过该医疗器械,或者处方载明某一药品,且有医疗机构开具的发票,即可满足使用医疗产品的证据。但是对于实践中仅是医疗机构开具处方,患者并未在该医疗机构而是到药店购买药品的情形,这时医疗机构并不具备类似销售者之地位,医疗机构并未因该药品的销售而获益,且医疗机构处方开具的药品当然应该理解为是没有缺陷的药品,这时该医疗机构不应该是责任主体,仅以该医疗机构开具的处方不能认定患者完成了医疗产品责任纠纷中有关因果关系的初步证据。进而言之,这一情形不应该属于医疗产品责任纠纷,而应为产品责任纠纷。当然如果这时存在医疗机构诊疗过错,比如误诊误治的情形,如果这一情形与药品缺陷共同造成了损害,则按照案由确定的规则,这时应属于并列的医疗损害责任纠纷与产品责任纠纷。①

除了提供上述证据外,患者还需要提供使用该医疗产品或者输入血液与损害之间具有因果关系的证据。考虑到医患双方以及与医疗产品的生产者、销售者之间的利益平衡,在他们之间适当分配举证责任,依据有关产品责任的构成要件的内容,本条虽然在实质上承认了医疗产品责任的因果关系的事实由患者一方举证的规则,但考虑到患者在专业知识、信息掌握等方面的客观障碍,同一般的诊疗过错责任一样,对于医疗产品责任也采取了举证责任缓和的做法。患者无法提交使用医疗产品或者输入血液与损害之间具有因果关系证据,依法申请鉴定的,人民法院应予准许。

---

① 依据《最高人民法院关于印发修改后的〈民事案件案由规定〉的通知》(法〔2011〕42号):"同一诉讼中涉及两个以上的法律关系的,应当依当事人诉争的法律关系的性质确定案由,均为诉争法律关系的,则按诉争的两个以上法律关系确定并列的两个案由。"

在此需要进一步说明的是,《最高人民法院关于审理医疗损害责任纠纷案件适用法律若干问题的解释》关于医疗损害责任纠纷举证证明责任的规定属于在医疗损害责任纠纷案件审理过程中的法律适用规则,并非立案受理问题,医疗损害责任纠纷案件的立案要按照立案登记制的要求,依法做到有案必立、有诉必理。

二、关于医疗产品的生产者、销售者以及医疗机构的举证证明责任

依据本条第三款的规定,医疗机构,医疗产品的生产者、销售者或者血液提供机构主张医疗产品不存在缺陷或者血液合格等抗辩事由的,应当承担举证证明责任。据此,在医疗产品责任纠纷中,相对患者一方而言,医疗机构、医疗产品的生产者、销售者应当承担更重的举证证明责任,具体如下:

(一)对于医疗产品不存在缺陷的举证证明责任

即应当对医疗产品符合有关国家、行业的强制标准或者不存在危及人身财产安全不合理危险情况承担举证证明责任。对此就需要说明一下有关产品缺陷认定标准问题。

对医疗产品缺陷的判断,应该根据《中华人民共和国产品质量法》第46条的规定作出,即"是指产品存在危及人身、他人财产安全的不合理的危险;产品有保障人体健康和人身、财产安全的国家标准、行业标准的,是指不符合该标准"。具体如何该条标准判断医疗产品是否存在缺陷,则要根据具体案件具体分析。一般来说,产品存在缺陷,即产品存在"不合理危险"。按照标准化法的规定,对在全国范围内需要统一技术要求的产品,由国务院标准化行政主管部门制定国家标准。对没有国家标准而又需要在全国某个行业范围内统一技术要求的产品,由国务院有关行政主管部门制定行业标准,并报国务院标准化行政主管部门备案。如果产品有上述保障人体健康,人身、财产安全的国家标准、行业标准的,产品缺陷"是指不符合该标准"的规定,这是从方便对缺陷产品认定的角度出发作出的规定。需要指出的是,如果产品的各项性能指标都符合该产品的强制性标准,是否可据此判定该产品不存在缺陷呢?某一产品的强制性标准,可能并未覆盖该产品的全部安全性能指标(特别对某些新产品更是如此),在这种情况下，如果因该产品中的某项属于国家强制性标准、行业标准中未作规定的性能指标不符合保障人身、财产安全的要求，可能造成他人损害的，仍可判定该产品存在缺陷。① 换言之，产品符合相应的国家标准或行业标准未必就说明该产品就不存在不合理危险。该产品符合相应的"国家标准、行业标准"，但如果可以证明该标准不能保证产品不存在缺陷，则制造商或销售商仍要承担责任。

（二）对于免责与减责事由的举证证明责任

从现行法律规定看，对生产者免除产品责任作出明确规定的主要是产品质量法。该法第四十一条第二款规定，生产者不承担产品责任的情形主要有：1. 生产者能够证明未将产品投入流通的。产品责任仅发生在投入流通中的产品，如果产品未投入市场流通，则不发生缺陷产品造成他人损害的产品责任。根据产品质量法的规定，产品应当是经过加工、制作，用于销售的产品。这里所讲"未将产品投入流通"，是指生产者生产的产品虽然经过了加工制作，但是没有投入市场流通。2. 生产者能够证明产品投入流通时，引起损害的缺陷尚不存在的。这里所讲"产品投入流通时""引起损害的缺陷尚不存在"，是指生产者能够证明其将产品投放市场，转移到销售商或者直接出售给购买者时，产品并不存在缺陷。3. 生产者能够证明将产品投入流通时的科学技术水平尚不能发现缺陷的存在的。由于科学技术的发展，根据新的科学技术，可能会发现过去生产并投入流通的产品存在缺陷，但该缺陷是产品投入流通时的科学技术水平不能发现的，对此生产者不承担责任。这是生产者当时生产产品时无法掌握、难以预见到的，对其免除责任是合理的。② 上述适用对于医疗产品责任主体同样适用。依据本解释第七条第二款的规定，医疗产品的生产者、销售者及医疗机构主张上述免责事由的，要承担相应的举证证明责任。这实际上与《最高人民法院关于民事诉讼证据的若干规定》第四条第六项规定的"因缺陷产品

---

① 王胜明主编：《〈中华人民共和国侵权责任法〉条文解释与立法背景》，人民法院出版社2010年版，第173～174页。

② 王胜明主编：《〈中华人民共和国侵权责任法〉条文解释与立法背景》，人民法院出版社2010年版，第176页。

致人损害的侵权诉讼,由产品的生产者就法律规定的免责事由承担举证责任"的基本精神是一致的。

此外,实践中对于《中华人民共和国侵权责任法》第六十条规定的事由是否属于医疗产品责任的免责事由存有争议。一种意见认为,该条规定的抗辩事由显然仅适用于诊疗损害责任,而不适用于医疗产品责任。医疗产品责任的抗辩事由,仍然应该适用《中华人民共和国产品质量法》第四十一条第二款规定的三种情形。[①] 这一观点总体上符合上述有关侵权责任法起草过程中对于医疗产品责任起草的立法背景,也符合医疗产品责任作为严格责任的基本法理。《中华人民共和国侵权责任法》第六十条规定的免责事由,主要阻却的是医疗损害责任构成中的过错要件事实,而医疗产品责任实行的是严格责任,并不以过错为要件。因此,《中华人民共和国侵权责任法》第六十条规定的免责事由原则上不适用于医疗产品责任。但对此仍有必要作细化分析。对于该条第二、三项所规定的"医务人员在抢救生命垂危的患者等紧急情况下已经尽到合理诊疗义务""限于当时的医疗水平难以诊疗"情形侧重于医疗机构并没有过错的角度,如上所述,医疗产品责任的构成并不以过错为要件,只要其给患者使用的医疗产品有缺陷,且该医疗产品的使用与患者损害之间有因果关系,医疗机构就应当承担医疗产品责任,因此该两项规定的免责情形不能适用于医疗产品责任。但对于该条第一项所规定的"患者或者其近亲属不配合医疗机构进行符合诊疗规范的诊疗"的情形,这涉及过失相抵的适用,在审判实务普遍认为过失相抵规则同样可以适用于医疗产品责任的情形下,因此,在符合该项规定的,即"患者或者其近亲属不配合医疗机构进行符合诊疗规范的诊疗"与缺陷医疗产品的使用对损害的造成都有原因力的,这时仍应当按照原因力规则及该患者一方过错行为对于损害造成占比的大小减轻医疗机构的责任。

上述有关医疗机构的举证责任事项,比如医疗产品有无缺陷的问题以及医疗损害与医疗产品之间有无因果关系问题往往涉及专业判断问题,需

---

① 王竹:《论医疗产品责任规则及其准用——以〈中华人民共和国侵权责任法〉第59条为中心》,载《法商研究》2013年第3期。

要通过申请鉴定来解决。对此，对有关构成要件事实承担举证证明责任的当事人，应当首先作为启动鉴定程序的申请主体。必要时，基于查明案件事实和彻底化解纠纷的需要，人民法院应当依职权委托鉴定。

关于输入不合格血液损害赔偿责任的情形。依据《中华人民共和国药品管理法》第一百条的规定，药品，是指用于预防、治疗、诊断人的疾病，有目的地调节人的生理机能并规定有适应症或者功能主治、用法和用量的物质，包括中药材、中药饮片、中成药、化学原料药及其制剂、抗生素、生化药品、放射性药品、血清、疫苗、血液制品和诊断药品等。可见，"血清""血液制品"等已被明确列为药品的范畴，故因血液制品导致损害的纠纷应当适用与药品缺陷相同的规则。血液制品的生产企业和经营企业应当承担医疗产品责任中生产者和销售者的责任。这与单纯的属入不合格血液纠纷相比，在条文适用上虽然都是依据《中华人民共和国侵权责任法》第五十九条规定，但必须明确的是输入血液制品的纠纷适用的是产品责任规则，有关举证责任分配也要适用本解释的有关医疗产品责任纠纷举证责任的规定。

从《中华人民共和国侵权责任法》第五十九条规定的表述而言，血液提供机构的法律地位实际上与医疗产品的生产者等同，故有关举证责任的规则也应适用与医疗产品责任的相同的规则。具体而言，患者一方依据《中华人民共和国侵权责任法》第五十九条规定请求血液提供机构或者医疗机构赔偿的，应当提交以下证据材料：1. 使用输入血液的证据，此当然要以与医疗机构存在输血的诊疗关系为前提；2. 受到损害的证据；3. 输入血液与损害之间具有因果关系的证据。患者不能提供上述有关输入血液与损害之间具有因果关系证据的，可以依法向人民法院申请鉴定。这既是患者一方举证的一个途径，也是是对患者举证责任的缓和。

【相关法条】

《中华人民共和国侵权责任法》

第五十九条　因药品、消毒药剂、医疗器械的缺陷，或者输入不合格的血液造成患者损害的，患者可以向生产者或者血液提供机构请求赔偿，也可以向医疗机构请求赔偿。患者向医疗机构请求赔偿的，医疗机构赔偿后，有权向负有责任的生产者或者血液提供机构追偿。

第六十条 患者有损害，因下列情形之一的，医疗机构不承担赔偿责任：

（一）患者或者其近亲属不配合医疗机构进行符合诊疗规范的诊疗；

（二）医务人员在抢救生命垂危的患者等紧急情况下已经尽到合理诊疗义务；

（三）限于当时的医疗水平难以诊疗。

前款第一项情形中，医疗机构及其医务人员也有过错的，应当承担相应的赔偿责任。

《中华人民共和国产品质量法》

第四十一条 因产品存在缺陷造成人身、缺陷产品以外的其他财产（以下简称他人财产）损害的，生产者应当承担赔偿责任。

生产者能够证明有下列情形之一的，不承担赔偿责任：

（一）未将产品投入流通的；

（二）产品投入流通时，引起损害的缺陷尚不存在的；

（三）将产品投入流通时的科学技术水平尚不能发现缺陷的存在的。

《最高人民法院关于民事诉讼证据的若干规定》

第四条第（六）项 因缺陷产品致人损害的侵权诉讼，由产品的生产者就法律规定的免责事由承担举证责任；

《最高人民法院关于审理食品药品纠纷案件适用法律若干问题的规定》

第五条 消费者举证证明所购买食品、药品的事实以及所购食品、药品不符合合同的约定，主张食品、药品的生产者、销售者承担违约责任的，人民法院应予支持。

消费者举证证明因食用食品或者使用药品受到损害，初步证明损害与食用食品或者使用药品存在因果关系，并请求食品、药品的生产者、销售者承担侵权责任的，人民法院应予支持，但食品、药品的生产者、销售者能证明损害不是因产品不符合质量标准造成的除外。

《中华人民共和国药品管理法》

第一百条 本法下列用语的含义是：

药品,是指用于预防、治疗、诊断人的疾病,有目的地调节人的生理机能并规定有适应症或者功能主治、用法和用量的物质,包括中药材、中药饮片、中成药、化学原料药及其制剂、抗生素、生化药品、放射性药品、血清、疫苗、血液制品和诊断药品等。

辅料,是指生产药品和调配处方时所用的赋形剂和附加剂。

药品生产企业,是指生产药品的专营企业或者兼营企业。

药品经营企业,是指经营药品的专营企业或者兼营企业。

【典型案例】

1. 孙××诉费县人民医院医疗产品责任纠纷案
——金属接骨板在植入体内发生断裂的,
应当推定该医疗器械存在缺陷,医疗机构有异议的,
应当承担举证证明责任

案号:(2013)费民初字第776号

[裁判要点]

案涉金属接骨板作为医疗器械,属于医疗产品。因该医疗产品的使用发生的侵权责任纠纷,应当适用《中华人民共和国侵权责任法》第五十九条的规定。作为植入人体用于支持、连接受损肢体并辅助肢体恢复的医疗器械,因其对人体具有潜在危险,对其安全性、有效性必须严格控制,使其不存在危及人身安全的不合理的危险。本案中,金属接骨板在植入患者体内后发生断裂,应当推定该金属接骨板存在危及人身安全的不合理的危险,医疗机构对此有异议,应承担相应的举证责任。医疗机构申请对该金属接骨板的质量及断裂的原因进行鉴定,依法作出的鉴定意见并未排除该金属接骨板存在危及人身安全的不合理的危险,且医疗机构并无其他证据证明该金属接骨板不存在缺陷,故应当认定该金属接骨板具有缺陷。

在满足相应的医疗产品责任构成要件后，患者一方可以依据《中华人民共和国侵权责任法》第五十九条的规定选择项医疗机构或者医疗产品的生产者、销售者主张责任，也可以一并向他们主张责任。本案中患者一方即选择权向医疗机构主张损害赔偿责任。

[法条索引]

《中华人民共和国侵权责任法》第五十九条

[基本案情]

2011年8月20日，原告孙××因交通事故受伤到被告费县人民医院治疗。经医生诊断，原告孙××之伤为左胫腓骨远端粉碎性骨折、左拇指指间关节脱位、肋骨骨折并胸腔积液、多处软组织挫裂伤。同年8月27日，被告给原告实施了左胫腓骨切开复位植骨内固定术，给原告植入了创生医疗器械（江苏）有限公司的金属接骨板。同年9月15日，原告病情好转，出院回家休息治疗。2012年2月原告到被告处复查时发现，植入其体内的内固定金属接骨板断裂，其原骨折处再次骨折。同年3月1日，原告在被告处进行了内固定物取出植骨内固定术，将断裂的内固定金属接骨板取出，并植入新的内固定金属接骨板。同年3月18日原告恢复良好，出院。原告孙××因金属接骨板断裂造成的经济损失为二次手术费用（含金属接骨板材料费）17108.91元。

在机动车交通事故责任纠纷案件的处理过程中，2012年7月6日被告向原告出具诊断证明书证明原告若骨折愈合良好，再次取出金属接骨板的费用约为10000元，该案未支持原告的后续治疗费。

诉讼中，被告向法院提出鉴定申请，要求对植入原告体内的断裂的金属接骨板的质量及断裂原因进行鉴定。本院委托苏州华碧微科检测技术有限公司司法鉴定所进行鉴定。经鉴定，2013年8月15日，苏州华碧微科检测技术有限公司司法鉴定所作出苏华碧〔2013〕物鉴字第120号微量物证司法鉴定意见书，鉴定意见为：送检的金属接骨板存在表面裂纹，不符合YY0017-2008《骨接合植入物金属接骨板》的要求。送检的金属接骨板断裂与人体运动过程中持续受到接骨板植入前调整其外形而产生的残余弹－塑性/弯－扭复合应力的反复作用存在因果关系。被告支出鉴定费用

22580元。

上述事实，主要根据法院的庭审调查、双方当事人的陈述、住院费用明细清单、住院病历、本院（2012）费民初字第2740号民事判决书、苏州华碧微科检测技术有限公司司法鉴定所出具的苏华碧〔2013〕物鉴字第120号微量物证司法鉴定意见书等证据认定的。其证据均经庭审质证、认证，已收集记录在卷。

[裁判结果]

法院判决：一、被告费县人民医院赔偿原告孙××因金属接骨板断裂造成的经济损失：二次手术费用（含金属接骨板材料费）、后续治疗费共计27108.91元。二、被告费县人民医院赔偿原告孙××精神抚慰金1000元。

[裁判理由]

法院生效裁判认为，费县人民医院在给孙××行左胫腓骨切开复位植骨内固定术时所植入的金属接骨板，在孙××回家休息治疗期间在孙××的体内断裂。金属接骨板作为植入人体用于支持、连接受损肢体并辅助肢体恢复的医疗器械，因其对人体具有潜在危险，对其安全性、有效性必须严格控制，使其不存在危及人身安全的不合理的危险。本案中，金属接骨板在孙××体内断裂，就应当推定金属接骨板存在危及人身安全的不合理的危险。费县人民医院对此有异议，其应负举证责任。费县人民医院申请对孙××的金属接骨板的质量及断裂的原因进行鉴定，但鉴定机构苏州华碧微科检测技术有限公司司法鉴定所的鉴定意见"送检的金属接骨板存在表面裂纹，不符合YY0017-2008《骨接合植入物金属接骨板》的要求。送检的金属接骨板断裂与人体运动过程中持续受到接骨板植入前调整其外形而产生的残余弹－塑性/弯－扭复合应力的反复作用存在因果关系。"未排除该金属接骨板存在危及人身安全的不合理的危险。故应当认定该金属接骨板具有缺陷，存在危及人身安全的不合理的危险。根据《中华人民共和国侵权责任法》第五十九条的规定："因药品、消毒药剂、医疗器械的缺陷，或者输入不合格的血液造成患者损害的，患者可以向生产者或者血液提供机构请求赔偿，也可以向医疗机构请求赔偿。患者向医疗机构请求赔偿的，医疗机构赔偿后，有权向负有责任的生产者或者血液提供机构追偿。"孙××具有选择权，其向作为医疗机构的费县人民医院请求赔偿因金属接骨板断裂所造成的经济损失，应予支持。

孙××因金属接骨板断裂造成一定的物质损失和精神上的痛苦，费县人民医院对孙××的物质损失应予以赔偿，并应对孙××精神上的痛苦给予物质抚慰。费县人民医院虽对孙××的后续治疗费有异议，但因该后续治疗费证明系费县人民医院出具，且属于将来必然发生的费用，故法院对费县人民医院的异议不予认定，对该后续治疗费予以认定。孙××主张的精神损害抚慰金过高，法院根据费县人民医院的过错程度、孙××身体受到的损害程度、受诉法院所在地平均生活水平等因素，酌定为1000元。故孙××的经济损失包括：二次手术费用（含金属接骨板材料费）、后续治疗费及精神损害抚慰金共计28108.91元。孙××对损失的计算有误，应以法院核实、认定的数额为依据。费县人民医院虽以孙××的经济损失已在机动车交通事故责任纠纷案件中获得赔偿为由主张原告不能获得双重赔偿，但由于机动车交通事故责任纠纷与本案医疗产品责任纠纷不是同一法律关系，机动车交通事故责任纠纷案件的处理结果与本案的处理无法律上的因果关系。故对费县人民医院的该辩称，法院不予采信。

2. 王×杰诉南通医学院附属医院等医疗损害赔偿案

——《中华人民共和国侵权责任法》施行前，应当适用当时的法律确定输血感染纠纷的举证责任及责任承担规则

案号： (1998) 通民终字第2087号

[裁判要点]

本案发生在《中华人民共和国侵权责任法》施行前，应当适用当时的法律规定。但当时对于输血感染的举证责任及责任承担问题并没有明确规

定。本案中审理法院即按照日常经验法则认定了患者输血感染丙肝的事实。同时认为医疗机构认为患者是在其实施诊疗行为前就感染丙肝的,应当承担举证证明责任。同时对于血站等主体的责任承担问题,一审法院判决连带责任,二审法院改判了血站等承担补充责任的做法,并创造性地采用了预付患者后续治疗费的判项,并对于血站等如何具体承担补充责任作了细化判决,这对于充分救济患者损失,维护患者合法权益,保证判项的顺利执行都具有积极意义。

在此需要注意的是,由于《中华人民共和国侵权责任法》第五十九条、《最高人民法院关于审理医疗损害责任纠纷案件适用法律若干问题的解释》第七条对于输入不合格血液问题的责任承担以及举证证明责任规则作了明确规定。对于今后发生的此类纠纷案件,包括已处于一审、二审阶段的,都要适用《中华人民共和国侵权责任法》和《最高人民法院关于审理医疗损害责任纠纷案件适用法律若干问题的解释》的上述规定。

[法条索引]

《中华人民共和国侵权责任法》第五十九条

[基本案情]

1996年9月18日,王×杰因宫外孕到南通医学院附属医院就诊,当日下午进行了手术治疗,手术过程中输入由中心血站提供的800毫升A型血,9月26日出院。同年11月28日,王×杰因身体不适到上海市中医药大学附属岳阳医院做肝功能检查,结果为肝功能异常。1997年1月3日,经南通医学院附属医院诊断为丙型肝炎。手术前,王×杰曾于1996年9月3日,在如东县中医院做过乙肝和肝功能检查,未见异常。患病后,王×杰花去医疗费、交通费24867.10元。王×杰所输血液系如皋市夏堡血站采集后交中心血站,该中心血站再交给南通市卫生局设立的血液质量管理委员会进行复检,复检后以中心血站的名义给南通医学院附属医院用于临床。此800毫升血液中的400毫升血液由供血员王×年提供。王×年于1996年9月17日献血400毫升,供血前有丙肝症状,9月底被确诊。王×年的原始献血卡被如皋市夏堡血站销毁,现有的献血卡系诉讼中伪造。夏堡血站未领取采供血机构执业许可证或采供血许可证。南通市卫生局设立的血液质量管理委员会在复检过程中,未能严格遵守操作规程,未发现送检血液不合格。一审审理期间,经一审法院法医鉴定,王×杰所患肝炎与输血后丙型肝炎的临床特征相符。经向上海市瑞金医院传染病科咨询,王×杰目前的治疗以注射干扰素为佳,一年为一个疗程,一周注射三次,每次450万单位一支(约480元/支),同时每两周应检查一次,每次约为400元左右。另外,王×杰原在南通市第五建筑安装公司工作,平均月收入为1200元,患丙肝后一直在家休息,未有收入。其尚有一女黄××(1991年6月出生)需抚育。

二审法院另查明:1996年10月29日,王×年在泰州市血站供血时,因其血液抗体阳性超标而没有被采集,1997年6月24日,经上海市瑞金医院检查确诊为丙肝。又查明,王×杰于1991年6月生一女黄××,其患病前月薪为1200元,患病后在家休息治疗,无经济收入,从1998年2月至1999年7月因治病花去医药费19393元。

[裁判结果]

一审法院判决:

1. 被告南通医学院附属医院赔偿原告王×杰已花费的医疗费、治疗费、交通费共计24867.10元。

2. 被告南通医学院附属医院赔偿原告王×杰误工费4800元(自1996年9月起至1996年12月止)。

3. 被告南通医学院附属医院赔偿原告王×杰营养费5680元(自1996年9月起至1998年8月止,按2840元/年计)。

4. 被告南通医学院附属医院赔偿原告王×杰今后的治疗费人民币255840元。

5. 被告南通医学院附属医院赔偿原告王×杰今后的营养费人民币8520元。

6. 被告南通医学院附属医院给予原告王×杰生活补助人民币1704元。

7. 被告南通医学院附属医院补贴原告王×杰子女抚育费人民币852元。

上述1至7项,共计人民币302263.10元,被告南通医学院附属医院于判决发生法律效力之日起 10 日内，一次性给付原告王×杰。

8. 南通医学院附属医院所承担的赔偿金 302263.10 元由第三人中心血站和南通市卫生局各自负担二分之一，该两个第三人对南通医学院附属医院承担连带赔偿责任，此款由该两个第三人在判决发生法律效力之日起 10 日内一次性给付南通医学院附属医院。

二审法院判决：

1. 撤销一审法院（1998）崇民初字第 228 号民事判决。

2. 王×杰治疗丙肝所花的医药、治疗、交通费计人民币 44269.10 元（包括 1998 年 2 月至 1999 年 12 月间的医药费用）、误工费 14111 元（其中 1997 年 1 月至 1999 年 12 月为 9311 元）、营养费 14200 元、生活补助费 1704 元、子女抚育费 852 元，合计人民币 75136.10 元，由中心血站补偿 45081.66，南通市卫生局补偿 15027.22 元，南通医学院附属医院补偿 15027.22 元。

3. 中心血站、南通市卫生局、南通医学院附属医院预付王×杰因治病的有关费用 80000 元，其中南通市卫生局预付 16000 元，南通医学院附属医院预付 16000 元，中心血站预付 48000 元。

4. 王×杰今后应在如东县中医院、南通市第三人民医院、上海市传染病医院范围内进行治疗，所发生的费用凭发票由南通市卫生局承担 20%，南通医学院附属医院承担 20%，中心血站承担 60%，南通市卫生局、南通医学院附属医院承担的份额逢当年 12 月 20 日前送到中心血站，王×杰则于当年 12 月底前向中心血站进行结算。

上述二、三项自本判决生效后 10 日内给付完毕。

[裁判理由]

法院生效裁判认为：1. 王×杰于 1996 年 9 月 18 日手术时接受输血，1997 年 1 月 3 日被诊断为丙肝，其被输入的血液中有 400 毫升系供血员王×年提供，王×年于 1996 年 10 月 29 日检查抗体阳性超标，1997 年 6 月被诊断为丙肝，可认定其供血时为丙肝病毒携带者，王×杰在住院手术前做过检查，肝功能正常。据此可以认定王×杰因输血被传染丙肝。南通医学院附属医院称王×杰住院前已患丙肝，未能提供证据。

2. 南通市卫生局下设的血液质量管理委员会对血液复检认定为合格，但因科学技术的限制，对丙肝的检测尚有一定的漏检率，其对王×杰染有丙肝在主观上无过错。南通医学院附属医院将经过复检的血液用于临床并无过错。中心血站虽向未取得采供血机构执业许可证或采供血许可证的如皋市夏堡血站采血，但该血站持有南通市卫生局的采血合格证，并非不可。一审认定卫生局所设立的血液质量管理委员会未严格按照复检程序和中心血站向未取得"两证"的如皋市夏堡血站采血，均有过错，该认定欠妥，但漏检产生的后果不应由受害人承担，本案适用无过错责任原则，由中心血站、南通市卫生局、南通医学院附属医院向被王×杰承担补偿责任。

3. 经过法医鉴定和咨询，今后尚需一定的医疗费用，但不是现在已经发生的事实，一审判决无事实根据。王×杰今后治疗应在指定的医院，按照医嘱所花的治疗、交通、误工等费用全部由中心血站、南通市卫生局、南通医学院附属医院负担，鉴于其家庭经济状况和病情治疗的需要，由中心血站、南通市卫生局、南通医学院附属医院预付一定的费用。

附：一审裁判理由：

1. 被告医院为原告输入的血液系中心血站提供，供血员王×年在供血前即有丙肝症状，该症状不久即被确诊，说明其在供血前已患丙肝，而原告在输血前无证据表明其有过丙肝病症，其在该次输血后才出现肝功能异常，足以说明原告的丙肝系输血造成。

2. 对原告因输血造成的人身损害后果，与其直接发生医患关系的被告医院负有赔偿责任。因所输血液系中心血站提供，经南通市卫生局下设机构血液质量管理委员会复检，中心血站在如皋市夏堡血站未取得采供血机构执业许可证或采供血许可证的情况下采用了其血液，血液质量管理委员会对送检的血液未严格执行复检制度，致使被告医院将不合格的血液输给了原告，对此第三人中心血站、南通市卫生局具有同等过错，被告医院就其向原告所负赔偿责任有权向上述两个第三人行使追偿权，上述两个第三人承担连带赔偿责任。

3. 原告已发生的医疗费、治疗费、交通费、误工费、营养费等均属赔偿范围，根据原告已转为慢性丙肝的病情，对今后的治疗费用，可按三个疗程的治疗等费用予以赔偿

——黄×与上海交通大学医学院附属第九人民医院等医疗产品责任纠纷案

案号：（2012）沪二中民一（民）终字第104号

[裁判要点]

本案发生在《中华人民共和国侵权责任法》施行前，应当适用当时的法律、司法解释的规定。对于当时发生的医疗产品责任纠纷案件的举证证明责任，应当适用《最高人民法院关于民事诉讼证据的若干规定》第四条的规定，即医疗机构、医疗产品的生产者要对相应的免责事由承担举证责任，但这并不意味着患者一方不承担任何举证责任，患者也要对诊疗关系的存在、使用医疗产品以及受到损害的事实承担举证责任。本案中，医疗机构已举证证明其系依照规定采购、使用及废弃诉争医疗产品，产品生产者也已举证证明企业及其生产的相应产品证照齐全合规，且患者一方举证的案涉《举报投诉办结告知书》还明确显示药监局的调查意见认为从对医疗机构的检查中未发现黄×反映的内固定钛板有质量方面的可疑情况，故法院依法认定产品存在缺陷，驳回了患者一方的诉讼请求。

在此需要注意的是，本案系发生在侵权责任法以前。在今后的类似案件或者日常生活中，给双方当事人一个重要的指引在于，一方面双方当事人应当要有相应的证据意识，尤其是原告一方，对于相关证据特别是案涉医疗器械本身应当妥善保管，否则可能会导致该器械不存在时而难以实现自己的主张。同时，如果医疗机构违法违规抛弃医疗器械的，在其举证责任范围内，也要承担相应的不利后果。

[法条索引]

《中华人民共和国侵权责任法》第五十九条

《最高人民法院关于民事诉讼证据的若干规定》第四条

[基本案情]

黄×于 2008 年 4 月因颌骨畸形在九院行上颌骨截骨术，术中植入钛板。同年 11 月，因术后钛板外露、面部外形不对称，黄×在九院再行"双侧下颌角修整术+双侧颧弓修整术+右上颌 2 根尖囊肿刮治术+上颌骨钛板拆除术"。黄×因植入钛板的质量问题向上海市食品药品监督管理局进行举报。该局黄浦分局（以下简称黄浦药监局）于 2010 年 4 月向黄×发出《举报投诉办结告知书》，查明：1. 黄×反映的《植入医疗器械使用登记表》上漏贴两张条形码一事，情况基本属实，分局向该院提出加强此方面的管理。2. 调查过程中，黄×在电话中提出质疑该钛板的质量。经调查，该院在黄×手术中使用的内固定钛板，系慈北公司生产，该公司具有《医疗器械生产企业许可证》，该产品具有《医疗器械注册证》，产品出厂经检验合格，供货商均具有《医疗器械经营企业许可证》，医院进货凭证、验收记录和出入库记录完整，未发现该产品存在问题。并认为：从对医疗机构的检查中未发现黄×反映的内固定钛板有质量方面的可疑情况。其后，黄×以医疗产品责任纠纷为案由诉至法院要求九院、慈北公司赔偿人民币（以下币种均为人民币）100000 元。

[裁判结果]

一审法院判决：

黄×要求九院、慈北公司赔偿 100000 元的诉讼请求不予支持。

二审法院判决：

驳回上诉，维持原判。

[裁判理由]

二审法院认为，本案中，黄×诉请的法律基础关系为医疗产品责任纠纷，虽然患者黄×坚持主张其于 2008 年 4 月 28 日在九院行上颌骨截骨术时被植入的钛板存在质量问题，但因九院作为医方已举证证明其系依照规定采购、使用及废弃讼争产品，慈北公司作为产品生产者也已举证证明企业及其生产的相应产品证照齐全合规，且黄×自己举证的《举报投诉办结告知书》还明确显示黄浦药监局的调查意见即黄浦药监局认为从对医疗机构的检查中未发现黄×反映的内固定钛板有质量方面的可疑情况，一审法院据此认定黄×索赔诉请缺乏依据并判决不予支持，经核，与法不悖、并无不当。综上，一审法院查明事实清楚，适用法律正确，程序合法，判决无误，二审法院应予维持。黄×上诉请求，理由不成立，二审法院不予支持。

附：一审裁判理由：

一审法院经审理后认为，当事人对自己提出的诉讼请求所依据的事实有提供证据加以证明的举证义务。本案中黄×主张手术中使用的植入钛板有质量问题，是不合格产品，但未能提供有效证据加以佐证，九院、慈北公司却提供了系争产品生产单位及相关证照，且黄×的投诉经主管机构进行调查，并未发现产品存在问题。黄×虽主张拆除时就对钛板质量存疑而要求取回，但并未提供任何证据，且从黄×提供的举报投诉办结告知书中也只反映出黄×是在2010年进行有关钛板质量问题的投诉，而黄×的手术时间是在2008年，故医院按照相关规定进行废弃物处理并无不当。根据《中华人民共和国民法通则》第一百零六条第二款之规定，黄×的诉请，经审查不符合该规定的要求。

八、医疗损害责任鉴定启动的方式有哪些

【医疗损害责任司法解释条文】

第八条 当事人依法申请对医疗损害责任纠纷中的专门性问题进行鉴定的,人民法院应予准许。

当事人未申请鉴定,人民法院对前款规定的专门性问题认为需要鉴定的,应当依职权委托鉴定。

【导读】

由于医学本身的专业性、复杂性、探索性等特点,以医学为基础的诊疗行为有无过错及其与患者损害后果有无因果关系、原因力的大小等都需要通过鉴定程序来解决。医疗损害鉴定对于医疗损害责任纠纷案件的依法妥善处理,具有至关重要的意义。

在审判实践中,是否必须由负有举证责任的一方当事人申请鉴定以及如果承担举证责任的一方不申请鉴定,人民法院是否可以依职权委托鉴定的问题,存有争议:一种意见认为,按照《最高人民法院关于民事诉讼证据的若干规定》,申请鉴定应当是承担举证责任一方的义务,如承担举证责任一方不申请鉴定,则应当承担不利的诉讼后果,法院不应当主动依职权委托鉴定。主要理由在于,申请鉴定应当看作是当事人提交证据的一种方式,这样处理也能够避免发生法院虽委托鉴定但无人申请鉴定和预交鉴定费的尴尬局面。在实际操作中法院应当注意向承担举证责任一方进行释明,避免因其不了解法律规定以及不了解诉讼风险而拒绝鉴定。在人民法院释明后承担举证责任一方仍不申请鉴定的,应当由其承担不利的诉讼后果。另一种意见认为,由于医疗纠纷的专业性问题,鉴定意见往往对于医

疗纠纷的解决起到至关重要的作用，如果完全按照举证责任分配的规则，由于承担举证责任的一方往往都是患者，其不申请鉴定，就简直接判决败诉，可能会使患者的损害得不到应有的救济，甚至加剧医患矛盾，难以实现案结事了的目的，而且患者没有启动鉴定程序的原因可能很多，比如经济困难，简单判决其败诉也过于僵化。因此，人民法院应当在必要时可以依职权委托鉴定。我们经过深入调研论证，从构建和谐医患关系，实现案结事了的角度出发，最终采纳了第二种意见，规定了当事人未申请医疗损害鉴定，人民法院可以依职权委托鉴定的情形。

关于人民法院依职权启动鉴定的问题。本条第二款规定的内容与《中华人民共和国民事诉讼法》第七十六第二款规定一致，但范围上要比《最高人民法院关于适用〈中华人民共和国民事诉讼法〉的解释》第一百二十一条要宽，并未严格限制在人民法院依职权调查取证的范畴。这在适用上可以理解为是较《最高人民法院关于适用〈中华人民共和国民事诉讼法〉的解释》第一百二十一条规定的特殊规定，对于医疗损害责任纠纷案件，当然要优先适用本条规定。但在具体适用上要注意：一方面，要本着通过鉴定彻底查明案件事实来进行裁判的精神适用本款规定。另一方面也要做好从严把握，对于符合依职权调查取证情形的，当然要依职权委托鉴定；对于这些情形之外的，则只能对于真正确有必要依职权委托鉴定的案件，即不依职权委托鉴定就会导致当事人利益严重失衡的情况下，才需要按照这一规则进行，对此可以从双方当事人已经提交证据情况，能否适用事实自证规则以及当事人的经济实力等情况作综合判断。

医疗损害鉴定密切相关的一个问题就是鉴定费的预交及承担问题。本解释起草过程中对此曾经过反复讨论，但最终对此没有具有规定，而是要采纳鉴定费交纳的一般规则处理。具体而言，需要把握以下三点：

其一，鉴定费的交纳通常情况下应当适用"谁申请、谁预交"的规则。《诉讼费用交纳办法》第二十条规定："案件受理费由原告、有独立请求权的第三人、上诉人预交。被告提起反诉，依照本办法规定需要交纳案件受理费的，由被告预交。追索劳动报酬的案件可以不预交案件受理费。申请费由申请人预交。但是，本办法第十条第（一）项、第（六）项规定的申请费不由申请人预交,执行申请费执行后交纳,破产申请费清算后交纳。"同时,其第十二条第一款规定:"诉讼过程中因鉴定、公告、勘验、翻译、评估、拍卖、变卖、仓储、保管、运输、船舶监管等发生的依法应当由当事人负担的费用,人民法院根据谁主张、谁负担的原则,决定由当事人直接支付给有关机构或者单位,人民法院不得代收代付。"

其二,关于鉴定费的负担,依据《诉讼费用交纳办法》第二十九条的规定,"诉讼费用由败诉方负担,胜诉方自愿承担的除外。部分胜诉、部分败诉的,人民法院根据案件的具体情况决定当事人各自负担的诉讼费用数额。共同诉讼当事人败诉的,人民法院根据其对诉讼标的的利害关系,决定当事人各自负担的诉讼费用数额。"鉴定费的负担也应按照这一规则处理,即由败诉方承担,这也是目前实务中所普遍遵循的规则。

其三,关于当事人确实困难的情形如何救济的问题。对此,从人民法院工作角度,应当按照中共中央政法委员会等《关于建立完善国家司法救助制度的意见(试行)》(中政委〔2014〕3号)、最高人民法院《关于加强和规范人民法院国家司法救助工作的意见(法发〔2016〕16号)(以下简称《规范司法救助意见》)、最高人民法院《关于对经济确有困难的当事人提供司法救助的规定》(法发〔2005〕6号)(以下简称《司法救助规定》)等有关政策文件精神来进行司法救助。但在此需要注意的是,这里的救助内容是诉讼费用的缓、减、免(《司法救助规定》的规定)和提供救助金(《规范司法救助意见》的规定),但按照《诉讼费用交纳办法》第六条的规定,"当事人应当向人民法院交纳的诉讼费用包括:(一)案件受理费;(二)申请费;(三)证人、鉴定人、翻译人员、理算人员在人民法院指定日期出庭发生的交通费、住宿费、生活费和误工补贴。"也就是说,有关诉讼费用的缓减免并不包括鉴定费本身。

【相关法条】

《中华人民共和国民事诉讼法》

第七十四条 证人因履行出庭作证义务而支出的交通、住宿、就餐等必要费用以及误工损失,由败诉一方当事人负担。当事人申请证人作证的，由该当事人先行垫付；当事人没有申请，人民法院通知证人作证的，由人民法院先行垫付。

第七十六条　当事人可以就查明事实的专门性问题向人民法院申请鉴定。当事人申请鉴定的，由双方当事人协商确定具备资格的鉴定人；协商不成的，由人民法院指定。

当事人未申请鉴定，人民法院对专门性问题认为需要鉴定的，应当委托具备资格的鉴定人进行鉴定。

《最高人民法院关于适用〈中华人民共和国民事诉讼法〉的解释》

第九十条　当事人对自己提出的诉讼请求所依据的事实或者反驳对方诉讼请求所依据的事实，应当提供证据加以证明，但法律另有规定的除外。

在作出判决前，当事人未能提供证据或者证据不足以证明其事实主张的，由负有举证证明责任的当事人承担不利的后果。

第九十六条　民事诉讼法第六十四条第二款规定的人民法院认为审理案件需要的证据包括：

（一）涉及可能损害国家利益、社会公共利益的；

（二）涉及身份关系的；

（三）涉及民事诉讼法第五十五条规定诉讼的；

（四）当事人有恶意串通损害他人合法权益可能的；

（五）涉及依职权追加当事人、中止诉讼、终结诉讼、回避等程序性事项的。

除前款规定外，人民法院调查收集证据，应当依照当事人的申请进行。

第九十九条　人民法院应当在审理前的准备阶段确定当事人的举证期限。举证期限可以由当事人协商，并经人民法院准许。

人民法院确定举证期限，第一审普通程序案件不得少于十五日，当事人提供新的证据的第二审案件不得少于十日。

举证期限届满后，当事人对已经提供的证据，申请提供反驳证据或者对证据来源、形式等方面的瑕疵进行补正的，人民法院可以酌情再次确定举证期限，该期限不受前款规定的限制。

第一百条 当事人申请延长举证期限的，应当在举证期限届满前向人民法院提出书面申请。

申请理由成立的，人民法院应当准许，适当延长举证期限，并通知其他当事人。延长的举证期限适用于其他当事人。

申请理由不成立的，人民法院不予准许，并通知申请人。

第一百零一条 当事人逾期提供证据的，人民法院应当责令其说明理由，必要时可以要求其提供相应的证据。

当事人因客观原因逾期提供证据，或者对方当事人对逾期提供证据未提出异议的，视为未逾期。

第一百零二条 当事人因故意或者重大过失逾期提供的证据，人民法院不予采纳。但该证据与案件基本事实有关的，人民法院应当采纳，并依照民事诉讼法第六十五条、第一百一十五条第一款的规定予以训诫、罚款。

当事人非因故意或者重大过失逾期提供的证据，人民法院应当采纳，并对当事人予以训诫。

当事人一方要求另一方赔偿因逾期提供证据致使其增加的交通、住宿、就餐、误工、证人出庭作证等必要费用的，人民法院可予支持。

第一百二十一条 当事人申请鉴定，可以在举证期限届满前提出。申请鉴定的事项与待证事实无关联，或者对证明待证事实无意义的，人民法院不予准许。

人民法院准许当事人鉴定申请的，应当组织双方当事人协商确定具备相应资格的鉴定人。当事人协商不成的，由人民法院指定。

符合依职权调查收集证据条件的，人民法院应当依职权委托鉴定，在询问当事人的意见后，指定具备相应资格的鉴定人。

《诉讼费用交纳办法》

第十二条 诉讼过程中因鉴定、公告、勘验、翻译、评估、拍卖、变卖、仓储、保管、运输、船舶监管等发生的依法应当由当事人负担的费用，人民法院根据谁主张、谁负担的原则，决定由当事人直接支付给有关机构或者单位，人民法院不得代收代付。

人民法院依照民事诉讼法第十一条第三款规定提供当地民族通用语言、文字翻译的，不收取费用。

第二十条 案件受理费由原告、有独立请求权的第三人、上诉人预交。被告提起反诉，依照本办法规定需要交纳案件受理费的，由被告预交。追索劳动报酬的案件可以不预交案件受理费。申请费由申请人预交。但是，本办法第十条第（一）项、第（六）项规定的申请费不由申请人预交，执行申请费执行后交纳，破产申请费清算后交纳。

第二十九条 诉讼费用由败诉方负担，胜诉方自愿承担的除外。

部分胜诉、部分败诉的，人民法院根据案件的具体情况决定当事人各自负担的诉讼费用数额。

共同诉讼当事人败诉的，人民法院根据其对诉讼标的的利害关系，决定当事人各自负担的诉讼费用数额。

【典型案例】

1. 王××与中国人民解放军总医院医疗损害责任纠纷

——患者一方对于医疗机构的诊疗行为有无过错及其损害后果有无因果关系及原因力大小的专门性问题，可以通过申请鉴定来解决

案号：（2014）一中民终字第01161号

[裁判要点]

鉴于医疗损害纠纷本身所涉诊疗行为是否有过错以及因果关系问题的专业性，对此专门性问题往往需要通过委托鉴定来予以认定。依据《中华人民共和国侵权责任法》第五十四条的规定，患者一方应当对适用过错责

任的一般性的医疗损害责任纠纷中的构成要件事实承担举证证明责任，对此患者一方可以申请鉴定来解决。本案中，审理法院即依照原告方的申请，为查明医疗机构在对患者的诊疗过程中是否存在医疗过错，依法委托进行医疗损害鉴定，并最终根据该鉴定意见认定医疗机构被患者所患血友病属罕见病症，自身疾病是造成其损害后果的主要原因，医疗机构在对患者的诊疗过程中存在医疗过错，与患者的损害后果有一定因果关系（医疗过失参与度为 B 级，理论系数 10%），据此，法院判决医疗机构承担 10% 的赔偿责任。

[法条索引]

《中华人民共和国侵权责任法》第五十四条

《中华人民共和国民事诉讼法》第七十六条

[基本案情]

2011 年 10 月 31 日，王××因左下肢间断性疼痛、麻木，伴活动障碍 1 年，至解放军总医院就诊。同年 11 月 26 日入住解放军总医院，诊断为髂腰肌软组织肿瘤。同年 11 月 29 日，解放军总医院对王××进行了髂腰肌软组织肿瘤扩大切除术。术后次日王××出现胸闷、憋气、腹部胀痛等症状，解放军总医院考虑王××术后腹膜后出血，予以补充血容量纠正休克，行介入造影加栓塞术，并转至外科重症监护室治疗。后王××被确诊为血友病，经补充凝血因子等治疗，2012 年 3 月 2 日，王××出院。

王××申请对解放军总医院的诊治行为进行司法过错鉴定。法院依法委托北京中衡司法鉴定所对本案进行司法过错鉴定，该所出具中衡司法鉴定所（2012）临床鉴字第 2993 号司法鉴定意见书，分析说明如下：被鉴定人既往无外伤出血史，否认家庭性遗传病史，行髂腰肌病变穿刺活检，也未出现明显出血倾向，第Ⅷ凝血因子不作为术前常规检查，被鉴定人所患血友病属罕见病症，自身疾病是造成被鉴定人损害后果的主要原因，医方的过错对此也应负有一定责任。鉴定意见为：中国人民解放军总医院在对被鉴定人的诊疗过程中，存在医疗过错，与被鉴定人的损害后果有一定因果关系（医疗过失参与度为 B 级，理论系数 10%）。建议被鉴定人王××护理期截止至出院之日、营养期截止至出院后 30 日。同时北京中衡司法鉴定所作出如下说明：被鉴定人所患血友病是其自身疾病，目前左下肢萎缩为废用性萎缩，不构成伤残，故未予评定。

另查，王××共计花费医疗费人民币234927.38元。

二审补充查明：王××在2011年11月3日进行门诊凝血功能检查的结果是血浆活化部分凝血酶原时间测定为58.3s，其参考值为30~45s，超过参考上限13.3s；在2011年11月27日术前凝血功能检查的结果是血浆活化部分凝血酶原时间测定为54.2s，其参考值为30~45s。超过参考上限9.2s。

针对上述事实，二审法院于2014年2月13日书面要求北京中衡司法鉴定所对如下问题进行补充说明：1. 在贵所出具的鉴定意见中认为，血浆活血部分凝血酶原时间测定（APTT）比正常值略高（尚未达到手术禁忌水平），医方对此未引起重视，存在医疗不足。那么，凝血时间延长具有何种临床意义。该医疗不足究竟对实施手术医疗行为有何直接的影响。2. 在贵所出具的鉴定意见中综合考虑部分中认为"第Ⅷ凝血因子不作为术前常规检查"。同时又认为"术前APTT略高，医方未引起注意，对被鉴定人凝血功能未做进一步检查。"那么，当术前出现APTT略高的情况下，医方是否有义务进行第Ⅷ凝血因子检查，或者组织血液科医生进行会诊，对患者进行血液方面的全面检查。3. 医疗过错与被鉴定人的损害后果因果关系参与度为B级是什么含义。贵所的鉴定意见中认为被鉴定人根据病理诊断为"髂腰肌软组织肿瘤"，医方行髂腰肌软组织肿瘤扩大切除术，术中出血较多，术后出现腹膜后巨大血肿、出血性休克。但是，鉴定意见中又认为"自身疾病是造成被鉴定人损害后果的主要原因，医方的过错对此也负有一定责任"。如果没有手术医疗行为，自发疾病所造成的损害如何体现。4. 贵所的鉴定意见中认为诊治过程中医方存在过错和不足表现之一为病理诊断与术后诊断不符。但是，该种情形在临床中属常见情况，那么鉴定意见认为属于过错和不足究竟是什么含义，过错的具体体现是什么。

2014年2月25日，北京中衡司法鉴定所进行了书面答复，并接受了双方当事人的质询，内容如下：

一、根据法院送检的鉴定资料，医方于2011年11月3日进行门诊进行凝血功能检查,其中 APTT 不正常,高于正常值 13.3s。入院后医方对凝血功能进行了复查(①凝血酶时间、②血浆活化部分凝血酶原时间、③血浆凝血酶原时间、④血浆凝血酶原活动度、⑤国际保证化比值、⑥血浆纤维蛋白原测定、⑦血浆 D 二聚体测定、⑧血浆抗凝血酶Ⅲ),其中 7 项正常,仅 APTT(血浆活化部分凝血酶原时间测定)值 54.2s,超出正常值 9.2s。根据相关教科书(《诊断学》第七版,第 301 页)和目前临床实验室规定 APTT 值延长 10s 以上为异常有临床意义。被鉴定人临床上没有凝血时间延长的表现;被鉴定人就诊后接受过静脉穿刺、组织活检均没有发生出血不止和局部瘀血情况;血液检查血小板及其他凝血项目均在正常范围;被鉴定人既往史中没有出血倾向,被鉴定人 APTT(血浆活化部分凝血酶原时间测定)54.2s,没有超过 10s,不是手术禁忌征。不违反诊疗常规。所以给予医方存在不足的判定。

二、目前各医疗机构对于第Ⅷ凝血因子不作为术前常规检查。对于器官移植和重大手术的、APTT 值延长超过 10s 以的、病史中常有出血症状、家族中有出血性疾病的进行凝血因子项目检查。本案被鉴定人既往无出血史,家族中无出血性疾病的病人(鉴定会上问过被鉴定人和家属均肯定没有上述情况),被鉴定人就诊后进行了静脉脉穿刺、组织活检也未出现出血情况,同时其他凝血指标及血小板均正常。血友病发生率极低(2.72/10 万)。可以不对第Ⅷ凝血因子检查或请血液科会诊,符合诊疗常规。

三、根据北京市海淀区人民法院鉴定事项:对解放军总医院在对王××诊疗过程中是否存在过错,如存在过错,与王××的损害后果之间是否存在因果关系,及其参与度的要求:

1. 分析判断一个医疗案例,从四个方面分析:对疾病的预见在治疗过程中可能发生的并发症;告知;预防;救治。我所认为医方在整个诊疗过程中不存在诊疗过失。

(1)被鉴定人因左下肢间断性疼痛、麻木,伴活动障碍一年,病理诊断"纤维瘤病可能性大",超声显示左股神经受压向前移位,临床出现左下肢疼痛、麻木,伴活动障碍等症状,有手术指征,无禁忌征。对凝血项目异常时进行了复查。

(2) 术前进行了告知。

(3) 术进行病例讨论,有备血,术治疗观察和处理。

(4) 被鉴定人术后发生出血性休克,医方积极组织会诊、抢救,在积极补充血容量纠正休克、动脉造影分支动脉栓塞,血液科会诊及凝血因子多次检查,诊断血友病(Ⅷ凝血因子缺乏),明确了出血原因,医方尽到了救治义务。

2. 被鉴定人术后发生出血性休克为自身血友病所致。

3. 在诊治过程中医方存在病理诊断与术后诊断不符合对术前 APTT 略高的问题。如果医方进行了凝血因子的检查,可能不会发生大出血并发症,所以我们还是认为医方未引起足够注意,存在不足。该不足与被鉴定人的损害后果有轻微因果关系。(医疗过失参与度为 B 级,理论系数 10%)。

4. 如果没有手术行为,a 被鉴定人髂腰肌包块压迫神经、下肢麻木症状仍然存在(现在患肢已基本恢复正常,故手术对患者远期未造成伤害)。b 如在一般性医院手术,术后大出血其救治效困难。c 血友病(Ⅷ凝血因子缺乏)可能会持续存在,在不知晓病情行手术后亦会发生大出血会危及生命。

四、术前穿刺活检病理诊断与术后病理诊断不符,是客观存在的事实,这种情况是临床中不可完全避免的(临床中病理穿刺的符合率最高为 90%),是可以接受的,但,必定不是确定的诊断。所以,我所认为医方存在过错,加之不足对被鉴定人的损害符合轻微责任。

另外,在二审开庭审理前,上诉人王××书面申请要求重新进行鉴定。对二审期间北京中衡司法鉴定所针对二审法院提出的问题所进行的答复,王××未提出新的意见。

上述事实,有双方当事人陈述、病历材料、北京中衡司法鉴定所〔2012〕临床鉴字第 2993 号司法鉴定意见书、中衡临床函(2014)第 010 号《关于对王××案件鉴定书的说明》及医疗费单据等证据材料在案佐证。

[裁判结果]

一审法院判决:

一、中国人民解放军总医院于本判决生效后十日内赔偿王××医疗费人民币二万三千四百九十二元七角四分、住院伙食补助费人民币四百八十五元、交通费人民币三百元、营养费人民币六百三十五元、护理费人民币一千四百五十五元，以上共计人民币二万六千三百六十七元七角四分。

二、驳回王××其他诉讼请求。

二审法院判决：

驳回上诉，维持原判。

[裁判理由]

法院生效裁判认为本案的焦点问题是解放军总医院于 2012 年 11 月 29 日，对王××进行的"髂腰肌软组织肿瘤扩大切除术"的医疗行为过程中，是否存在过错，以及过错与损害结果的参与度 10% 的酌定是否妥当。具体而言，就是解放军总医院在对王××进行手术之前，针对术前进行的血液常规检查中出现的凝血时间延长，未给予充分的重视，是否违反医疗规范，是否属于漏诊血友病，即实施的手术是否属于有过错的医疗行为。

根据《中华人民共和国民事诉讼法》第七十六的规定，针对事实中的专门性问题，可以依当事人申请或者法院依职权，委托具备资格的鉴定人进行鉴定。医疗损害赔偿纠纷具有高度的专业性，法院通过委托进行鉴定，针对鉴定人对涉及的专门性问题所进行的阐述和认定，组织双方当事人进行质证，审查医疗行为是否违反医疗规范，进而作为定案的事实根据。因为在医疗纠纷中，只有违反医疗规范才能认定医方有过错，而有过错才是承担损害赔偿责任的前提。

针对上诉人王××提出的问题，我院要求鉴定人进行补充说明，鉴定人逐一进行了回复，明确认为根据相关教科书（《诊断学》第七版，第 301 页）和目前临床实验室规定 APTT 值延长 10s 以上为异常，具有临床意义。由于被鉴定人王××APTT（血浆活化部分凝血酶原时间测定）没有超过 10s，故不是手术禁忌征。同时考虑到被鉴定人王××就诊后接受过静脉穿刺、组织活检均没有发生出血不止和局部瘀血情况；血液检查血小板及其他凝血项目均在正常范围；而且既往史中没有出血倾向，故认定解放军总医院针对王××术前进行的血液常规检查中出现的血凝时间延长，未给予充分的重视，不属于违反诊疗常规。对此，上诉人王××未提出有效的意见予以反驳。

同时，鉴定人答复认为："如果医方进行了凝血因子的检查，可能不会发生大出血并发症，所以我们还是认为医方未引起足够注意，存在不足。该不足与被鉴定人的损害后果有轻微因果关系。（医疗过失参与度为B级，理论系数10％)。"对此，二审法院认为，涉及医疗经验的问题能否作为过错判断的标准是医疗损害赔偿纠纷中的难点。鉴于医学领域的探索性以及人体的个体差异性，既不能随意将经验上升为规范，造成过度检查，使患者蒙受财产以及人身的损害；也不能将已经在同领域中成为普遍认知的、或者已经发生教训的、但尚未写在医疗规范中的医疗经验予以忽视，导致医生忽视生命个体的差异，盲目自信或者偏离救死扶伤的本质，追求名利。本案中，鉴定意见明确排除了对王××的医疗行为中存在违反医疗规范的情形。但是，鉴定意见又认为存在医疗不足，医方也认可存在经验不足。据此鉴定意见确定医疗过失参与度为B级，一审判决在该范围内酌定责任承担比例为10％。也就是说，鉴定意见将解放军总医院对凝血时间延长这一检测结果未给予充分的注意这一事实界定为经验不足的范畴，并酌情确定了医疗过失参与度为B级。对此，上诉人王××也未提出充分的依据予以反驳。故二审没有理由否定一审的认定，针对上诉人王××要求医院负全部责任以及赔偿精神抚慰金的上诉请求，二审法院不能予以支持。但是，鉴于解放军总医院在医疗过程中存在过错，而这一过错如果不通过鉴定也是难以确定。并且，鉴定费作为诉讼费用的一种，法院有权对其进行合理的分担。

附：一审法院裁判理由：

一审法院经审理认为：为查明解放军总医院在对王××的诊疗过程中是否存在医疗过错，法院依法委托北京中衡司法鉴定所进行司法鉴定。根据鉴定结论，解放军总医院在对被鉴定人的诊疗过程中存在医疗过错，与被鉴定人的损害后果有一定因果关系（医疗过失参与度为B级，理论系数10％)，据此，解放军总医院应承担相应的赔偿责任。现王××要求解放军总医院赔偿医疗费、住院伙食补助费、交通费、营养费、护理费，请求合理，具体赔偿数额，法院将依据查明事实及医院应承担的赔偿比例，酌情予以判定。王××主张外购药品费及精神损害抚慰金，无事实及法律依据，对此法院不予支持。

2. 陈×丹等与中日友好医院医疗损害责任纠纷案

——未经尸检仍然可以继续鉴定的，对依法作出的鉴定意见且鉴定人依法出庭接受询问的人民法院应当认可该鉴定意见的证据效力

案号：（2015）三中民终字第05340号

[裁判要点]

本案属于未经尸检仍然可以继续鉴定的情形。鉴定意见认为由于本案被鉴定人未进行尸体解剖检验，确切死亡原因难以判断。但依据当事人提交的鉴定材料，对其死亡原因以及诊疗过错等情形作出了认定，并对医疗机构责任的参与度作了认定。双方当事人均不认可该鉴定意见，申请鉴定人出庭。鉴定人按时出庭接受质询。医疗机构也申请具有专门知识的人参加质询。鉴定人出庭后就，双方当事人仍不认可鉴定意见及鉴定人的回答。患者一方向法院申请了补充鉴定，法院依据其的申请，委托该鉴定意见依法进行了补充鉴定。由于该鉴定意见鉴定意见书认定中日友医院对陈×群的医疗行为存在一定过失，且上述过失行为与其死亡后果之间存在一定程度的因果关系，起到次要作用。医疗机构虽对上述鉴定意见书不予认可，但经查上述鉴定不存在鉴定机构或鉴定人员不具备相关鉴定资格、鉴定程序严重违法、鉴定结论明显依据不足以及其他经过质证认定不能作为证据使用的情形，且针对双方就鉴定意见书所提异议，鉴定人员出庭接受了双方质证，并作了补充鉴定，出具了书面答复意见等等，故该鉴定意见书虽存在页码不符合规定等形式上的瑕疵，但不足以否定其证明效力，且

也不符合重新鉴定的程序要求。审理法院最终依据上述鉴定意见书以及本案具体情况，酌定医疗机构承担35%的赔偿责任。

在审判实践中需要注意的是，对于患者死亡的案例，不能仅以未尸检为由就认为患者一方举证不能，此仍要依据鉴定的意见及其他证据综合判断，只有未尸检且导致原告对其诉讼请求所依据的事实举证不能的情况下才可判决原告败诉。

另外本案提到，目前法医临床过错鉴定尚无国家或行业鉴定标准，本案法大法庭鉴定所鉴定过程中运用了相关临床医学规范及相关临床专业知识，并咨询了相关临床医学专家，上述做法是医疗过错鉴定中普遍采用的方法。

[法条索引]

《中华人民共和国民事诉讼法》第七十六条、第七十八条

[基本案情]

（一）案情概述

陈×群，男。陈×丹、陈×玉系陈×群之子女，陈×元系陈×群之父。在本案中，陈×元曾与陈×丹、陈×玉作为共同原告起诉中日友好医院，后因陈×元在诉讼期间去世，陈×元之子女陈建文、陈×群、陈×松、陈×民申请作为原告参加本案诉讼，继受陈×元的诉讼权利及义务。陈×群之妻杜××已于2011年10月13日去世，陈×群之母杨××已于2003年11月1日去世。

2012年7月18日，陈×群因"左面部反复不自主抽动1年"至中日友好医院住院治疗。入院诊断为：左面肌痉挛。2012年7月19日，陈×群在中日友好医院行左面神经根显微血管减压术，术后行抗炎、控制血压等措施。2012年7月23日，患者陈×群头痛剧烈，血压持续升高，最高达244/122mmHg，后病情加重，CT显示：小脑半球急性出血。急诊行小脑半球血肿清除术、枕大孔减压术。术后，患者持续昏迷，并出现肺部感染、电解质紊乱等。2012年8月18日，陈×群在中日友好医院死亡。陈×群死亡后，中日友好医院告知患方家属尸检事项，家属表示认可死亡诊断，拒绝尸检。

本案在一审审理过程中，经陈×丹等人申请经北京市高级人民法院随机确定，法院委托法大法庭科学技术鉴定研究所（以下简称法大鉴定所）对中日友好医院的医疗行为有无过错；如有过错与陈×群的死亡后果之间有无因果关系及其责任程度进行司法鉴定。经鉴定，法大鉴定所作出法大〔2014〕医鉴字第761号司法鉴定意见书，该意见书分析说明部分内容为：由于本案被鉴定人陈×群未进行尸体解剖检验，确切死亡原因难以判断。目前仅能依据提交的鉴定材料，对其死亡原因分析如下：

2012年7月18日被鉴定人陈×群因"左面部反复不自主抽动1年"就诊于中日友好医院，诊断为：左面肌痉挛。既往有高血压病史。7月19日行左面神经根显微血管减压术，7月23日因左侧小脑急性出血行左侧小脑半球血肿清除加枕大孔减压术。术后继发肺部感染、急性肾功能衰竭、电解质紊乱等，8月18日10时57分出现心跳骤停，于11时28分临床死亡。

因此，根据其临床表现、辅助检查结果以及死亡过程，综合分析认为被鉴定人陈×群符合在高血压病的基础上，行左面神经根显微血管减压术后，发生左侧小脑急性出血并行血肿清除及减压术后，继发肺部感染、急性肾功能损害等，最终因多器官功能衰竭而死亡的可能性大。

（二）诊疗评价

2012年7月18日被鉴定人陈×群因"左面部反复不自主抽动1年"就诊于中日友好医院，诊断为：左面肌痉挛。具有手术适应征，于7月19日行左面神经根显微血管减压术，手术顺利，未见术中不当操作，术后复查CT以及予一级护理、抗炎、控制血压等对症支持治疗，符合临床治疗常规。

由于被鉴定人陈×群既往有高血压病史，未规律服药控制，术后血压控制欠平稳（术后血压最高183/115mmHg，最低为122/62mmHg），在术后第二天（即7月21日）开始出现头痛、头晕等病情变化，且持续加重，分析认为，医院此时未采取必要措施（如复查CT、腰穿等）了解颅内情况，以及时发现或排除颅内出血，且应加强血压监测，必要时请相关科室会诊，以利于更好控制血压，因此医院存在诊疗技术上的过失。同时，经审阅提交病历材料，从7月21日8时30分至7月23日0时45分之间，未见与此时医嘱（二级护理）相一致的护理记录，具体事实情况请委托法院进行调查。2012年7月23日10时30分出现病情明显加重，11时40分行移动CT检查，12时50分入手术室，13时开始行左小脑半球血肿清除加枕大孔减压术，考虑认为医院上述医疗措施不存在明显延误情况，此次术后予以特级护理、气管切开、呼吸机辅助呼吸、抗炎等措施，亦符合临床诊疗常规。随后，被鉴定人陈×群出现肺部感染，医院采取了必要的检查措施如痰涂片、培养+药敏等，并根据检查结果调整抗炎治疗药物，但肺部感染病情仍未能有效控制，分析认为，此时应请相关专业科室（如呼吸科、感染科等）进行会诊指导治疗，以有利于感染病情及时控制；同时，经审阅提交病历材料，被鉴定人陈×群在7月23日术后予呼吸机辅助呼吸治疗期间，未见进行必要监测的记录如血气分析。因此，存在不当。

2012年8月18日，被鉴定人陈×群出现心跳骤停等病情变化后，医院给予了及时的救治措施。

（三）因果关系

经审阅提交的鉴定材料，认为中日友好医院在被鉴定人陈×群住院治疗期间，第一次手术后7月21日出现病情变化时未能及时采取措施了解颅内情况、加强血压监测，存在过失；在7月23日第二次手术后出现肺部感染未能有效控制情况下，未请相关科室会诊，并且在使用呼吸机辅助呼吸治疗期间，未见血气分析等必要监测的记录，存在不当。同时，考虑到被鉴定人陈×群既往有高血压病史，未规律服药控制，第一次手术（7月19日）术后血压控制难度较大，其术后发生小脑出血主要与其自身疾病（高血压病）有关，即便医院采取了必要措施，亦不能完全避免发生小脑出血的可能性。因此，综合分析认为，中日友好医院存在上述诊疗技术上的过失和不当与被鉴定人陈×群死亡后果之间存在一定程度因果关系，起到次要作用。

鉴定意见为："中日友好医院在被鉴定人陈×群住院治疗期间，第一次术后病情变化时未能及时采取措施了解颅内情况、加强血压监测，并且未见与医嘱一致的护理记录，存在过失；第二次术后出现肺部感染未能有效控制情况下，未请相关科室会诊，并且在使用呼吸机辅助呼吸治疗期间，未见血气分析等必要监测的记录，存在不当。上述诊疗技术上的过失和不当与被鉴定人陈×群死亡后果之间存在一定程度因果关系，起到次要作用。

经审阅提交病历材料，从 7 月 21 日 8 时 30 分至 7 月 23 日 0 时 45 分之间，未见与此时医嘱（二级护理）相一致的护理记录，具体事实情况由委托法院调查认定后酌情处理。"

一审法院针对该鉴定意见第二段"经审阅提交病历材料，从 7 月 21 日 8 时 30 分至 7 月 23 日 0 时 45 分之间，未见与此时医嘱（二级护理）相一致的护理记录，具体事实情况由委托法院调查认定后酌情处理"。与鉴定人进行谈话咨询，该案鉴定人认为无护理记录，应在医院负担的次要因果关系的基础上增加 5~10% 的责任。

陈×丹等人及中日友好医院均不认可该鉴定意见，申请鉴定人出庭。法大鉴定所百茹峰、张××按时出庭接受质询。中日友好医院亦申请具有专门知识的人参加质询。鉴定人出庭后，陈×丹等人及中日友好医院仍不认可鉴定意见及鉴定人的回答。陈×丹等人向法院申请了补充鉴定，法院依据其申请，委托法大鉴定所就以下事项出具补充鉴定意见：1. 鉴定依据的材料是否符合《病历书写基本规范》，如果不符合，存在何种瑕疵；2. 鉴定依据材料有瑕疵的，按照推定不利于被告的情况下，对原鉴定意见（法大〔2014〕医鉴字第 761 号意见及"未见护理记录，医院应在次要责任的基础上增加 5%~10% 的责任"）的影响如何。

法大鉴定所收到后，作出法大（2014）函字第 665 号《关于陈×群案的补充鉴定答复函》，其答复如下："关于具体审查鉴定依据材料中的内容是否符合《病历书写基本规范》的要求，以及其在本案司法鉴定中的影响与作用，由于我所未开展上述司法鉴定业务，故不能满足贵院补充鉴定委托事项要求。"该答复函经各方质证，均表示认可，但陈×丹等人及中日友好医院仍不认可鉴定意见。

之后，法大鉴定所又向一审法院寄送了法大（2014）函字第 711 号《关于陈×群案司法鉴定说明函》，其内容为：1. 在《鉴定意见书》第五部分鉴定意见第一段第二、三行中，应将"并且未见与医嘱一致的护理记录"内容删除，避免与第二段内容产生歧义，有关护理的鉴定意见请以本部分第二段内容为准。2. 本《鉴定意见书》仅对诊疗技术层面进行评价，而病历资料等内容是否符合相应的规范等不属于本次鉴定的范畴。针对本案情况，被鉴定人陈×群于2012年7月19日行左面神经根显微血管减压术，术后第二天（7月21日）出现头痛、头晕等病情变化，且持续加重。说明其在术后围手术期内出现病情加重，应当加强相应的监测和复查，尽管此时医院仍维持二级护理的医嘱，但送检材料相关病程和护理记录中都未能体现和证明采取了必要的监测和复查措施。同时，在7月21日8时30分至7月23日0时45分之间，医院护理是否达到二级护理要求，应由贵院根据相应证据予以调查确证。3. 2014年9月28日与贵院进行谈话沟通中提及的"如果没有这些护理记录，则在现在给出的次要因果关系的基础上增加医方5~10%的责任，需要说明的是，这里提及的5~10%责任仅是本案司法鉴定人应贵院咨询要求而提供的个人意见，不属于本案《鉴定意见书》的内容。4. 2014年11月5日出庭时提及的2002年由卫生部颁布的《病历书写基本规范（试行）》不是本案的鉴定依据，如本函第2条所述，本《鉴定意见书》不针对病历材料等内容是否符合相应的规范进行评价。"陈×丹等人认可，中日友好医院对此说明函的真实性认可，但不认可其说明内容。

中日友好医院申请重新鉴定。法院以其申请不符合《最高人民法院关于民事诉讼证据的若干规定》第二十七条为由，不予准许重新鉴定。

本案在一审审理过程中，陈×丹等人提交了在中日友好医院的预收医疗款凭证2张，金额共计4.5万元。中日友好医院认可，但认为没有结算，目前尚欠该院35482.12元。

陈×丹等人为证明交通费，提交了出租车票10张。中日友好医院认可其真实性，但不认可其关联性。

陈×丹等人为证明杂费，提交了京客隆便利店购物小票4张，金额共计123.38元。中日友好医院称该小票不是正式发票，无法看出付费主体，故不认可其关联性。

陈×丹等人未提交护理费证据。

二审法院审理中，中日友好医院提交了北京市司法局于 2015 年 3 月 4 日作出的《北京市司法局关于中日友好医院设诉法大法庭科学技术鉴定研究所及鉴定人百茹峰、张××问题的答复》(〔2014〕京司鉴投 109 号)，其中载明：……二、投诉事项 1. 贵院投诉"适用已经废除的法律认定医院存在过失，属于明显错误"的问题。经查，法大法庭鉴定所在 2014 年 12 月 18 日向委托法院出具的《关于陈×群案司法鉴定说明函》(法大〔2014〕函字第 711 号)其中第 4 条明确说明 2002 年由卫生部颁的《病历书写基本规范（试行）》(已失效)不是本案的鉴定依据，无法认定法大法庭鉴定所适用已经废除的法律认定医院存在过失，贵院的该项投诉我局无法支持。2. 贵院投诉"对鉴定过程存在如下疑问"的问题。(1) 关于"接受委托和召开听证会时间间隔不到两周，与该鉴定所惯例不符，请鉴定所作出合理解释"的问题。经查，接受委托到召开听证会时间没有具体法律法规规定，故贵院的该项投诉我局无法支持。(2) 关于"鉴定法医的确定"问题。经查，根据《司法鉴定程序通则》"司法鉴定机构对同一鉴定事项，应当指定或者选择二名司法鉴定人共同进行鉴定"之规定，法大法庭鉴定所就本案由两名鉴定人完成，符合该《通则》规定，故贵院的该项投诉我局无法支持。3. 贵院投诉"该鉴定存在下列违法情形"的问题。(1) 贵院投诉"形式违法"的问题，包括"标题部分违法""基本情况部分违法""检验过程部分违法""鉴定意见违法""无附件违法""格式违法"等问题。经查，《司法鉴定文书规范》(已失效)为司法部颁布实施，第七条(十)第二项规定"司法鉴定文书正文可以根据不同鉴定类别和专业特点作相应调整"。该"规范"并未规定医疗过错司法鉴定意见书必须有附件及与鉴定意见有关的关键图表、照片等以及有关音像资料、参考文献等目录作为附件，且行业内亦无此要求。该鉴定格式存在页码与《司法鉴定文书规范》(已失效)第十条(二)项规定不符问题。(2) 贵院投诉"没有鉴定依据"的问题。经查，目前法医临床过错鉴定尚无国家或行业鉴定标准，本案法大法庭鉴定所鉴定过程中运用了相关临床医学规范及相关临床专业知识，并咨询了相关临床医学专家，上述做法是医疗过错鉴定中普遍采用的方法，故贵院的该项投诉我局无法支持。(3) 贵院投诉"事实不清"的问题及"内容自相矛盾难以理解（1）7月21日8时30分至7月23日0时45分间护理记录的事实认定和过失认定自相矛盾；（2）鉴定意见第一段和第二段相互矛盾；（3）鉴定意见和谈话记录相互否定，形同儿戏"的问题。经查，该鉴定意见第五部分"鉴定意见"第一段第二、三行"并且未见与医嘱一致的护理记录"系笔误，对此法大鉴定所在2014年12月18日向委托法院出具《关于陈×群案司法鉴定说明函》（法大〔2014〕函字第711号），其中第1条说明"在《鉴定意见书》第五部分鉴定意见第一段第二、三行中，应将'并且未见与医嘱一致的护理记录'内容删除，避免与第二段内容产生歧义，有关护理的鉴定意见请以本部分第二段内容为准"。在我局对鉴定人的调查中，鉴定人表示，本案谈话记录是委托法院对鉴定人个人的询问，并非是鉴定意见书的鉴定意见，鉴定应以意见书的鉴定意见为准。贵院投诉的鉴定意见、内容相互矛盾问题属于对鉴定意见的异议，根据《全国人民代表大会常务委员会关于司法鉴定管理问题的决定》第十一条"在诉讼中，当事人对鉴定意见有异议的，经人民法院依法通知，鉴定人应当出庭作证"之规定，对司法鉴定意见的异议，通过法庭庭审质证或鉴定人出庭作证等法律途径解决。根据《司法鉴定执业活动投诉处理办法》第十二条规定："有下列情形之一的，不予受理：（三）仅对鉴定意见有异议的"不属于司法鉴定执业活动投诉的受理范围。三、投诉请求：投诉请求：1.贵院投诉请求"依法督促被投诉人对法大（2014）医鉴字第761号鉴定意见书复核并纠正错误"。经查，对贵院的投诉法大法庭鉴定所已经再次对鉴定卷宗、鉴定意见书进行了复核，就相关笔误问题已经向委托法院进行了说明。2.贵院投诉请求"依法责令被投诉人改正违法行为并给予行政处罚"。经查，就本案鉴定文书的相关笔误及页码不符合规定问题，我局已下发整改通知书，作出对法大法庭鉴定所限期整改的处理。

[裁判结果]

一审法院判决：

一、中日友好医院于判决生效后十五日内赔偿陈×丹、陈×玉、陈建文、陈×群、陈×松、陈×民护理费一千零八十五元、住院伙食补助费五百四十二元五角、交通费一百三十元,丧葬费一万二千一百六十六元,死亡赔偿金十二万八千三百五十九元,精神抚慰金三万五千元。二、驳回陈×丹、陈×玉、陈建文、陈×群、陈×松、陈×民的其他诉讼请求。

二审法院判决:

驳回上诉,维持原判。

[裁判理由]

法院生效裁判认为,陈×丹等人及中日友好医院均不认可该鉴定意见,申请鉴定人出庭。法大鉴定所百茹峰、张××按时出庭接受质询。中日友好医院亦申请具有专门知识的人参加质询。鉴定人出庭后,陈×丹等人及中日友好医院仍不认可鉴定意见及鉴定人的回答。陈×丹等人向法院申请了补充鉴定,法院依据其的申请,委托法大鉴定所就以下事项出具补充鉴定意见。

经陈×丹等人申请,原审法院依合法程序委托法大法庭科学技术鉴定所就本案所涉医疗行为有无过错、上述过错与陈×群死亡后果之间有无因果关系及责任程度进行司法鉴定,该所所作出的鉴定意见书认定中日友医院对陈×群的医疗行为存在一定过失,且上述过失行为与其死亡后果之间存在一定程度的因果关系,起到次要作用。中日友好医院虽对上述鉴定意见书不予认可,但经查上述鉴定不存在鉴定机构或鉴定人员不具备相关鉴定资格、鉴定程序严重违法、鉴定结论明显依据不足以及其他经过质证认定不能作为证据使用的情形,且针对双方就鉴定意见书所提异议,鉴定人员出庭接受了双方质证,鉴定机构亦先后出具了《关于陈×群案的补充鉴定答复函》《关于陈×群案司法鉴定说明函》就相关问题作出了答复和说明,故该鉴定意见书虽存在页码不符合规定等形式上的瑕疵,但不足以否定其证明效力。另,中日友好医院上诉所提向北京市司法局投诉一节,现北京市司法局已经作出答复,依据其答复内容亦并不能支持中日友好医院所提涉案鉴定程序违法、鉴定依据错误等相关主张。综上,原审对中日友好所提重新鉴定的申请未予准许,并依据上述鉴定意见书以及本案具体情况,酌定中日友好医院承担35%赔偿责任,并无不当。原审针对陈×丹等人的诉求,对于医疗费、护理费、交通费、丧葬费、住院伙食补助费、死亡赔偿金、精神抚慰金等各项赔偿费用的处理，亦未超出相关法律规定标准，二审法院予以维持。

附：一审法院裁判理由：

原审法院经审理认为：医疗机构承担医疗侵权赔偿责任的前提是其医疗行为存在过错并与患者的损害后果有因果关系。本案中，经司法鉴定，中日友好医院对陈×群的医疗行为存在过失，与其死亡之间存在一定程度因果关系，起到次要作用。陈×丹等人及中日友好医院虽不认可，但均未提出有效证据反驳，故法院采信该鉴定意见，酌定中日友好医院承担35％的赔偿责任。

关于医疗费，由于陈×群在中日友好医院的医疗费用并未实际结算，法院不予处理。

关于护理费，陈×群住院期间确需护理，本院按照100元/天的标准，由中日友好医院承担35％的赔偿责任。

关于住院伙食补助费，法院按照50元/天的标准确定，由中日友好医院承担35％的赔偿责任。

关于交通费，陈×丹等人为陈×群治疗及解决争议确需发生一定的交通费，法院参考陈×丹等人提交的交通费票据，酌定相应数额。

关于死亡赔偿金，陈×丹等人的请求于法有据，但应考虑中日友好医院35％的责任比例。陈×元已于本案诉讼期间去世，法院将依陈×群、陈×元去世的时间间隔确定被扶养人生活费的支付年限，并依法计入死亡赔偿金中。

关于丧葬费，陈×丹等人的请求依据未见不合理之处，但应考虑中日友好医院35％的责任比例。

关于住院期间杂费，陈×丹等人提供的证据无法证明其关联性，法院难以采信，且患者因自身疾病住院亦需要发生相应的支出，就此请求，法院不予支持。

关于精神抚慰金，应予支持，但陈×丹等人的主张数额过高，对于过高部分，法院不予支持。另，陈×丹等人中有部分人要求平均分配其应得的精神损害抚慰金，对此要求，法院不予处理，其应自行解决或另案处理。

九、医疗损害鉴定中鉴定人的确定

【医疗损害责任司法解释条文】

第九条 当事人申请医疗损害鉴定的,由双方当事人协商确定鉴定人。

当事人就鉴定人无法达成一致意见,人民法院提出确定鉴定人的方法,当事人同意的,按照该方法确定;当事人不同意的,由人民法院指定。

鉴定人应当从具备相应鉴定能力、符合鉴定要求的专家中确定。

【导读】

依据《中华人民共和国民事诉讼法》第七十六条第一款规定,当事人申请鉴定的,由双方当事人协商确定具备资格的鉴定人;协商不成的,由人民法院指定。依照当事人的处分权原则,当事人协商确定鉴定人成为启动鉴定程序的首要模式。本解释依据《中华人民共和国民事诉讼法》的规定并结合司法实践经验,增加了当事人就鉴定人无法达成一致意见的,人民法院可以提出确定鉴定人的方法,当事人对此同意的,可以按照这一方法确定;当事人不同意的,再由人民法院指定。

关于协商确定鉴定人的方式,应尽量尊重和维护当事人的真实意思表示。为防止一方当事人与极少数法官"勾兑",使"协商不成"成为必然,再由法官指定某些特定鉴定机构的情形出现,实践中已经积累了丰富的经验,比如:一是双方当事人协商确定适格的鉴定人;二是申请一方提出几个适格的鉴定人,供另一方当事人选择;三是由法官选定几个鉴定人供双方当事人选择,或直接选择,或"背靠背"选择。有的地方采取先将当事人在一定范围内的候选鉴定人名册各自先确定若干个候选鉴定机构,如果有一个或以上相互重叠的,视为双方协商共同选定。① 这些协商确定鉴定人的方法在实践中较为常见,且为当事人所接受,在不违反法律强制性规定的情况下,可以继续适用。本解释正是在总结这些实践经验的基础上,明确了当事人就鉴定人无法达成一致意见的,人民法院可以提出确定鉴定人的方法,当事人同意的,按照这一方法选择鉴定人。也就是说,这要以当事人同意为前提条件,如果当事人不同意,则由人民法院指定。采取这一做法的主要考虑是由于双方利益的对抗性,直接协商确定鉴定人,双方有可能难以达成一致意见,而法院这时径行确定鉴定人,由此作出的鉴定意见有利于其中一方当事人时,另一方当事人会质疑这一鉴定意见的公信力,甚至怀疑法院的公平、公正性。因此,本着尽量尊重和维护当事人的真实意思表示,增强鉴定意见乃至裁判结果信服力的考虑,由法院提供选择鉴定人的方法,由双方当事人按照这一方法选择,当然这要以当事人同意为前提。实践中的方法大致有,申请一方提出几个适格的鉴定人,供另一方当事人选择;或者由法官选定几个鉴定人供双方当事人选择。

本解释起草过程中,有意见建议将本条中的"鉴定人"修改为"鉴定机构和鉴定人"。另有不少意见建议进一步明确医疗损害鉴定的承担主体是鉴定机构,还是鉴定人。本解释最终仅写明了当事人选择鉴定人的要求。我们认为,《中华人民共和国民事诉讼法》第七十六条明确规定的是双方当事人协商确定具备资格的鉴定人的规则,故本条规定当事人协商确定鉴定人的规则是符合当前立法精神的。至于协商确定鉴定人的具体方法则没有明确规定。实践中采取先选择鉴定机构,再以此为平台确定鉴定专家的做法本质上也并不违背上述规则。至于先选择鉴定机构后再确定鉴定人,还是直接选择鉴定人,仅是选择方式问题。只要该鉴定人是当事人自愿确定的,至于中间采取什么方式或形式则再所不问。

---

① 毕玉谦、谭秋桂、杨路:《民事诉讼研究及立法论证》,人民法院出版社2006年版,第409页。

关于医疗损害鉴定双轨制的问题。基于医疗自身的专业性、复杂性的原因，医疗损害纠纷案件有关过错、因果关系及原因力大小等问题的认定，法官一般不具有可以判断医疗行为是否存在过错以及诊疗行为与损害后果之间因果关系等的能力，往往有赖于鉴定意见的判断，医疗损害鉴定对于医疗损害纠纷案件妥善处理的重要性不言而喻。由具有专业知识的专家进行医疗损害鉴定是目前判决结案的绝大多数医疗损害责任纠纷案件几乎必经的程序。而且从大部分案件的审判结果来看，在很大程度上，鉴定意见也直接影响甚至决定了案件的结果。目前，存在医疗事故技术鉴定和医疗过错司法鉴定两套体制。医疗事故鉴定是医学会独家控制的医学鉴定，由医疗机构的行政主管机关或者医学研究机构独家垄断，法官无权组织也无权审查。此举引起对立情绪，多数法院和法官默许、接受受害患者一方提供其他司法鉴定机构的医疗过错鉴定，对不申请医疗事故责任鉴定和鉴定为不属于医疗事故责任的案件，将医疗过错鉴定结论作为认定事实的依据，形成了医疗损害责任鉴定的双轨制。

医疗损害鉴定的双轨制问题，是这些年来理论界和实务界一直争论不断的重要问题。最高人民法院为解决审判实践的需要，立足于自身中立地位，坚持问题导向，对这一问题做了有益探索。《最高人民法院关于适用〈中华人民共和国侵权责任法〉若干问题的通知》对此要求："人民法院适用侵权责任法审理民事纠纷案件，根据当事人的申请或者依职权决定进行医疗损害鉴定的，按照《全国人民代表大会常务委员会关于司法鉴定管理问题的决定》《人民法院对外委托司法鉴定管理规定》及国家有关部门的规定组织鉴定。"我们认为，司法鉴定的根本在于借助专家的专门知识、技能和经验，辅助法官对专门性事实问题作出判断，以妥当地处理案件，保证案件裁判的公正。因此，专家鉴定的能力才是重点，而鉴定机构的资质方面的争论，法院不必介入，只要符合法律规定的鉴定意见，都可以采纳。故本解释依据《中华人民共和国民事诉讼法》第七十六条、《最高人民法院关于适用〈中华人民共和国民事诉讼法〉的解释》的相关规定，针对审判实践中鉴定程序启动及费用交纳做法不统一，不少鉴定意见内容过于模糊、与案件裁判严重脱节等问题，对鉴定程序的启动，鉴定人的选择方法、鉴定专家的要求等问题作出了规定。关于双轨制问题，最终的发展方向应该是统一医疗损害鉴定体制，由相关法规对鉴定人资质、鉴定程序、鉴定期限、鉴定人签章、鉴定意见等内容作出明确规定。

【相关法条】

《中华人民共和国民事诉讼法》

第七十六条 当事人可以就查明事实的专门性问题向人民法院申请鉴定。当事人申请鉴定的，由双方当事人协商确定具备资格的鉴定人；协商不成的，由人民法院指定。

当事人未申请鉴定，人民法院对专门性问题认为需要鉴定的，应当委托具备资格的鉴定人进行鉴定。

《全国人民代表大会常务委员会关于司法鉴定管理问题的决定》

四、具备下列条件之一的人员，可以申请登记从事司法鉴定业务：

（一）具有与所申请从事的司法鉴定业务相关的高级专业技术职称；

（二）具有与所申请从事的司法鉴定业务相关的专业执业资格或者高等院校相关专业本科以上学历，从事相关工作五年以上；

（三）具有与所申请从事的司法鉴定业务相关工作十年以上经历，具有较强的专业技能。

因故意犯罪或者职务过失犯罪受过刑事处罚的，受过开除公职处分的，以及被撤销鉴定人登记的人员，不得从事司法鉴定业务。

五、法人或者其他组织申请从事司法鉴定业务的，应当具备下列条件：

（一）有明确的业务范围；

（二）有在业务范围内进行司法鉴定所必需的仪器、设备；

（三）有在业务范围内进行司法鉴定所必需的依法通过计量认证或者实验室认可的检测实验室；

（四）每项司法鉴定业务有三名以上鉴定人。

六、申请从事司法鉴定业务的个人、法人或者其他组织，由省级人民政府司法行政部门审核，对符合条件的予以登记，编入鉴定人和鉴定机构名册并公告。

省级人民政府司法行政部门应当根据鉴定人或者鉴定机构的增加和撤销登记情况，定期更新所编制的鉴定人和鉴定机构名册并公告。

《医疗事故处理条例》

第二十三条　负责组织医疗事故技术鉴定工作的医学会应当建立专家库。

专家库由具备下列条件的医疗卫生专业技术人员组成：

（一）有良好的业务素质和执业品德；

（二）受聘于医疗卫生机构或者医学教学、科研机构并担任相应专业高级技术职务3年以上。

符合前款第（一）项规定条件并具备高级技术任职资格的法医可以受聘进入专家库。

负责组织医疗事故技术鉴定工作的医学会依照本条例规定聘请医疗卫生专业技术人员和法医进入专家库，可以不受行政区域的限制。

《最高人民法院关于适用〈中华人民共和国侵权责任法〉若干问题的通知》

三、人民法院适用侵权责任法审理民事纠纷案件，根据当事人的申请或者依职权决定进行医疗损害鉴定的，按照《全国人民代表大会常务委员会关于司法鉴定管理问题的决定》、《人民法院对外委托司法鉴定管理规定》及国家有关部门的规定组织鉴定。

《人民法院对外委托司法鉴定管理规定》

第十条　人民法院司法鉴定机构依据尊重当事人选择和人民法院指定相结合的原则，组织诉讼双方当事人进行司法鉴定的对外委托。

诉讼双方当事人协商不一致的，由人民法院司法鉴定机构在列入名册的、符合鉴定要求的鉴定人中，选择受委托人鉴定。

【典型案例】

1. 吴××与沈阳医科大学附属盛京医院医疗损害赔偿纠纷案

——医疗机构的诊疗行为虽经医学会鉴定认为不属于医疗事故的但根据此后合法有效的司法鉴定意见认定医疗机构存在诊疗过错且与患者损害后果有部分因果关系的，人民法院可以参照该鉴定意见的认定，依法计算相关费用的赔偿数额

案号：（2015）沈中民一终字第 01382 号

[裁判要点]

医疗机构的诊疗行为虽经医学会鉴定认为不属于医疗事故的但经当事人申请依法通过司法鉴定出具的鉴定意见认定医疗机构在对患者的诊疗过程中存在术前对症治疗措施不充分、术后病情告知不足的过错，其过错与患者目前损害结果之间存在部分因果关系，人民法院依照该合法有效的鉴定意见判决医疗机构承担 40% 的赔偿责任。

关于误工费，依据患者提供的误工证明和驾驶员信息证明吴某某的工作为货车驾驶员，因其要求的工资标准过高且没有劳动合同及完税证明，故关于患者的误工标准和平区人民法院参照当地交通运输、仓储和邮政业标准进行计算。关于误工时间，依据相关法律规定误工时间根据受害人接受治疗的医疗机构出具的证明确定。受害人因伤致残持续误工的，误工时间可以计算至定残日前一天。

关于后续康复费用。依据司法鉴定意见的认定，被鉴定人后续、康复治疗费用原则上以实际发生为准，如因案情需要，建议为 1.5 万元/年。经法院释明后，患者表示以该司法鉴定意见书记载建议的 1.5 万元/年进行计算。考虑到该项内容为持续连续发生，且无法明确将来该项内容的变化和

发展。故审理酌定后续康复费确定为 5 年。期限届满，患者如还需要后续康复，就后续康复费仍可主张权利。

关于后续护理费，也是根据鉴定意见的认定内容，酌定后期护理费确定为 5 年，期限届满，吴某某如还需要护理，就后续护理费仍可主张权利。

[法条索引]

《中华人民共和国侵权责任法》第十五条、第十六条、第五十四条

《最高人民法院关于审理人身损害赔偿案件适用法律若干问题的解释》第十七条、第十八条、第十九条、第二十条、第二十一条、第二十二条、第二十三条

《最高人民法院关于确定民事侵权精神损害赔偿责任若干问题的解释》第八条

[基本案情]

2012 年 2 月 7 日，吴××因"突发双下肢无力 11 小时"从抚顺市矿务局总医院转至盛京医院门诊就诊，后于当晚收住院治疗，初步诊断为：双下肢全瘫、腰椎间盘突出症伴腰椎管狭窄、脊髓圆锥综合症、高血压 3 级极高危。2012 年 2 月 8 日于盛京医院急诊处行腰椎后路椎间盘切除、椎管、神经根管扩大，锥弓根针系统内固定，锥间植骨手术。吴××于 2012 年 2 月 16 日出院，住院时间为 8 天。住院期间均为二级护理，出院诊断为：双下肢全瘫、脊髓圆锥综合症、腰椎间盘突出症伴腰椎管狭窄、高血压 3 级极高危。吴××从盛京医院处出院后又分别前往中国人民解放军第四六三医院、北京三〇一医院、北京三〇四医院门诊就诊治疗。后于 2012 年 2 月 17 日至 2012 年 3 月 23 日在抚顺市中心医院住院治疗，诊断为腰椎间盘突出症术后、截瘫、左下肢深静脉血栓形成，住院 35 天。一级护理 1 天，二级护理 34 天。吴××症状现仍未好转，认为该损害结果是盛京医院诊疗中存在过错而导致的，故要求盛京医院予以赔偿。吴××治疗共计支付医疗费 79047 元。

一审法院另查明，吴××曾于 2013 年 1 月 5 日提出对门（急）诊病历、病历记录第 5 页后添加字右下角的"腹腰之间以下深浅感意迟钝，双下肢肌 0 级"笔记与病历记录字迹是否为一人书写进行鉴定。后于 2013 年

4月20日撤回该申请。经双方当事人申请，原审法院分别对外委托沈阳医学会、辽宁省医学会进行医疗事故技术鉴定，沈阳医学会于2013年6月20日出具沈阳医鉴〔2013〕042号医疗事故技术鉴定书。分析意见如下：根据医患双方提供的病历等材料，经专家鉴定组织现场询问、调查，讨论分析，综合意见如下：医方2012年2月8日MR报告诊断：腰1-2水平髓外硬模内占位；腰3-骶1间盘略膨出。当事人在鉴定会现场未能提供该日原始影像资料，专家组拟向医方调阅该日患者电子版影像资料，患方表示不同意医方提供的电子版影像资料作为鉴定依据。鉴于医方病历中手术记录记载与该影像报告存在差异，且专家组未能阅读该片，涉及对医方诊治的客观、公正判定。依据目前医患双方提供的资料，本例医疗争议无法作出鉴定结论。结论：无法作出鉴定结论。鉴定费由盛京医院支付。后吴××提出申请，申请撤回在沈阳医学会提出的患方意见，同意按照法院质证的证据鉴定。辽宁省医学会于2014年1月16日出具辽医鉴〔2014〕017号医疗事故技术鉴定书。分析意见如下：吴××与盛京医院医疗争议，根据医患双方提供的材料及陈述，专家组合议意见如下：1.患者因"突发双下肢瘫痪16小时"入住医方，经影像学检查确诊：L1-2椎间盘巨大突出，脊髓损害严重。手术指证明确，行"腰椎后路椎间盘切除、椎管、神经根管扩大、锥弓根针系统内固定、锥间植骨术"，术式选择合理，符合医疗规范。2.医方在患者入院后2月7日记2月8日两次MR结果显示L1-2间盘后脱出，略偏左侧，压迫硬模囊，平L4-5椎体椎管内蛛网膜囊肿。影像学提示椎间盘脱出巨大，几乎占据全部椎管容积，脊髓及硬模囊受压严重。L1-2椎间盘突出症诊断明确。3.患者术后脊髓损伤症状不恢复与患者原始病情有关。4.患者自急诊入院到术前整个医疗过程，医方对脊髓损伤未进行相关对症治疗，存在不足。5.脊髓损伤的恢复目前缺乏有效的治疗手段，对疾病的评估与预后，医方在沟通方面存在不足。结论：根据《医疗事故处理条例》第二条规定，本例不构成医疗事故。吴××支付鉴定费1750元。

吴××于2014年2月18日向法院提出对本次医疗纠纷进行司法鉴定，北京明正司法鉴定中心于2014年5月26日出具北京明正司法鉴定中心司法鉴定鉴定书。分析说明如下：（一）医方的医疗行为是否存在过错。1.关于截瘫。根据送检现有材料（病历、影像学片等）并经听证会询问获知，患者门诊就诊时存在运动、感觉障碍等，截瘫指数较高，但尚未完全达到"双下肢全瘫"的诊断标准。医方病历记载中无相关截瘫指数评估，病历书写不规范，住院后诊断"双下肢全瘫"依据不充分，当属截瘫指数较高的"双下肢不完全瘫"范畴。2.关于手术适应症。患者吴××，男性，主因突发双下肢无力到盛京医院就诊，根据病史、临床症状及体征以及相关影像学所示，临床可以诊断为：双下肢不完全瘫，腰椎间盘突出症伴椎管狭窄，脊髓圆锥综合症，高血压3级（极高危），存在手术适应症，无明显禁忌症，"腰椎后路椎间盘切除、椎管、神经根管扩大，锥弓根钉系统内固定，锥间植骨手术"术式选择恰当，符合医疗护理操作技术常规和患者当时病情的客观需要。3.关于术前。患者吴××因突发双下肢截瘫急诊入院至手术减压前共约14个小时，医方未针对其"非外伤性脊髓损伤"予以早期药物、高压氧疗等治疗，也未予以激素冲击，存在治疗措施不够充分的过错。4.关于手术。根据影像学所示，被鉴定人确实存在L1-2间盘脱出，明显压迫硬脊膜囊及神经根，支持手术记录的描述，属于自身病情较重。根据手术记录，未发现有违规操作和副损伤等情况，操作程序符合临床技术操作规范的要求。5.关于告知。根据病历，术前医方手术风险书面交代了本例患者"术后神经功能不恢复可能性大"，履行了告知义务。术后，医方未根据术中所见情况将病情预后评估进一步向患方进行书面告知、签字，存在不足。（二）关于损害后果、因果关系。1.伤残等级和护理依赖程度。针对医疗过错司法鉴定中所涉及的伤残等级鉴定事项，由于目前尚无全国统一的适用标准，故本次将参照《道路交通事故受伤人员伤残评定》（GB18667-2002）、《劳动能力鉴定职工工伤与职业病致残等级》（GB/T16180-2006）两个国家标准对被鉴定人分别评残。根据本次法医医学查体，被鉴定人目前双下肢截瘫（肌力0级）伴二便失禁，参照《道路交通事故受伤人员伤残评定》（GB18667-2002）第4.1.1d条之规定，其目前情况符合交通事故一级伤残；参照《劳动能力鉴定职工工伤与职业病致残等级》（GB/T16180-

2006）b 二级 4 条之规定，其目前情况符合职工工伤二级伤残。根据《人身损害护理依赖程度评定》（GA/T800-2008）躯体残疾者日常生活活动能力 10 项评定分值表对被鉴定人进食、床上活动、穿衣、修饰、洗澡、床椅转移、行走、小便始末、大便始末、用厕进行评分，总分合计 20 分，需要完全护理依赖。2. 后续治疗及费用、康复费用。被鉴定人目前双下肢截瘫，后续治疗主要针对临床相关并发症的检查和对症支持治疗等，如：防止泌尿系统感染，防止下肢深静脉血栓形成，防止骨质疏松，防止便秘，家庭康复治疗，注意肢体功能被动练习，防止挛缩等。其后续治疗费用原则上以实际发生为准，如案件需要，建议具体项目及费用如下：（1）后期必需的检查项目。肾脏、膀胱 B 超检查：4 次/年；肾功能检查：2 次/年；尿常规检查：12 次/年；血常规检查：4 次/年；骨密度检查：1 次/年；双下肢彩超检查：2 次/年。（2）后期必需的药物，如开塞露；长期使用预防骨质疏松的药物，如盖三淳；长期使用抗痉挛药物，如郝智片；常规膀胱冲洗及泌尿系统感染等相关合并症治疗药物。由于每个患者感染频率差异较大，较为准确的数字很难预估。建议每年费用合计 1.5 万元。3. 因果关系。胸腰段脊髓损伤症状一旦出现，恢复的可能性较小，即使是最完美的治疗方案（手术操作）也不能保证截瘫的恢复，目前缺乏有效的治疗手段。其原因可能是影响了脊髓的血运供应、缺血再灌注性损伤等。本例患者吴××，男性，主因突发双下肢无力到盛京医院就诊，自身病情较重（L1-2 间盘脱出致脊髓受压明显），且发病时间较长（就诊时发生截瘫时间已超过 6 小时，临床资料证明如持续 24 小时以上，99％患者的神经功能将不能恢复），预后不良，神经功能恢复可能性极低。但是，不能完全排除医方术前对症治疗不足促进或加重了患者病情进展的可能，医方过错与患者之间存在少部分因果关系。鉴定意见：1. 盛京医院在对患者吴××的诊疗过程中存在术前对症治疗措施不充分、术后病情告知不足的过错，其过错与患者目前损害结果之间存在少部分因果关系；2. 参照《道路交通事故受伤人员伤残评定》（GB18667-2002），被鉴定人吴××目前情况符合交通事故一级伤残；参照《劳动能力鉴定职工工伤与职业病致残等级》（GB/T16180-2006），其目前情况符合职工工伤二级伤残；被鉴定人目前情况需要完全护理依赖；3.被鉴定人吴××后续、康复治疗费用原则上以实际发生为准，如因案情需要，建议为 1.5 万元/年。吴××支付鉴定费 15250 元。

一审法院再查明，吴××就诊前系抚顺某某运输处货车司机，抚顺某某运输处出具的证明记载吴××从 2009 年 10 月份在公司任职，职位货车司机，2012 年初，司机月工资为人民币伍仟元整，至 2012 年 2 月结职。

[裁判结果]

一审法院判决：

一、中国医科大学附属盛京医院赔偿吴××医疗费 31678.80 元；二、中国医科大学附属盛京医院赔偿吴××住院伙食补助费 860 元；三、中国医科大学附属盛京医院赔偿吴××护理费 1687.43 元；四、中国医科大学附属盛京医院赔偿吴××误工费 50995.54 元；五、中国医科大学附属盛京医院赔偿吴××残疾赔偿金 204624 元；六、中国医科大学附属盛京医院赔偿吴××精神损害抚慰金 40000 元；七、中国医科大学附属盛京医院赔偿吴××鉴定费 17000 元；八、中国医科大学附属盛京医院赔偿吴××交通费 10000 元；九、中国医科大学附属盛京医院赔偿吴××后续康复费用 30000 元；十、中国医科大学附属盛京医院赔偿吴××后续护理费用 69990 元；十一、中国医科大学附属盛京医院赔偿吴××残疾用具费 12000 元。上述款项共计 468835.77 元，由中国医科大学附属盛京医院于本判决生效之日起十五日内赔偿吴××。

二审法院判决：

驳回上诉，维持原判决。

[裁判理由]

法院生效裁判认为本案争议焦点为盛京医院应承担的责任比例如何确定。盛京医院主张在经医疗事故鉴定认为不构成医疗事故的情况下，不应当再进行司法鉴定。二审审法院认为，医疗事故鉴定是对诊疗行为是否构成医疗事故进行的鉴定，而司法鉴定是对诊疗行为是否构成医疗过错进行的鉴定。医疗事故与医疗过错不同，医疗事故是指医疗机构及其医务人员在医疗活动中，违反医疗卫生管理法律、行政法规、部门规章和诊疗护理规范、常规，过失造成患者人身损害的事故；而医疗过错是指医疗机构及其义务人员在从事医疗行为时，对某种损害结果的发生，应当预见而且能够预见，但却轻信能够避免的情况。因此，即使不构成医疗事故，也不能排除构成医疗过错。故原审进行司法鉴定程序是适当的。盛京医院并未提交证据证明司法鉴定结论存在法律规定的不能作为证据使用的情形，故该鉴定结论应当采纳。原审法院根据司法鉴定结果，综合考虑盛京医院存在的术前对症治疗措施不充分、术后病情告知不足等过错，判决盛京医院对吴××的损害后果承担40%的赔偿责任并无不当。

附：一审法院裁判理由：

一审法院认为，公民的生命健康权受法律保护。公民、法人由于过错侵害他人生命健康权利的，应当承担民事赔偿责任。本案中，盛京医院的医疗行为虽经辽宁省医学会认定本例不属于医疗事故。但本例医疗纠纷经北京明正司法鉴定中心出具司法鉴定意见书认定，盛京医院在对患者吴××的诊疗过程中存在术前对症治疗措施不充分、术后病情告知不足的过错，其过错与患者目前损害结果之间存在少部分因果关系，故盛京医院应对吴××的损失承担40%的赔偿责任。综上，对吴××主张的损失赔偿请求中合理部分，原审法院予以支持。具体内容如下：

关于医疗费。依据吴××提供医疗费票据和住院、门诊病历。确认吴××支付医疗费79047元。盛京医院应赔偿医疗费为31678.80元（79047元×40%）；

关于住院伙食补助费。吴××住院共计43天，故50元×43天＝2150元。故盛京医院应赔偿住院伙食补助费为860元（2150元×40%）；

关于护理费。依据吴××提供的住院病历，吴××住院共计43天，其中Ⅰ级护理1天，Ⅱ级护理42天，因吴××未提供护理人员因护理发生的停发工资证明，故陪护费参照辽宁省2014年度居民服务和其他服务业标准进行计算为34995元/年÷365天×1天×2人+34995元/年÷365天×42天＝4218.58元。故盛京医院应赔偿陪护费为1687.43元（4218.57元×40%）；

关于误工费，依据吴××提供的误工证明和驾驶员信息证明吴××的工作为货车驾驶员，因其要求的工资标准过高且没有劳动合同及完税证明，故关于吴××的误工标准和平区人民法院参照辽宁省 2014 年交通运输、仓储和邮政业标准进行计算。关于误工时间，依据相关法律规定误工时间根据受害人接受治疗的医疗机构出具的证明确定。受害人因伤致残持续误工的，误工时间可以计算至定残日前一天。故吴××的误工时间应为出院时间即 2012 年 2 月 16 日至北京明正司法鉴定中心于 2014 年 5 月 26 日作出鉴定的前一日共计 829 天。误工费为 127488.84 元（56132 元/年÷365 天×829 天）。故盛京医院应赔偿误工费为 50995.54 元（127488.84 元×40%）。

关于残疾赔偿金。根据法律规定，残疾赔偿金根据受害人丧失劳动能力程度或者伤残等级，按照受诉法院所在地上一年度城镇居民人均可支配收入或者农村居民人均纯收入标准，自定残之日起按二十年计算。北京明正司法鉴定中心出具司法鉴定意见书认定，参照《道路交通事故受伤人员伤残评定》（GB18667-2002），被鉴定人吴××目前情况符合交通事故一级伤残。故残疾赔偿金应为 511560 元（25578 元×20 年）故盛京医院应赔偿残疾赔偿金为 204624 元（511560 元×40%）；

精神损害抚慰金。本次医疗事件造成吴××受伤并致残的后果，使其身心承受了极大的伤痛，为补偿及抚慰给受害人精神上造成的损害，赔偿义务人应当给予相应的精神损害赔偿。原审法院结合侵权人的过错程度、侵权行为造成的后果以及当地平均生活水平等因素，认为吴××的该项赔偿内容为 40000 元；

关于后续康复费用。依据北京明正司法鉴定中心出具司法鉴定意见书记载：被鉴定人吴××后续、康复治疗费用原则上以实际发生为准，如因案情需要，建议为 1.5 万元/年。经法院释明后，吴××表示以北京明正司法鉴定中心出具司法鉴定意见书记载建议的 1.5 万元/年进行计算。考虑到该项内容为持续连续发生，且无法明确将来该项内容的变化和发展。故一审法院酌定后续康复费确定为 5 年（自 2012 年 2 月 16 日起算），经计算吴××的后续康复费为 75000 元（15000 元/年×5 年）。故盛京医院应赔偿后续康复费 30000 元（75000 元×40%）。期限届满，吴××如还需要后续康复，就后续康复费仍可主张权利；

关于后续护理费，根据北京明正司法鉴定中心出具的司法鉴定意见书：被鉴定人目前情况需要完全护理依赖。故原审法院认为吴××要求后续护理费应予支持。关于后续护理费标准，参照辽宁省2014年度居民服务和其他服务业标准进行计算。考虑到吴××的病情还需进行进一步的检查诊治，目前的护理依赖程度尚不稳定。故原审法院酌定后期护理费确定为5年（自2012年2月16日起算），经计算吴××的后续护理费为174975元（34995元/年×5年）。故盛京医院应赔偿后续护理费69990元（174975元×40%）。期限届满，吴××如还需要护理，就后续护理费仍可主张权利；

关于交通费，法律规定，交通费应根据受害人及其必要的陪护人员因就医或者转院治疗实际发生的费用计算，有关凭据应当与就医地点、时间、人数、次数相符合。依据吴××提供的住院及门诊病历，考虑到吴××的身体状况和其去北京治疗、鉴定的相关情况，酌定交通费为25000元。因吴××提供的交通费说明，不具备证据效力，故原审法院不予支持。故被告应赔偿交通费10000元（25000元×40%）；

关于吴××主张的残疾用具费，虽吴××未能提供证据证明，但考虑其目前身体状态及伤残损害程度，其需要残疾用具的必要性，故该项内容原审法院酌定为30000元，故盛京医院应赔偿残疾用具费12000元（30000元×40%）；

关于鉴定费，吴××因此次医疗事故受伤并致残，对其伤残等级的评定系依法确定其受伤程度的科学合法的途径，属必要合理支出，故因此产生的鉴定费用17000元，原审法院予以支持。

2. 刘×波等与东莞友谊医院医疗损害责任纠纷案

——医学会作出的医疗机构的诊疗行为不属于医疗事故的鉴定结论，并不能否定人民法院在诉讼中依法委托而作出的鉴定意见对诊疗过错、因果关系及原因力大小的认定

案号：（2014）东中法民一终字第 860 号

[裁判要点]

当事人依法向人民法院申请医疗损害鉴定的，人民法院应依法予以准许。具有相应资质的鉴定机构和鉴定人依法作出的鉴定意见，人民法院应予采信。本案中，鉴定意见认为医疗机构的过失行为与患者的死亡后果有直接因果关系，是导致患者死亡的主要因素，建议参与度拟 61～90%。人民法院据此作出了裁判。

关于医学会对是否构成医疗事故的鉴定结论与人民法院依法委托有关鉴定机构和鉴定人作出的鉴定意见不一致时如何处理的问题。医学会作出的《医疗事故技术鉴定书》认定医疗机构诊疗行为不属于医疗事故，但这一结论并不能否定人民法院依法委托而作出的鉴定意见对诊疗过错、因果关系及原因力大小的认定。当事人对鉴定意见有异议并申请重新鉴定，但未提出证据证明存在鉴定结论明显依据不足、程序严重违法等情形，人民法院对此重新鉴定申请不予准许。

[法条索引]

《中华人民共和国民事诉讼法》第七十六条

《最高人民法院关于民事诉讼证据的若干规定》第二十七条

《最高人民法院关于适用〈中华人民共和国侵权责任法〉若干问题的通知》第三条

《人民法院对外委托司法鉴定管理规定》第十条

[基本案情]

患者韩××因停经9个月,头晕下腹部不适半天于2011年4月19日11时18分入住友谊医院。韩××是孕2产1,预产期2011年5月2日,曾在卫生站产检2次,孕期未作系统产前检查。查体:血压155/105mmHg,宫高42cm,腹围110cm,胎方位ROA,胎心音140次/分,规则,胎先露头,已衔接,无宫缩,宫颈Bishop评分4分,宫口开0cm,先露S=-3,胎膜未破,骨盆外测量24cm-26cm-19cm-9cm。下腹正中见一长10cm瘢痕。胎儿估计体重4.5Kg。辅助检查:B超提示宫内晚期妊娠,双顶径96mm,股骨长72mm,胎盘下缘完全覆盖宫颈内口,羊水过多,脐带绕颈。尿常规示尿蛋白(++)。心电图示窦性心动过速。产前诊断:1.孕2产1孕38+1周单活胎头位待产;2.中央性前置胎盘;3.重度子痫前期;4.羊水过多;5.脐带绕颈?6.瘢痕子宫;7.巨大胎儿?入院后完善相关检查,即于当日16时43分至17时45分在腰硬联合麻醉下行子宫下段剖宫产术+双侧输卵管结扎术。术中见子宫下段静脉曲张,呈紫青色,子宫下段右侧轻度粘连,将粘连处分离,于子宫下段的上端左横切口长约10cm,见胎盘组织,穿过胎盘组织破膜,羊水清亮,量约2100ml,吸净羊水,切口下见胎儿口鼻,以LOP位取出一活男婴,阿氏评分9-10-10分,体重5000g,胎膜胎盘取出完整,为中央型前置胎盘,胎盘取出后子宫下段渗血较多,予纱条填塞子宫下段,无渗血,常规缝合子宫切口。术中输液2500ml,出血150ml。术后诊断:1.孕2产2孕38+1周LOP;2.中央性前置胎盘;3.重度子痫前期;4.瘢痕子宫;5.羊水过多;6.脐带绕颈;7.巨大儿;8.绝育。同日20时40分病程记录显示韩××一般情况可,面色略显苍白,生命体征平稳,安静休息,子宫收缩好,子宫底平脐,质硬,阴道流血少。于20时10分测得血压150/90mmHg,半小时后血压150/105mmHg,舒张压呈上升趋势,给予硫酸镁静滴。21时10分查看韩××面色略苍白,心电监护心率86次/分,血压115/74mmHg,血氧饱和度99%,阴道出血较多,约有200ml,暗红色,少量凝血块,查看韩××四肢温度适中,呼吸平稳,面容安静,子宫脐上一指,质稍软,考虑子宫收缩乏力出血,立即按摩子宫,给予米索前列醇 0.4mg 舌下含服，患者感不适，将药吐掉，再次给予米索前列醇塞肛，停用硫酸镁。几分钟子宫收缩好，子宫底平脐，质硬，阴道出血减少。22 时 20 分韩××顺利输完少白细胞红细胞 2U，无输血反应，子宫收缩好，子宫底平脐，质硬，阴道流血少。继续输注少白细胞红细胞 2U。22 时 40 分韩××面容略苍白，血压 124/84mmHg，血氧饱和度 99%。韩××阴道出血较多约 150ml，暗红色，少量凝血块。子宫底脐上二指，质软。考虑子宫收缩乏力，立即按摩子宫，同时给予催产素静滴，几分钟后阴道出血停止。23 时 10 分患者突然意识模糊，面色苍白，四肢湿冷，心率 100 次/分，血压 70/58mmHg，血氧饱和度 98%，阴道出血 500ml，暗红色，未见凝血块，腹部敷料被血渗透，揭开敷料，见腹部切口全部渗血。考虑韩××DIC 可能，并有失血性休克，友谊医院立即请科主任前来组织和指导抢救，请全院有关专家前来协助救治，继续加强抗 DIC 抗休克治疗，做好必要时全宫切除的准备。抢救过程中，韩××病情一直不稳定，阴道出血不止，呈昏迷状态，血压持续在 80-60/55-45mmHg 之间，病情仍在危急中。于 2011 年 4 月 20 日 2 时行气管插管并上呼吸机，其他救治措施继续积极进行。经过近 4 小时的抢救，共输少白细胞红细胞 1400ml，冷沉淀 900ml，以及持续抗 DIC 抗休克等治疗。3 时 50 分韩××病情趋于相对稳定，血压维持在 102-120/60-75mmHg。因韩××DIC 未能纠正，子宫出血未能彻底控制，征得韩××家属同意，决定行子宫切除术，于 4 时送手术室，4 时 10 分至 5 时在全麻下行经腹子宫次全切除术。拆开原腹部伤口进入腹腔，见腹腔内暗红色不凝血约 2000ml。于宫颈内口处切下子宫。术中韩××一直用升压药维持。血压平稳，持续心电监护，输血浆 400ml，补液 4000ml。5 时 23 分送回病房。5 时 25 分韩××心跳突然骤停，全身多处出现瘀点瘀斑，瞳孔对光反射消失，呼吸 61 次/分，血尿，立即行胸外心脏按压，给予盐酸肾上腺素、间羟胺、去甲肾上腺素、尼可刹米、洛贝林，行心肺复苏。5 时 33 分行电除颤，输注冷沉淀 10U，血小板 1 个治疗量、A 型红细胞悬液 1.5U。6 时 1 分韩××生命体征消失，继续行胸外心脏按压，给予升压药物。7 时患者心肺未能复苏，心电监护显示电波为一直线，宣告临床死亡。死亡原因：弥漫性血管内凝血,失血性休克,多器官功能衰竭。死亡诊断:DIC,失血性休克。

韩××死亡后,刘×波与友谊医院于2011年8月26日签订《医疗纠纷和解协议书》,约定:1.友谊医院一次性向刘×波支付补偿款100000元,该补偿款涵盖因韩××死亡的所有法定赔偿项目,该补偿款在协议签订之日起5日内由友谊医院汇入刘×波的账户。2.协议签订后,刘×波只能通过向法院提起民事诉讼的方式来解决纠纷,若法院判决确定的金额大于100000元,则友谊医院应补足差额部分;如果法院判决确定的金额小于100000元,友谊医院不再追讨多支付的部分。3.上述款项由甲方自行在死者直系亲属中进行分配,刘×波其他亲属向友谊医院主张权利的,由刘×波家属负责处理。2011年9月1日,友谊医院依上述协议支付刘×波100000元。

一审法院另查,韩××住院治疗的医疗费合计23223.88元,韩××在2011年4月19日住院时向友谊医院交付押金3000元,其余医疗费未支付。2011年4月21日、2011年7月10日和2011年9月7日,刘×波、刘×、刘×辉、韩×文、刘×凤共向东莞市殡仪馆支付费用18000元。韩××是农业家庭户口,刘×波、刘×、刘×辉、韩×文、刘×凤主张韩××在死亡前已在东莞居住和工作满一年,对此,刘×波、刘×、刘×辉、韩×文、刘×凤提供了韩××的暂住证、居住证、东莞富阳针织有限公司出具的证明和刘×的学生卡等证据予以证明。暂住证、居住证显示韩××于2009年1月1日已在东莞居住;东莞富阳针织有限公司出具的证明显示,刘×波、韩××夫妇从2009年3月开始为东莞富阳针织有限公司加工毛衣,是该公司的外发加工户,每月按件计酬,按月支付加工费;刘×的学生卡显示刘×在东莞市大朗镇长塘小学上学。韩××的家庭成员包括父亲韩×文,母亲刘×凤,丈夫刘×波,儿子刘×和刘×辉。韩×文和刘×凤共有8个子女。友谊医院支付了医疗事故鉴定费3500元。刘×波、刘×、刘×辉、韩×文、刘×凤支付医疗损害鉴定费6300元、鉴定所需的复印费和会诊费2900元,上述费用的票据的开具日期均为2013年3月22日。刘×波、刘×、刘×辉、韩×文、刘×凤主张以汇款的形式支付鉴定费,汇款手续费为31.5元,刘×波、刘×、刘×辉、韩×文、刘×凤为此提供了一份银行收费凭证予以证明，收费凭证显示费用金额为31.5元，交易日期为2012年12月12日。

[裁判结果]

一审法院判决：

一、东莞友谊医院应于判决发生法律效力之日起七日内向刘×波、刘×、刘×辉、韩×文、刘×凤支付护理费、住院伙食补助费、死亡赔偿金、丧葬费、精神损害抚慰金共计614792.9元；

二、驳回刘×波、刘×、刘×辉、韩×文、刘×凤的其他诉讼请求。如果友谊医院未按判决指定的期间履行给付金钱义务，应当依照《中华人民共和国民事诉讼法》第二百五十三条之规定，加倍支付迟延履行期间的债务利息。一审案件受理费13083元，刘×波、刘×、刘×辉、韩×文、刘×凤负担4418.67元，东莞友谊医院负担8664.33元。医疗事故鉴定费3500元和医疗损害鉴定费9200元，合计12700元，刘×波、刘×、刘×辉、韩×文、刘×凤负担3810元，东莞友谊医院负担8890元。

二审法院判决：

驳回上诉，维持原判。

[裁判理由]

人民法院生效裁判认为，本案系医疗损害责任纠纷，依照《中华人民共和国民事诉讼法》第一百六十八条的规定，二审法院应当对东莞友谊医院上诉请求的有关事实和适用法律进行审查。根据本案各方当事人在二审中的上诉和答辩，二审法院分析如下：

关于友谊医院的医疗行为是否存在过错，以及过错与韩××的死亡后果是否存在因果关系、过错的大小问题。首先，一审中，刘×波、刘×、刘×辉、韩×文、刘×凤向一审法院申请进行医疗损害鉴定，一审法院依法委托南方医科大学司法鉴定中心进行了医疗损害鉴定。该鉴定机构作出的《医疗损害鉴定意见书》显示友谊医院存在违规收治严重高危妊娠产妇、对高危产妇产后出血的病情关注不足、行子宫切除术延迟、抗休克措施不当的过失。医方的过失行为与韩××的死亡后果有直接因果关系，是导致患者死亡的主要因素。评估医方的医疗过失行为在患者死亡后果中的原因力大小为主要因素，建议参与度拟61～90％。该鉴定机构具有相关资质，经过查阅病历、听取了医患双方代表的陈述并向双方就有关问题进行了提问，根据临床医学知识和法医学知识对诊疗过程中的主要争议问题进行讨论后，作出《医疗损害鉴定意见书》，鉴定程序合法。其次，友谊医院提出南方医科大学司法鉴定中心出具的《医疗损害鉴定意见书》在很多内容方面与《医疗事故技术鉴定书》的论述完全相反及矛盾，并以此认为南方医科大学司法鉴定中心作出《医疗损害鉴定意见书》的依据不足。《医疗事故处理条例》第二条规定，医疗事故，是指医疗机构及其医务人员在医疗活动中，违反医疗卫生管理法律、行政法规、部门规章和诊疗护理规范、常规，过失造成患者人身损害的事故。因此，东莞医学会对友谊医院的诊疗行为以是否构成医疗事故的标准进行审查，作出友谊医院的诊疗不属于医疗事故的结论。该结论并不能否定南方医科大学司法鉴定中心所作出的鉴定结论。故友谊医院对南方医科大学司法鉴定中心所作出的鉴定结论有异议并向本院申请重新鉴定，但未提出证据证明存在鉴定结论明显依据不足、程序严重违法等情形，故本院对其重新鉴定申请不予准许。综上，一审法院根据南方医科大学司法鉴定中心所作出的鉴定结论，并结合本案的情况，酌情确定友谊医院对韩××的死亡负主要责任，承担70％的责任，合理有据，本院予以维持。

关于死亡赔偿金计算标准的问题。刘×波、刘×、刘×辉、韩×文、刘×凤提供的暂住证显示韩××于2009年1月1日至2010年1月1日在东莞居住，居住证显示韩××于2010年6月1日开始至事发时在东莞居住。东莞富阳针织有限公司出具的证明显示刘×波、韩××夫妇从2009年3月开始为该公司加工毛衣，是该公司的外发加工户，每月按件计酬，按月支付加工费。2011年4月份韩××生孩子死亡，刘×波忙于处理其妻后事，没有继续为该公司加工毛衣。上述证据能够形成证据链条，充分证明韩××死亡前在东莞市居住和工作已超过 年的时间且主要收入来源于在东莞市大朗镇从事毛衣加工工作，故一审法院按照城镇标准计算死亡赔偿金，并无不当，本院予以维持。

综上所述，东莞友谊医院上诉理由不成立，本院不予支持。一审判决认定事实清楚，适用法律正确，本院予以维持。

附：一审裁判理由：

一审法院认为：本案的争议焦点为：一是友谊医院的医疗行为是否存在过错，如存在过错，该过错与韩××的死亡后果之间是否存在因果关系；二是刘×波、刘×、刘×辉、韩×文、刘×凤的损失包括哪些。

关于第一个争议焦点。根据韩××的病历资料及相关鉴定的分析可以确认，韩××是因产后大出血致失血性休克、DIC、多器官功能衰竭而死亡。对于韩××的死亡，友谊医院存在如下过错：1. 韩××患有中央性前置胎盘、重度子痫前期、羊水过多、瘢痕子宫、巨大胎儿，系严重高危妊娠孕产妇。根据相关法规及诊疗常规，此类高危孕妇必须到有条件的医疗保健机构住院分娩，应到三级医疗机构治疗。但友谊医院在收治韩××时并未评级，友谊医院在不具备严重高危妊娠产妇诊疗资质的情况下，接诊后未履行严重高危妊娠产妇的转诊义务，违规收治严重高危妊娠产妇，存在过失。2. 产后2小时是产后出血的高峰期，中央性前置胎盘极易发生产后出血，且通常量多难以控制。根据病历资料记载，2011年4月19日18时10分至23时10分韩××多次出现阴道流血，但友谊医院对韩××产后出血的观察仅通过计算阴道出血量及生命体征的变化，而未能给予查血常规、凝血功能，没有对血红蛋白变化进行监测，不能全面、准确反应韩××失血程度。根据护理记录记载，至22时40分韩××产后阴道失血总量500ml，没有血常规检查，不具备输血指征，但友谊医院给予韩××输入少白红细胞4U。23时10分韩××突然出现意识模糊，血压降至70/58mmHg，根据韩××此时临床表现，估计其实际失血量远不止所观察到的阴道失血量（护理记录记载至23时10分患者产后出血总量1200ml）。但因未留置手术部位引流条，故无法估计内出血量，造成对韩××产后出血量的评估与实际病情不符。因此，友谊医院存在对高危产妇产后出血的病情关注不足，存在过失。3. 韩××2011年4月19日23时10分发生严重休克、昏迷，阴道流血难以控制，已经给予子宫按摩、宫缩药、止血药，经5小时保守抢救无效后才行子宫次全切除，此时阴道出血总量已经达2600ml，患者内出血已达2000ml，虽行子宫切除，但此时已发生DIC

及多器官损害，且术后仍有阴道出血并出现心跳骤停。友谊医院行子宫切除术延迟，施行次全切除的手术方式不当，无法达到止血效果，存在过失。4. 由于友谊医院对产妇产后出血监测不到位，出血量估计不足，未能及时发现大失血，因此未能尽早进行抗休克。在韩××出现休克后，友谊医院给予输血、补液、纠酸、强心等抗休克措施，但是：①补充血容量主要为滴注晶体液（0.9％氯化钠和葡糖糖液）和成分输血，未能给予足够的胶体补充；②未给予血气分析检查、复查，无法评估酸中毒纠治情况；③19日23时47分29秒的检验报告单中显示血钾7.85mmol/L，这种程度的严重高血钾可导致韩××心脏骤停，友谊医院未能针对高血钾进行治疗，亦没有对血钾情况进行复查。友谊医院的抗休克措施不够，存在过失。友谊医院虽存在上述过失，但韩××自身患有中央性前置胎盘、重度子痫前期、瘢痕子宫、羊水过多、巨大儿等多重产后出血的高危因素，且其产前未进行正规及系统产检，未能早期诊断和预防以减少产后出血的发生，其自身疾病的严重性和特殊性对导致其死亡有一定的关系。综合本案的情况，一审法院酌情确定友谊医院对韩××的死亡负主要责任，承担70％的民事责任。

对于第二个争议焦点。依照《中华人民共和国侵权责任法》《最高人民法院关于审理人身损害赔偿案件适用法律若干问题的解释》和《最高人民法院关于确定民事侵权精神损害赔偿责任若干问题的解释》等的有关规定，刘×波、刘×、刘×辉、韩×文、刘×凤损失包括：

1. 护理费：韩××2011年4月19日11时18分入院，2011年4月20日7时死亡，实际住院为1天，刘×波、刘×、刘×辉、韩×文、刘×凤主张按30元/天的标准计算，一审法院予以准许，故护理费为30元/天×1天＝30元。

2. 住院伙食补助费：参照东莞国家机关一般工作人员的出差伙食补助标准50元/天计算，住院伙食补助费为50元/天×1天＝50元。

3. 死亡赔偿金：(1) 死亡赔偿金：韩××虽是农村户口，但根据刘×波、刘×、刘×辉、韩×文、刘×凤提供的暂住证、居住证、东莞富阳针织有限公司出具的证明和刘×的学生卡等证据可以认定，韩××死亡前在东莞市居住和工作已超过一年的时间,故刘×波、刘×、刘×辉、韩×文、刘×凤主张的死亡赔偿金应按广东省2013年度城镇居民人均可支配收入标准计算二十年,即30226.71元/年×20年=604534.2元。(2)被扶养人生活费:本案中,韩××需扶养的人包括父亲韩×文、母亲刘×凤、儿子刘×和刘×辉。韩××死亡时,韩×文是74周岁,需抚养6年,刘×凤是67周岁,需抚养13年,刘×需抚养12年又8个月,刘×辉需抚养18年。韩×文和刘×凤共有8个子女,韩××需要承担的扶养费份额均为1/8,儿子刘×和刘×辉由韩××和刘×波共同抚养,韩××需要承担的扶养费份额均为1/2。刘×波、刘×、刘×辉、韩×文、刘×凤主张的被扶养人生活费应按广东省2013年度城镇居民人均消费性支出标准22396.35元/年为基数计算,在前面6年,刘×波、刘×、刘×辉、韩×文、刘×凤能得到的年赔偿总额为22396.35元×1/8+22396.35元×1/8+22396.35元×1/2+22396.35元×1/2=27995.44元,超过基数,应当以基数计算,在第7年至第12年又8个月的阶段,刘×波、刘×、刘×辉、韩×文、刘×凤能得到的年赔偿总额为22396.35元×1/8+22396.35元×1/2+22396.35元×1/2=25195.89元,超过基数,应当以基数计算,故前12年又8个月刘×波、刘×、刘×辉、韩×文、刘×凤可得的被扶养人生活费为22396.35元/年×(12+8/12)年=283687.1元;第12年又8个月后,刘×波、刘×、刘×辉、韩×文、刘×凤可得的被扶养人生活费为22396.35元/年×4/12年×1/8+22396.35元/年×(5+4/12)年×1/2=60656.78元。被扶养人生活费合计为283687.1元+60656.78元=344343.88元。综上,死亡赔偿金合计604534.2元+344343.88元=948878.08元。

4. 丧葬费:刘×波、刘×、刘×辉、韩×文、刘×凤主张按55684元/年标准计算,一审法院予以准许。则计算6个月为:55684元/年×6/12年=27842元。

5. 遗体冻存费:由于遗体冻存费属于丧葬费的一部分,刘×波、刘×、刘×辉、韩×文、刘×凤已主张丧葬费,故刘×波、刘×、刘×辉、韩×文、刘×凤要求友谊医院支付遗体冻存费没有事实和法律依据,一审法院依法不予支持。

6. 转账费：刘×波、刘×、刘×辉、韩×文、刘×凤提供的收费凭证显示转账日期为 2012 年 12 月 12 日，但鉴定机构开具鉴定收费票据的日期为 2013 年 3 月 22 日，故上述收费凭证与本案没有关联性，且转账费也不是鉴定所必须发生的费用，故刘×波、刘×、刘×辉、韩×文、刘×凤要求友谊医院支付转账费 31.5 元没有事实和法律依据，一审法院依法不予支持。

十、委托医疗损害鉴定的，对提交的鉴定材料有什么要求

【医疗损害责任司法解释条文】

第十条　委托医疗损害鉴定的，当事人应当按照要求提交真实、完整、充分的鉴定材料。提交的鉴定材料不符合要求的，人民法院应当通知当事人更换或者补充相应材料。

在委托鉴定前，人民法院应当组织当事人对鉴定材料进行质证。

【导读】

鉴定材料的真实、完整、充分是作出科学鉴定意见的基础。正因如此，医疗损害鉴定所依据的鉴定材料应当有相应的要求，这对于鉴定人作出客观、公平的医疗损害鉴定意见至关重要。有关法规、规章或者行业规范等对于鉴定材料都有所要求。《司法部关于印发司法鉴定文书格式的通知》关于司法鉴定告知书的要求中明确要求："委托人委托司法鉴定，应提供真实、完整、充分、符合鉴定要求的鉴定材料，并提供案件有关情况。因委托人或当事人提供虚假信息、隐瞒真实情况或提供不实材料产生的不良后果，司法鉴定机构和司法鉴定人概不负责。""有下列情形的，司法鉴定机构可以终止鉴定工作：（1）发现鉴定材料不真实、不完整、不充分或者取得方式不合法的；（2）鉴定用途不合法或者违背社会公德的；（3）鉴定要求不符合司法鉴定执业规则或者相关鉴定技术规范的；（4）鉴定要求超出本机构技术条件或者鉴定能力的；（5）委托人就同一鉴定事项

同时委托其他司法鉴定机构进行鉴定的；（6）鉴定材料发生耗损，委托人不能补充提供的；（7）委托人拒不履行司法鉴定委托书规定的义务、被鉴定人拒不配合或者鉴定活动受到严重干扰，致使鉴定无法继续进行的；（8）委托人主动撤销鉴定委托，或者委托人、诉讼当事人拒绝支付鉴定费用的；（9）因不可抗力致使鉴定无法继续进行的；（10）其他不符合法律、法规、规章规定，需要终止鉴定的情形。"《最高人民法院、司法部关于建立司法鉴定管理与使用衔接机制的意见》（司发通〔2016〕98号）也规定："司法行政机关要严格规范鉴定受理程序和条件，明确鉴定机构不得违规接受委托；无正当理由不得拒绝接受人民法院的鉴定委托；接受人民法院委托鉴定后，不得私自接收当事人提交而未经人民法院确认的鉴定材料；鉴定机构应规范鉴定材料的接收和保存，实现鉴定过程和检验材料流转的全程记录和有效控制；鉴定过程中需要调取或者补充鉴定材料的，由鉴定机构或者当事人向委托法院提出申请。"本司法解释在总结既有规定和相关经验做法的基础上，也明确提出了鉴定材料的真实性、完整性、充分性的要求。

鉴定材料的真实性，就是要求鉴定材料本身必须是客观实在存在的对诊疗行为或者诊疗过程反映的客观真正，其基本要求就是鉴定材料不能是虚假或者伪造的；完整性是对鉴定材料全面性的要求，这也是进行鉴定所依托的鉴定材料所不可或缺的内容；所谓充分性的要求，就是指鉴定材料必须充足完备，能够保证鉴定程序的顺利进行。充分性与完整性密切相关，且更是一个专业判断问题。这里的专业判断首先应当是鉴定机构和鉴定人的专业判断问题。从理论上讲，鉴定材料的充分性不是要求鉴定材料包罗万象，而是要求鉴定材料与待证事实具有关联性，且是为保证鉴定程序顺利进行所必须。反面言之，只要是能够保证鉴定程序正常进行，这时鉴定材料即使不完整，但仍应认定为是充分的。另外，如果鉴定机构认为鉴材不完整，原则上也应赋予当事人一定的救济机会，即对此专业性问题通过其他中立地位的有资质主体进行相应的判断，特别是在医疗损害责任纠纷中，鉴定意见对于裁判的影响极为重要，原则上能够通过鉴定来确定相关侵权责任构成事实的，还是要尽量通过启动鉴定程序解决。

关于鉴定材料的质证。《中华人民共和国民事诉讼法》第六十八条规定："证据应当在法庭上出示，并由当事人互相质证。对涉及国家秘密、商业秘密和个人隐私的证据应当保密，需要在法庭出示的，不得在公开开庭时出示。"《最高人民法院关于民事诉讼证据的若干规定》第四十七条也规定，证据应当在法庭上出示，由当事人质证。未经质证的证据，不能作为认定案件事实的依据。当事人在证据交换过程中认可并记录在卷的证据，经审判人员在庭审中说明后，可以作为认定案件事实的依据。《最高人民法院关于适用〈中华人民共和国民事诉讼法〉的解释》在此基础上，在第一百零三条进一步规定："证据应当在法庭上出示，由当事人互相质证。未经当事人质证的证据，不得作为认定案件事实的根据。当事人在审理前的准备阶段认可的证据，经审判人员在庭审中说明后，视为质证过的证据。涉及国家秘密、商业秘密、个人隐私或者法律规定应当保密的证据，不得公开质证。"基于辩论主义的要求，鉴定意见作为证据应当进行质证，同样当事人对鉴材有异议，也应当进行质证。如果当事人的异议内容本身就涉及专门性问题，则有必要先就该异议问题进行鉴定。如上所述，质证就是诉讼当事人围绕证据的真实性、客观性和合法性以及证据的证明力和效力作出陈述、对质和辩驳的诉讼活动。医疗损害责任纠纷当然也要遵循证据质证的规则。

在当事人对鉴材有异议进行质证的过程中，也会遇到鉴材本身涉及专门性技术认定的情形。我们认为对于这种情形，也应当依据《中华人民共和国民事诉讼法》第七十六条的规定，通过鉴定程序来解决。本条第二款即规定了当事人对于鉴定材料有意义，该异议内容涉及专门性问题的，可以对此先行申请鉴定、评估或者检测，实践中发生非常多的情形就是当事人对于病历资料中的笔迹真伪存有异议，而该病历资料又是下一步进行医疗损害鉴定所必需的材料，这时就有必要先行对该病历资料中的笔迹问题先行进行鉴定。至于实际中是否必须先行鉴定，其判断标准主要是该先行鉴定作出的鉴定意见（包括评估报告或者检测意见等）是否构成后续医疗损害鉴定中所必须依赖的基础。

【相关法条】

《中华人民共和国民事诉讼法》

第六十四条 当事人对自己提出的主张,有责任提供证据。

当事人及其诉讼代理人因客观原因不能自行收集的证据,或者人民法院认为审理案件需要的证据,人民法院应当调查收集。

人民法院应当按照法定程序,全面地、客观地审查核实证据。

第六十八条 证据应当在法庭上出示,并由当事人互相质证。对涉及国家秘密、商业秘密和个人隐私的证据应当保密,需要在法庭出示的,不得在公开开庭时出示。

《最高人民法院关于适用〈中华人民共和国民事诉讼法〉的解释》

第一百零三条 证据应当在法庭上出示,由当事人互相质证。未经当事人质证的证据,不得作为认定案件事实的根据。

当事人在审理前的准备阶段认可的证据,经审判人员在庭审中说明后,视为质证过的证据。

涉及国家秘密、商业秘密、个人隐私或者法律规定应当保密的证据,不得公开质证。

第一百零四条 人民法院应当组织当事人围绕证据的真实性、合法性以及与待证事实的关联性进行质证,并针对证据有无证明力和证明力大小进行说明和辩论。

能够反映案件真实情况、与待证事实相关联、来源和形式符合法律规定的证据,应当作为认定案件事实的根据。

第一百零五条 人民法院应当按照法定程序,全面、客观地审核证据,依照法律规定,运用逻辑推理和日常生活经验法则,对证据有无证明力和证明力大小进行判断,并公开判断的理由和结果。

第一百二十一条 当事人申请鉴定,可以在举证期限届满前提出。申请鉴定的事项与待证事实无关联,或者对证明待证事实无意义的,人民法院不予准许。

人民法院准许当事人鉴定申请的,应当组织双方当事人协商确定具备相应资格的鉴定人。当事人协商不成的，由人民法院指定。

符合依职权调查收集证据条件的，人民法院应当依职权委托鉴定，在询问当事人的意见后，指定具备相应资格的鉴定人。

《最高人民法院关于民事诉讼证据的若干规定》

第四十七条 证据应当在法庭上出示，由当事人质证。未经质证的证据，不能作为认定案件事实的依据。

【典型案例】

1. 刘××因与被申诉人中国医科大学附属盛京医院医疗损害责任纠纷案

——在判决生效后，检察院因同一鉴定机构作出不同于判决所依据鉴定意见的补充说明意见而提起抗诉的，人民法院依法受理

案号：（2015）辽审一民抗字第60号

[裁判要点]

1. 本案涉及同一鉴定机构或鉴定人先后出具不同鉴定意见后如何采信问题。在原审期间审理法院已经采信原有鉴定意见并作出判决，而再审期间其又重新出具了一份说明函。对此说明函是否认定为属于鉴定意见本身就是值得研究的问题，此更直观的仅是对原有鉴定意见的一个说明。本案中，在本案中原鉴定意见指出"依据现有送检材料，刘××患急性偏瘫病因尚不清楚，现缺乏足够的医学依据确定患儿刘××急性偏瘫的发生与盛京医院的诊疗行为具有因果关系"；且在此后出具的《关于鉴定异议的说明函》也指出，"支原体感染致患儿右侧大脑中动脉起始端闭塞、左侧肢体偏瘫的因果关系尚缺乏医学依据认定"。但在5年后，该鉴定机构又出具了《关于刘某某案件相关问题说明函》，主要意见为"通过现有临床医学

研究发表的相关文献可以看出，肺炎支原体感染与大脑血管，尤其是大脑中动脉病变产生的血流中断、脑梗塞病情发生的因果关系，就现有医学研究结果表明存在可能性"。检察院据此认为有新的证据足以推翻原判决而提出抗诉。人民法院在再审期间认为，鉴于该鉴定中心就诉争问题出具了新的鉴定意见，且与其之前出具的鉴定意见相悖，若采信该证据则有可能导致案件基本事实的认定发生变化。为了进一步查清案件基本事实及保障双方当事人的审级利益，依据《中华人民共和国民法事诉讼法》相关规定，综合全案考虑，再审法院裁定将本案发回原一审法院重新审理，并提出重审时应围绕本案争议的焦点问题进行审查，并对案涉《说明函》等证据质证后，再行作出判决。

2. 在医学会鉴定认为医疗机构的诊疗行为不构成医疗事故的情况下，并不影响当事人就诊疗过错及因果关系问题再次申请司法鉴定。在司法鉴定意见作出后，当事人可以依法申请鉴定人出庭作证，但是当事人在一审程序中已经申请鉴定人出庭作证的，该方当事人在二审程序中再次申请鉴定人出庭作证的，人民法院可以根据案件情况不予准许。在已经就诊疗过错问题委托司法鉴定并作出鉴定意见后，当事人再次就诊疗过错问题申请进行司法鉴定的，人民法院也可以视情不予准许，鉴定机构也可以依法作出不予受理鉴定申请的决定。

另外，从诉讼程序上讲，本案属于再审法院裁定再审发回原一审法院重审，一发到底的情形。

[法条索引]

《中华人民共和国侵权责任法》第五十四条

《医疗事故处理条例》第四十九条

《中华人民共和国民事诉讼法》第六十四条、第七十六条

[基本案情]

2006年11月10日刘××以"阵发性后颈部麻木10个月，伴呕吐4个月"为主诉入住盛京医院。初步诊断：1. 椎管内占位病变（颈椎），2. 小脑扁桃体下疝。11月11日确定诊断：1. 小脑扁桃体下疝，2. 颈段脊髓空洞症。11月15日手术治疗，术后处理抗炎、补液、营养神经、吸氧、

监护，注意头部避免过仰动作。11月17日拔除头皮引流管。11月19日患儿有发热，血常规检查，白细胞总、分数均高。盛京医院给予抗生素改用"罗氏芬"，口服美林对症治疗（盛京医院让刘××家长到外面药店自己购买退烧药美林）。11月24日体温39.1度。11月27日血常规WBC7.5×109/L，中性60.3%，查房意见：暂不考虑颅内感染，可试用红霉素对抗支原体治疗。11月28日患儿刀口愈合不良，拆除可吸收缝合线，清创缝合时缝合针断裂嵌顿至肌肉中，入手术室于局麻下取出断裂缝合针，清除部分液化组织，重新清创缝合。11月30日刘××出院，出院时的情况为：神清，四肢肌力肌张力正常，活动灵活，颈后部切口再缝合处略红，但干燥无渗出。出院医嘱：1.继续对症治疗，颈领保护。2.定期复查，3.有变化随诊。

2006年12月19日刘××以"颅内减压术后1月余，呕吐1次，左侧肢体瘫痪4小时"为主诉再次入住盛京医院。初步诊断：急性脑梗塞。12月21日补充诊断：1.急性脑梗塞，2. chiari畸形，3.脊髓空洞症，4.颅内减压术后，5.肺炎支原体感染。2007年1月4日刘××好转出院。

2007年1月5日刘××以"发现口角右歪，左侧肢体不能活动17天"为主诉入住北京儿童医院。初步诊断：1.小儿急性偏瘫，2. chiari畸形术后，3.脊髓空洞症？给予营养神经、扩张血管、高压氧，PT、OT康复治疗。2007年1月11日刘××出院。

同日，刘××以"小脑扁桃体下疝畸形术后2月，突发左侧肢体偏瘫伴面瘫1月"为主诉入住中国人民解放军307医院。诊断为：大脑中动脉闭塞，脑梗塞（右侧颞、顶、枕叶），小脑扁桃体下疝畸形术后。1月16日行全脑血管造影，1月18日在全麻下行"右脑硬膜颞浅动脉血管融通术"，2007年1月25日出院。2007年1月24日～2月12日，2007年2月24日～4月20日，刘××在北京儿童医院住院，给予营养神经、高压氧、按摩、康复训练等治疗。

2007年7月3日刘××起诉盛京医院。盛京医院申请做医疗事故鉴定。2007年10月17日沈阳医学会对本例纠纷进行医疗事故鉴定。专家鉴定组合议意见为："1.根据患儿症状、体征和影像学资料（2006年11月8

日 1000047830；2006 年 11 月 13 日 1000050724）患儿符合小脑扁桃体下疝畸形（chiari 畸形）和脊髓空洞症诊断，手术指征明确，手术过程无误。术前、后已常规应用抗生素，切口出现感染，发烧后及时更换抗生素，符合诊疗常规。2. 患儿术后出现切口液化、感染是术后常见并发症，床边换药是目前常规所允许的。切口经二次处理后，未再出现切口感染情况，切口后期处理基本正确。3. 关于出院后 19 天患儿发生脑梗塞问题，分析认为：①脑梗是否与感染有关问题。如为手术感染引起'脑梗'应涉及的是椎动脉系统，而患儿'脑梗'属颈内动脉系统，解剖部位不同，因此与手术感染无关；如为支原体感染引起'脑梗'，患儿应是有呼吸道感染的症状和体征，而患儿在术前至'脑梗'发病前无任何呼吸道症状和体征，且胸片回报均无异常，可排除此时段有支原体感染。支原体抗体检测为 1：160，只能说明一年内患儿有支原体感染。②儿童'脑梗'也与感染以外因素有关，如外伤、动静脉畸形、先天脑发育畸形等。"鉴定意见："医方在诊断过程中存在以下不足：1. 二次切口处理时出现断针情况，虽属操作意外，但客观上增加了患者的痛苦与负担。2. 在换药与药物应用问题上与患者沟通不足，属在履行治疗措施告知上存在缺陷。"鉴定结论："根据《医疗事故处理条例》第二条、第三十三条之规定，本例医疗事故争议不属于医疗事故。"

刘××对沈阳医学会的鉴定结论不服，向一审法院提出再次鉴定的申请，一审法院委托辽宁省医学会鉴定。2008 年 9 月 25 日辽宁省医学会对本例纠纷进行鉴定，专家鉴定组合议意见为："1. 根据患儿的症状、体征和影像学资料，符合 chiari 畸形和脊髓空洞症诊断。具备手术适应症。术前血常规 WBC（血常规）11.7×109/L，分类中性正常，胸片正常，患儿无发热，手术前及手术后预防应用抗生素，符合诊疗常规。2. 患儿术后出现体温升高，切口流液，手术探查为切口液化，感染范围仅限于皮下，经清创缝合处理后，血常规 WBC 和体温很快降至正常，切口拆线愈合良好，此期间未表现神经系统感染征象，提示感染为手术切口局部感染。3. 家属自诉患儿出院后生活、活动均正常，出院 19 天后出现脑梗塞临床表现。根据目前医学科学资料，无法用切口感染判断脑梗塞的发生。4. 患儿脑梗塞部位是大脑中动脉支配区,从解剖关系上讲,手术切口部位远离大脑中动脉,因此大脑中动脉梗塞与该手术无关。5. 根据盛京医院单次化验结果,肺炎支原体1∶160,北京儿童医院两次肺炎支原体抗体检测均阴性(＜1∶80),患儿无肺炎支原体感染临床表现,是否存在肺炎支原体感染不能定论。6. 床头缝合未给予麻醉不规范,缝针断裂给患儿带来痛苦,医方负有一定责任。"鉴定结论:"根据《医疗事故处理条例》第二条规定,本例不构成医疗事故。"

刘××对辽宁省医学会的鉴定结论不服,提出到上一级医学会鉴定的申请,2008年12月4日,中华医学会医疗事故技术鉴定工作办公室复函:"根据《医疗事故处理条例》的规定,中华医学会不是鉴定的必经程序,不是当事人一方对鉴定结论不服即须我会鉴定;且此案已经沈阳医学会和辽宁省医学会两次鉴定,均已做出明确鉴定结论。根据你院提交的材料经研究决定,我会不予受理此案,特此函告。"

2009年1月15日刘××再次申请做司法过错鉴定。一审法院经法定程序,委托北京法源司法科学证据鉴定中心鉴定。该中心于2009年9月8日做出鉴定意见:"1. 盛京医院在对患儿刘××的诊疗过程中,在术前用药防治感染、复查方面,以及2006-11-28在病床未用麻醉剂情况下实施清创缝合及缝针嵌顿方面存在医疗过失。2. 依据现有送检材料,患儿刘××急性偏瘫病因尚不清楚,现缺乏足够的医学依据确定患儿刘××急性偏瘫的发生与盛京医院的诊疗行为具有因果关系。"

2009年9月21日刘××申请北京法源司法科学证据鉴定中心出庭质证,一审法院于10月23日组织刘××、盛京医院及北京法源司法科学证据鉴定中心鉴定人员进行质证,鉴定中心当庭回答了刘××的提问,并在庭后提交了关于鉴定异议的说明函。内容为:"1. 关于医疗行为与患儿左侧肢体偏瘫的因果关系问题。在我中心出具的鉴定书中已明确指出,依据现有送检患儿就诊、检查的病历材料,患儿发生右侧大脑中动脉起始端处闭塞致左侧肢体偏瘫的病因仍无法明确。审查患儿第二次住院病历的支原体抗体检查记录,患儿支原体感染诊断可以考虑。但病历记录及复阅送检影像片,缺乏患儿发生支原体感染所致脑炎、脑膜炎、脑血管炎等的记载和表现。因此，支原体感染致患儿右侧大脑中动脉起始端处闭塞、左侧肢体偏瘫的因果关系尚缺乏医学依据认定。2. 关于刘××方面提出的医院让家属外出购药、体温记录不一致、医院会诊、护理记录、出院告知等问题。因鉴定书系对医疗活动中主要争议的诊疗行为进行评价，不可能对当事人提出的所有具体问题进行一一答复，鉴于上述问题对本次鉴定判断医疗行为与患儿左侧肢体偏瘫之间相关性无实质性影响，请法官对医院工作中存在的缺陷或差错进行审理裁定。"

二审法院审理期间，刘××提交两份证据：1. 盛京医院2006年11月10日住院病历复印件1份，其中缺少2006年11月11日～2006年11月21日之间的病历记录；2. 北京307医院2007年1月11日入院记录复印件一份。刘××以此主张2006年11月10日～2006年11月30日在盛京医院住院期间，发高烧是因为支原体感染所致，由于盛京医院没有及时诊断、及时采取治疗措施，导致刘××偏瘫。

盛京医院申请法院调取刘××的母亲怀孕期间在沈阳市妇儿保健中心所做唐氏筛查中的神经管畸形筛查情况。沈阳市妇儿保健中心出具了一份情况说明："……筛查结果唐氏儿发病风险为1/300，属低危人群（唐筛结果只有2个，高危/低危，无正常结果报告）。唐筛结果与唐氏综合症儿的发生及神经管缺损的发生不能直接进行诊断"。

二审法院审理期间，经刘××申请，二审法院于2010年11月1日经本院委托中华医学会进行鉴定，鉴定项目：1. 刘××在盛京医院脑神经外一科住院期间，医方的诊疗行为是否构成医疗事故及等级；2. 刘××的脑梗塞发生与医方诊疗行为是否具有因果关系。

中华医学会收到鉴定材料后，向二审法院复函："《医疗事故处理条例》规定医疗事故技术鉴定为二次鉴定制：首次鉴定和再次鉴定。中华医学会不是鉴定的必经程序，并非当事人对现有鉴定结论不服即须经我会鉴定。经我会研究，认为本案已经过两次鉴定，并已由省医学会作出明确鉴定结论，且该案临床经过及诊治过程比较清晰，不属于我会受理范围，故决定对刘××案医疗事故技术鉴定委托不予受理。"

之后刘××再次申请鉴定，2012年5月二审法院委托中国政法大学法庭科学技术鉴定研究所进行鉴定,鉴定项目:1. 刘××在盛京医院脑神经外一科住院期间,医院的诊疗行为是否存在过错;2. 刘××的脑梗塞与医院的诊疗行为是否存在因果关系。

该鉴定研究所于 2012 年 7 月 28 日向二审法院复函:"……该案已经两次医疗事故鉴定及一次司法鉴定。贵院委托目的之一要求对刘××脑梗塞与盛京医院的诊疗行为是否具有因果关系进行鉴定,经审查,依据现有材料,刘××急性脑梗塞病因不清,考虑无法得出明确结论。鉴于此,以及我所目前鉴定案件工作量大,难以承受更多的鉴定工作,经研究决定不予受理。"

刘××向二审法院提出申请,请求法院传唤北京法源司法科学证据鉴定中心鉴定人员到庭接受质询,二审法院未予允许。

二审法院判决后辽宁省人民检察院抗诉认为,有新的证据足以推翻沈阳市中级人民法院(2010)沈民一终字第 862 号民事判决,理由如下:北京法源司法科学证据鉴定中心于 2014 年 7 月 24 日出具《关于刘××案件相关问题说明函》,该函是对该鉴定中心于 2009 年 9 月 8 日出具的鉴定意见的更正。该函认为,目前发现了与刘××相同病例的临床医学报道,这些报道足以说明大脑中动脉脑梗病变的发生和肺炎支原体感染具有很强的关联性,因此,该鉴定中心出具《说明函》对当年的鉴定意见进行了说明和更正。此外,北京法源司法科学证据鉴定中心的原鉴定结论只是认为缺乏足够的医学依据从而无法确定因果关系,但并不等于完全排除了因果关系存在的可能性,医疗侵权案件的举证责任应主要由医方承担,在根据现有证据无法排除因果关系的情况下,应由医疗机构承担主要的赔偿责任。综上所述,有新的证据足以推翻沈阳市中级人民法院(2010)沈民一终字第 862 号民事判决,依据《中华人民共和国民事诉讼法》第二百条第(一)项以及第二百零八条第一款之规定,提出抗诉。

再审另查明,北京法源司法科学证据鉴定中心于 2014 年 7 月 24 日向沈阳市人民检察院民行处出具《关于刘××案件相关问题说明函》法原医函(2014)第 84 号,主要内容:本案患儿系肺炎支原体感染后引起的脑梗塞偏瘫,随着临床医学及国内外专家对肺炎支原体感染与儿童脑梗塞病情关联性的不断关注与研究，逐步发现了相同病例并进行了临床医学的相关报道。《中华儿科杂志》2009年第12期中针对首都医科大学附属北京儿童医院内科3例该病情患者首次进行了报道。2012年中国医科大学附属盛京医院小儿神经内科也针对肺炎支原体感染和脑梗塞偏瘫的病例作了专题性研究，并于《实用儿科临床杂志》2012年24期中总结分析了22例该病情患者，由于肺炎支原体感染后引起的大脑中动脉血管病变、脑梗的病例占到50%以上，且大脑中动脉也是最易被炎症波及影响的病变血管，说明大脑中动脉脑梗的发生和肺炎支原体感染具有很强的关联性。通过现有临床医学研究发表的相关文献可以看出，肺炎支原体感染与大脑血管，尤其是大脑中动脉病变产生的血流中断、脑梗塞病情发生的因果关系，就现有医学研究结果表明存在可能性。

[裁判结果]

一审法院判决：

一、被告中国医科大学附属盛京医院于本判决生效后10日内赔偿原告刘××4万元；二、驳回原、被告其他诉讼请求。

二审法院判决：

一、撤销（2007）和民权初字第1719号民事判决第二项"驳回原、被告其他诉讼请求"；二、变更（2007）和民权初字第1719号民事判决第一项"被告中国医科大学附属盛京医院于本判决生效后10日内赔偿原告刘××4万元"为："中国医科大学附属盛京医院于本判决生效后10日内一次性赔偿刘××20万元"；三、驳回刘××的其他上诉请求。

再审法院判决：

一、撤销沈阳市中级人民法院（2010）沈民 终字第862号民事判决及沈阳市和平区人民法院（2007）和民权初字第1719号民事判决；二、本案发回沈阳市和平区人民法院重审。

[裁判理由]

法院再审生效裁判认为，2006年11月15日，刘××曾在盛京医院手术治疗"小脑扁桃体下疝，颈段脊髓空洞症"，之后出现发烧症状，同年11月30日出院，12月19日出现急性脑梗塞症状，此节事实双方当事人并无争议。

本案争议的焦点问题是：（一）刘××在盛京医院诊疗过程中是否患有肺炎支原体感染及其原因？（二）如患有肺炎支原体感染，其与刘××急性脑梗塞发生之间有无因果关系？（三）如有因果关系，二者关联性及参与度有多少？

在原审期间，北京法源司法科学证据鉴定中心曾于2009年9月8日出具鉴定意见，即"依据现有送检材料，刘××患急性偏瘫病因尚不清楚，现缺乏足够的医学依据确定患儿刘××急性偏瘫的发生与盛京医院的诊疗行为具有因果关系"；其于2009年11月9日出具《关于鉴定异议的说明函》，即"支原体感染致患儿右侧大脑中动脉起始端闭塞、左侧肢体偏瘫的因果关系尚缺乏医学依据认定"。原审法院据此作出判决。

之后，该鉴定中心于2014年7月24日又出具了《关于刘××案件相关问题说明函》，主要意见为"通过现有临床医学研究发表的相关文献可以看出，肺炎支原体感染与大脑血管，尤其是大脑中动脉病变产生的血流中断、脑梗塞病情发生的因果关系，就现有医学研究结果表明存在可能性"。辽宁省人民检察院据此提出抗诉。

鉴于该鉴定中心就诉争问题出具了新的鉴定意见，且与其之前出具的鉴定意见相悖，若采信该证据则有可能导致案件基本事实的认定发生变化。为了进一步查清案件基本事实及保障双方当事人的审级利益，依据《民法事诉讼法》相关规定，综合全案考虑，故将本案发回原一审法院重新审理为宜。重审时应围绕本案争议的焦点问题进行审查，并对北京法源司法科学证据鉴定中心出具的《说明函》等证据质证后，再行作出判决。

附：一审法院裁判理由：

沈阳市和平区人民法院一审认为，公民享有生命健康权。本案中刘××以"阵发性后颈部麻木10个月，伴呕吐4个月"为主诉入住盛京医院就诊。经辽宁省医学会鉴定，手术前后预防应用抗生素，符合诊疗常规。根据目前医学科学资料，无法用切口感染判断脑梗塞的发生。刘××脑梗塞部位是大脑中动脉支配区，从解剖关系上讲，手术切口部位远离大脑中动脉，因此大脑中动脉梗塞与该手术无关。本案是侵权纠纷，盛京医院承担民事责任的前提是医疗行为有过失或过错,且医疗行为与刘××的损害后果之间存在因果关系。根据鉴定结论,本例不构成医疗事故,但盛京医院在床头缝合未给予麻醉不规范,缝针断裂给患儿带来痛苦,盛京医院负有一定责任。故盛京医院应给予刘××适当的赔偿。

附:二审法院裁判理由:

沈阳市中级人民法院二审认为,关于刘××上诉提出的医生护士不如实记录病历,医院在没有对病情完全告知的情况下就要求患者出院影响恢复,医生丢失诊断材料等问题。因刘××提出的上述意见属盛京医院诊疗过程中行为是否符合规范的问题,对患者左侧肢体偏瘫并无实质性影响,对刘××的该主张该院不予支持。

关于刘××上诉提出的由于刀口感染、二次清创缝合,针折在颈后的肌肉中和其他因素结合造成颈内动脉C1段右侧大脑后动脉相连接梗塞的主张。鉴定结论对此已写明患儿脑梗塞部位是大脑中动脉支配区,从解剖关系上讲,手术切口部位远离大脑中动脉,因此大脑中动脉梗塞与该手术无关,故对刘××此项上诉主张该院不予支持。

关于刘××主张因肺炎支原体感染致大脑中动脉闭塞,而引起急性脑梗塞的主张。北京法源司法科学证据鉴定中心的说明函中载明:关于医疗行为与患儿左侧肢体偏瘫的因果关系问题。依据现有送检患儿就诊、检查的病历材料,患儿发生右侧大脑中动脉起始端处闭塞致左侧肢体偏瘫的病因仍无法明确。审查患儿第二次住院病历的支原体抗体检查记录,患儿支原体感染诊断可以考虑。但病历记录及复阅送检影像片,缺乏患儿发生支原体感染所致脑炎、脑膜炎、脑血管炎等的记载和表现。因此,支原体感染致患儿右侧大脑中动脉起始端处闭塞、左侧肢体偏瘫的因果关系尚缺乏医学依据认定,故对刘××此项上诉主张该院不予支持。

关于刘××上诉提出的盛京医院用药不对症的主张。在术后第三天,刘××出现发热症状,体温最高时39.2度,医院给予抗生素罗氏芬及退热剂美林对症治疗。盛京医院在为刘××使用罗氏芬治疗8天后,发热症状仍不见明显缓解的情况下,应考虑有无其他感染情况,但医院并没有及时为刘××做进一步检查,11月27日给予更换红霉素治疗,治疗3天后刘

××即出院,没有查明原因采取有针对性的治疗措施,医院在诊疗上存在不足。

本例纠纷经沈阳市医学会、辽宁省医学会鉴定后,得出的鉴定结论一致:本例纠纷不构成医疗事故,所以上诉人刘××要求盛京医院赔偿各项费用 118 万元显属过高。因盛京医院在对患儿刘××的诊疗过程中,在术前用药防治感染、复查方面存在医疗过失,对刘××手术切口进行二次处理时,床头缝合未给予麻醉不规范,缝针断裂增加了刘××的痛苦,在为刘××换药及药物应用问题上与患者沟通不足。依相关法律规定,患者在诊疗活动中受到损害,医疗机构有过错的,应承担赔偿责任。经过两次医疗事故鉴定和一次司法鉴定,鉴定报告中对医院的诊疗差错和缺陷都有明确的意见。刘××手术时年仅 5 岁,因盛京医院的诊疗不足行为身心遭受了巨大的痛苦,其家庭付出了诸多的时间和精力,一审法院仅判决赔偿 4 万元不足以弥补刘××所遭受的损害,故该院将赔偿数额增加至 20 万元,由盛京医院一次性支付。

2. 邹×秀等与安乡县人民医院医疗损害责任纠纷案

——患者死亡后未进行尸检不影响当事人申请对诊疗过错及因果关系认定的,医疗机构应当按照其诊疗过错及原因力的大小承担赔偿责任

案号:(2014)常民四终字第 48 号

[裁判要点]

医疗机构的诊疗行为违反有关诊疗规范的,应当认定医疗机构有过错。由于诊疗行为的专业性,人民法院通常要依赖鉴定意见对此作出的专业意见予以认定。患者死亡后未进行尸检导致诊疗行为与损害后果之间有无因果关系以及医疗机构是否有过错无法认定的,承担举证责任责任的一

方当事人应当承担不利后果，但另一方当事人有过错的，也应承担相应的责任，比如医疗机构未告知患者近亲属通过尸检查明死因的情形等。如果患者死亡后未进行尸检，通过鉴定意见或者案件具体情况的分析认定，能够认定医疗机构的诊疗过错以及存在相当因果关系的，则应当按照医疗机构诊疗过错及原因力的大小承担责任。本案中，医疗机构在对患者的诊疗过程中，未对其进行必要的专科检查及鉴别判断，未能对其咽喉部疾患对症治疗，以致延误治疗四个多月时间，同时法院依法委托作出的鉴定意见从对相关病历资料进行的的文证审查意见中认定医疗机构存在漏诊误诊的过错。医疗机构虽然对此提出异议，但没有提供相应的证据足以反驳该意见。最终法院依据该鉴定意见并综合全案情况，认定医疗机构的过错诊疗行为导致患者延误治疗时机，病情进行性加重，最终发生死亡的后果，遂判定医疗机构承担20%的民事责任。

[法条索引]

《中华人民共和国侵权责任法》第五十四条、第五十八条

[基本案情]

2011年1月25日，邹×秀之夫皮×立因语塞、声嘶约20天后到安乡县人民医院住院部内一科就诊，初步诊断为脑梗死、高血压病2级极高危、冠心病，经CT扫描等检查后，诊断为脑梗死、高血压病Ⅱ级（极高危）、冠心病，脑动脉硬化并斑块形成，高脂血症。经对症给予消栓、抗炎治疗后，患者语塞症状好转但仍声嘶，同年2月18日应患者要求出院，出院医嘱不适随诊。2011年6月3日，皮×立因喉部不适再次到安乡县人民医院门诊部五官科检查，经纤维喉镜检查，诊断为喉Ca。

6月7日皮×立到湖南省肿瘤医院门诊部主诉声嘶半年，再次作喉部CT检查，初步诊断为：左侧喉Ca并颈部淋巴结转移可能性大，请结合临床综合考虑；支气管疾患、肺气肿、胸主动脉降段夹层、双上肺陈旧性病变、右下肺肺间质病变、肺纤维化。6月9日患者入住省肿瘤医院治疗，入院时主诉半年前在无明显诱因时声嘶，无疼痛等不适。现仍感声嘶，但伴颈前疼痛2月余，未予以任何处理。入院诊断为：喉癌？（临床分期声门行T4NOMO，转移部位无），左眼缺如、右眼失明、肺气肿、肺纤维化、

原发性高血压、中风后多发腔隙性脑梗。患者在肿瘤医院诊疗期间，院方考虑到患者一般情况差，基础病较多，认为不适合行较大的根治性手术，亦未行喉肿物活检，仅对患者行气管切开手术后，6月22日患者出院。出院时，患者呼吸困难症状消失，其余症状体征较入院时加重。同年8月2日，湖南省肿瘤医院向邹×秀出具了患者皮×立临床诊断为喉癌？左眼缺如、右眼失明、肺气肿、肺纤维化、原发性高血压、中风后多发腔隙性脑梗、胆囊结石等疾病及院方考虑到患者一般情况差，基础病较多，体质差，不适合行较大的根治性手术，亦未行喉肿物活检的疾病诊断证明书。

同年8月13日，皮×立以主诉声嘶半年，伴颈部疼痛2月余，且痰中带血3天入住安乡县中医院，经诊断为：喉Ca高血压病Ⅱ级（极高危）、冠状动脉粥样硬化性心脏病、多发性腔隙性脑梗塞、肺气肿、肺纤维化、胆囊结石胆囊炎、胸腺炎等疾病，经抗感染、护胃、气管护理、吸痰、补液、供能等治疗30天后，2011年9月12日出院。

二审法院另查明，安乡县人民医院在皮×立首次入院治疗期间，因漏检漏诊喉癌的过失行为，致皮×立咽喉部肿瘤病情加重。皮×立于2011年11月12日死亡时，安乡县中医院出具了皮×立死于喉癌和多器官功能衰竭的死亡记录证明。另查明，皮×立住院医疗费：安乡县人民医院6402.06元、湖南省肿瘤医院15118.12元+1150.38元=16268.50元、安乡县中医院4799.11元+5868.41元=10667.52元。共计33338.08元。其配偶邹×秀1947年4月23日出生，无生活收入来源，已丧失劳动能力。

本案在原二审期间，二审法院两次委托鉴定机构就皮×立死于何种疾病，安乡县人民医院对皮×立的诊疗是否有漏检漏诊等过错行为，其过错行为是否导致了延误治疗的后果，如果有，其医疗过错参与度是多少等事宜进行司法鉴定，两家鉴定机构均以"本案未做尸检，死因不明确，故不予受理"为由退回二审法院。

[裁判结果]

一审法院判决：

驳回原告邹×秀、皮亚×、皮志×的诉讼请求。本案受理费4975元，由邹×秀、皮亚×、皮志×承担。

二审法院判决：

一、撤销湖南省安乡县人民法院（2013）安民重字第 5 号民事判决；

二、安乡县人民医院自本判决生效之日起十日内赔偿邹×秀、皮亚×、皮志×各项损失 106237.22 元；

三、驳回邹×秀、皮亚×、皮志×的其他诉讼请求。

[裁判理由]

法院生效裁判认为，本案的争议焦点为：1. 安乡县人民医院是否存在漏检漏诊的医疗过错行为；2. 邹×秀、皮志×、皮亚×因直系亲属皮×立的死亡所造成的损失如何认定；3. 安乡县人民医院是否应对患者皮×立的死亡承担赔偿责任。

关于第一个争议焦点：根据本案查明的事实，2011 年 1 月 25 日，皮×立因语塞和声音嘶哑在安乡县人民医院内一科住院治疗，该院诊断为脑梗死、高血压病 2 级极高危、冠心病，经 CT 扫描等检查后，诊断为脑梗死、高血压病 II 级（极高危）、冠心病，脑动脉硬化并斑块形成、高脂血症。经对症给予消栓、抗炎治疗后，患者皮×立语塞症状好转但仍声嘶，于同年 2 月 18 日出院。后因语塞、声嘶且痰中带血，同年 6 月 3 日再次到安乡县人民医院门诊五官科进行检查，初步诊断为喉癌。同年 6 月 7 日经湖南省肿瘤医院检查诊断为喉癌晚期，并住院行"气管切开术"等治疗，于 6 月 22 日出院。8 月 13 日入住安乡县中医院治疗，9 月 12 日因病情无好转出院，在家做维持治疗，同年 11 月 12 日死亡。故安乡县人民医院与皮×立的医疗关系客观存在。皮×立死亡后虽未进行尸检，但从其就医的几家医院检查和诊断结论看，皮×立除患有咽喉部肿瘤外，还患有肺气肿、肺纤维化，原发性高血压、中风后多发腔隙性脑梗、胆囊结石、胆囊炎、前列腺炎、冠心病等疾病，特别是安乡县中医院对皮×立死亡前的病况记载中描述的喉癌淋巴转移、颈部高度肿胀、颈部及锁骨上均为质硬、边缘不清、不活动融合成块的淋巴结的情况予以综合判断，皮×立的咽喉部肿瘤进行性加重或称为喉癌的疾患，导致皮×立死亡的可能性远大于其他疾患。而且涉案当事人皮×立于 2011 年 11 月 12 日死亡时，由安乡县中医院医生对皮×立的死亡作出了死亡记录证明，确定皮×立是死于喉癌和多器官功能衰竭。关于安乡县人民医院对于邹×秀，皮亚×，皮志×提交的由其单方委托常德市凯信司法鉴定所作出的安乡县人民医院构成延误诊断的过失行为，医疗参与度为30%的鉴定结论存在争议，一审法院遂委托常德市司法鉴定中心对皮×立的所有病历资料进行法医学文证审查，审查意见为：皮×立在安乡县人民医院住院期间，医院方存在漏检漏诊的过失行为；医院方的过失行为应对皮×立咽喉部肿瘤病情加重的后果负轻微责任（20%）。根据该审查意见分析的皮×立2011年6月3日在安乡县人民医院喉镜检查结果、湖南省肿瘤医院住院时检查和诊断的结果、安乡县中医院检查和诊断结果，反映出皮×立咽喉部的疾病为咽喉部肿瘤，病情表现为进行性加重。对此，安乡县人民医院未提供相反证据予以抗辩，由此可见，安乡县人民医院在皮×立首次入院治疗时未能根据患者入院时咽喉部的症状和体征进行必要的专科检查、会诊、诊断及鉴别诊断，对其"声嘶"症状未能考虑到"喉癌"的可能性而进行相关的诊断和检查，也未能针对皮×立的咽喉部疾患进行对症治疗，未尽到专业人员应尽的注意义务，存在明显的漏诊漏检过失行为，故应认定安乡县人民医院有过错。且由于安乡县人民医院的诊疗过错行为，导致皮×立延误治疗时机，导致其病情进行性加重，最终导致其死亡。

关于第二个争议焦点：邹×秀、皮亚×、皮志×因直系亲属皮×立的死亡所造成的损失：1.医疗费33338.08元；2.护理费291天×60元/天/人×1人=17460元，皮×立自2011年1月25日入院后至死亡前需专人护理的情况虽有医疗机构出具的证明文书，但邹×秀、皮亚×、皮志×请求按2人护理计算无依据，且护理标准过高，二审法院予以部分支持。护理天数为291天。3.交通费720元。其中：转院开支交通费600元，住院期间公交费用无票据，考虑实际开支情况，二审法院酌定120元。4.住院伙食补助费共70天×12元/天=840元。5.营养费70天×12元/天=840元。6.丧葬费3336元/月×6个月=20016元。丧葬费依据法律规定按一审法庭辩论终结时的上一年度为计算标准，即以湖南省2012年度统计公报统计数据为依据。7.被抚养人生活费14609元/年×15年×1/3=73045元。该费用按一审法庭辩论终结时的上一年度为计算标准，即以湖南省2012年度统计公报统计数据为依据。对于该项费用，邹×秀、皮亚×、皮志×已在一审中向法院提交了行政管理机关出具的皮×立对于其配偶邹×秀的抚养关系证明，而且安乡县人民医院对该证据的真实性无异议，只是认为邹×秀还有其他抚养人，二审法院对安乡县人民医院的该项主张予以认可，因邹×秀尚有女儿皮亚×、儿子皮志×，均对邹×秀有赡养义务，故二审法院按上述标准计算该项费用损失。8. 死亡赔偿金 21319 元/年×13 年＝277147 元。本案死亡赔偿金依据法律规定按一审法庭辩论终结时的上一年度为计算标准，即以湖南省 2012 年度统计公报统计数据为依据。9. 住宿费 3400 元。其中湖南省肿瘤医院住院期间住宿费 1600 元、办理丧事期间开支住宿费 1800 元。10. 司法鉴定费 4380 元。11. 精神抚慰金，二审法院酌定 20000 元。二审法院综合考虑皮×立年龄较大，又患有多种疾病，结合安乡县人民医院的过错程度，二审法院酌定为 20000 元为宜。上述 11 项损失共计 451186.08 元。

关于第三个争议焦点：安乡县人民医院认为皮×立死亡后未进行尸检，是否死于喉癌不确定，其诊疗行为与皮×立死亡的损害后果之间不存在因果关系，不应承担赔偿责任的主张，二审法院认为，虽然皮×立死亡后未进行尸检，但安乡县人民医院对皮×立入院后的诊疗过程中未对其进行必要的专科检查及鉴别判断，未能对皮×立的咽喉部疾患对症治疗，以致延误治疗四个多月时间。亦有一审法院委托鉴定机构对皮×立病历资料进行的的文证审查意见，证实了安乡县人民医院存在上述过失行为，但安乡县人民医院没有提供相应的证据反驳抗辩文证审查意见的结论，即未提供证据证明其对损害的发生已尽到高度注意义务，其诊疗过程的合法合规性，应承担举证不能的法律后果。故一审法院对安乡县人民医院的该主张不予采信。故，安乡县人民医院的诊疗过错行为与皮×立的死亡损害后果之间存在因果关系，安乡县人民医院应对患者漏检漏诊的过错行为承担相应责任，结合文证审查意见，二审法院确定安乡县人民医院承担 20% 的民事责任。

附：一审法院裁判理由：

一审法院认为，本案的争议焦点是：1. 安乡县人民医院对皮×立的诊疗行为是否有过错；2. 安乡县人民医院的诊疗行为与皮×立的死亡有无因果关系。针对焦点1，本案中，患者皮×立在安乡县人民医院首诊时以"语塞、声嘶"为主诉入院，该医院医务人员第一诊断为脑梗死，并对症治疗，出院时患者"语塞"症状好转，但在住院治疗期间"声嘶"症状未缓解，虽然脑梗死可以带来患者"声嘶"的症状，但"喉癌"的首要症状为"声嘶"或其他喉部不适。尽管用"一元论"和"多考虑常见病"的原则可解释患者的临床现象，但考虑到患者是老年人，往往是多种病因和多种疾病同时存在，医生在诊断时要首先排除预后不良和对机体有显著影响并可致死、致残的疾病，如恶性肿瘤的诊断。根据临床表现确定可疑诊断后，再用排除法作鉴别诊断。据此，可以认定安乡县人民医院医务人员在对患者皮×立诊疗时未尽到与当时的医疗水平相应的诊疗义务，即对"声嘶"症状未考虑到"喉癌"的可能性而进行相关的诊断和检查，其行为违反了相关临床诊疗规范，根据《中华人民共和国侵权责任法》第五十八条第一款之规定，可以推定安乡县人民医院有过错。

针对焦点2，患者皮×立因"声嘶"第二次到安乡县人民医院行喉镜检查时，诊断为"喉Ca"，随即转到湖南省肿瘤医院诊疗，因未对患者喉部病灶进行病理切片检查进行确诊，此后直到患者去世亦未进行此方面的检查，而卫生部喉癌临床路径（2009年版）明确规定，病理学明确诊断为喉癌的诊断依据，又由于皮×立去世后未进行尸解，故患者皮×立究竟是否患有喉癌没有证据证实，其生前患有多种疾病，究竟死于何种疾病也不能确定。因患者一方的原因，致使诊疗行为有无过错或诊疗行为与损害后果之间是否存在因果关系无法认定，患者一方应承担相应不利的法律后果。综上所述，邹×秀等诉称安乡县人民医院在对患者皮×立首诊时因漏检漏诊"喉癌"早期致使患者延误诊断未及时治疗致死的说法缺乏事实依据和证据证实。安乡县人民医院虽有过错，但其过错与患者皮×立的死亡没有证据证明有直接因果关系，不符合医疗损害侵权责任构成要件，不应对患者皮×立的死亡承担赔偿责任。遂判决：驳回原告邹×秀、皮亚×、皮志×的诉讼请求。本案受理费4975元，由邹×秀、皮亚×、皮志×承担。

十一、医疗损害鉴定的具体事项及要求

【医疗损害责任司法解释条文】

第十一条 委托鉴定书，应当有明确的鉴定事项和鉴定要求。鉴定人应当按照委托鉴定的事项和要求进行鉴定。

下列专门性问题可以作为申请医疗损害鉴定的事项：

（一）实施诊疗行为有无过错；

（二）诊疗行为与损害后果之间是否存在因果关系以及原因力大小；

（三）医疗机构是否尽到了说明义务、取得患者或者患者近亲属书面同意的义务；

（四）医疗产品是否有缺陷、该缺陷与损害后果之间是否存在因果关系以及原因力的大小；

（五）患者损伤残疾程度；

（六）患者的护理期、休息期、营养期；

（七）其他专门性问题。

鉴定要求包括鉴定人的资质、鉴定人的组成、鉴定程序、鉴定意见、鉴定期限等。

【导读】

《中华人民共和国民事诉讼法》对于委托鉴定书的要求并没有具体规定，本司法解释在参照相关主管部门的规章及行业规范的基础上，根据审判实践经验对有关医疗损害鉴定的鉴定事项及要求作了明确规定，旨在从人民法院审判实践的角度，对鉴定程序中存在的问题提出明确要求，以规范鉴定程序和促进、保障鉴定质量。如前面所述，医疗损害责任纠纷中存在司法鉴定和医学会鉴定的双轨制。在司法鉴定领域，从部门规章或者规范性文件层面，对于有关鉴定书的内容及格式有大致明确的规定。比如，《司法鉴定程序通则》（司法部令第132号）第十六条规定："司法鉴定机构决定受理鉴定委托的，应当与委托人签订司法鉴定委托书。司法鉴定委托书应当载明委托人名称、司法鉴定机构名称、委托鉴定事项、是否属于重新鉴定、鉴定用途、与鉴定有关的基本案情、鉴定材料的提供和退还、鉴定风险，以及双方商定的鉴定时限、鉴定费用及收取方式、双方权利义务等其他需要载明的事项。"关于委托鉴定书的提法，该规章称之为"司法鉴定委托书"。但在医学会鉴定中，目前现行有效的《医疗事故技术鉴定暂行办法》中并无具体的关于委托鉴定书内容及格式的要求。鉴定人应当按照委托鉴定的事项和要求进行鉴定。通过这一规定对于医疗损害责任纠纷中的鉴定程序予以必要规范。当然这里的鉴定事项以及鉴定要求也要符合相应的法律规定为前提，对于超出鉴定人鉴定能力范围的事项或者要求，鉴定人依据相关规定可以不予受理该鉴定申请。

关于鉴定事项。目前有关司法鉴定的行政规章及规范性文件，比如《司法鉴定程序通则》《司法部关于印发司法鉴定文书格式的通知》等对于鉴定事项都有明确要求。《全国人大常委会法工委关于对法医类鉴定与医疗事故技术鉴定关系问题的意见》（法工委复字〔2005〕29号）中明确："关于司法鉴定管理问题的决定第二条规定，国家对从事法医类鉴定的鉴定人和鉴定机构实行登记管理制度。医疗事故技术鉴定的组织方式与一般的法医类鉴定有很大区别，医疗事故技术鉴定的内容也不都属于法医类鉴定。但医疗事故技术鉴定中涉及的有关问题，如尸检、伤残鉴定等，属于法医类鉴定范围。对此类鉴定事项，在进行医疗事故技术鉴定时，由已列入鉴定人名册的法医参加鉴定为宜。"这里明确提到了"鉴定事项"，但《医疗事故技术鉴定暂行办法》也无这方面的规定。依据本条第一款的规定，不仅当事人申请鉴定，要提出明确的鉴定事项和鉴定要求，而且鉴定事项和鉴定要求的内容也是对鉴定人的一种约束。基于证据的三性和医疗损害责任纠纷的特点，在医疗损害责任纠纷中的鉴定书应当包括的内容：有诊疗行为是否违反医疗卫生管理法律、行政法规、诊疗护理技术操作规范、常规；是否存在诊疗过错，诊疗行为与损害后果之间是否存在因果关系以及原因力大小，诊疗过错行为在损害结果中的责任比例等。

《司法部关于印发司法鉴定文书格式的通知》（司发通〔2016〕112号）中明确了司法鉴定委托书等七类司法鉴定文书样式，其中在司法鉴定委托书中明确了鉴定事项和鉴定用途等内容，但是并无"鉴定要求"一项。"鉴定要求不符合司法鉴定执业规则或者相关鉴定技术规范的"、"鉴定要求超出本机构技术条件或者鉴定能力的"鉴定委托，司法鉴定机构不得受理。对于医学会鉴定，《医疗事故处理条例》第三十一条第二款明确了"医疗事故技术鉴定书"应当包括"双方当事人的基本情况及要求"。也就是说在实务中"鉴定要求"这一项内容是客观存在的，而且从委托鉴定的委托方或者医疗损害责任纠纷中的当事人对于委托鉴定所必须的内容。而且从调研情况结合审判实践需要看，"鉴定要求"这一项对于确保鉴定意见本身的针对性，避免鉴定本身的随意性，确保鉴定意见的质量以及能够真正有效服务于案件裁判具有十分重要的意义。正因如此，本条第一款明确规定了"委托鉴定书，应当有明确的鉴定事项和鉴定要求。鉴定人应当按照委托鉴定的事项和要求进行鉴定。"但由于实践中对于鉴定要求缺乏明确统一的规范，导致实践中鉴定要求不够规范甚至五花八门，也导致了鉴定机构在一定程度上无所适从。正因如此，我们根据审判实践需求，从切实做好审判与鉴定程序的有机衔接的角度出发，在第三款明确规定了有关鉴定要求的具体内容，以便快捷高效的启动鉴定程序。

依据本条规定，鉴定要求包括但不限于鉴定人的资质、鉴定人的组成、鉴定程序、鉴定意见、鉴定期限等。在适用本条时，要注意这些列举事项具有一定的强制性，即当事人提出鉴定申请时，在符合有关鉴定法规、规章规定的前提下，对于鉴定人的资质、鉴定人的组成以及鉴定程序、鉴定期限、鉴定意见等要有明确的要求。结合《最高人民法院关于民事诉讼证据的若干规定》第二十九条的规定，鉴定书应当具有以下内容：（1）申请人姓名或者名称、委托鉴定的内容；（2）委托鉴定的材料；（3）

鉴定的依据及使用的科学技术手段；（4）对鉴定过程的说明；（5）明确的鉴定意见；（6）对鉴定机构和鉴定人鉴定资格的说明；（7）鉴定人及鉴定机构签名盖章。

【相关法条】

《医疗事故处理条例》

第三十一条　专家鉴定组应当在事实清楚、证据确凿的基础上，综合分析患者的病情和个体差异，作出鉴定结论，并制作医疗事故技术鉴定书。鉴定结论以专家鉴定组成员的过半数通过。鉴定过程应当如实记载。

医疗事故技术鉴定书应当包括下列主要内容：

（一）双方当事人的基本情况及要求；

（二）当事人提交的材料和负责组织医疗事故技术鉴定工作的医学会的调查材料；

（三）对鉴定过程的说明；

（四）医疗行为是否违反医疗卫生管理法律、行政法规、部门规章和诊疗护理规范、常规；

（五）医疗过失行为与人身损害后果之间是否存在因果关系；

（六）医疗过失行为在医疗事故损害后果中的责任程度；

（七）医疗事故等级；

（八）对医疗事故患者的医疗护理医学建议。

《最高人民法院关于民事诉讼证据的若干规定》

第二十九条　审判人员对鉴定人出具的鉴定书，应当审查是否具有下列内容：

（一）委托人姓名或者名称、委托鉴定的内容；

（二）委托鉴定的材料；

（三）鉴定的依据及使用的科学技术手段；

（四）对鉴定过程的说明；

（五）明确的鉴定结论；

（六）对鉴定人鉴定资格的说明；

（七）鉴定人员及鉴定机构签名盖章。

【典型案例】

李×平与北京大学首钢医院 医疗损害责任纠纷案

——鉴定意见与人民法院依据庭审调查对案件事实的认定以及责任构成的判定不符的，人民法院可以对此鉴定意见不予采信

案号：（2015）一中民终字第 3476 号

[裁判要点]

鉴定意见是法院审理医疗损害责任纠纷案件的重要证据类型，是定案的重要参考，但并不意味着法院要对鉴定意见一概予以采信。鉴定意见的内容与人民法院依据庭审调查对案件事实的认定以及责任构成的判定不符的，人民法院可以对此鉴定意见不予采信。医疗机构告知义务的履行要符合相应的诊疗规范，也要根据案件具体情况予以认定。就本案而言，医疗机构在患者住院时已经询问过患者的药物过敏情况，故不能在要求医疗机构在对患者治疗时再单独询问其过敏情况。换言之，医疗机构在之后的治疗中没有再次询问患者过敏情况不能认定为其有过错。这在当前医疗资源相对紧张的情况下，有利于节约医疗资源，促进医疗卫生事业的发展。法院据此不采信鉴定意见认为的未向患者再次询问药物过敏情况有过错的意见。

医疗机构未对疑似过敏药物进行封存和检验，存在过错。但此未封存涉案致敏药物所存在的过错与患者本次药物过敏的发生及发生后的治疗处置并无因果关系，故该过错行为不能作为判决医疗机构承担赔偿责任的依据。

二审审理过程中，医疗损害责任纠纷的双方当事人也可以申请鉴定人出庭接受质询。

[法条索引]

《中华人民共和国侵权责任法》第五十四条

《中华人民共和国民事诉讼法》第六十四条、第七十六条、第七十八条

[基本案情]

李×平于 2011 年 8 月 2 日因"突发言语不清，右下肢体无力 24 小时"到北京大学首钢医院（以下简称首钢医院）处就诊并住院，并于 2011 年 8 月 2 日至 8 月 29 日在首钢医院住院治疗。入院诊断为：1. 脑梗塞；2. Ⅱ型糖尿病。其中 8 月 4 日 12 时左右，李×平在静点马来酸桂哌齐特时胸部红色丘疹，散在丘疹，表面无突起，无出血点，表面皮肤无破溃。患者自诉伴有皮肤瘙痒。诊断：药物过敏性皮疹，给予停用马来酸桂哌齐特、舒血宁、前列地尔等药物治疗，给予川芎和依达拉奉治疗。给予盐酸西替利嗪抗过敏治疗。给予炉甘石洗液外用治疗。密切观察病情变化，随诊。出院诊断为：脑梗塞；药物过敏性皮疹；Ⅱ型糖尿病；冠心病、劳累型心绞痛；肝功能异常。出院情况：患者皮疹明显好转。出院医嘱：1. 低盐低脂饮食，严格糖尿病饮食，戒烟戒酒；2. 心血管内科门诊随诊冠心病，内分泌科门诊随诊糖尿病，皮肤科门诊随诊皮疹；3. 规律服药，继续神经功能康复练习，定期神经内科门诊复查；4. 定期复查血糖、血脂、肝肾功能。

本案在审理过程中，依据李×平申请，经北京市高级人民法院摇号确定，依法委托北京中正司法鉴定所对被告是否存在医疗过错行为进行鉴定。该鉴定机构于 2014 年 9 月 26 日出具中正司法鉴所（2014）临鉴字第 260 号鉴定报告，该报告有如下内容：

（三）关于北京大学首钢医院在对被鉴定人李×平治疗过程中存在的医疗过错行为与损害后果之间的因果关系、责任程度的分析：

1. 医方对被鉴定人李×平诊疗过程中存在以下医疗过错行为：（1）医方存在没有询问上述药物的过敏情况，在使用时未进行血液学检查。使用舒血宁时联合用药，未给与谨慎的注意。故此医疗行为存在过错。（2）患

者李×平在输液后出现药物过敏性皮疹症状后,医方未将药物封存、检验,其医疗行为存在过错。2. 医方上述医疗过错行为与患者出现的过敏反应之间存在因果关系,考虑过敏反应的出现也与患者的自身体质有一定的关系,故此,医方负主要责任。五、鉴定意见:(一)被鉴定人李×平在出现药物过敏后,北京大学首钢医院对李×平患有脑梗塞、冠心病的病情仍给予了治疗,现有材料未显示停止治疗。(二)北京大学首钢医院不存在对李×平病情延误的行为。(三)北京大学首钢医院对被鉴定人李×平诊疗过程中存在以下医疗过错行为:1. 医方存在没有询问上述药物的过敏情况,在使用时未进行血液学检查。使用舒血宁时联合用药,未给予谨慎注意。医疗行为存在过错。2. 被鉴定人李×平在输液后出现药物过敏性皮疹后,医方未将药物封存、检验的行为存在不足。(四)北京大学首钢医院上述医疗过错行为与李×平出现的过敏反应之间存在一定的因果关系,医方负主要责任。……"

为此,李×平支付了鉴定费9650元。

李×平、首钢医院均对鉴定的程序、过程无异议,但是对鉴定结果均有一定异议,但均未申请重新鉴定。

李×平在首钢医院处住院期间共花费医疗费13754.70元。其中经双方核对,8月4日之前产生的费用为1384.1元。

二审法院经审理,核对相关证据后认为,原审法院查明的事实正确。经查,李×平的《首钢医院住院病案首页》记载,无过敏药物。庭审中,李×平陈述其从无药物过敏史。合议庭询问李×平,入院当天意识是否清醒,李×平陈述从入院到出院均处于意识清醒的状态。病情告知书:主要告知内容……给予清除自由基(依达拉奉)、改善脑供血(舒血宁、前列地尔、脑心通)、减轻细胞内钙超载以保护脑细胞(马来酸桂哌齐特)及对症支持治疗,嘱患者戒烟酒。患者目前诊断脑梗塞,有可能病情加重,出现新的神经功能缺损。在使用扩张血管和活血药等药过程中,可能出现脏器出血和肝功能下降,白细胞减少及其他可能药物副作用。

二审审理中,经首钢医院申请,鉴定人王×出庭接受了质询。首钢医院就鉴定意见中医疗机构存在的医疗过错行为提出质询。鉴定人具体分析意见如下：

鉴定意见（三）关于首钢医院在对被鉴定人李×平治疗过程中存在的医疗过错行为与损害后果之间的因果关系、责任程度的分析：

1. 医方对被鉴定人李×平诊疗过程中存在以下医疗过错行为：

（1）医方存在没有询问上述药物的过敏情况，在使用时未进行血液学检查。使用舒血宁时联合用药，未给予谨慎的注意。故此医疗行为存在过错。

A. 就"没有询问上述药物的过敏情况"，鉴定人认为，因为患者所患的疾病状况不同，导致入院时对患者药物过敏史的询问可能不足以表述患者的真实情况，且就本案马来酸桂哌齐特等治疗药物，药物说明书明确过敏者禁用，故应有针对性的和患者进行沟通，而首钢医院并未特别询问。

B. 就"使用时未进行血液学检查"，鉴定人认为，李×平当时使用的有三种药物出现过敏反应，医方应当进行相关血液检查找出过敏原，这样有助于患者避免再次过敏。

C. 就"使用舒血宁时联合用药，未给与谨慎的注意"，鉴定人认为，依据长期医嘱单，李×平出现过敏反应的当天，医方给其使用了马来酸桂哌齐特、舒血宁、前列地尔等药物，而舒血宁是严禁混合配伍使用，故医方对此存在过错。

（2）患者李×平在输液后出现药物过敏性皮疹症状后，医方未将药物封存、检验，其医疗行为存在过错。

鉴定人认为，封存药物的目的是了解患者过敏反应的变化情况，通过对药品成分进行检测，明确是哪种药物成分致敏，这样有助于患者避免再次过敏。

综上，鉴定人认为医方存在上述过错，导致无法明确李×平的过敏原，故鉴定意见认为医方上述医疗过错行为与患者出现的过敏反应之间存在因果关系。

2. 医方上述医疗过错行为与患者出现的过敏反应之间存在因果关系，考虑过敏反应的出现也与患者的自身体质有一定的关系，故此，医方负主要责任。

李×平就该点意见提出质询，询问鉴定人为何认定此次过敏反应与其自身体质有一定关系；鉴定人认为，首钢医院在李×平发生过敏反应当天所使用的药物为治疗相关原发疾病的常规用药，治疗方案也是标准治疗方案，大部分人并不存在过敏反应，出现过敏反应是小概率事件，但李×平出现了过敏反应，这提示李×平的个人体质与常人有区别。

另，就如何识别混合用药及如何检测混合用药后的不良后果，鉴定人认为，从病历资料可以反映用药是否间隔，且所有药物输入到体内都会产生反应。如果当时进行抽血检测，可以反映每种药物代谢情况的高低，明确药物混合的情况。首钢医院认为，就鉴定人陈述的检测用药期间的血药浓度，此检测需要特殊的药剂盒，不属于临床诊疗常规内项目，首钢医院亦不开展使用此药剂盒检测临床用药期间血药浓度的项目。

首钢医院不认可鉴定人关于医疗过错行为的阐述，并认为：1. 就询问患者过敏史问题，医方已经在患者入院时询问过其有无药物过敏史，而患者回答没有，这种情况下，要求医院在使用每一种药物之前都要进行单独询问是没有必要的，并且也不会得出不同的信息，同时也缺乏相应的医学科学依据；2. 关于血液检查问题，鉴定人陈述血液检查目的是在患者出现过敏反应后查找过敏原，然而目前并无任何诊疗规范作此要求，且不论是否找出过敏原，医院对患者药物过敏反应的处置方式都是一致的，均为停用过敏药物，更换药物治疗原发疾病，这种处理方式并不因为明确过敏原而有所差异；3. 关于"使用舒血宁时联合用药，未尽谨慎注意"，我方在使用马来酸桂哌齐特、舒血宁、前列地尔等药物时，系单独间隔使用，并非混合配伍使用；4. 关于药物封存问题，我方确实没有对药物进行封存，但这与患者发生过敏反应并不存在因果关系，且发生过敏后患者并未要求医方进行封存，在不存在争议的情况下医方无需封存药物。综上，首钢医院认为鉴定意见中论述的医方上述过错并不成立，且与患者出现的过敏反应之间亦无因果关系。

李×平认可鉴定人陈述的首钢医院存在的医疗过错行为，不认可鉴定人陈述"过敏反应的出现也与患者的自身体质有一定的关系"的意见。

鉴定人出庭费1000元，由首钢医院先行交纳。

李×平原审及二审中均认为，其过敏反应发生在 8 月 5 日，因为当日还进行了其他相关检查，如果已经产生过敏便不会再行其他检查，故此认为医院篡改其药物过敏时间，存在篡改病历的行为。对此首钢医院陈述，相关检查在李×平入院时即已开具，不能以 8 月 5 日是否做检查来否认病历记载的真实性，故过敏时间的认定应以病历记载为准。

另查，舒血宁的临床用药资料记载：[注意事项]：（5）严谨混合配伍，谨慎联合用药。本品应单独使用，禁忌与其他药品混合配伍使用。在住院长期医嘱记录单中显示医嘱处方：马来酸桂哌齐特注射液与葡萄糖注射液、胰岛素注射液配伍；舒血宁注射液与氯化钠注射液配伍；前列地儿与氯化钠注射液配伍；依达拉奉注射液与氯化钠注射液配伍。

[裁判结果]

一审法院判决：

一、被告北京大学首钢医院于本判决生效之日起十五日内赔偿原告李×平医疗费九千八百九十六元五角、住院伙食补助费一千元、营养费一千元、护理费二千元、精神损害抚慰金二千元，以上共计一万五千八百九十六元五角；二、驳回原告李×平其他诉讼请求。

二审法院判决：

一、撤销北京市石景山区人民法院（2013）石民初字第 1455 号民事判决；二、驳回李×平的全部诉讼请求。

[裁判理由]

法院生效裁判认为：根据《中华人民共和国侵权责任法》第五十四条的规定，患者在诊疗活动中受到损害，医疗机构及其医务人员有过错的，由医疗机构承担赔偿责任。本案争议的焦点在于患者李×平出现的药物过敏损害，首钢医院是否存在医疗过错行为，医疗过错行为是否与药物过敏损害之间存在因果关系。就本案患者发生的药物过敏损害而言，法院重点就疑似致敏药物在使用前是否需要提前测试、诊疗行为是否存在过错、过敏反应发生后是否处置得当等问题进行审查。

根据《中华人民共和国民事诉讼法》第七十八条的规定，当事人对鉴定意见有异议或者人民法院认为鉴定人有必要出庭的，鉴定人应当出庭作证。首钢医院和李×平在原审审理中虽未申请重新鉴定,但争议焦点仍集中于鉴定意见提出的首钢医院在诊疗过程中是否存在过错及过错程度。二审审理中,首钢医院申请鉴定人出庭接受质询,符合《中华人民共和国民事诉讼法》的规定,二审法院在审理过程中予以准许,并将鉴定人王x出庭陈述的意见作为鉴定意见的组成部分在下文进行认证。

根据本案已查明的事实,结合鉴定意见、鉴定人陈述及双方当事人的陈述,就首钢医院是否存在医疗过错行为,二审法院认定如下:

1. 首钢医院是否存在没有询问涉案致敏药物的过敏情况。

首先,就涉案疑似致敏药物并没有相关诊疗规范要求使用前作过敏测试。其次,根据住院病历首页,首钢医院已经询问过患者李×平的药物过敏情况,该病史系在李×平意识清醒状态下采集,且如果要求再次单独询问过敏情况并不会得到不同信息,不会影响对治疗药物的选择。虽鉴定意见认为首钢医院存在没有询问致敏药物的过敏情况,但因该询问与李×平的过敏反应损害并不存在因果关系,故二审法院对此点鉴定意见不予采信。对首钢医院上诉认为,已经尽到询问过敏史的义务,再次询问无依据的理由,有事实及法律依据,二审法院予以采纳。

2. 首钢医院是否应当进行血液学检查明确过敏原。

本案中,患者李×平系因脑梗塞等疾病收治入院,因在使用治疗脑梗药物后出现过敏反应,首钢医院发现后即停用了马来酸桂哌齐特等可能致敏的药物,给予抗过敏及外用洗液治疗,鉴定意见亦认为李×平在出现药物过敏性皮疹症状后,医方停用马来酸桂哌齐特等药物治疗,处置得当,故法院认为在李×平出现药物过敏反应后的处置方面,首钢医院不存在医疗过错行为。对鉴定意见认为首钢医院未进行血液学检查查找过敏原存在过错的理由,二审法院认为,首先,过敏后查找过敏原与本次药物过敏的发生没有因果关系,亦不影响药物过敏后的治疗处置;其次,鉴定意见就血液检查的内容包括查找过敏原的意见并未提出相应的诊疗规范依据;再次,查找过敏原不属于本次治疗脑梗塞等原发疾病的诊疗范围;故对鉴定意见认定的此点过错因缺乏相应诊疗规范依据,与药物过敏损害没有因果关系,二审法院不予采信。

3. 医方使用舒血宁时联合用药是否存在未尽谨慎义务。

鉴定意见认为首钢医院违反了相关药物混合配伍禁忌，将药物混合使用或是间隔使用后药物在体内相互作用，所以存在舒血宁联合用药的过错，但是从首钢医院的长期医嘱单记录来看，在使用舒血宁时仅配伍了氯化钠注射液，并无其他药物混合配伍；且如果按照鉴定人的陈述，医方使用了禁忌的药物配伍方式又与鉴定人认为首钢医院给付李×平脑梗塞治疗系常规治疗和标准治疗相矛盾，故对鉴定意见认为首钢医院存在舒血宁联合用药时未尽谨慎义务的意见，因缺乏相关事实依据，二审法院不予采纳。

4. 首钢医院未将药物封存是否应该承担侵权责任。

《医疗事故处理条例》第十七条第一款规定，疑似输液、输血、注射、药物等引起不良后果的，医患双方应当共同对现场实物进行封存和启封，封存的现场实物由医疗机构保管；需要检验的，应当由双方具有检验资格的检验机构进行检验；双方无法共同制定时，由卫生行政部门制定。首钢医院未对疑似过敏药物进行封存和检验，违反了该条的规定，存在过错。在鉴定人出庭接受质询时，认为封存疑似药物的意义在于查找过敏原，从而避免李×平再次过敏，就本案医方是否应承担查找过敏原的义务，前文已有论述，故首钢医院未封存涉案致敏药物所存在的过错与本次药物过敏的发生及发生后的治疗处置均无因果关系，此过错不能作为追究民事侵权责任的依据。对首钢医院上诉认为封存疑似致敏药物与本次损害发生和处置没有因果关系的理由，二审法院予以采纳。

对李×平认为，未封存药物即可以认定药物存在假冒伪劣的上诉理由，二审法院认为医疗机构承担侵权责任的前提是其诊疗过错行为与损害后果之间存在因果联系，现未封存涉案药物与本次药物过敏的发生及处置不存在因果关系，也不能直接得出涉案药物存在缺陷的结论，且鉴定意见亦认为首钢医院在对李×平出现过敏反应后的治疗处置得当，故李×平该项上诉理由，依据不足，二审法院不予采信；就李×平提出的首钢医院存在篡改病历的上诉理由，并无证据相佐证，故对李×平的上诉请求，二审法院不予支持。

就本案因鉴定产生相关费用的负担，考虑到医疗行为的专业性，二审法院酌定此费用在首钢医院和患者李×平之间按比例分担。

综上所述，原审法院参照鉴定意见，认定首钢医院存在医疗过错且认定该过错与李×平出现的过敏反应之间存在一定因果关系，属于认定事实及判定责任有误，二审法院依法予以纠正，首钢医院的上诉请求，有事实及法律依据，二审法院予以采纳。李×平的诉讼请求和理由，无事实和法律依据，二审法院不予采纳。

附：一审法院裁判理由：

原审法院认为：患者在诊疗活动中受到损害，医疗机构及其医务人员有过错的，由医疗机构承担赔偿责任。本案中，李×平在首钢医院住院治疗过程中的诊疗活动经法定程序由相关鉴定机构认定为存在医疗过错行为，且该过错行为与李×平出现的过敏反应之间存在一定的因果关系，首钢医院负有主要责任。虽然李×平、首钢医院均对鉴定结果部分存有异议，但是均未申请重新鉴定，亦未提交其他证据证实各自主张，故法院确认该鉴定机构鉴定结论有效，由首钢医院依80%的责任比例承担赔偿责任。

李×平主张医疗费13754.7元，提交了相应的住院单据。依据李×平、首钢医院确认的事实，8月4日之前发生的费用，即1384.1元的药物是治疗李×平自身疾病，故该部分应予以扣除，故李×平的该项请求应为12370.6元。李×平主张首钢医院应支付1384.1元中可以报销的费用，因该主张与本案并非同一法律关系，故本案不予处理，李×平、首钢医院可以另行解决。李×平主张住院伙食补助费2400元，请求数额过高，应按照住院25天计算，共计1250元。李×平主张营养费2400元，首钢医院不予认可。法院认为，李×平在住院期间发生严重的过敏反应，考虑到李×平年龄、具体病情，故对该项请求酌定为1250元。李×平主张护理费3600元，首钢医院认为李×平的病情无需护理。法院认为，李×平的过敏反应较重，出现了呼吸困难的情况，应予以护理，故对该项请求法院酌定为2500元。李×平主张打字复印费，首钢医院不予认可，法院认为该请求没有法律依据，故对该请求不予支持。以上各项费用，首钢医院按照其过失与李×平损失后果之间的80%承担相应的赔偿责任。李×平主张精神损害抚慰金20000元,首钢医院认为数额过高,法院综合考虑李×平的实际病情及愈合情况、对此酌定为2000元。

十二、原因力规则在医疗损害责任鉴定中如何体现

【医疗损害责任司法解释条文】

第十二条　鉴定意见可以按照导致患者损害的全部原因、主要原因、同等原因、次要原因、轻微原因或者与患者损害无因果关系，表述诊疗行为或者医疗产品等造成患者损害的原因力大小。

【导读】

原因力是违法行为或其他因素对于损害结果发生或扩大所发挥的作用力。原因力理论是近年来我国侵权责任法理论的重大成果，并已得到实践的广泛认定。在医疗损害责任纠纷中，患者损害与本人体质、疾病转归或者本人的过错情形等情形往往会存在密切联系。较其他类型侵权责任纠纷，原因力规则在医疗损害责任纠纷中的适用更具有普遍性和典型性。由于原因力问题在医疗损害责任纠纷的实践中的首先是一个专门性问题的认定问题，这往往需要共同鉴定来解决。但在当前有关鉴定方面法规规则对于原因力鉴定特别是原因力大小的表述并没有具体的规定，这也导致实际中有些鉴定意见对于原因力后果的表述五花八门，一方面影响了鉴定意见本身的公信力和权威性，另一方面也对于人民法院裁判案件如何采信该鉴定意见产生了很大困扰。本条针对实践中的问题，根据《中华人民共和国侵权责任法》有关原因力规则的基本理论，对医疗损害责任中诊疗过错行为与患者自身疾病等其他造成患者损害的原因之间的原因力大小区分了六

种情形予以规定，从而规范鉴定意见对原因力问题的写法，以便法院更准确的确定当事人之间的责任。

实践中对于原因力大小的认定中，有时还存在着与比较过错相混淆的问题，特别是在用参与度的表述中，通常是将比较过错也融入在内了，其在后果上相当于是对责任后果程度比例作了认定，比如有的地方直接叫作"医疗过失参与度"。严格地讲，这一表述并不严谨，原因力的重心在于因果关系要件中的多因一果中多因的作用力大小，虽然在与有过失或者存在第三人过错的情况下，这对于侵权人的过错的大小甚至有无有一定影响，但是过错认定以及比较过错的问题，其重心仍在过错这一构成要件上。本解释在起草过程中，经过深入调研论证，并综合各方意见，明确了"鉴定意见可以按照导致患者损害的全部原因、主要原因、同等原因、次要原因、轻微原因或者与患者损害无因果关系表述诊疗行为或者医疗产品等造成患者损害的原因力大小"的规则。一者，原因力问题不仅是一个事实判断问题，更是法律价值判断问题，鉴定意见对于原因力的表述最终将会对判决产生实质影响，故有关原因力的表述应该更多地侧重于法律价值判断。

对于本条的适用，首先要注意的是这是人民法院审判实践的角度对于规范鉴定意见对原因力问题的表述提出指引或者要求。同时，还有一个重要适用方面在于，从人民法院审查鉴定意见的角度，强调了医疗损害鉴定的鉴定意见可以按照导致患者损害的全部原因、主要原因、同等原因、次要原因、轻微原因或者与患者损害无因果关系表述原因力的具体情形。此表述大致可以细化为：（一）全部原因，指医疗损害后果完全由医疗过错行为造成，即医疗过错行为对损害后果的发生有100%的原因力；（二）主要原因，指医疗损害后果主要由医疗过失行为造成，其他因素起次要作用，医疗机构的过程诊疗行为对于损害后果有60%－90%作用的原因力；（三）同等原因，指医疗损害后果由医疗过失行为和其他因素共同造成，医疗机构对此有50%的原因力；（四）次要原因，指医疗损害后果主要由其他因素造成，医疗过错行为起次要作用，医疗机构应承担20%－40%左右的原因力；（五）轻微责任，指医疗损害后果绝大部分由其他因素造成，医疗过错行为起轻微作用，医疗机构具有不超过10%的原因力。

在此需要注意的是，本条规定之主旨既是为了规范鉴定意见的表述，也是要限定法官的自由裁量权，避免自由裁判权过大导致类案不同判而影响裁判的公信力。但是，本条所规定的六种情形仅是当前情况下，根据实践经验并综合各方意见的细化规定，在本条规定情况下法官仍有较大自由裁量权，这主要体现在主要原因和次要原因方面。一方面，这也是现实需要，个案情况千差万别，不可能要求法官千篇一律的"对号入座"式的裁判案件，这也是案件审判的司法规律的客观情况。另一方面，这也要求法官在处理相关案件时要以本条规定为前提，根据案件具体情况依法合理行使自由裁判权，从而做大最大限度的公平。

【相关法条】

《中华人民共和国侵权责任法》

第十二条　二人以上分别实施侵权行为造成同一损害，能够确定责任大小的，各自承担相应的责任；难以确定责任大小的，平均承担赔偿责任。

第二十六条　被侵权人对损害的发生也有过错的，可以减轻侵权人的责任。

第二十七条　损害是因受害人故意造成的，行为人不承担责任。

第二十八条　损害是因第三人造成的，第三人应当承担侵权责任。

《最高人民法院关于审理人身损害赔偿案件适用法律若干问题的解释》

第三条　二人以上共同故意或者共同过失致人损害，或者虽无共同故意、共同过失，但其侵害行为直接结合发生同一损害后果的，构成共同侵权，应当依照民法通则第一百三十条规定承担连带责任。

二人以上没有共同故意或者共同过失，但其分别实施的数个行为间接结合发生同一损害后果的，应当根据过失大小或者原因力比例各自承担相应的赔偿责任。

《医疗事故技术鉴定暂行办法》

第三十六条　专家鉴定组应当综合分析医疗过失行为在导致医疗事故损害后果中的作用、患者原有疾病状况等因素，判定医疗过失行为的责任程度。医疗事故中医疗过失行为责任程度分为：

（一）完全责任，指医疗事故损害后果完全由医疗过失行为造成。

（二）主要责任，指医疗事故损害后果主要由医疗过失行为造成，其他因素起次要作用。

（三）次要责任，指医疗事故损害后果主要由其他因素造成，医疗过失行为起次要作用。

（四）轻微责任，指医疗事故损害后果绝大部分由其他因素造成，医疗过失行为起轻微作用。

【典型案例】

1. 荀×甲与某市医院等医疗损害赔偿纠纷上诉案

——按照比较过错和原因力的规则，对医疗机构应当承担的赔偿责任；对患者的损害赔偿的赔偿标准，适用现行法律、司法解释的规定确定；给患者造成重大精神损害的，应当依法给予较高数额的精神抚慰金

案号：（2012）一中民终字第2508号

[裁判要点]

本案系按照依法作出的鉴定意见所认定的责任比例，按照比较过错和原因力的规则，对医疗机构应当承担的赔偿责任作出了判决。

关于残疾赔偿金的赔偿标准问题。根据《最高人民法院关于审理人身损害赔偿案件适用法律若干问题的解释》第二十五条的规定，残疾赔偿金根据受害人丧失劳动能力程度或者伤残等级，按照受诉法院所在地上一年度城镇居民人均可支配收入或者农村居民人均纯收入标准，自定残之日起

按二十年计算。患者一方提供了在北京市居住的证明,故对其残疾赔偿金的赔偿标准应按照北京市城镇居民计算。

关于误工费的赔偿。根据《最高人民法院关于审理人身损害赔偿案件适用法律若干问题的解释》第二十条第二款规定,患者不能举证证明其最近三年的平均收入状况的,人民法院可以参照受诉法院所在地相同或者相近行业上一年度职工的平均工资计算。对于患者不属于持续误工的情形,故其误工期限人民法院可以依法酌定。

关于精神抚慰金问题。本案中患者因本次医疗事故致子宫摘除,其之前并未生育子女,审理法院认为本次医疗事故对其造成的伤害不仅存在于身体,其精神也受到了巨大的伤害,该医疗机构应当就其过错行为给患者造成的难以弥合的精神伤害承担全部赔偿责任,并针对一审法院酌定精神抚慰金数额过低,二审法院调整为 50000 元。

[法条索引]

《中华人民共和国侵权责任法》第十六条、第二十二条

《最高人民法院关于审理人身损害赔偿案件适用法律若干问题的解释》第九条、第十七条、第十八条、第十九条、第二十条、第二十一条、第二十二条、第二十三条、第二十四条、第二十五条、第二十七条、第二十八条、第二十九条

《中华人民共和国民事诉讼法》第六十四条

[基本案情]

2009 年 11 月 12 日,荀×甲因一胎孕 7 个月发现胎儿畸形,遂到某市医院住院检查,查:T36.8℃,P102 次/分,某 P120/80mmHg,心律齐,腹膨隆,宫底脐上三指,胎心 140 次/分。入院后第二天 9:00 测心率 90 次/分,行雷夫诺尔 100mg 羊膜腔内注射,注射顺利,患者生命体征平稳,于 2009 年 11 月 15 日 4:10 胎儿娩出,娩出顺利,4:20 胎盘娩出,胎膜娩出不全,行清宫术,产后大出血,经过一系列保守治疗无效,向家属交代病情,行子宫全切术。考虑患者失血性休克 DIC,术后转上级医院进一步治疗。2009 年 11 月 15 日,荀×甲出院诊断:一胎孕 7 个月引产术后,产后出血,羊水栓塞?失血性休克,子宫切除术后。2009 年 11 月 15 日,

荀×甲到某医院住院，入院后给予抗感染，维持水、电解质的平衡，纠正贫血等对症支持治疗后，病情好转。2009年11月20日始出现睡眠差，11月23日晨3：00呕吐一次，为胃内容物，当时言语不清，5分钟后好转。此后出现反复呕吐，伴一次失语，意识清楚，张口困难，无头痛，大小便无失禁。给予甘油果糖250毫升静滴，症状可消失。查催提MR示：垂体内强化减低区。经内分泌科会诊考虑席汉氏综合征可能性大。化验某1功七项，性腺五项，某CTH、皮质醇节律无明显异常。行GnRH兴奋试验，低血糖兴奋试验提示：垂体前叶功能低下。2009年12月4日，荀×甲出院。出院诊断：席汉氏综合征，2/1宫内孕28+4周胎儿畸形引产产后，子宫切除术后，DIC，失血性休克。

一审法院审理期间，荀×甲主张某市医院与某医院在治疗过程中存在过错，某市医院提出申请进行医疗事故技术鉴定。2011年5月19日，北京市海淀区医学会出具京海医鉴字〔2011〕第某某号医疗事故技术鉴定书，鉴定结论为：根据《医疗事故处理条例》第二条、第四条，《医疗事故技术鉴定暂行办法》第三十六条及《医疗事故分级标准（试行）》的相关规定，专家组分析讨论意见为：某市医院的过失医疗行为与荀×甲的损害后果之间存在直接因果关系，构成医疗事故；因分娩本身也存在产后出血的风险，某市医院承担主要责任（75%）。某医院在对荀×甲的抢救及治疗过程中，诊断明确，救治及时，诊疗规范，医疗行为不存在过错。经专家组合议，认为荀×甲病例构成二级某1等医疗事故，某市医院承担主要责任（75%）。2011年6月20日，某市医院提出伤残等级评定申请。2011年9月29日，北京中衡司法鉴定所出具中衡司法鉴定所〔2011〕临床鉴字第某某某号司法鉴定意见书，鉴定意见为被鉴定人荀×甲的伤残等级属七级（赔偿指数40%）。

二审法院另查明，荀×甲自2008年6月11日至2009年6月11日居住、工作在北京市，并办理了相关合法居住手续。荀×甲要求某市医院266.66元，但未就荀丙、荀丁系丧失劳动能力又无其他生活来源向二审法院提交证据。荀×甲要求某市医院支付营养费1100元及误工费46000元，亦未就上述主张向二审法院提交充分证据。

二、裁判结果

一审法院判决：

一、本判决生效后七日内，某市医院向荀×甲赔偿医药费四万七千五百五十一元、住院伙食补助费八百二十五元、交通费三百七十五元、护理费六千元、残疾赔偿金十一万九千六百零四元、精神损害抚慰金二万二千五百元，以上共计十九万六千八百五十五元。

二、驳回荀×甲的其他诉讼请求。

二审法院判决：

一、撤销北京市海淀区人民法院（2010）海民初字第某某某号民事判决。

二、本判决生效后七日内，某市医院赔偿荀×甲医药费四万七千五百五十一元、住院伙食补助费八百二十五元、交通费三百七十五元、护理费六千元、残疾赔偿金十七万四千四百三十八元、误工费九千三百二十三元三角二分、精神抚慰金五万元，以上共计二十八万八千五百一十二元三角二分。

三、驳回荀×甲的其他诉讼请求。

三、裁判理由

法院生效裁判认为：公民享有生命健康权。侵害公民身体造成伤害的，应当承担相应的赔偿责任。某市医院作为治病防治、保障人民健康的卫生事业单位，应充分发扬救死扶伤的人道主义精神，运用其掌握的医疗技术为服务手段，保障人民的生命健康。虽然某市医院抗辩称：该院最终挽救荀×甲的生命，但恰恰是该院在对荀×甲的医疗过程中出现的重大过错行为，才出现危及荀×甲生命情形并最终导致其致残结果的发生，经鉴定：某市医院的医疗行为构成二级某1等医疗事故，承担75％的责任，故某市医院应在其责任比例内对荀×甲的损失进行赔偿。某医院在对荀×甲的抢救及治疗过程中，医疗行为不存在过错，故不承担民事责任。荀×甲的伤残等级属七级，赔偿指数40％，根据《最高人民法院关于审理人身损害赔偿案件适用法律若干问题的解释》第二十五条的规定，残疾赔偿金根据受害人丧失劳动能力程度或者伤残等级，按照受诉法院所在地上一年度城镇居民人均可支配收入或者农村居民人均纯收入标准,自定残之日起按二十年计算。荀×甲提供了在北京市居住的证明,故对其赔偿标准应按照北京市城镇居民计算,一审法院据此标准判决某市医院赔偿荀×甲伤残赔偿金正确,但在数额计算上有误,二审法院对此予以纠正。荀×甲所主张的误工损失,虽然没有提供误工证明,但根据荀×甲所受到的伤残情况,事必影响其工作并导致收入减少,根据《最高人民法院关于审理人身损害赔偿案件适用法律若干问题的解释》第二十条第二款规定,荀×甲不能举证证明其最近三年的平均收入状况,二审法院将参照北京市2010年度职工平均工资计算其误工损失,同时根据荀×甲伤残状况,其不属于持续误工,故其误工期限二审法院酌定为90日,即9323.32元。荀×甲因本次医疗事故致子宫摘除,其之前并未生育子女,故本次医疗事故对其造成的伤害不仅存在于身体,其精神也受到了巨大的伤害,某市医院应当就其过错行为给荀×甲造成的难以弥合的精神伤害承担全部赔偿责任,一审法院酌定精神抚慰金数额过低,二审法院酌定为50000元。荀×甲提出要求赔偿被抚养人生活费及营养费,因不能提供证据予以证明,且不符合法律规定的赔偿条件,二审法院不予支持。一审法院关于医疗费、住院伙食补助费、交通费、护理费的处理正确,二审法院予以维持。

附:一审裁判理由:

依据北京市海淀区医学会作出的京海医鉴字〔2011〕第某某号医疗事故技术鉴定书以及北京中衡司法鉴定所作出的中衡司法鉴定所〔2011〕临床鉴字第某某某号司法鉴定意见书,一审法院参照上述鉴定意见认定某市医院承担主要责任(75%),荀×甲的伤残等级属七级(赔偿指数40%)。某医院在对荀×甲的抢救及治疗过程中,诊断明确,救治及时,诊疗规范,医疗行为不存在过错。依据荀×甲向一审法院提交的医药费单据,某市医院应赔偿医药费47551元。荀×甲要求某市医院支付住院伙食补助费825元,于法有据,一审法院予以支持。其要求某市医院支付营养费1100元及误工费46000元,均未向一审法院提交充分证据,故一审法院对其该项诉讼请求不予支持。荀×甲要求某市医院支付交通费2000元,虽仅向一审法院提交了32元的交通票据,但依据荀×甲病情状况,一审法院酌情认定某市医院向荀×甲支付交通费375元（500×75%）。荀×甲要求某市医院支付护理费8000元，一审法院依据护理人员的收入状况以及荀×甲的伤残等级酌情认定某市医院支付护理费6000元（8000×75%）。依据《最高人民法院关于审理人身损害赔偿案件适用法律若干问题的解释》第二十五条的规定，残疾赔偿金根据受害人丧失劳动能力程度或者伤残等级，按照受诉法院所在地上一年度城镇居民人均可支配收入或者农村居民人均纯收入标准，自定残之日起按二十年计算。依据上述鉴定意见，一审法院认定某市医院应向荀×甲支付残疾赔偿金119604元（19934×20×40%×75%）。荀×甲要求某市医院支付被扶养人生活费51266.66元，未就被抚养人荀丙、荀丁系丧失劳动能力又无其他生活来源的成年近亲属一节向一审法院提交证据，故一审法院对其此项诉讼请求不予支持。依据《最高人民法院关于审理人身损害赔偿案件适用法律若干问题的解释》第十八条、《最高人民法院关于确定民事侵权精神损害赔偿责任若干问题的解释》第九条、第十条的规定以及荀×甲的伤残等级状况，一审法院酌情判定某市医院向荀×甲支付精神损害抚慰金22500元（30000某75%）。某市医院辩称其医疗行为不存在过错，不同意承担赔偿责任，未就其辩称向一审法院提交充分证据，故一审法院对其上述辩称不予采信。荀×甲要求某市医院支付精神损害抚慰金15万元，于法无据，一审法院不予支持。荀×甲要求某医院赔偿上述费用，于法无据，一审法院不予支持。

2. 游××等诉酉阳土家族苗族自治县某某医院等医疗损害责任纠纷案

——受害人因交通事故受伤后又因过错诊疗行为最终发生损害后果的，两侵权主体应当各自按照各自原因力大小承担按份责任；当事人对鉴定意见有异议的，可以依法申请人民法院通知鉴定人出庭作证

案号：（2012）酉法民初字第01703号

[裁判要点]

受害人在交通事故中受到伤害到医疗机构就诊后该医疗机构在对其实施诊疗行为时又有诊疗过错，受害人最终的死亡后果系由上述两个行为共同造成，人民法院依法认定此构成侵权人分别实施之无意思联络之二行为间接结合的"多因一果"侵权行为，应当按照两责任主体的过错及其侵权行为对损害后果原因力的大小承担按份责任。

当事人申请进行医疗损害鉴定的，需要依法垫付鉴定费，鉴定费最终由败诉方承担，鉴定人出庭作证费用的负担规则亦同。当事人对鉴定意见有异议申请重新鉴定，但不符合重新鉴定法定情形的，人民法院可以不予准许，但可以依法通知鉴定人出庭作证，该鉴定人出庭作证的费用，人民法院可以要求该申请重新鉴定的医疗机构先行垫付，并最终由败诉方承担。

对于依法委托的鉴定机构和鉴定人具有相应资质，鉴定程序合法，提交鉴定材料真实，对该鉴定意见应确认为真实有效。

[法条索引]

《中华人民共和国侵权责任法》第十二条、第十六条、第四十八条、第五十四条

《最高人民法院关于审理人身损害赔偿案件适用法律若干问题的解释》第二十条、第二十三条

《中华人民共和国民事诉讼法》第六十四条、第七十八条

《最高人民法院关于民事诉讼证据的若干规定》第二十七条

[基本案情]

2012年1月16日，被告田××驾驶号牌为渝HB7916的摩托车由本县后溪镇向龙潭镇方向行驶，行至西酬镇"王家坝"时，将路边的行人即本案死者白××撞伤。事故发生后，白××即被送往酉酬镇医院进行了检查，未查出伤情后回到家中。次日，因全身多处疼痛，白××来到酉阳县某某医院住院治疗，经诊断为"第十一肋骨骨折、全身多处软组织伤、冠心病"，住院4天后于1月21日出院。1月27日，白××因腹痛再次来到

酉阳县某某医院住院治疗，经诊断为"脾挫裂伤，腹腔内积液"；于当日进行脾脏切除手术。1月28日，白××突发胸闷、气促，经抢救无效于15时35分死亡。白××两次住院治疗共6天。经酉阳县公安局尸体检验，死亡诊断结果为"冠心病：心力衰竭，迟发性脾破裂"。原告方认为被告酉阳县某某医院在医疗过程中存在过错，故起诉至法院要求被告赔偿其死亡赔偿金、被抚养人生活费、精神抚慰金等共计616502元。

原告起诉至法院后，经法院委托，重庆市法医学会司法鉴定所于2012年12月28日做出了《司法鉴定意见书》，认定：酉阳县某某医院在对白××的医疗行为中存在过错；其过错行为与患者自身疾病为共同因素致患者死亡。原告垫付鉴定费用6500元。《司法鉴定意见书》送达后，被告酉阳县某某医院对该鉴定结论不服，向法院申请重新鉴定，法院于2013年3月18日通知鉴定人出庭参加诉讼，鉴定人当庭对被告酉阳县某某医院提出的争议问题进行了答复：

1. 酉阳县某某医院认为：白××1月17日住院期间无脾破裂征象，住院4天后系白××亲属主动要求出院，其已经告知相应的注意义务，医院已经尽到了延迟性脾破裂的注意义务，对此无过错。鉴定人陈述：第十一肋骨骨折与脾破裂在同一部位，医方应当考虑到脾破裂；鉴定中原告方提交了白××的CT片，在CT片中可以看出有脾脏裂口；白××入院时血红蛋白约为10克，低于成年男子13克至15克的标准，血红蛋白低1克的失血量约为200毫升，医院通过血红蛋白应当能够判断白××入院时已经失血过多。因此，酉阳县某某医院未尽到延迟性脾破裂的注意义务，存在过错。

2. 酉阳县某某医院认为：医院在医疗过程中对白××有输血记录，鉴定结论认定"一直未输血，存在过错"与事实不符。鉴定人陈述：在病人失血过多的情况下必须要输入红细胞血液或者是全血，而不是输血浆，但在病历的长期医嘱和临时医嘱中均未见输入相应血液的记录，只有输入800毫升血浆的记录。因此，酉阳县某某医院治疗脾破裂的措施不规范，存在过错。

3. 酉阳县某某医院认为：鉴定结论认为医院在治疗心衰过程中只用了

"速尿"与事实不符,医院另外还用了"西地兰"、"氨茶碱"等药物。鉴定人陈述:左心衰与右心衰治疗方法不一致,白××系左心衰,尽管医院用了多种药物,但有效的药物只有"速尿",且只用20毫升"速尿"也是远远不够的,甚至医院使用的"强心剂"等药物反而加速了患者左心衰。因此,酉阳县某某医院在治疗心衰过程中不规范,存在过错。

4. 酉阳县某某医院认为:白××曾于西南医院诊断为冠心病,酉阳县某某医院系二级甲等医院,无条件进行冠脉造影,根据西南医院的就诊情况诊断此次医疗中的次要诊断为冠心病符合当时的诊疗情况,医院对此无过错。鉴定人认为:酉阳县某某医院通过西南医院之前的诊断就认定白××为冠心病是不对的,患者在患冠心病过程中是可以通过治疗进行缓解或是恢复;酉阳县某某医院认为其无条件进行冠脉造影,但可以做心电图。因此,酉阳县某某医院诊断冠心病无依据,存在过错。

被告酉阳县某某医院垫付鉴定人出庭作证所花费的交通、食宿、误工等费用2500元。

针对被告酉阳县某某医院提出的重新鉴定申请,结合鉴定人庭审中的陈述,法院审查认为,该鉴定系法院委托,鉴定程序合法,提交鉴定材料真实,鉴定单位及鉴定人均具备相关资质,该结论应为真实有效,故对该重新鉴定申请不予准许。

庭审中,经法院释明后,原告方仍当庭陈述对交通事故部分(即田××责任部分)在本案中不作处理,本案由被告酉阳县某某医院按责任比例进行赔偿。鉴定人当庭陈述了鉴定结论中的"共同因素致患者死亡"即为白××的死亡结果系其自身的疾病与酉阳县某某医院的医疗过错行为各占50%责任。另针对西酬镇卫生院检查行为,重庆市法医学会司法鉴定所咨询意见为该卫生院无医疗过错。

另查明,交通事故发生后,白××所产生的医疗费用由被告田××结算,田××另外向原告方支付了30000元,被告某某公司酉阳支公司在交强险范围内向原告方赔付了110000元(死亡伤残责任限额赔偿)。交通事故发生后,公安机关未出具《道路交通事故认定书》。白××为城镇居民,原告游××系白××之妻,白×剑、白×妮系白××之子女,白××父母已于此前去世。

[裁判结果]

法院判决：

一、被告酉阳土家族苗族自治县某某医院赔偿原告死亡赔偿金、丧葬费、住院伙食补助费、交通费、护理费、精神抚慰金、鉴定费等各项损失226117.50元，限本判决生效后10日内履行；

二、鉴定人员出庭作证费用2500元，由被告酉阳土家族苗族自治县某某医院承担；

三、驳回原告其他诉讼请求。

[裁判理由]

法院认为，被告田××驾驶摩托车撞伤白××致其肋骨骨折、脾脏破裂，又因被告酉阳县某某医院"未尽观察注意义务""治疗措施不规范"等因素致白××死亡，有酉阳县公安局《尸检报告书》及医疗过错《司法鉴定意见书》等证据证实，可以认定。白××死亡结果系因上述二被告分别实施之无意思联络之二行为间接结合形成，属于"多因一果"之侵权行为。二原因力之作用结果可分，故两者间之责任形式为按份责任。重庆市法医学会司法鉴定所作出的《司法鉴定意见书》经庭审调查及质询表明，从鉴定资质、选择程序、鉴定材料等方面均符合真实、关联、合法性之要求，不具备重新鉴定之法定情形，故被告申请重新鉴定之理由依法不能成立。上述《司法鉴定意见书》应当作为本案定案证据，即对白××死亡结果，交通事故作用力与医疗过错作用力各负担50%之责任。原告在本案中不要求对交通事故责任部分进行判决，符合意思自治原则可予确认，据此认定被告酉阳县某某医院之责任份额为原告合理请求总额之50%。

原告合理损失为：1. 死亡赔偿金404994元；2. 丧葬费20021元；3. 住院伙食补助费，按本地国家机关工作人员报销标准20/天计算6天为120元；4. 护理费，按本地一般标准50/天计算6天为300元；5. 交通费，原告虽未举证但属必然费用，酌情支持300元；6. 精神抚慰金，根据本地经济水平支持20000元；7. 鉴定费6500元。另，原告游××有二成年子女，又无丧失劳动能力之事实，不符合赔偿"被扶养人生活费"法定情形，故对该项请求不予支持；原告主张的"办理丧事误工费"，不符《最高人民法院关于审理人身损害赔偿适用法律若干问题的解释》第二十条"误工费以受害人误工时间和收入状况"确定之规定，依法不能支持；原告主张"陪护人员住宿费"，不符上述司法解释第二十三条"外地治疗且不能住院"之情形，依法不能支持；原告主张的"办理丧事交通费、食宿费"概括于丧葬费赔偿范围，加之无证据证实均依法不予支持。综上所述，原告各项合理损失总计452235元，被告酉阳县某某医院应担责任额为226117.50元。

被告酉阳县某某医院关于本案应"先刑后民"之辩解理由，与查明事实不符，依法不能成立；侵权责任以过错与责任相当为原则，且本案损害结果系两种作用力所致，故被告关于"先扣除交强险责任限额后再对原告损失"分责之辩解理由不能成立；被告关于对司法鉴定结论之异议同上理由不再赘述。

十三、医疗损害责任纠纷中对于鉴定人出庭作证有什么具体要求

【医疗损害责任司法解释条文】

第十三条　鉴定意见应当经当事人质证。

当事人申请鉴定人出庭作证,经人民法院审查同意,或者人民法院认为鉴定人有必要出庭的,应当通知鉴定人出庭作证。双方当事人同意鉴定人通过书面说明、视听传输技术或者视听资料等方式作证的,可以准许。

鉴定人因健康原因、自然灾害等不可抗力或者其他正当理由不能按期出庭的,可以延期开庭;经人民法院许可,也可以通过书面说明、视听传输技术或者视听资料等方式作证。

无前款规定理由,鉴定人拒绝出庭作证,当事人对鉴定意见又不认可的,对该鉴定意见不予采信。

【导读】

2012年修正的《中华人民共和国民事诉讼法》第七十八条明确规定了鉴定人出庭作证的具体情形及相应法律后果。鉴定人出庭作证难的问题在更加依赖鉴定意见的医疗损害责任纠纷案件中更加突出,相应的规范鉴定人出庭作证程序对于医疗损害责任纠纷的处理就显得更加重要。为此,本条依据民事诉讼法的有关规定,在明确规定鉴定意见的质证要求的基础上,细化了医疗损害责任纠纷中鉴定人出庭作证的程序要求。

关于鉴定意见的质证问题。这是鉴定人出庭作证的前提条件。本条按

照证据质证的基本原则，明确规定了"鉴定意见应当经当事人质证"的规则。这是顺应 2012 年《中华人民共和国民事诉讼法》修改明确鉴定意见仅是一种意见性证据而非不可推翻的结论这一重大变化的必然要求。《中华人民共和国民事诉讼法》第六十三条将原来的"鉴定结论"修改为"鉴定意见"。第六十八条规定："证据应当在法庭上出示，并由当事人互相质证。对涉及国家秘密、商业秘密和个人隐私的证据应当保密，需要在法庭出示的，不得在公开开庭时出示。"作为认定事实根据的证据，原则上必须在法庭上出示并经双方对质后才可作为认定案件事实的依据。

关于鉴定人出庭作证义务的问题。《中华人民共和国民事诉讼法》第七十八条明确规定了鉴定人出庭作证的义务，本条第二款据此也作了明确规定。当事人申请鉴定人出庭作证，经人民法院审查同意，或者人民法院认为鉴定人有必要出庭的，应当通知鉴定人出庭作证。同时，本着对当事人处分权的尊重，如果双方当事人都同意鉴定人不出庭作证，则可以通过书面说明、视听传输技术或者视听资料等方式作证。在本解释起草过程中，为保证庭审顺利进行，给另一方当事人必要的准备时间，当事人对鉴定意见有异议的，应当提前一段时间告知人民法院。由于具体案件情况千差万别，本条最终并未具体规定提前几日告知的情况，实践中可以参考民事诉讼法及《最高人民法院关于适用〈中华人民共和国民事诉讼法〉的解释》有关开庭前 3 日的做法，但也可根据案件具体情况而有所差别。

关于鉴定人因正当理由不能出庭的问题。考虑到鉴定意见对医疗纠纷处理结果的重要影响，以及鉴定人相当于证人的诉讼地位，鉴定人也有存在正当理由不能出庭的情形，在特定情形下证人不能出庭的，鉴定人也不能出庭。因此，本条参考《中华人民共和国民事诉讼法》第七十三条规定的证人不能出庭的正当理由，对鉴定人不能出庭的正当理由作出了规定。《中华人民共和国民事诉讼法》第七十三条规定："经人民法院通知，证人应当出庭作证。有下列情形之一的，经人民法院许可，可以通过书面证言、视听传输技术或者视听资料等方式作证：（一）因健康原因不能出庭的；（二）因路途遥远，交通不便不能出庭的；（三）因自然灾害等不可抗力不能出庭的；（四）其他有正当理由不能出庭的。"在审判实践中，证人可能会存在路途遥远、交通不便的情形，但鉴定人通常不会存在这一问题，故本条将这一理由删除，而仅是列举了健康原因、自然灾害等不可抗力及其他正当理由的情形。

关于鉴定人因正当理由不能出庭的处理结果问题。本条根据调研意见规定了人民法院可以根据情况决定延期开庭审理。理由在于，鉴定意见对于医疗纠纷处理结果的重要影响，如果鉴定人确因正当理由不能出庭，一概对此鉴定意见不予采信，不仅会影响案结事了目的的实现，会给当事人造成诉累，也与《中华人民共和国民事诉讼法》第七十八条规定的"鉴定人拒不出庭作证的，鉴定意见不得作为认定事实的根据"不符。因此，对于鉴定人因正当理由不能出庭的，有必要给予一定的缓冲程序。我们认为，由于鉴定意见的采信与否事关案件结果的根本性问题，在鉴定意见已经客观存在的情况下，对于鉴定人不能出庭作证的后果，首先要通过一个延期开庭的程序，来给予当事人或者相关人员以补正的机会。但如果经过延期开庭，鉴定人仍不出庭作证，这时在有关正当理由已经不存在时，或者人民法院根据诉讼诚信原则综合审查不具备正当理由的情况下，应当认定为构成拒不出庭作证，而应承担相应不利法律后果。

【相关法条】

《中华人民共和国民事诉讼法》

第六十八条　证据应当在法庭上出示，并由当事人互相质证。对涉及国家秘密、商业秘密和个人隐私的证据应当保密，需要在法庭出示的，不得在公开开庭时出示。

第七十三条　经人民法院通知，证人应当出庭作证。有下列情形之一的，经人民法院许可，可以通过书面证言、视听传输技术或者视听资料等方式作证：

（一）因健康原因不能出庭的；

（二）因路途遥远，交通不便不能出庭的；

（三）因自然灾害等不可抗力不能出庭的；

（四）其他有正当理由不能出庭的。

第七十七条　鉴定人有权了解进行鉴定所需要的案件材料，必要时可以询问当事人、证人。鉴定人应当提出书面鉴定意见，在鉴定书上签名或者盖章。

第七十八条　当事人对鉴定意见有异议或者人民法院认为鉴定人有必要出庭的，鉴定人应当出庭作证。经人民法院通知，鉴定人拒不出庭作证的，鉴定意见不得作为认定事实的根据；支付鉴定费用的当事人可以要求返还鉴定费用。

第一百三十六条　人民法院审理民事案件，应当在开庭三日前通知当事人和其他诉讼参与人。公开审理的，应当公告当事人姓名、案由和开庭的时间、地点。

《最高人民法院关于民事诉讼证据的若干规定》

第二十七条　事人对人民法院委托的鉴定部门作出的鉴定结论有异议申请重新鉴定，提出证据证明存在下列情形之一的，人民法院应予准许：

（一）鉴定机构或者鉴定人员不具备相关的鉴定资格的；

（二）鉴定程序严重违法的；

（三）鉴定结论明显依据不足的；

（四）经过质证认定不能作为证据使用的其他情形。

对有缺陷的鉴定结论，可以通过补充鉴定、重新质证或者补充质证等方法解决的，不予重新鉴定。

【典型案例】

1. 张×卿等与中国医学科学院北京协和医院医疗损害责任纠纷案

——当事人可以依法申请鉴定人出庭接受质询；医疗机构在尸检问题上对患者一方告知不足，但此与患者死亡后果无因果关系的，不能据此判决医疗机构承担赔偿责任

案号：（2015）二中民终字第06651号

[裁判要点]

当事人经法院合法传唤，无正当理由，拒不到庭的，视为其放弃举证、质证的权利，此即可适用于一审程序，也可以适用于二审程序。

当事人对于鉴定人依法作出的鉴定意见有异议，可以申请人民法院通知鉴定人出庭接受询问。鉴定人应当出庭对患者一方的质疑予以解答。当事人在鉴定人出庭接受询问后仍对鉴定意见有异议申请重新鉴定，但其没有提供足以使法官对上述鉴定意见书产生合理怀疑的证据，也没有提供证据证实存在启动重新鉴定程序的法定情形。故人民法院对其重新鉴定申请不予支持，对上述鉴定意见的证明效力予以认定。

医疗机构存在尸检问题上告知不足的问题，但其诊疗行为符合诊疗常规，且该告知不足与患者死亡的后果无因果关系，故不能据此判决医疗机构承担赔偿责任。

[法条索引]

《中华人民共和国侵权责任法》第五十五条、第五十八条

《最高人民法院关于民事诉讼证据的若干规定》第二十七条

[基本案情]

何××出生于1915年2月5日，共有子女5人，分别为张×卿、张×儒、张×学、张×琴与张×伦（已于2004年7月13日死亡）。张×伦与其妻王××生有一女张××。张××明确表示不参加本案诉讼。

2012年1月11日晚，患者何××因发热、恶心呕吐前往协和医院急诊治疗。入院诊断为：发热原因待查，肺感染，高血压Ⅲ级。2012年1月13日，何××因高热、寒战转入急诊抢救室进行治疗。2012年1月24日，何××因病情危重，抢救无效死亡。死亡原因为：肺部感染。死亡诊断为：肺部感染，冠心病，急性心肌梗塞，高血压病。

张×卿等人于何××死亡当天并未就死亡原因提出异议。

一审法院审理中，张×卿等人认为协和医院违反诊疗常规、用药不当，造成何××死亡，申请进行医疗过错鉴定，法院委托中天司法鉴定中心对协和医院对何××的诊疗行为是否存在过错，如存在过错，该过错与

损害后果有无因果关系及责任程度进行鉴定。2014年9月11日，该中心出具鉴定意见书，该鉴定意见书就协和医院对何××的诊疗行为及用药等问题进行了分析，其中分析说明部分载明：1.本例未行尸体解剖，病理死因不明。据现有病史资料，考虑患者何××肺部感染致呼吸循环衰竭死亡。肺炎是老年人最常见的严重感染，老年人低营养状态、免疫功能减退是老年人亦遭感染的全身性因素，肺的退化和功能低下是发病的局部因素，同时老年人多合并其他脏器的疾病或功能低下，老年人肺炎不单发病率高，病死率也高。感染对老年人可以是致命的，合理的抗菌治疗即使控制了感染也无法逆转衰弱的脏器生理功能和挽回生命。2.据实验室检查结果，患者存在低血钾，医方给予补钾治疗符合诊疗原则，发现血钾升高后停止补钾符合诊疗原则，患者血钾回落到正常范围。患者血钾最高值稍高于正常值上限，为轻度高钾血症，对患者病情无明显影响，与死亡无关。3.抗生素治疗理论上最好根据痰、血培养和药物敏感试验结果来选择，但在获得结果前，须及时按既往临床细菌学调查结果制定的经验治疗方案治疗。患者前期用拜复乐抗炎治疗，体温控制有效，但1月22日病情变化，不除外院内感染的可能性，且短期内不能获得细菌培养结果，经验性更换拜复乐而使用美平不违反诊疗原则，且体温有所回落。4.患者血压升高后，医方给予三硝静脉泵入，不违反诊疗原则，患者血压回落。5.患者在抗炎的基础上，病情出现反复，临终时表现为心率、血氧下降，意识障碍，最终脉搏血氧测不出，死亡，据此，临床分析为肺部感染加重符合临床逻辑推理。6.患者死亡后，医方未行尸检告知，视为过错。鉴定意见为本例未行尸体解剖，病理死因不明。据现有材料，考虑患者何××肺部感染致呼吸循环衰竭死亡。协和医院存在一定过错，但与其死亡无关。张×卿等人垫付了鉴定费8000元。

经一审法院主持双方当事人针对上述鉴定意见书进行质证。张×卿对鉴定意见书持有异议，要求鉴定人出庭接受质询。鉴定人出庭接受质询后，对张×卿提出的诸多异议进行了解答，并表示坚持鉴定意见。张×卿等人支付了鉴定人出庭费1200元。其后，张×卿等人对鉴定结论仍有异议，但未提供反证。

张×卿等人就其主张的医药费损失，提供两张票据，金额分别为

17815.53 元和 260 元（救护车费）。协和医院对上述票据的真实性认可，但不同意赔偿。张×卿未就其主张的营养费提供证据。

二审法院审理中，张×卿虽主张鉴定意见书存在错误，但未能提供足以推翻该鉴定意见书的证据。其虽申请重新鉴定，但未能提供证据证实存在启动重新鉴定的法定情形。另，张×卿认可家属在何××死亡当天并未就死因提出质疑，五、六天后才找协和医院相关部门反映情况，而尸体停放3天就火化了。在鉴定程序中其就上诉涉及的协和医院诊疗过程中的问题已向鉴定人陈述，且鉴定人出庭接受质询时也就其所述问题予以解答，只是其不认可鉴定意见书及鉴定人的答复意见。另，张×琴、张×儒、张×学经二审法院合法传唤，未出庭应诉。

［裁判结果］

　　一审法院判决：

　　驳回张×卿、张×儒、张×学、张×琴的诉讼请求。

　　二审法院判决：

　　驳回上诉，维持原判。

［裁判理由］

　　当事人经法院合法传唤，无正当理由，拒不到庭的，视为其放弃举证、质证的权利。张×琴、张×儒、张×学经二审法院传票传唤，没有出庭，二审法院视为其放弃相应的诉讼权利。

　　患者在诊疗活动中受到损害，医疗机构及其医务人员有过错的，由医疗机构承担赔偿责任。因医疗机构的医疗行为而构成侵权的，患者要求医疗机构承担民事责任必须满足以下条件：医疗机构实施了医疗行为，患者受到损害；患者的损害是由医疗行为引起的或两者之间存在因果关系；医疗机构在实施医疗行为时主观上存在过错。由于医疗损害责任纠纷涉及医学专业问题，司法鉴定机构针对医疗机构医疗行为进行的评价，形成的司法鉴定意见书往往成为人民法院审理此类纠纷的重要证据。

　　本病例已经由中天司法鉴定中心就协和医院对患者何××的诊疗行为是否存在过错，何××死亡的后果与该院的诊疗行为之间是否存在因果关系依照经过双方质证封存的病历材料进行了鉴定，该中心不仅出具了司法鉴定意见书，且鉴定人出庭针对张××卿的质疑予以解答。现张××卿虽仍对鉴定意见书持有异议、申请重新鉴定，但其没有提供足以使法官对上述鉴定意见书产生合理怀疑的证据，且没有提供证据证实存在启动重新鉴定程序的法定情形。故二审法院对其重新鉴定申请不予支持，对上述鉴定意见书的证明效力予以认定。

根据上述鉴定意见书可以确认，协和医院仅在尸检问题上存在告知不足的问题，其他诊疗行为符合诊疗常规，且该告知不足与何××的死亡无因果关系。特别是从二审期间张××卿自认情况看，张××卿简述在何××死亡当天并未就死亡原因提出质疑，其后代再向相关部门反映时，尸体已经火化，不具备进行尸检的条件。张××卿等人的全部诉讼请求因证据不足，不能被支持。一审法院根据鉴定意见书判决驳回张××卿等人的诉讼请求，是适当的。现张××卿提出的上诉意见，因缺乏证据支持，二审法院实难支持。

综上，一审判决正确，二审法院予以维持。

附：一审法院裁判理由：

原审法院经审理认为：根据所查明的事实，患者何××因病至协和医院就诊，后不治死亡。根据鉴定部门的鉴定意见，协和医院虽存在一定过错，但与何××的死亡无因果关系，故张××卿等人要求协和医院赔偿的诉讼请求，缺乏依据，法院不予支持。鉴于协和医院存在一定过错，鉴定费用应由其负担。据此，原审法院于2014年11月判决：驳回张××卿、张××儒、张××学、张××琴的诉讼请求。

2. 郑×与华北电网有限公司北京电力医院医疗损害责任纠纷案

——医疗机构未尽到告知义务但此与患者的损害后果无因果关系的，不承担赔偿责任，但可以根据案件具体情况酌判医疗机构给予患者适当补偿

案号：（2014）二中民终字第10590号

[裁判要点]

医疗机构未尽到告知义务时是否要承担侵权责任，要以符合医疗损害责任的构成要件为前提，这不仅要求医疗机构存在未尽告知的过错，还要有该过错行为与损害后果之间有因果关系的要件。医疗机构仅存在未尽到告知义务的过错，但该过错行为与患者的损害后果无因果关系的，医疗机构不承担责任。

至于医疗机构是否尽到告知义务以及医疗机构的诊疗行为包括未尽告知义务与患者损害后果是否有因果关系的问题，也涉及医学专业问题，往往需要通过申请鉴定来解决，鉴定意见书是人民法院审理此类纠纷的重要证据。法院审理本案过程中，已经按照法定要求，组织双方当事人对涉案病历材料进行了质证、封存，并移送鉴定机构作为检材使用。鉴定机构和鉴定人依照法定程序进行了鉴定，并出具了鉴定意见书。当事人对该鉴定意见提出异议，但未提供证据予以证明，故法院对此鉴定意见书的证据效力予以确认，并最终根据该鉴定意见书的内容，确认医疗机构在对患者的诊疗过程中虽然存在告知不充分的过错，但该过错行为与患者的不良后果之间无因果关系。故该医疗机构依法不承担赔偿责任。但法院根据患者在诊疗行为后的不良后果、生活状况及医疗机构未尽到充分告知义务的过错，酌情判令医疗机构给予患者一定数额的补偿，以在法律规定框架内平衡医患利益，尽量维护和谐医患关系的构建。

[法条索引]

《中华人民共和国侵权责任法》第五十四条、第五十五条

[基本案情]

2011年10月18日，郑×因"8月前无明显诱因发现夜尿增多，伴尿频尿急症状，及排尿不尽感，无肉眼血尿，无发热，近3月来患者夜尿增多，多达10次每夜，尿频尿急症状加重"，门诊以"前列腺增生"收治至电力医院。同年10月28日，电力医院为其实施了"经尿道前列腺电切术"。翌日，郑×前列腺穿刺病理回报为前列腺增生，引流通畅，尿色淡黄。同年11月8日，术后病理回报为前列腺癌，电力医院考虑此癌为偶发

癌给予郑×行诺雷德及氟他胺治疗。同年 11 月 9 日，郑×出院。2012 年 9 月 7 日，郑×到北京大学第三医院泌尿外科就诊，诊断为：尿失禁。后郑×陆续到北京大学第三医院、电力医院、广安门医院、大兴区医院、广外医院、北京协和医院就医，扣除医保报销部分，其共支付医疗费 2167.24 元。

原审法院审理中，郑×申请法院委托中天司法鉴定中心对电力医院的诊疗行为是否有过错、过错参与度及其伤残等级、营养期、护理期、休息期进行鉴定。2014 年 4 月 28 日，该中心出具司法鉴定意见书，载明：1. 电力医院对患者郑×术前的前列腺增生诊断无误。具备手术指征。2. 电力医院在术前行检查时发现患者 PSA 升高后，随即进行了前列腺活检符合医疗规范。3. 术后病理为"前列腺癌"与术前活检不符，反映出临床医学发展的局限性及临床病情的复杂性，电力医院无过错。4. 电力医院术前已经预见可能发生尿失禁的并发症，但在术前告知书中没有明确提出，视为存在术前告知不到位的过错。但该过错与患者的损害后果无关。综上所述：电力医院在对郑×的诊疗过程中存在告知不充分的过错，该过错与患者的不良后果之间无因果关系。郑×支付鉴定费 8000 元。

经原审法院组织双方当事人对上述鉴定意见书进行质证，双方均表示无异议。

二审审理过程中，郑×虽对司法鉴定意见书提出异议，但没有提供相关证据佐证。

[裁判结果]

一审法院判决：

一、华北电网有限公司北京电力医院于判决生效后十日内补偿郑×二万元；

二、驳回郑×其他诉讼请求。如果未按判决指定的期间履行给付金钱义务，应当依照《中华人民共和国民事诉讼法》第二百五十三条之规定，加倍支付迟延履行期间的债务利息。

二审法院判决：

驳回上诉，维持原判。

[裁判理由]

法院生效裁判认为：《中华人民共和国侵权责任法》第五十四条规定，患者在诊疗活动中受到损害，医疗机构及其医务人员有过错的，由医疗机构承担赔偿责任。第五十五条规定，医务人员在诊疗活动中应当向患者说明病情和医疗措施。需要实施手术、特殊检查、特殊治疗的，医务人员应当及时向患者说明医疗风险、替代医疗方案等情况，并取得其书面同意；不宜向患者说明的，应当向患者的近亲属说明，并取得其书面同意。医务人员未尽到前款义务，造成患者损害的，医疗机构应当承担赔偿责任。

对于《中华人民共和国侵权责任法》第五十五条的适用，仍应考虑侵权责任的构成要件，即行为人是否存在过错、是否存在损害后果及过错与损害后果之间是否存在因果关系。由于医疗纠纷涉及医学专业问题，一般需由专门机构对医疗行为是否存在过错及与患者所诉的损害后果之间是否存在因果关系进行评判。司法鉴定意见书是人民法院审理此类纠纷的重要证据。原审法院审理本案过程中，已经按照规定程序，组织双方当事人对涉案病历材料进行了质证、封存，并移送中天司法鉴定中心作为检材使用。该中心按照相关程序对本病例进行了鉴定，并出具了鉴定意见书。双方当事人对该鉴定意见书均予以认可，二审法院对该鉴定意见书的证明效力予以确认。根据该鉴定意见书可以确认，电力医院在对郑×的诊疗过程中虽然存在告知不充分的过错，但该过错与郑×的不良后果之间无因果关系。郑×以其诉请理由要求电力医院承担赔偿责任，依据不足，二审法院实难支持。现原审法院考虑尿失禁对郑×生活的影响及电力医院未尽到充分告知义务的过错，酌情判令电力医院给予郑×一定数额的补偿，并无不当，二审法院予以维持。郑×针对其上诉意见，没有提供新证据，其上诉请求依据不足，二审法院无法支持。

附：一审裁判理由：

一审法院经审理认为：根据法律规定，医务人员在诊疗活动中应当向患者说明病情和医疗措施。需要实施手术、特殊检查、特殊治疗的，医务人员应当及时向患者说明医疗风险、替代医疗方案等情况，并取得其书面同意；不宜向患者说明的，应当向患者的近亲属说明，并取得其书面同意。医务人员未尽到前款义务，造成患者损害的，医疗机构应当承担赔偿责任。此条款的适用仍然需要从侵权责任构成要件的角度分析，不仅需要考察行为人是否存在过错，是否存在损害后果，并且需要考察过错与损害后果之间的因果关系等侵权责任构成要件是否具备。本案中，电力医院在术前告知书中关于手术后可能发生的问题告知不充分，未将术后可能发生尿失禁的风险告知患者，但与郑×现在的损害后果没有因果关系，不应认定电力医院侵权。但考虑到郑×年岁较大，尿失禁对其生活的影响，以及电力医院未尽到充分告知义务的过错，应对郑×进行补偿，具体补偿数额由一审法院酌情予以认定。故对郑×要求电力医院赔偿各项损失的诉讼请求，一审法院不予支持。

十四、专家辅助人提出意见及其证据效力

【医疗损害责任司法解释条文】

第十四条 当事人申请通知一至二名具有医学专门知识的人出庭,对鉴定意见或者案件的其他专门性事实问题提出意见,人民法院准许的,应当通知具有医学专门知识的人出庭。

前款规定的具有医学专门知识的人提出的意见,视为当事人的陈述,经质证可以作为认定案件事实的根据。

【导读】

专家辅助人又被称为技术顾问,在学理上可以分为"为法院服务的技术陪审员"和"为当事人服务的技术顾问"。技术陪审员的职责在于协助法院处理其掌握技术和经验之事项,他必须完全忠实于法院、忠实于科学。[①]《最高人民法院关于民事诉讼证据的若干规定》明确规定了专家辅助人制度,经过十余年司法实践,取得了积极效果,2012年修正后的《中华人民共和国民事诉讼法》将这 制度吸收到法律当中。基于医疗损害纠纷案件本身的专业性特点,在《中华人民共和国民事诉讼法》及《最高人民法院关于适用〈中华人民共和国民事诉讼法〉的解释》有关规定的基础上,本解释细化规定了专家辅助人制度。

关于专家辅助人的诉讼地位。现行法律对专家辅助人在诉讼活动中的

---

① 卞建林、郭志媛:《规范司法鉴定程序之立法势在必行》,载《中国司法鉴定》2005年第4期。

地位并没有做出明确的规定。有一种意见认为，专家辅助人的身份具有二重性：一方面，具有当事人的证人身份，审判人员和当事人可以对出庭的具有专门知识的人员进行询问。经人民法院准许，可以由当事人各自申请的具有专门知识的人员就有关案件中的问题进行对质。另一方面，又具有类似于当事人的律师身份，这特别体现在，"具有专门知识的人员可以对鉴定人进行询问"。① 我们认为，此种说法有一定道理，专家辅助人与证人、代理人作为诉讼参加人，他们之间肯定存在一定的相似性，但是不可将他们混淆。对于专家辅助人的诉讼地位，《最高人民法院关于适用〈中华人民共和国民事诉讼法〉的解释》在总结以往审判实践经验，综合各方意见的基础上，对上述问题做了明确。其中，第一百二十二条规定："当事人可以依照民事诉讼法第七十九条的规定，在举证期限届满前申请一至二名具有专门知识的人出庭，代表当事人对鉴定意见进行质证，或者对案件事实所涉及的专业问题提出意见。具有专门知识的人在法庭上就专业问题提出的意见，视为当事人的陈述。人民法院准许当事人申请的，相关费用由提出申请的当事人负担。"即专家辅助人系一方当事人的诉讼辅助人，其陈述的意见仅限于与案件事实有关的自身专门知识的范畴，在性质上属于当事人陈述的类型。

基于医疗损害责任纠纷中医患双方之间的矛盾往往比较尖锐，医疗损害责任纠纷事实认定难，案件处理也比较难，尤其是医学的专业性，大多数医疗损害责任纠纷都需要通过鉴定程序解决，而且患者一方往往处于信息不对等的状态，专家辅助人制度在医疗损害责任纠纷的处理中就显得尤为重要。为弥补当事人举证能力的不足以及增强对鉴定意见进行质证的能力，充分发挥庭审作用，按照《中华人民共和国民事诉讼法》第七十九条以及《最高人民法院关于适用〈中华人民共和国民事诉讼法〉的解释》的有关规定，对医疗损害责任纠纷中的专家辅助人制度作了明确规定。本条规定的目的在于，一方面，从功能导向上首先是要在医疗损害责任纠纷中对专家辅助人制度做一重点强调，以在导向上鼓励和推动当事人在医疗损

---

① 常林：《司法鉴定与"案结事了"》，载《证据科学》2009 年第 5 期。

害责任纠纷中更多地运用专家辅助人,来进一步实现庭审实质化,从而助力矛盾纠纷的彻底化解。另一方面,从内容上,本条对民事诉讼法规定的专家辅助人制度也作了进一步的细化,使之更加可操作性。

具体而言,医疗损害责任纠纷中的专家辅助人的基本资质要求应该是要具备医学专门知识,通常而言,应该是医学专家。但对于何为医学专家,则没有具体明确标准,审判实务中对此也不宜作统一明确界定,在具体案件中可以按照医疗卫生有关职称评价规则或者行业标准做一判断。在此要注意的是,这里的专家要求是具备医学专门知识,在理解上应该包括诊疗、护理、药学、医疗器械及其他医疗产品、输血方面的专家。依据本条规定,专家辅助人发表意见的范围包括但不限于鉴定意见,还可以是某些专业问题,比如有关诊疗过错及因果关系问题、某些疑难的法律适用问题等,但无论如何,专家辅助人的陈述都要限定在事实认定方面,有关法律适用问题,则要由人民法院依法作出相应的价值判断。依据《中华人民共和国民事诉讼法》第七十九条以及《最高人民法院关于适用〈中华人民共和国民事诉讼法〉的解释》第一百二十三条第二款的规定,专家辅助人出庭的活动范围仅限于专门性问题的事实查明,超出这一范围的其他问题,专家辅助人不能参与。此外,启动专家辅助人出庭提出意见程序必须具备当事人申请和人民法院审查批准两个条件:一是当事人提出申请;二是人民法院依法通知。我们认为,虽然此并无并没有关于人民法院批准的要求,但人民法院在当事人申请专家辅助人出庭后,还是有必要对当事人的申请进行必要的审查,以保证专家辅助人出庭提出意见程序的规范性,避免诉讼过程无味的拖延。

关于对专家辅助人的询问规则。《最高人民法院关于适用〈中华人民共和国民事诉讼法〉的解释》第一百二十三条明确规定了专家辅助人出庭接受询问的具体规则及相应要求。如上所述,专家辅助人的诉讼地位为诉讼辅助人,其在庭审中所作的陈述视为申请其到庭的一方当事人本人的陈述,因此,对于专家辅助人出庭接受询问的规则应当适用对当事人本人的询问规则。而在我国的审判实践中,对当事人的询问规则与对证人的询问规则大致相同。这些规则同样适用于对专家辅助人的询问。就询问主体而言,庭审中,本案的审判人员可以对专家辅助人进行询问,当事人也可以对专家辅助人进行询问。一种意见认为,这里的当事人应当是对方当事人,申请专家辅助人的当事人,其在专门性问题上的意见已经被其所申请出庭的专家辅助人所代表,故再逻辑上不必再对其申请的专家辅助人进行询问。我们认为,在具体审判实践中,若本方当事人询问其申请出庭的专家辅助人,是否准许可以交由法庭根据案件具体情况确定。对于双方当事人均申请专家辅助人的,则在法庭准许后,可以对对方当事人所申请的专家辅助人进行询问。此外,在法庭准许的情况下,专家辅助人之间对有关专门性问题的意见存在分歧的,可以相互进行质疑、辩论。

【相关条文】

《中华人民共和国民事诉讼法》

第七十九条 当事人可以申请人民法院通知有专门知识的人出庭,就鉴定人作出的鉴定意见或者专业问题提出意见。

《最高人民法院关于适用〈中华人民共和国民事诉讼法〉的解释》

第一百二十二条 当事人可以依照民事诉讼法第七十九条的规定,在举证期限届满前申请一至二名具有专门知识的人出庭,代表当事人对鉴定意见进行质证,或者对案件事实所涉及的专业问题提出意见。

具有专门知识的人在法庭上就专业问题提出的意见,视为当事人的陈述。

人民法院准许当事人申请的,相关费用由提出申请的当事人负担。

第一百二十三条 人民法院可以对出庭的具有专门知识的人进行询问。经法庭准许,当事人可以对出庭的具有专门知识的人进行询问,当事人各自申请的具有专门知识的人可以就案件中的有关问题进行对质。

具有专门知识的人不得参与专业问题之外的法庭审理活动。

【典型案例】

首都医科大学附属北京同仁医院与张××等医疗损害责任纠纷案

——当事人就医疗损害责任有关鉴定意见的问题，可以申请鉴定人出庭作证，也可以申请专家辅助人出庭就鉴定意见或者其他专门性事实问题提出意见

案号：（2015）二中民终字第 02572 号

[裁判要点]

诊疗行为往往涉及专业性较强的技术性问题，有必要通过申请鉴定来进行解决，故鉴定意见是处理医疗损害责任纠纷案件的重要依据。人民法院依法委托有关鉴定机构和鉴定人进行鉴定并有他们做出的鉴定意见，当事人没有足以推翻的证据和理由的，可以认定其证明力。本案中，审理法院最终依据合法有效的鉴定意见认为的医疗机构的过错诊疗行为与患者右肾切除有因果关系，建议承担共同责任，并参考病历资料等证据，认定医疗机构承担50%的赔偿责任。

当事人主张鉴定程序违法，比如对于鉴定人未适用回避制度而申请重新鉴定的，应当承担相应的举证证明责任。当事人对于鉴定意见有异议，可以申请鉴定人出庭接受质询。当事人也可以就有关专门事实问题申请专家辅助人出庭。当事人对于申请鉴定人出庭作证还是申请专家辅助人，在一审程序和二审程序中均可以，人民法院依法审查后可以予以准许。申请专家辅助人的当事人，既可以是原告方，也可以是被告方，即使该方当事人已经申请鉴定人出庭接受质询的，仍然可以申请专家辅助人出庭作证。

[法条索引]

《中华人民共和国民事诉讼法》第七十八条、第七十九条

[基本案情]

2011年8月11日，张××因"右肾积水"入同仁医院住院治疗。8月17日，张××签署手术知情同意书，上载拟行手术"右肾盂输尿管连接部成形术"。8月18日，同仁医院为张××行"右肾异位动脉结扎术、右输尿管粘连松解术"。术后第2天，张××出现发热，同仁医院给予了相应治疗。8月25日，张××出院。

2011年9月21日，张××至同仁医院进行超声检查，超声所见：右侧肾盂肾大盏扩张，最宽处约5.1cm，自肾下极旁见迂曲管状液性回声，延伸至皮下（原引流口瘢痕处），最宽径约7.0cm，深侧内见细密光点。超声诊断：右肾积水，右肾周积液，性质待定。2011年10月20日，张××签署手术同意书，同仁医院拟为其行"B超引导下切口积液穿刺或切开引流术"。2011年10月21日，张××再次在同仁医院进行超声检查，超声所见：右侧肾盂肾大盏扩张，最宽处约7.4cm，自肾下极旁见迂曲管状液性回声，延伸至皮下（原引流口瘢痕处），最宽径约8.0cm。超声诊断：右肾积水，右肾周积液，性质待定。同日，同仁医院拟为张××行"B超引导下切口积液穿刺或切开引流术"，张××后自行离开，未进行该手术。

2011年11月15日，张××因右肾积水4年入住友谊医院诊治，友谊医院给予"右侧经皮肾穿刺引流术"等治疗，11月22日，张××出院。2012年2月20日，张××再次到友谊医院就诊，友谊医院为张××进行了术前影像学检查及肾功能动态检查，检查意见认为右肾功能严重受损，右肾GFR10.2ml/min。术前诊断：右肾盂输尿管连接部狭窄，右肾异位动脉结扎+右输尿管粘连松解术后，右肾积水，右侧尿瘘，右肾造瘘术后状态。友谊医院拟对张××行"开放右肾探查术"，术前告知必要时行肾脏摘除，张××签署手术知情同意书。2012年2月29日，友谊医院为张××行"右肾探查术"，术中探查见右侧输尿管上段及肾门部与周围组织粘连严重，肾盂扩张积水，于肾盂输尿管连接部切开输尿管，见输尿管粘膜苍白，纤维瘢痕形成，管腔狭窄，向输尿管远端纵行劈开约4厘米至输尿管导管标志处始见正常粘膜之输尿管。裁剪肾盂，无法与输尿管正常部吻合，游离右肾上极及腹背侧，游离右肾下极时，见下极部分肾组织颜色暗，血运差，且可见小指大小漏洞；右肾能向下活动约2厘米，但肾盂仍不能与右输尿管正常段无张力吻合；肾门部粘连严重，肾盂未能完整游离出来，且游离足够长度肾动静脉困难，无法行自体肾移植，遂改行右肾切除术。

一审法院审理中，张××申请就同仁医院、友谊医院对其诊疗行为是否存在过错、过错与张××目前损害后果之间是否存在因果关系及各自的参与度进行鉴定，并对张××进行伤残等级评定。原审法院依法委托北京通达首诚司法鉴定所（以下简称通达首诚鉴定所）进行鉴定。2014年2月18日，该鉴定所出具京通首〔2013〕临床鉴字第663号鉴定意见书，其中分析说明认为：同仁医院在为张××实施手术过程中对异位血管切断而影响肾下极血运的情况估计不足，对右侧输尿管长期受压的病理改变认识不够，应行输尿管受压段切除再吻合。由于医方存在的过失，造成张××术后右肾盂输尿管连接处狭窄未解除，导致右肾积水、并出现右肾下极尿囊，与张××右肾切除的后果有因果关系。友谊医院对张××实施的诊疗行为，符合医疗常规。张××因"发现右肾积水4年"去医院诊治，先后行右肾异位动脉结扎术，右输尿管粘连松解术，左肾切除等治疗，依照《人体损伤致残程度鉴定标准（2011年修订稿）》中第2.7.29条之规定，张××右肾切除，符合七级残疾。鉴定意见为：1.同仁医院在为张××实施手术过程中，对异位血管切断而影响肾下极血运的情况估计不足，并应行输尿管受压段切除再吻合，医方存在过失，与张××右肾切除的后果有因果关系，建议医方承担共同责任；2.友谊医院对张××实施的诊疗行为，符合医疗常规；3.张××右肾切除，符合七级残疾。张××支付鉴定费13650元。

上述鉴定意见作出后，张××、友谊医院对该意见表示认可，同仁医院不予认可，认为鉴定中存在听证会专家应当回避而没有回避的情形，鉴定程序违法，申请重新鉴定。通达首诚鉴定所对此出具书面回复函，该函主要内容为：听证会前双方填写了《参加听证会确认函》，在是否申请相关人员回避一栏中，同仁医院签署"否"；听证会开始时鉴定人再次询问各方是否申请鉴定人、专家回避，同仁医院亦未提出申请；同仁医院在听证会上及会后均未提出相关回避事由。同仁医院还申请鉴定人出庭接受质询,就鉴定意见中的分析说明向鉴定人提出质询,质询问题集中在同仁医院对张××施行的手术方式是否适当;同仁医院的手术是否造成了张××右肾缺血坏死;张××右肾被切除是否是同仁医院手术导致。鉴定人员出庭质询答复为:1.患者几十年异位血管压迫可能出现输尿管壁肌层和纤维组织增生等病理病变,从患者在友谊医院的CT检查可见右侧肾盂管壁增厚,右侧输尿管上段狭窄,中下段扫描未见造影剂充盈,友谊医院的手术记录也显示患者输尿管粘膜苍白,纤维瘢痕形成,管腔狭窄。因此患者并非单纯异位血管压迫造成的肾积水,应存在肾盂输尿管连接部狭窄,应行输尿管切断再吻合术;2.友谊医院的手术记录记载患者肾脏存在缺血坏死,肾功能动态检查提示右肾功能严重受损,符合切除指征;3.患者在同仁医院术后出现尿外渗,发展为尿囊,影响肾功能,与后期肾切除有必然联系,存在一定因果关系。同仁医院支付鉴定人员出庭费2000元。

二审法院审理中,同仁医院仍坚持认为鉴定结论缺乏依据,认为同仁医院手术方式的选择不存在问题、患者术后未出现肾脏缺血坏死的后果,并提供了3份专家意见。二审法院向通达首诚鉴定所发函要求其针对同仁医院提交的专家意见作出书面回复。通达首诚鉴定所向二审法院出具回复函,该函主要内容为:1.关于异位动脉对肾脏的血运供应及功能影响。肾脏异位动脉属先天原因,本例直径1.5毫米的异位动脉毕竟长期滋养了肾脏下极的部分血运,肾脏对此有一定的血供适应,切断必然会影响肾下极血运。同仁医院在手术中未夹闭异位动脉观察肾脏血流状况,缺乏评估异位动脉供血这一重要环节。患者术后出现发热,同仁医院在查房时亦考虑到异位动脉结扎后造成部分实质缺血坏死引起发热;患者术后右侧输尿管梗阻未改善,右肾仍积水并逐渐形成右肾下极尿囊,说明已存在右肾下极缺血坏死尿外渗形成肾周积液的可能;友谊医院手术记录中亦记有"见肾下极部分肾组织颜色暗、血运差,可见小指大小漏洞";病理报告未显示肾脏因缺血坏死,并不能说明无缺血坏死改变,可能涉及取材部分不同。综上,由于异位动脉切断,影响肾下极血运,造成右肾下极缺血坏死,在输尿管狭窄未改善的基础上,出现尿外渗,后期形成尿囊。肾积水进行性加重影响右肾功能,右肾功能严重受损;2. 关于手术方式的选择。患者右输尿管先天被异位动脉压迫,压迫时间与患者同龄,长期受压造成狭窄病变,可出现输尿管壁肌层和纤维组织增生等病理改变,友谊医院的手术记录、CT检查也可以证实患者存在输尿管连接部狭窄,患者在同仁医院切断异位动脉、输尿管粘连松解术后,狭窄并未彻底解除。相关诊疗指南和文献也指出术中应尽量保留异位动脉。由于异位血管压迫并非导致输尿管连接部狭窄的唯一病理原因,对狭窄部的处理同样重要,肾盂离段成形术的效果确切,而单纯松解粘连效果有限。根据同仁医院病历记载,同仁医院拟为患者施行的手术方式为"右肾盂输尿管连接部成形术",但术后未见有未行成形术而改变术式的理由记录。综上,患者并非单纯血管压迫造成肾积水,应同时存在肾盂输尿管连接部狭窄病理改变。手术切断异位动脉,松解粘连,使狭窄病变未解除,术后肾积水仍进行性加重。手术方式应保留异位动脉,按术前拟行手术方式行肾盂输尿管连接部成形术,以彻底解除狭窄。3. 关于右肾切除。患者右肾功能受损严重,积水并形成尿囊,估计右肾输尿管周围粘连严重,具备行右肾探查术的适应症。友谊医院对右肾探查术目的明确,从手术记录可以看出,医方在手术中探查操作均围绕着重建保肾的目的进行,但因粘连严重,无法实行肾盂成形的重建手术,并由于无法完好游离患肾及肾血管而导致无法行自体肾移植术。结合患肾GFR10.2ml/min接近无功能,肾下极颜色发暗,同时伴有小指大小漏洞,医方完成了探查目的,具有右肾切除的手术指征。友谊医院术前已向患者及家属交代,征得患者及家属同意并签字,医方履行了告知义务。

  同仁医院对上述书面回复函件仍持有异议,申请北京大学第三医院(以下简称北医三院)泌尿外科主任马潞林出庭发表专业性意见,二审法院予以准许。同时,同仁医院再次申请鉴定人出庭接受质询。质询过程仍然围绕前述争议焦点,即同仁医院手术方式的选择及手术是否造成张××右肾缺血坏死进而导致右肾被切除。北医三院马潞林主任发表意见认为:1. 关于手术方式的选择。行输尿管切断再吻合术也可以把异位动脉切断,直径1~2毫米的动脉对肾脏血运不产生影响;2. 肾脏切除的原因。可能是由于患者肾盂比较薄，漏尿后产生炎症，加重积水，感染加尿囊压迫导致肾功能损害。手术中经常会有漏尿的情况，但应及时治疗，如果延误2、3个月就会出现严重后果。鉴定人员出庭接受质询仍坚持上述书面回复函的意见，同时表示同仁医院的过错应承担同等责任，其他一部分责任考虑是患者自身疾病因素及缺少患者从同仁医院出院后至友谊医院入院前此段时间的治疗情况。

[裁判结果]

一审法院判决：

一、首都医科大学附属北京同仁医院于判决生效后七日内赔偿张××护理费二千二百五十元、住院伙食补助费九百五十元、残疾赔偿金十六万一千二百八十四元、精神损害抚慰金二万元、交通费四百五十元、误工费一万五千元；二、驳回张××的其他诉讼请求。

二审法院判决：

驳回上诉，维持原判。

[裁判理由]

法院生效裁判认为，确定医疗机构是否应该对患者承担侵权责任，应以医疗机构的医疗行为有无过错、与患者的损害后果有无因果关系为前提。因医疗行为涉及医学专业知识，系专业性较强的技术性问题，应由专家对此进行评判，故鉴定机构的鉴定结论是处理医疗损害责任纠纷案件的重要依据。人民法院委托鉴定部门做出的鉴定意见，当事人没有足以推翻的证据和理由的，可以认定其证明力。

同仁医院上诉主张鉴定程序违法，鉴定听证会专家未适用回避制度，申请重新鉴定。二审法院认为，根据鉴定机构的答复及相关资料，在听证会开始之前，同仁医院填写了《参加听证会确认函》，在是否申请相关人员回避一栏中，同仁医院签署"否"；听证会开始时鉴定人再次询问各方是否申请鉴定人、专家回避，同仁医院亦未提出申请；同仁医院在听证会上及会后均未提出相关回避事由。现同仁医院提出鉴定程序违法，申请重新鉴定，缺乏事实依据，二审法院不予支持。

关于同仁医院在对张××的诊疗行为中是否存在过错的问题。首先，鉴定意见及鉴定人出庭接受质询认为同仁医院手术方式选择错误，应行输尿管受压段切除再吻合术，而非"右肾异位动脉结扎术、右输尿管粘连松解术"，同仁医院手术未彻底解除张××输尿管狭窄的问题。同仁医院则认为患者为单纯的异位动脉压迫导致的积水，行"右肾异位动脉结扎术、右输尿管粘连松解术"是正确的。对此，二审法院认为，鉴定意见认为先天长期异位动脉压迫输尿管容易造成输尿管狭窄，出现输尿管壁肌层和纤维组织增生等病理改变。本病例从患者在友谊医院的手术记录及 CT 检查可以证实，患者的确存在右肾盂输尿管连接部狭窄的问题。事实上，同仁医院在患者术前病程及术前小结记录中已经考虑到"不除外连接部狭窄可能"，而手术知情同意书上所列手术方式亦为"右肾盂输尿管连接部成形术"；但同仁医院最终实施的手术为"右肾异位动脉结扎术、右输尿管粘连松解术"，病历中未见其记载未行"右肾盂输尿管连接部成形术"而改变术式的原因，也未见有告知患者改变术式的记录。患者在同仁医院切断异位动脉、输尿管粘连松解术后，狭窄并未彻底解除。同仁医院存在手术方式选择不当的过错，其上诉主张手术方式正确，缺乏事实依据，二审法院不予采信；第二、鉴定意见还认为同仁医院手术中缺少评估异位动脉供血的环节，在切断异位肾动脉前，必须先夹闭异位动脉观察肾皮质颜色改变程度和范围。同仁医院则认为切断直径为 1.5 毫米的异位动脉不会影响肾脏的血供。对此，二审法院认为，患者该异位动脉系先天性的，有其独立的血供范围，肾脏对此有一定的血供适应。术后患者出现发热，同仁医院亦有考虑为异位动脉结扎后造成部分实质缺血坏死引起发热。因此，同仁医院应履行谨慎注意义务，在术中夹闭异位动脉观察肾下极血运情况。同仁医院上诉主张其切断异位动脉不会影响肾脏血供，对此其无法举证证明，手术中缺少评估异位动脉供血的环节，应视为未履行医方必要的谨慎注意义务。

关于同仁医院的上述过错行为与张××右肾切除是否存在因果关系及参与度问题。鉴定意见认为同仁医院的上述过错与张××右肾切除有因果关系，建议承担共同责任。参考鉴定结论和病历资料，二审法院认为，同仁医院的手术方式未彻底解除患者输尿管的狭窄，亦无法排除切断异位动脉可能造成肾下极部分缺血坏死形成尿囊。从患者在同仁医院术后的检查结果来看，肾积水存在进行性加重，肾功能进一步受到损害。因此，同仁医院未恰当履行谨慎注意义务，手术方式选择不适当，不除外与患者肾功能受损存在因果关系。鉴定意见考虑患者自身疾病因素以及其在同仁医院术后至友谊医院就医之间治疗情况不清的因素，对患者最终右肾被切除亦占有一定的责任比例，建议同仁医院承担共同责任，并无不当。同仁医院上诉主张其诊疗行为与患者右肾被切除不存在因果关系，缺乏足够证据支持，二审法院实难采信。

综上，原审法院按照50%的比例确定了同仁医院应承担的各项赔偿项目数额，并无不当。同仁医院的上诉请求和理由，缺乏事实和法律依据，二审法院不予支持。二审法院对原审判决予以维持。

附：一审法院裁判理由：

原审法院经审理认为：患者在诊疗活动中受到损害，医疗机构及其医务人员有过错的，由医疗机构承担赔偿责任。本案根据鉴定机构的鉴定意见，可以认定同仁医院对张××的诊疗行为存在过错，该过错与张××右肾切除的损害后果有因果关系，同仁医院承担共同责任；友谊医院对张××实施的诊疗行为，符合医疗常规。据此，同仁医院应承担与其过错程度相适应的赔偿责任，友谊医院不承担责任。根据查明的事实，法院认定张××所主张的损失中住院伙食补助费的数额为1900元、残疾赔偿金的数额为322568元。张××就护理费、交通费及误工费损失所提供的证据存在瑕疵，但考虑张××确有上述损失发生，故法院酌情确定护理费损失的数额为4500元、交通费损失的数额为900元、误工费损失的数额为30000元。张××的上述损失，根据鉴定机构确定的过错等级，法院确定同仁医院按50%的比例承担赔偿责任。关于精神损害抚慰金，法院将根据案情酌情确定赔偿数额。张××关于住宿费的主张，依据不足，法院不予支持。

十五、自行委托医疗损害鉴定的鉴定意见的效力

【医疗损害责任司法解释条文】

第十五条 当事人自行委托鉴定人作出的医疗损害鉴定意见，其他当事人认可的，可予采信。

当事人共同委托鉴定人作出的医疗损害鉴定意见，一方当事人不认可的，应当提出明确的异议内容和理由。经审查，有证据足以证明异议成立的，对鉴定意见不予采信；异议不成立的，应予采信。

【导读】

自行委托鉴定在审判实践中较为普遍的存在。在人民法院受理案件日益纷繁复杂的背景下，当事人自行委托鉴定具有客观上的合理性和必要性，对于充分发挥当事人的主动性、促进诉讼进程顺畅进行、提高诉讼效率具有积极意义。但自行委托鉴定因其单方委托等原因，一直存在着公信力不足等问题，这在对于更加依赖鉴定意见的医疗损害责任纠纷领域中表现十突出。本条针对这一问题，在深入调研论证、综合各方意见的基础上，对当事人自行委托的医疗损害鉴定的鉴定意见的证据效力问题做了明确规定。

虽然《最高人民法院关于民事诉讼证据的若干规定》第二十八条规定了对自行委托鉴定的重新鉴定程序，但是一方面这一规定的适用条件对另一方当事人的要求过高；另一方面，对于自行委托鉴定异议后一概通过重

新鉴定来解决，可能会导致鉴定周期乃至案件审理时间过长、鉴定意见之间的证明力冲突等问题。对此，《最高人民法院关于当前形势下加强民事审判切实保障民生若干问题的通知》（法〔2012〕40号）中指出，"妥善审理医疗损害赔偿纠纷案件，促进平等、和谐、互信的医患关系的形成。要积极探索医疗损害赔偿纠纷案件审理的新思路，针对当前存在着的医疗鉴定难、鉴定乱的问题，要在实践中进行探索，努力寻找妥善的解决方案，尤其要避免因重复鉴定久拖不决，激化医患矛盾。要注重委托鉴定的统一化，严格执行只有经人民法院统一委托后作出的鉴定结论才能作为定案依据的规则。对于人民法院委托作出的鉴定，当事人申请重新鉴定的，要根据《最高人民法院关于民事诉讼证据的若干规定》等严格把关"。因此，从依法妥善处理案件，避免重复鉴定以及减轻当事人诉讼的经济及时间成本的角度讲，对于自行委托鉴定也有必要适当提高门槛。具体而言，有以下几点：

1. 对于双方当事人共同自行委托鉴定情形的处理。通常而言，基于当事人的处分权原则，对此情形应当准许。但是人民法院对此应当结合案情进行必要的审查，以避免双方当事人通过虚假诉讼侵害第三人利益情形的出现。

2. 医疗损害鉴定应当严格依据法定程序进行，诉讼过程中所进行的鉴定应当由法院委托，当事人私下单方委托鉴定机构所进行的鉴定，对方当事人不认可的，对其鉴定意见不予采信。当然，对于对方当事人认可的，则该鉴定意见可以采信。在本解释起草过程中，对于自行委托鉴定后的鉴定意见，我们曾认为在"其他当事人不予认可的，视为书证"，但本解释最终将此内容删除。主要理由在于，书证的内容是一项客观事实，这与鉴定意见作为主观结论性证据有本质不同，为避免争议，将此内容删除。至于实践中如何认定，可以继续研究，条件成熟时，再作规定。

3. 应适用《中华人民共和国民事诉讼法》关于鉴定人出庭作证的规则。鉴定意见的科学性和作为一种证据的性质决定了对鉴定意见证据的质证有赖于鉴定人出庭。① 无论是自行委托鉴定还是法院主持下的鉴定，该鉴定人都要具有相应的资质，也都属于《中华人民共和国民事诉讼法》第七十八条规定的鉴定人的范畴。因此，在当事人对鉴定意见有异议或者人民法院认为鉴定人有必要出庭的，人民法院通知此鉴定人出庭的，其应当出庭作证。在法律后果上，经人民法院通知，鉴定人拒不出庭作证的，该鉴定意见不得作为认定案件事实的依据，即该鉴定意见失去证据能力。

【相关法条】

《中华人民共和国民事诉讼法》

第七十六条　当事人可以就查明事实的专门性问题向人民法院申请鉴定。当事人申请鉴定的，由双方当事人协商确定具备资格的鉴定人；协商不成的，由人民法院指定。

当事人未申请鉴定，人民法院对专门性问题认为需要鉴定的，应当委托具备资格的鉴定人进行鉴定。

第七十八条　当事人对鉴定意见有异议或者人民法院认为鉴定人有必要出庭的，鉴定人应当出庭作证。经人民法院通知，鉴定人拒不出庭作证的，鉴定意见不得作为认定事实的根据；支付鉴定费用的当事人可以要求返还鉴定费用。

《最高人民法院关于民事诉讼证据的若干规定》

第二十七条　当事人对人民法院委托的鉴定部门作出的鉴定结论有异议申请重新鉴定，提出证据证明存在下列情形之一的，人民法院应予准许：

（一）鉴定机构或者鉴定人员不具备相关的鉴定资格的；

（二）鉴定程序严重违法的；

（三）鉴定结论明显依据不足的；

（四）经过质证认定不能作为证据使用的其他情形。

对有缺陷的鉴定结论，可以通过补充鉴定、重新质证或者补充质证等

---

① 杜志淳、廖根为：《论我国司法鉴定人出庭质证制度的完善》，载《法学》2011年第7期。

方法解决的，不予重新鉴定。

第二十八条 一方当事人自行委托有关部门作出的鉴定结论，另一方当事人有证据足以反驳并申请重新鉴定的，人民法院应予准许。

《第八次全国法院民事商事审判工作会议（民事部分）纪要》

35.当事人对鉴定人作出的鉴定意见的一部分提出异议并申请重新鉴定的，应当着重审查异议是否成立；如异议成立，原则上仅针对异议部分重新鉴定或者补充鉴定，并尽量缩减鉴定的范围和次数。

【典型案例】

李×与长沙市中心医院医疗损害责任纠纷案

——当事人单方委托鉴定作出的鉴定意见，对方当事人不认可的，人民法院对该证据不予采信；在鉴定意见作出后，双方当事人可以依法申请就有关专门性问题进行补充鉴定或者重新鉴定，也可以依法申请鉴定人出庭作证

案号：（2014）长中民一终字第 05021 号

[裁判要点]

1.经人民法院依法委托有关鉴定机构和鉴定人作出鉴定意见后，双方当事人可以依法申请就有关专门性问题进行补充鉴定或者重新鉴定，也可以依法申请鉴定人出庭作证。在原有鉴定意见认为，因双方提供的病历资料不完整、详细，无法鉴定医疗机构的诊疗过程行为与患者损害后果之间有因果关系的情况下，人民法院根据当事人的申请重新委托鉴定后，被委托的鉴定机构（非前面的鉴定机构）依法作出的鉴定意见，人民法院可以认可其证据效力，并最终结合案件具体情况，根据该鉴定意见确定的参与

度范围顶格判定了医疗机构的责任份额。

2. 本案还有一个典型之处在于，医疗机构，因遗失病历记录而无法判断其是否对患者进行了严密观察病情，现有证据亦无法证实长沙市中心医院对李×的病情予以连续、密切的检查。对于该遗失病历而导致有关案件事实不能认定的不利后果应当由医疗机构承担。故长沙市中心医院在李×的诊疗过程中存在过失，其过失导致李×迟发性腹部脏器破裂病情加重和愈合延迟，应对李×的损失承担相应赔偿责任。

3. 关于后续治疗费的问题，根据《最高人民法院关于审理人身损害赔偿案件适用法律若干问题的解释》第十九条第二款规定，对于后续治疗费，根据医疗证明或者鉴定结论确定必然发生的费用，可以与已经发生的医疗费一并予以赔偿。故，当事人依据鉴定意见的内容主张医疗机构赔偿后续治疗费的，人民法院应予支持。

4. 当事人单方委托鉴定作出的鉴定意见，对方当事人不认可的，人民法院对该证据不予采信。

[法条索引]

《中华人民共和国侵权责任法》第十六条、第二十二条、第二十五条、第五十四条、第五十五条、第五十七条

《最高人民法院关于审理人身损害赔偿案件适用法律若干问题的解释》第十九条、第二十条、第二十一条、第二十二条、第二十三条、第二十九条、第三十条、第三十一条

《最高人民法院关于确定民事侵权精神损害赔偿责任若干问题的解释》第八条、第九条、第十条

《中华人民共和国民事诉讼法》第一百七十条

[基本案情]

李×是长沙市芙蓉区××招待所业主，经营住宿业。2011年12月20日，李×因交通事故受伤，随即被送往长沙市中心医院门诊留观治疗2天3晚，门诊病历已遗失。2011年12月22日，李×转院到湘雅附二医院住院治疗28天。2012年1月20日，李×转院到中国人民解放军南京军区南京总医院（以下简称南京总医院）住院治疗123天。李×在长沙市中心医

院医院治疗期间开支门诊医疗费 3891.12 元；在湘雅附二医院治疗期间开支门诊医疗费 4627.7 元、住院医疗费 105067.22 元、合计 109694.92 元；在南京总医院治疗期间开支门诊医疗费 5417.1 元、住院医疗费 426706.96 元、合计 432124.06 元。另外，李×还在湖南省人民医院门诊治疗开支门诊医疗费 148 元、在长沙市雨花区侯家塘街道水电社区卫生服务站、长沙市雨花区砂子塘街道茶园坡社区卫生服务站、长沙市雨花区新城新世界小区社区卫生服务站等处门诊治疗开支门诊医疗费 1677.86 元。在江苏省医药公司、南京杏一医疗用品有限公司、南京市江宁区全盛药店、南京医药百信药房有限责任公司、国药控股湖南有限公司维安大药房、老百姓大药房、湖南好护士医疗器械有限公司、长沙市雨花区窑岭三甲医疗护理器械专卖店等处购买药品、医疗器械（纱布、棉签等）开支 18443.4 元。李×妻子赵××租用救护车将李×从长沙送往南京开支租车费 11000 元；李×在南京治疗期间，李×及赵××还有其他亲属往返长沙、南京开支交通费 8688.5 元，合计 19688.5 元。李×及赵××在南京治病期间开支住宿费 16684 元。李×还开支了复印费 250 元。经湖南醒龙律师事务所委托，湖南省人民医院司法鉴定中心于 2012 年 9 月 29 日作出的〔2012〕临鉴字第 9××号《司法鉴定意见书》鉴定李×的因交通事故致乙状结肠破裂、迟发性肠破裂经行乙状结肠、小肠部分切除后，综合评定为道路交通事故八级伤残；后期治疗费 40000 元；伤后休息 270 日；伤后需 1 人陪护 360 日。鉴定费 1512 元。经原审法院委托，湖南省湘雅司法鉴定中心于 2013 年 5 月 20 日作出的湘雅司鉴中心〔2013〕临鉴字第 509 号《司法鉴定意见书》分析说明：李×于 2011 年 12 月 20 日因交通事故致胸腹部受伤，在长沙市中心医院医院急诊留观治疗，立即行胸腹部 CT 检查，发现左侧胸 5、6、7、9 肋骨骨折，腹部未见实质性脏器损伤及空腔脏器破裂穿孔的影像学改变，2011 年 12 月 22 日行胸腹部加强 CT 检查发现腹腔大量游离气体及腹腔积液，提示腹腔空腔脏器损伤可能性大。当日转湘雅附二医院住院，专科体查：腹胀，未见胃肠型，左胸部及左下腹均见有挫伤痕，局部轻压痛，全腹肌紧张，有压痛及反跳痛，腹部移动性浊音阳性，肠鸣音消失，当日行腹部立位平片考虑消化道穿孔，入院诊断：外伤性消化道穿孔，急性弥漫性腹膜炎，左侧第5、6、7、9肋骨骨折，左侧胸腔少量积液，2011年12月22日急诊在全麻下行剖腹探查，乙状结肠部分切除+降结肠造瘘术，术中见腹腔内小肠广泛性充血水肿，腹腔内大量浑浊腹水，可见粪便残渣，有恶臭，胃、小肠未见明显穿孔，乙状结肠可见一长约5cm裂口，呈撕裂样改变，病理诊断符合乙状结肠外伤性横断破裂性出血坏死。综合目前资料分析，李×乙状结肠破裂应为外伤后即时损伤穿孔。术后因伤口感染，于2012年1月5日行腹腔引流术，发现小肠有一约1.5cm破口，诊断为迟发性肠破裂（小肠），符合外伤所致。根据李×受伤机制，入院体查发现左胸部及左下腹部均见挫伤痕，说明李×有胸腹部闭合性损伤，对闭合性损伤诊断需要判断是否有内脏损伤，且绝大部分内脏损伤者需早期手术治疗，按外科基本原则应有腹部立位平片、诊断性腹腔穿刺及B超等相应检查，并进行严密观察，确定有无实质及空腔脏器等损伤。就本例而言，医方是否对李×进行了严密观察病情，因遗失病历记录而无法判断。医方虽行腹部CT检查确定是否有腹腔脏器损伤，但空腔脏器损伤穿孔早期，CT检查的敏感性较立位腹部平片差。一般来说，空腔脏器破裂所致腹膜炎，不一定在伤后很快出现，尤其是下消化道破裂，腹膜炎体征通常出现得较迟，所以早期空腔脏器破裂穿孔临床表现（症状、体征）及物理检查（CT、B超等），在表现不充分时，不一定有阳性发现。故长沙市中心医院医院对李×胸腹部闭合性损伤检查中，未进行腹部立位平片及诊断性腹腔穿刺，可影响空腔脏器损伤的早期诊断及治疗，存在医疗过失，与李×目前损害后果（病情加重）有因果关系，无证据支持迟发性肠破裂（小肠）与医方的诊治有因果关系。建议医疗过失参与度为20～30%。鉴定费4300元。2013年6月19日，长沙市中心医院向原审法院递交了一份《补充鉴定申请书》，申请对下列事项进行补充鉴定：1. 长沙市中心医院的医疗过失造成李×病情加重的范围（是否包括迟发性肠破裂）；2. 若长沙市中心医院的医疗过失未造成迟发性肠破裂病情加重，则请区分乙状结肠破裂和迟发性肠破裂的治疗费用；3. 长沙市中心医院的医疗过失是否加重了李×的伤残等级；4. 医院的医疗过失是否延长了李×的治疗时间。2013年7月3日，原审法院通知鉴定人（喻××）到庭说明如下：迟发性肠破裂的诱因是李×小肠在交通事故中受伤，而后因病情发展变化导致迟发性肠破裂。因双方提供的病历资料不完整、详细，无法鉴定长沙市中心医院的医疗过失是否与迟发性肠破裂有因果关系。现有证据无法证明长沙市中心医院的医疗过失与迟发性肠破裂有因果关系。如果李×提交医疗费用清单，可以大致区分乙状结肠破裂和迟发性肠破裂的治疗费用，但不能作出准确、具体的区分。2013 年 7 月 24 日，李×向原审法院递交了一份《医疗过错重新鉴定申请书》，认为湘雅司鉴中心〔2013〕临鉴字第 5×× 号《司法鉴定意见书》在鉴定意见中表述的医方过失行为与鉴定结论不相吻合；其过错与损害后果的因果关系的表达严重不符合客观逻辑；鉴定内容存在遗漏，如未涉及李×受伤时腹部被夹，大小便失禁，休克 10 多分钟等病情。申请对长沙市中心医院的过失参与度进行重新鉴定。2013 年 8 月 22 日，原审法院给湖南省湘雅司法鉴定中心送达了一份《咨询函》，要求该中心对李×提出的上述问题进行说明。2013 年 9 月 9 日，湖南省湘雅司法鉴定中心作出的《复函》说明如下：1. 医方在李×伤后第一时间进行胸、腹腔 CT 扫描，而未进行腹部立位平片及诊断性腹腔穿刺，可影响空腔脏器损伤的早期诊断及治疗。但尚不能确定一定会有明确的诊断。腹部 CT 在肠破裂、积气量较大时仍可有阳性发现。同时李×伤后早期病历未记载在明显腹膜刺激征，可影响对疾病的诊断。故考虑医方的医疗过错参与度为 20～30%。2. 李×小肠迟发性破裂与医方的医疗行为无明显关联，何况转院至湘雅二医院第一次手术治疗也未发现有小肠破裂，故迟发性肠破裂应考虑与外伤有关。经原审法院委托，西南政法大学司法鉴定中心于 2014 年 6 月 9 日作出了西政司法鉴定中心〔2014〕司鉴字第 05×× 号《司法鉴定意见书》，该鉴定书分析说明：因果关系及参与度：1. 患者因腹部挤压入院后，无证据显示医方对患者的病情予以连续、密切的检查，应认为医方诊疗存在过错，其过错同患者迟发性腹部脏器破裂的病情加重和愈合延迟存在一定因果关系。2. 医方如及时发现患者腹部症状和生命体征的病情变化，同时予影像学检查证实，可予即时剖腹探查，易于及时发现结肠破裂及肠管挫伤，并予以有效处置，应认为可最大程度的减少患者愈合时间。3. 腹部挤压伤系交通事故导致，与医方诊疗行为无关；迟发性腹部脏器破裂系腹部挤压伤的并发症之一，诊断有赖于临床医生的密切观察和检验，临床诊断存在一定难度，应认为患者自身疾病因素。综上所述，长沙市中心医院在李×的诊疗过程中存在过错，其过错与迟发性腹部脏器破裂的病情加重和康复时间延迟存在因果关系，同时存在患者自身因素。综合医、患双方因素，认定长沙市中心医院的诊疗过错因素是导致患者迟发性腹部脏器破裂的病情加重和延迟康复的次要因素，患方自身因素是导致其损害后果的主要因素较为适宜合理（次要因素的参与度计算为10～40％）。2012年12月4日，李×向原审法院提起诉讼，要求长沙市中心医院赔偿各项损失共计1019127.93元。

[裁判结果]

一审法院判决：

一、长沙市中心医院应于本判决生效后10日内赔偿李×各项损失合计299914.31元（749785.78×40％）；二、驳回李×的其他诉讼请求。

二审法院判决：

驳回上诉，维持原判。

[裁判理由]

法院生效裁判认为，本案的争议焦点主要有以下三个方面：一、长沙市中心医院对李×的诊疗行为是否存在过失。李×于2011年12月20日因交通事故致胸腹部受伤入院，入院检查发现左胸部及左下腹部均见挫伤痕，说明李×有胸腹部闭合性损伤，对闭合性损伤诊断需要判断是否有内脏损伤，且绝大部分内脏损伤者需早期手术治疗，按外科基本原则应有腹部立位平片、诊断性腹腔穿刺及B超等相应检查，并进行严密观察，确定有无实质及空腔脏器等损伤。就本案而言，长沙市中心医院虽对李×进行腹部CT检查确定是否有腹腔脏器损伤，但空腔脏器损伤穿孔早期，CT检查的敏感性较立位腹部平片差。根据湖南省湘雅司法鉴定中心〔2013〕临鉴字第5××号司法鉴定意见书的分析说明：空腔脏器破裂所致腹膜炎，不一定在伤后很快出现，尤其是下消化道破裂，腹膜炎体征通常出现得较迟，所以早期空腔脏器破裂穿孔临床表现（症状、体征）及物理检查（CT、B超等），在表现不充分时，不一定有阳性发现。故长沙市中心医院医院对李×胸腹部闭合性损伤检查中,未进行腹部立位平片及诊断性腹腔穿刺,可影响空腔脏器损伤的早期诊断及治疗。长沙市中心医院如及时发现李×腹部症状和生命体征的病情变化,同时予以影像学检查证实,可予即时剖腹探查,易于及时发现结肠破裂及肠管挫伤,并予以有效处置,可最大程度的减少李×愈合时间。长沙市中心医院是否对李×进行了严密观察病情,因遗失病历记录而无法判断。现有证据亦无法证实长沙市中心医院对李×的病情予以连续、密切的检查。根据《最高人民法院关于民事诉讼证据若干规定》第二条的规定,当事人对自己提出的诉讼请求所依据的事实或者反驳对方诉讼请求所依据的事实有责任提供证据加以证明。没有证据或者证据不足以证明当事人的事实主张的,由负有举证责任的当事人承担不利后果。故长沙市中心医院在李×的诊疗过程中存在过失,其过失导致李×迟发性腹部脏器破裂病情加重和愈合延迟,应对李×的损失承担相应赔偿责任。

二、李×的各项损失认定是否正确。长沙市中心医院上诉称李×的后续治疗费40000元与事实不符,不应认定为李×的损失。二审法院认为,根据《最高人民法院关于审理人身损害赔偿案件适用法律若干问题的解释》第十九条第二款规定,对于后续治疗费,根据医疗证明或者鉴定结论确定必然发生的费用,可以与已经发生的医疗费一并予以赔偿。易言之,要求赔偿后续治疗费,应当以医疗证明或者鉴定结论为据。湖南省人民医院司法鉴定中心〔2012〕临鉴字第9××号《司法鉴定意见书》鉴定李×的后期治疗费为40000元,原审法院据此认定李×的后期治疗费为40000元并无不当,且长沙市中心医院认为后续治疗费40000元与事实不符,其并没有提供证据予以证明,其应承担不利后果。对于原审法院认定的其他损失,长沙市中心医院并没有提出异议,二审法院均予以认可。因此,原审法院认定李×的各项损失合计749785.78元,二审法院予以维持。

三、本案责任比例划分是否恰当。西南政法大学司法鉴定中心〔2014〕司鉴字第0576号司法鉴定意见书认为综合医患双方因素,可以认定长沙市中心医院的诊疗过失因素是导致李×迟发性腹部脏器破裂的病情加重和延迟康复的次要因素,李×自身因素是导致其损害后果的主要因素较为适宜合理,该司法鉴定意见书认定次要因素参与度计算为10～40%。故原审法院参照西政司法鉴定中心〔2014〕司鉴字第05××号《司法鉴定意见书》,结合本案具体情况,确认长沙市中心医院应对李×增加的损失749785.78元承担40%的赔偿责任即299914.31元,属于行使自由裁量权之合理范畴,并不违法,二审法院予以维持。

附:一审法院裁判理由:

原审法院认为,(一)李×受伤后胸腹部有明显的挫伤痕,说明李×有胸腹部闭合性损伤,对闭合性损伤诊断需要判断是否有内脏损伤,按外科基本原则应有腹部立位平片、诊断性腹腔穿刺及B超等相应检查。湘雅附二医院诊断的乙状结肠破裂应在李×发生交通事故的当时就已形成,但长沙市中心医院在李×入院的当天进行的CT检查中未见实质性脏器损伤及空腔脏器破裂穿孔的影像学改变,在2011年12月22日进行的胸腹部加强CT检查发现腹腔大量游离气体及腹腔积液,提示腹腔空腔脏器损伤可能性大,此时长沙市中心医院仍未进行腹部立位平片、诊断性腹腔穿刺及B超等相应检查。影响了乙状结肠破裂的早期诊断及治疗,导致李×病情加重,先后转院至湘雅附二医院、南京总医院抢救治疗,长沙市中心医院的医疗行为存在过失,应当承担赔偿责任。迟发性肠破裂的诱因是李×小肠在交通事故中受伤,但李×在长沙市中心医院急诊留观治疗时长沙市中心医院未发现李×小肠也在交通事故中受伤的病情,以致后来腹腔积液、内脏感染、发炎、水肿等病情加重,导致小肠迟发性破裂。因此,长沙市中心医院的医疗过失与迟发性肠破裂具有因果关系,应当承担赔偿责任。参照西政司法鉴定中心〔2014〕司鉴字第05××号《司法鉴定意见书》,结合本案具体情况,原审法院确认长沙市中心医院应对李×增加的损失承担40%的赔偿责任。(二)原审法院对李×的损失确认如下:1.医疗费(不含在长沙市中心医院开支的医疗费):李×受伤后去长沙市中心医院门诊治疗,病情未见好转,转院到湘雅附二医院、南京总医院继续治疗开支医疗费并外购药品、医疗器械等开支561088.24元,有发票在卷证实,原审法院予以确认。2.后期医疗费:湖南省人民医院司法鉴定中心〔2012〕临鉴字第9××号《司法鉴定意见书》鉴定李×的后期治疗费为40000元,原审法院予以认定。3. 护理费：湖南省人民医院司法鉴定中心〔2012〕临鉴字第9××号《司法鉴定意见书》鉴定李×伤后需1人陪护360日，参照当地护工收入标准计算李×的护理费为35572.93元（36067÷365×360）。4. 交通费：2012年1月19日，赵××租用救护车将李×从长沙送往南京开支租车费11000元。李×在南京治疗期间，李×及赵××还有其他亲属往返长沙、南京开支交通费8688.5元。重新鉴定过程中，赵××往返长沙与重庆开支交通费1370元，合计21058.5元，有交通费发票在卷证实，原审法院予以确认。5. 住宿费：李×及赵××在南京治病期间开支住宿费16684元，有住宿费发票在卷证实，原审法院予以确认。6. 复印费：李×复印病历资料等开支复印费250元，有复印费收据、发票在卷证实，原审法院予以确认。7. 住院伙食补助费：李×在湘雅附二医院、南京总医院的住院时间为151天，住院伙食补助费为4530元（151×30）。8. 营养费：因长沙市中心医院的医疗过失，对李×病情加重有次要因素，现李×要求长沙市中心医院赔偿营养费1500元，原审法院予以支持。9. 误工费：湖南省人民医院司法鉴定中心（2012）临鉴字第940号《司法鉴定意见书》鉴定李×伤后休息270日。参照李×从事的住宿服务业平均收入标准计算李×的误工费为35290.11元（47707÷365×270）。10. 精神损害抚慰金：长沙市中心医院的医疗过失行为加重了李×的病情，给李×造成了较大的心理、精神伤害，原审法院酌情认定本案精神损害抚慰金为20000元。11. 鉴定费：李×申请鉴定、重新鉴定开支鉴定费13812元，有湖南省人民医院司法鉴定中心、湖南省湘雅司法鉴定中心和西南政法大学司法鉴定中心出具的鉴定费发票在卷证实，原审法院予以确认。12. 残疾赔偿金：李×因交通事故受伤导致构成残疾后果，其残疾结果与长沙市中心医院的医疗行为无直接因果关系，不应由长沙市中心医院承担其残疾赔偿金。13. 被扶养人生活费：同上述残疾因果关系认定理由，长沙市中心医院不应赔偿原告的被扶养人生活费。以上合计749785.78元，长沙市中心医院承担40%的赔偿责任，应赔偿李×损失299914.31元（749785.78×40%）。

十六、如何认定医疗机构及其医务人员的过错

【医疗损害责任司法解释条文】

第十六条　对医疗机构及其医务人员的过错，应当依据法律、行政法规、规章以及其他有关诊疗规范进行认定，可以综合考虑患者病情的紧急程度、患者个体差异、当地的医疗水平、医疗机构与医务人员资质等因素。

【导读】

《中华人民共和国侵权责任法》第五十七条将医疗机构及其医务人员过错的认定标准界定为"未尽到与当时的医疗水平相应的诊疗义务"。认定"当时的医疗水平"是否考虑医疗机构及其医务人员资质及地区差异等因素，有两种不同意见：一种意见认为，应当考虑上述因素，这样比较符合客观实际情况；另一种意见认为应采用同一标准，不应考虑上述标准，以统一法律适用，体现对当事人人身、财产权利的平等保护。

本条采纳了第一种意见，即认定诊疗过错，一般应依据诊疗行为发生时的法律、行政法规、规章以及其他有关诊疗规范规定的普遍医疗水平。但由于我国经济社会发展并不平衡，发达地区与不发达地区的医疗水平存在较大差异，不同医疗机构及医务人员资质存在差别，在某些情况下，对诊疗过错的认定有必要适当考虑医疗机构及其医务人员资质、地区差异等客观因素，这也比较符合我国的实际情况。从比较法的角度看，台湾地区"医疗纠纷鉴定作业要点"就规定："医事鉴定小组委员及初审医师，对于

鉴定案件，应就委托鉴定机关提供之相关卷证数据，基于医学知识与医疗常规，并衡酌当地医疗资源与医疗水平，提供公正、客观之意见，不得为虚伪之陈述或鉴定。"

诊疗过错是指医疗机构在医疗活动中，医务人员未能按照当时的医疗水平通常应当提供的医疗服务，或者按照医疗良知、医疗伦理，以及医政管理规范和管理职责，应当给予的诚信、合理的医疗服务，没有尽到高度注意义务主观心理状态，以及医疗机构存在的对医务人员疏于选任、管理、教育的主观心理状态。在本解释起草过程中，曾有意见认为，区分医务人员资质和当地医疗水平的情形，可能会有争议，在导向上可能不利于医疗资源的合理分配。最终本解释未采纳这一意见。本条规定内容正是从我国国情出发作出的规定，有利于对相对落后地区或者资质较低的医疗机构或者医务人员放心开展诊疗活动，这也就会有利于患者就近解决看病就医问题。确定医疗过错，应以实施诊疗行为当时的医疗水平为标准，同时适当参考地区、医疗机构资质和医务人员资质，确定医疗机构和医务人员应当达到的注意义务，违反之，即为存在医疗过错。①

依据本条规定，认定医疗机构诊疗过错的有无和大小，应当遵循以下规则：

1. 诊疗过错的认定，首先应当依据客观标准来判断。具体来说医疗卫生管理法律、行政法规、部门规章、诊疗护理规范，特别是医疗卫生管理的部门规章、诊疗护理规范，是判断医疗过失的基本依据。在上述法规或者诊疗规范对于医疗机构及其医务人员进行有关诊疗活动应当遵循的具体规则明确规定的情况下，违反这一规定即违反普遍的医疗水平时，就应当认定医疗机构有过错。

2. 参考的因素有：（1）医疗的地域因素和医疗机构资质条件。通常情况下经济落后地区的医疗机构在资金、技术、人才、药品等方面都不同程度的落后于经济发达地区，经济发达地区与经济落后地区的整体医疗水平上存在差异。同样，医疗条件与治疗能力密切相关。综合性大医院往往技

---

① 杨立新：《医疗损害责任构成要件的具体判断》，载《法律适用》2012年第4期。

术先进、设施齐全、人才丰富，而小医院在设备、技术、人才等方面都与综合性大医院相差甚远，其治疗能力和医疗技术水平相差悬殊，在认定过失时必须考虑到医疗条件对医疗行为产生的影响。经济落后地区受到当地种种不利因素的影响，医疗技术水平不可能达到发达地区的水平，偏远的乡镇卫生院或者村卫生所等的医疗水平也无法与综合性大医院相比。(2) 关于医务人员的资质。在认定医师的注意义务时，专科医师和全科医师一般应当以不同的医疗水准为基准。另外，医疗机构的资质也有很大差异，也在一定程度上影响到对医务人员注意义务的医疗水准。[①] (3) 患者病情的紧急程度、患者个体差异。如上所述，有关患者个体差异以及病情紧急程度等作为诊疗过错认定中的参考性因素，在审判实践中也已渐渐被采用。同样，患者个体差异，其为呱呱婴儿还是高龄老人，在有关疾病诊疗护理方面，医疗机构应尽更高的注意义务，对于一些罕见病或者过敏体质者也要有不同的注意义务，这在医疗损害责任的过错认定上，也要有所考虑。最后，本条采取了列举加不完全归纳的做法。人民法院在认定医疗机构过错时，除了参考上述因素之外，还可以根据案件具体情况参考其他因素予以综合判定。

在此需要注意的是，对于诊疗过错进行认定，往往也需要进行鉴定。鉴定人对诊疗过错进行鉴定时，也可以将本条规定作为指引。

【相关法条】

《中华人民共和国侵权责任法》

第六条 行为人因过错侵害他人民事权益，应当承担侵权责任。

根据法律规定推定行为人有过错，行为人不能证明自己没有过错的，应当承担侵权责任。

第五十四条 患者在诊疗活动中受到损害，医疗机构及其医务人员有过错的，由医疗机构承担赔偿责任。

第五十七条 医务人员在诊疗活动中未尽到与当时的医疗水平相应的

---

① 最高人民法院侵权责任法研究小组编著：《中华人民共和国侵权责任法条文理解与适用》，人民法院出版社 2010 年版，第 410 页。

诊疗义务，造成患者损害的，医疗机构应当承担赔偿责任。

第五十八条 患者有损害，因下列情形之一的，推定医疗机构有过错：

（一）违反法律、行政法规、规章以及其他有关诊疗规范的规定；

（二）隐匿或者拒绝提供与纠纷有关的病历资料；

（三）伪造、篡改或者销毁病历资料。

第六十条 患者有损害，因下列情形之一的，医疗机构不承担赔偿责任：

（一）患者或者其近亲属不配合医疗机构进行符合诊疗规范的诊疗；

（二）医务人员在抢救生命垂危的患者等紧急情况下已经尽到合理诊疗义务；

（三）限于当时的医疗水平难以诊疗。

《医疗事故处理条例》

第三十三条 有下列情形之一的，不属于医疗事故：

（一）在紧急情况下为抢救垂危患者生命而采取紧急医学措施造成不良后果的；

（二）在医疗活动中由于患者病情异常或者患者体质特殊而发生医疗意外的；

（三）在现有医学科学技术条件下，发生无法预料或者不能防范的不良后果的；

（四）无过错输血感染造成不良后果的；

（五）因患方原因延误诊疗导致不良后果的；

（六）因不可抗力造成不良后果的。

【典型案例】

1. 胡××等与中国人民解放军北京军区总医院医疗损害责任纠纷

——患者一方要对诊疗过错及与损害后果的因果关系承担举证证明责任，否则要承担相应的不利后果

案号：（2014）二中民终字第07901号

[裁判要点]

医疗机构在接诊及救治过程中，存在急诊病历不完整的医疗过错，但不能依据该存在该过错行为就可以直接认定此行为与患者死亡的后果有因果关系，不符合医疗损害责任构成要件的，不能判决医疗机构承担赔偿责任。

本案患者属于发病突然其病情进展快、难以控制的危重情形，患者最终死亡的后果，主要是由于自身疾病发展的结果。由于没有进行尸检，鉴定人经审查送检病历材料后认为，由于没有尸检支持，尚不能完全肯定具体死亡原因，失去了做出让医患双方均认可的死亡原因分析的客观条件。因此，对医方的医疗过错与患者死亡后果之间的因果关系，受鉴定条件限制，难以判定。该鉴定鉴定意见最终认为医疗机构医疗过程中存在医疗过错，但受鉴定条件限制，对医疗机构的医疗过错与患者死亡后果之间的因果关系，难以判定。人民法院依照侵权责任法第五十四条的规定，患者一方对于医疗损害责任构成要件事实承担举证证明责任，在案件事实真伪不明的情况下，由其承担相应的不利后果。

[法条索引]

《中华人民共和国侵权责任法》第五十四条、第五十五条

[基本案情]

2011年10月28日下午，龚×突发意识不清摔倒在地。龚×的同事发现后，立即联系急救中心。据该中心院前急救医疗记录记载：红十字抢救中心于18时05分到达，18时40分将患者送至军区总医院。主诉病史：患者于10分钟前被同事发现意识模糊，摔倒在地，遂呼999急救，既往高血压病史。红十字抢救中心对龚×采取了平卧位、心电监护等措施，心电图示：ST-T段改变；开放气道，持续胸外按压。初步印象为脑血管意外。

红十字抢救中心于当日18时40分，将龚×送至军区总医院八一脑科医院急诊科。该医院先后组织多科会诊，经抢救无效，龚×于2011年10月28日23时35分死亡。军区总医院出具的死亡医学证明书记载龚×的死亡原因为急性左心衰。当日龚×家属将龚×尸体移至八宝山殡仪馆保存。2011年11月4日，龚×的尸体被火化。2012年7月，胡××至军区总医院对龚×的电子病历进行了封存。

胡××与龚×系夫妻关系。龚×父母健在。龚×死亡后，其所在单位已就龚×死亡一事进行了工伤赔偿。军区总医院八一脑科医院系军区总医院的附属医院，是军区总医院的下级单位，无独立法人资质。

一审法院审理中，曾询问龚×的父母龚××、杨××是否要求参加本案诉讼，其二人明确表示不参加本案诉讼，并表示放弃实体权利。

针对红十字抢救中心和军区总医院的诊疗行为是否存在过错，如存在过错，该过错与龚×的死亡是否存在因果关系及过错参与度等问题，经胡××申请，一审法院在组织双方当事人对红十字抢救中心龚×院前急救医疗记录及龚×在军区总医院诊疗期间的病历材料进行质证后，最终以双方均认可的病历材料作为检材，依法委托北京明正司法鉴定中心（以下简称明正鉴定中心）就上述问题进行鉴定。明正鉴定中心按照相关程序，组织了听证会，听取了医患双方的意见，作出了鉴定结论。

2012年12月19日，明正鉴定中心出具京正〔2012〕临医鉴字第327号鉴定意见书，其中分析说明中军区总医院存在的医疗过错部分有如下论述：1.关于心梗的问题：因未尸检，上述所见急性心肌梗死不能确诊；

2. 关于脑梗的问题：根据 999 记录，提示患者存在脑水肿或者脑疝可能。结合患者发病突然、急骤，999 急救心电图示房颤，入院颈动脉超声出现急性脑缺血，不能排除脑梗塞（心源性可能性大）；3. 关于患者在呼吸机支持期间，医方使用安定的问题：患者入院后行呼吸机辅助呼吸治疗期间，出现人机对抗现象，医方使用 1 次安定 10mg，以缓解人机对抗现象的对症处理是正确必要的；4. 关于医方急诊病历不完整及告知尸检的问题：送检病历中没有全面查体记录，没有急诊接诊病历记录，医方存在急诊病历不完整的医疗过错。患者死亡后，医方没有交代并记录关于尸体解剖的问题。医疗过错与损害后果之间是否存在因果关系及其参与度部分示：医方在接诊及救治过程中，存在急诊病历不完整医疗过错。患者发病突然，昏迷，低血压休克提示患者病情危重，病情进展快难以控制最终死亡的后果，主要是其自身疾病发展的结果。由于本例未经尸检，患方对医方给出的死亡诊断及死亡原因均有异议。本次鉴定人和专家审查送检病历材料后认为，由于没有尸检支持，尚不能完全肯定具体死亡原因，失去了做出让医患双方均认可的死亡原因分析的客观条件。因此，对医方的医疗过错与患者死亡后果之间的因果关系，受鉴定条件限制，难以判定。最终，鉴定意见为：军区总医院对龚×的医疗过程中存在医疗过错，但受鉴定条件限制，对医方的医疗过错与患者死亡后果之间的因果关系，难以判定。

同日，明正鉴定中心出具京正〔2012〕临医鉴字第 328 号鉴定意见书。其中分析意见中医方医疗行为的医疗过错：1. 关于心梗及转脑科急诊救治的问题：结合各种检查结果，医方初步诊断脑血管意外，转脑科急诊救治是正确、及时的；2. 关于进行持续心肺复苏的问题：急救车途中，患者未发生心跳停止，对患者进行心脏按压，并持续进行没有明确依据，持续胸外按压会导致肌红蛋白升高的后果；3. 关于未给予扩冠药物及抗凝治疗的问题：患者在送往医院途中低血压，医方给予多巴胺静滴是必要、正确的。因低血压不能除外脑出血，而未给予硝酸甘油等扩冠药物及抗凝治疗是正确。综上所述，医方在接诊及救治过程中，存在持续胸外按压没有明确依据的医疗过错，该过错导致患者肌红蛋白升高，与患者死亡的后果之间没有明确的因果关系。患者发病突然，昏迷，低血压休克提示患者病情危重，病情进展快难以控制最终死亡的后果，主要是自身疾病发展的结果。由于本例未经尸检，患方对医方给出的死亡诊断及死亡原因均有异议。本次鉴定人和专家审查送检病历材料后认为，由于没有尸检支持，尚不能完全肯定具体死亡原因，失去了做出让医患双方均认可的死亡原因分析的客观条件。因此，对医方的医疗过错与患者死亡后果之间的因果关系，受鉴定条件限制，难以判定。鉴定意见为：红十字抢救中心对龚×的医疗过程中存在医疗过错，但受鉴定条件限制，对医方的医疗过错与患者死亡后果之间的因果关系，难以判定。

经质证，双方虽对上述鉴定意见书均持有异议，但均未申请根据现有的病历材料对龚×的死亡原因进行鉴定，也未申请重新鉴定。

另，因胡××质疑红十字抢救中心参与对龚×急救的医生的资质问题，红十字抢救中心提供了相关人员执业医师证书。一审法院就田望平资质证书编码问题向北京市卫生计生委调查，该委出具证明证实了该医师注册专业和地点的数次变更时间及内容。

二审法院审理中，胡××认可其没有证据证明在龚×死亡之后，就龚×死因问题其曾向军区总医院提出过质疑。

[裁判结果]

一审法院判决：

一、北京市红十字会急诊抢救中心于判决生效后七日内赔偿胡××精神损害抚慰金二千元；二、驳回胡××的其他诉讼请求。

二审法院判决：

驳回上诉，维持原判。

[裁判理由]

法院生效裁判认为，医务人员在诊疗活动中未充分履行诊疗义务，造成患者损害的，医疗机构应当承担赔偿责任。就医疗纠纷中的专业问题，法院可以根据当事人的申请，委托有资质的鉴定单位进行医疗鉴定。对于鉴定人出具的鉴定意见，当事人可以进行反驳，但应当提出合理的理由以及充分的证据。否则鉴定意见应当作为法院认定事实的重要参考。一审法院就红十字抢救中心、军区总医院对龚×的诊疗行为是否存在过错，如有过错与龚×的死亡是否存在因果关系以及该两家医院的过错参与度,已经按照规定,组织双方当事人对送检病历进行了质证,并依法委托明正鉴定中心依照相关程序进行鉴定。明正鉴定中心鉴定后,针对红十字抢救中心和军区总医院的医疗行为分别出具了司法鉴定意见书。上述两份鉴定意见书分析说明部分针对双方争议的医学专业问题均有论述,并分别指出军区总医院和红十字抢救中心针对龚×的诊疗行为各自存在的问题。其中军区总医院存在问题如下:在接诊过程中,存在急诊病历不完整的医疗过错(没有患者入院全面查体记录和急诊接诊记录)。红十字抢救中心存在问题如下:医方在接诊及救治过程中,存在持续胸外按压没有明确依据的医疗过错,该过错导致患者肌红蛋白升高,与患者死亡的后果之间没有明确的因果关系。同时指出,龚×发病突然、病情危重,病情进展快难以控制最终死亡的后果,主要是其自身疾病发展的结果。由于未经尸检,患方对医方给出的死亡诊断及死亡原因均有异议。审查送检病历材料后,认为由于没有尸检支持,尚不能完全肯定具体死亡原因,失去了做出让医患双方均认可的死亡原因分析的客观条件。故对医方的医疗过错与患者死亡后果之间的因果关系,受鉴定条件限制,难以判定。二审法院审理期间,胡××对已经过质证并作为检材的病历材料提出质疑,并以此为由欲从程序上否定鉴定结论,依据不足,二审法院不予支持;其还以此为由,认为法院应按照《中华人民共和国侵权责任法》第五十八条的规定,推定军区总医院存在过错,直接判令该医院承担赔偿责任。对此,二审法院认为,即便胡××所述病历存在的问题已达到法律规定的推定军区总医院存在过错的情形,也不能直接得出该过错就与龚×的损害后果之间存在直接因果关系的结论,因而不能以此为由直接判令军区总医院承担赔偿责任。双方当事人虽对上述两份司法鉴定意见书就医学专业问题给出的评判持有异议,但均未提出足以推翻该鉴定结论的证据。二审法院对于上述两份司法鉴定意见书的证明效力予以认定。从该鉴定意见书可以看出尸检成为判断医方过错与龚×死亡后果之间是否存在因果关系的关键。没有进行尸检的责任应该由哪一方承担,也就成为本案双方争议焦点问题之一。

当事人对自己提出的诉讼请求所依据的事实或者反驳对方诉讼请求所

依据的事实有责任提供证据加以证明。没有证据或者证据不足以证明当事人的事实主张的，由负有举证责任的当事人承担不利后果。患者在医院死亡之后，尸检并非必经程序，医院无需对死因明确的患者的家属告知尸检问题。本案中，胡××虽主张其不认可军区总医院出具的死亡证明上载明的龚×死亡原因，但未能提供证据证明在龚×死亡后，其已在合理时限内就该问题向军区总医院提出过异议。在龚×的尸体火化后，胡××虽对军区总医院给出的死亡诊断及死亡原因提出异议，但因尸检已不可能，其又不申请就现有病历材料由鉴定机构对龚×死亡原因进行鉴定，其对此应承担不利的法律后果。胡××坚持认为军区总医院和红十字抢救中心对龚×的诊疗行为存在过错，且导致龚×死亡，缺乏证据支持，二审法院实难采信。参照上述司法鉴定意见书分析说明部分，可以确认军区总医院对龚×的诊疗行为中，除急诊病历记录不完整之外，其他诊疗行为并无不当，而仅凭急诊病历存在的瑕疵，也不能就认定军区总医院的诊疗行为与龚×的死亡存在因果关系，故一审法院没有判令军区总医院承担赔偿责任，是适当的。至于红十字抢救中心对龚×持续胸外按压，是没有明确依据的过错行为，导致患者肌红蛋白升高，虽与患者死亡的后果之间没有明确的因果关系，但给患者造成痛苦，由此给胡××在精神上造成一定痛苦，故其应赔偿胡××一定数额的精神损害抚慰金。红十字抢救中心坚持认为其没有过错，与龚×的死亡后果无因果关系，缺乏依据，二审法院不予采信。

关于胡××提出的红十字抢救中心参与对龚×急救的医生资质问题，一审法院已审核了相关人员资质问题，并就田望平资质问题向北京市卫生计生委调查，该委出具证明证实了该医师注册专业和地点的数次变更时间及内容。在现有证据情况下，胡××的主张依据不足，二审法院难以采信。

至于红十字抢救中心上诉提出的一审判决确定的鉴定费错误一节，二审法院认为，由于司法鉴定意见书已经确认其有一定过错，一审法院判令其承担涉及其诊疗行为的鉴定费，是适当的。而涉及军区总医院诊疗行为的鉴定费，确实与其无关，不应由其承担。因司法鉴定意见书也指出军区总医院的诊疗过程中存在过错，二审法院确定由军区总医院承担该部分鉴定费。

综上，红十字抢救中心的上诉请求除鉴定费负担部分以及胡××的全部上诉请求，均依据不足，二审法院均不予支持。因一审判决主文并无不当，二审法院予以维持。

附：原审法院裁判理由：

原审法院经审理认为：患者在诊疗活动中受到损害，医疗机构及其医务人员有过错的，由医疗机构承担赔偿责任。胡××没有提交在龚×就医死亡后，患方对军区总医院出具的死亡原因曾提出异议的证据。龚×的尸体火化后，胡××对军区总医院给出的死亡诊断及死亡原因提出异议，其应自行承担不利的法律后果。军区总医院急诊病历不完整的医疗过错，不能认定与龚×的死亡存在因果关系，故军区总医院不应承担赔偿责任。红十字抢救中心存在持续胸外按压没有明确依据的医疗过错，该过错导致患者肌红蛋白升高，虽与患者死亡的后果之间没有明确的因果关系，但给患者造成痛苦，由此给胡××在精神上造成一定痛苦，故红十字抢救中心应赔偿胡××一定数额的精神损害抚慰金。

2. 邵××与大连市妇幼保健院医疗损害责任纠纷

——婴儿出生过程中因医疗机构的诊疗过错行为造成其人身损害的，医疗机构应当依法对该婴儿的损害承担赔偿责任

案号：（2015）大民一终字第01324号

[裁判要点]

婴儿出生过程中，因医疗机构的诊疗过错行为造成其人身损害的，该婴儿出生后可以作为适格原告，由其父母作为法定代理人提起医疗损害责任之诉，可以就由此造成的损失向该医疗机构主张损害赔偿责任。在本诉中对于后续治疗费用以及相关残疾赔偿金没有主张的，其可以另诉解决。对于出具鉴定意见的鉴定机构和鉴定人员具备相关鉴定资格，鉴定程序合法，鉴定结论依据充分的，人民法院采信该鉴定意见并可以在该鉴定意见

确定的诊疗行为对损害后果的参与度范围内容依法酌情判决医疗机构承担相应的赔偿责任。

在此需要注意的是，婴儿出生过程中因诊疗过错造成的损害与其在胎儿过程中因漏检或者其他过错诊疗行为导致没有发现其缺陷后出生的情形存在本质不同，前者婴儿的损害与诊疗过错之间存在因果关系，其侵害的客体就是婴儿本身的人身权利；而后者胎儿的缺陷并非诊疗行为所造成，其侵害的客体在实务上往往认定为是该缺陷出生孩子的父母的知情权和优生选择权。进而言之，此二者在原告主体资格上也有根本不同，前者系以该婴儿为适格原告，其父母为法定代理人；后者则其父母为适格原告。

[法条索引]

《中华人民共和国侵权责任法》第六条、第五十四条

《最高人民法院关于审理人身损害赔偿案件适用法律若干问题的解释》第十七条、第十八条、第十九条、第二十条、第二十一条、第二十二条

[基本案情]

2014年10月27日，原告邵××母亲潘××以"停经33+1周、阴道流液38小时、无腹痛"为主诉，入住被告大连市妇幼保健院，诊断为：胎膜早破；妊娠33+1周、第1胎、孕1产0；头位，11月11日出院。同年11月20日，潘××再次入住大连市妇幼保健医院，诊断为：胎膜早破；妊娠36+4周、第1胎、孕1产0；头位。同日17：43侧切分娩一男活婴即原告邵××。邵××11月21日DR诊断：左侧股骨中断骨折。为此，邵××于同日入住大连市儿童医院，并于11月28日出院。

邵××在诊疗期间共支付医疗费合计9267.26元。其中在大连市妇幼保健院处发生住院费402.38元，在大连市儿童医院发生住院费8102.28元，出院后在该院门诊复诊发生门诊费762.6元。邵××家属五人在陪同就医及至北京鉴定期间共发生交通费4075.3元，另行支付了鉴定费14100元。

本案在审理过程中，邵××于2015年1月27日提请司法鉴定以确认：1. 大连市妇幼保健院的诊疗行为是否存在过错、该过错与邵××损害后果间是否存在因果关系（参与度）；2. 邵××护理时限和营养时限。北京天平司法鉴定中心于2015年3月25日出具〔2015〕临鉴字第0267号法医学

鉴定意见：（一）现有鉴定材料无法排除大连市妇幼保健院在对潘××助产中行为不当与被鉴定人潘××之子左股骨干骨折之间存在因果关系。（二）被鉴定人潘××之子目前需完全护理，时限建议为一年；可适当加强营养，时限建议为一年。

[裁判结果]

一审法院判决：

一、被告大连市妇幼保健院赔偿原告邵××医疗费6487.08元（9267.26元×70%）；二、被告大连市妇幼保健院赔偿原告邵××护理费12775元（50元×365天×70%）；三、被告大连市妇幼保健院赔偿原告邵××营养费12775元（50元×365天×70%）；四、被告大连市妇幼保健院赔偿原告邵××交通费1711.63元（4075.3元÷5人×3人×70%）；五、被告大连市妇幼保健院赔偿原告邵××鉴定费9870元（14100元×70%）；六、驳回原告邵××的其他诉讼请求。

二审法院判决：

驳回上诉，维持原判。

[裁判理由]

法院生效裁判认为：公民的生命健康权受法律保护。对于邵××关于一审认定事实错误的上诉理由，二审法院认为，根据北京天平司法鉴定中心出具的鉴定结论，对邵××是否构成伤残未予评定，一审判决对上诉人邵××相关诉请未予支持并无不当。故对邵××该项上诉理由二审法院不予采纳。但上诉人系婴幼儿，如其需要继续治疗并提供相关证据证明其构成伤残，且与大连市妇幼保健院本次诊疗行为有因果关系，其可就相关损失另行主张。对邵××关于护理费明显过低的上诉理由，二审法院认为，上诉人邵××为婴幼儿，其本身就需要他人照料，且邵××未提供充分证据证明护理人员的误工损失，故一审判决确认每日50元的护理费用适当，对邵××的该项上诉理由，二审法院不予采纳。

对上诉人大连市妇幼保健院关于北京天平司法鉴定中心出具鉴定意见前后矛盾、鉴定结论关于护理期限、营养期限的依据不足的上诉理由，二审法院认为，出具该鉴定意见书的鉴定机构和鉴定人员具备相关鉴定资格，鉴定程序合法，鉴定结论依据充分，不存在相互矛盾之处。故该鉴定意见书可以采信。该鉴定意见书鉴于邵××为婴幼儿，确认护理期限、营养期限为一年并无不当。故对大连市妇幼保健院此项上诉理由二审法院不予采纳。

对于本案双方当事人关于原判责任比例分配不当的上诉理由，二审法院认为，本案当事人均未提供充分证据证明邵××骨折的真正成因。而北京天平司法鉴定中心出具的鉴定意见中对邵××骨折形成原因表述为"遭受较大外力所致，既可能来源于助产粗暴不当，也可能来源于产后外伤所致"，其结论为无法排除在对潘××助产中行为不当与邵××左股骨干骨折之间存在因果关系。××患者的损害有因果关系的可能性，故一审法院考虑邵××的实际损失，酌情确认大连市妇幼保健院承担70%的赔偿责任并无不当。故对双方当事人此项上诉理由，二审法院不予采纳。

附：一审法院裁判理由：

一审法院认为，公民的生命健康权受法律保护。××患者在医疗机构就医时，由于医疗机构及其医务人员的过错，在诊疗和护理活动中受到损害的，医疗机构应当承担侵权损害赔偿责任。因此被告大连市妇幼保健院对原告邵××所实施的医疗行为是否存在过错是确定其承担民事责任的依据。被告业经北京天平司法鉴定中心出具司法鉴定意见确认无法排除在对潘××助产中行为不当与原告左股骨干骨折之间存在因果关系，因此被告应赔偿原告相应的合理损失。因股骨干骨折为股骨中段局部遭受较大外力所致，除可能来源于助产粗暴不当，也有可能来源于产后外伤所致，在产后母婴同室的情况下，原告家属亦有监护不力的可能。考虑原告作为患方的实际损失，以被告承担70%过错比例为宜。

原告主张的医疗费、营养费、鉴定费合理，被告应按照责任比例予以赔偿。关于陪护费用，原告自身作为婴幼儿，目前正常的日常活动尚需完全依赖他人照料，照顾股骨骨折患儿只需付出更多努力，以大连市日均护理费用100元为基数计算，以每日超出50元足以补偿护理所需。关于交通费用，原告共五名家人去北京鉴定显然超出实际需求，因此发生的交通费用中应认定三人花费为合理。

十七、医务人员违反告知义务的损害赔偿责任

【医疗损害责任司法解释条文】

第十七条 医务人员违反侵权责任法第五十五条第一款规定义务,但未造成患者人身损害,患者请求医疗机构承担损害赔偿责任的,不予支持。

【导读】

《中华人民共和国侵权责任法》第五十五条规定的医疗机构的说明及取得患者书面同意义务,不仅涉及患者知情同意权的保护问题,更涉及深层次的医疗伦理以及医学发展问题,实务中争议较大的是侵犯患者知情同意权的精神损害赔偿问题。对此有两种意见:一种意见认为只要违反说明义务,医疗机构应当承担相应的精神损害赔偿责任;另一种意见认为,医务人员未尽到说明义务,仅损害患者知情同意权而未造成患者人身伤害的,医疗机构不承担赔偿责任。本条基本采纳了第二种意见。理由在于,依据《中华人民共和国侵权责任法》第二十二条的规定,在医疗机构未尽告知义务,侵害患者人身权益,造成患者严重精神损害的情况下,患者可以向医疗机构主张精神损害赔偿。本着平衡救济患者损害和有效推动医疗卫生事业发展的考虑,为避免精神损害赔偿适用范围太广,给医疗机构造成不必要的负担,最终影响正常的医疗秩序乃至广大患者看病就医的权利,对"严重精神损害"有必要从严把握,宜将此限定在造成患者人身伤害的范围之内。但在进一步的研究论证中,最终将本条中的"精神"删

除,以避免单独提出精神损害赔偿不赔出现理论和实务上的争议。对于不符合侵权责任构成的情形,也就不存在损害赔偿问题。当然,这样规定也可以将精神损害赔偿的问题包括在内。

通常而言,医务人员违反告知义务的情形包括两种:其一是违反告知义务造成自我决定权损害但未造成人身实质性损害的责任;其二是违反告知义务造成患者人身实质性损害责任。医疗机构未尽告知义务,擅自进行医疗行为,侵害了病患的自我决定权,同时积极采取某种医疗措施或者消极停止继续治疗,造成患者的人身实质性损害。这种医疗损害责任类型违反的也是医疗良知和医疗伦理,不经患者同意,就采取积极行为或者消极行为,但造成了患者的人身损害,应当承担人身损害赔偿责任。这类纠纷中医疗机构应当承担责任在我国审判实务中得到普遍承认。但是在我国理论和实务中,对于医疗机构或者其医务人员违反告知义务并未造成患者实质性人身损害的情况下,是否确定医疗机构应当承担赔偿责任的问题,具有很大争议。这涉及医患利益平衡保护乃至维护医学进步、保护全体患者利益的问题。我们认为,精神损害赔偿本身就要有相应的门槛。《中华人民共和国侵权责任法》第二十二条已经明确规定了"侵害他人人身权益,造成他人严重精神损害的,被侵权人可以请求精神损害赔偿"。即对于精神损害赔偿本身就应当有必要的条件,不能动辄提起精神损害赔偿,浪费诉讼资源和对方当事人的精力成本。同样在医疗机构未尽告知义务的案件中也应该按照该条的规定限定精神损害赔偿提起的条件,只有造成患者严重精神损害的就,患者主张医疗机构承担相应精神损害赔偿责任才应予支持。

对于本条的适用,在实践中需要注意的是,对于医疗机构违反告知义务情形下的精神损害赔偿的适用,不仅要一符合本条对于"严重精神损害"的限定条件,还要满足上述的侵权责任构成的四要件,即主观过错、损害后果、违法行为和因果关系。在法律适用上,既要适用《中华人民共和国侵权责任法》第五十五条,也要适用第五十四条。本条规定主要根据《中华人民共和国侵权责任法》第五十五条、第二十二条的规定,对于医务人员违反说明义务时的"严重精神损害"如何界定的解释,并无涉及此类侵权责任类型的其他构成要件。对此，仍应当依据《中华人民共和国侵权责任法》第五十五条第二款的规定，须满足相应的侵权责任构成。不能说只要存在人身损害，就可以要求医疗机构赔偿精神损害，还需要看这其中是否有因果关系，医疗机构是否有过错等等。

【相关法条】

《中华人民共和国侵权责任法》

第二十二条　侵害他人人身权益，造成他人严重精神损害的，被侵权人可以请求精神损害赔偿。

第五十四条　患者在诊疗活动中受到损害，医疗机构及其医务人员有过错的，由医疗机构承担赔偿责任。

第五十五条　医务人员在诊疗活动中应当向患者说明病情和医疗措施。需要实施手术、特殊检查、特殊治疗的，医务人员应当及时向患者说明医疗风险、替代医疗方案等情况，并取得其书面同意；不宜向患者说明的，应当向患者的近亲属说明，并取得其书面同意。

医务人员未尽到前款义务，造成患者损害的，医疗机构应当承担赔偿责任。

《最高人民法院关于确定民事侵权精神损害赔偿责任若干问题的解释》

第一条　自然人因下列人格权利遭受非法侵害，向人民法院起诉请求赔偿精神损害的，人民法院应当依法予以受理：

（一）生命权、健康权、身体权；

（二）姓名权、肖像权、名誉权、荣誉权；

（三）人格尊严权、人身自由权。

违反社会公共利益、社会公德侵害他人隐私或者其他人格利益，受害人以侵权为由向人民法院起诉请求赔偿精神损害的，人民法院应当依法予以受理。

第十条　精神损害的赔偿数额根据以下因素确定：

（一）侵权人的过错程度，法律另有规定的除外；

（二）侵害的手段、场合、行为方式等具体情节；

(三)侵权行为所造成的后果;

(四)侵权人的获利情况;

(五)侵权人承担责任的经济能力;

(六)受诉法院所在地平均生活水平。

法律、行政法规对残疾赔偿金、死亡赔偿金等有明确规定的,适用法律、行政法规的规定。

【典型案例】

中国人民解放军第三〇九医院与闫×等医疗损害责任纠纷案

——虽然已让患者一方签署知情同意书,
但医疗机构未尽到相应告知义务的,
仍要根据过错及原因力大小承担赔偿责任

案号:(2016)京01民终602号

[裁判要点]

由于医疗损害责任纠纷本身的专业性问题,鉴定意见往往是人民法院审理医疗损害责任纠纷的重要证据,当事人没有足以反驳的相反证据和理由的,人民法院可以认定其证明力。本案中,按照"谁主张,谁举证"的一般原理,原审法院依法随机确定了某具备相应资质的鉴定机构进行了医疗过错鉴定,同时根据当事人提出的异议予以回复并根据人民法院的委托派鉴定人出庭作证。在双方当事人并未提出足以反驳的相反证据和理由,审理法院认可了该鉴定意见的证明效力。

依据本案的鉴定意见,医疗机构虽然让原告方在案涉《体外膜肺氧合(ECMO)请求和同意书》中签字,并做了相应告知,但并未告知患者及家属其使用的设备系从其他医院借来,且没有备用的ECMO机器和配件以供更换以及在中国市场上也可能购置不到该种机器和配件的具体情况，最终对患者停止使用ECMO设备系因该ECMO设备无法正常工作而又无法更换配件导致，上述情况与《体外膜肺氧合（ECMO）请求和同意书》中载明的："ECMO可以持续辅助病人直到病人恢复，或出现严重并发症而不能恢复，或医生认为ECMO治疗无效需要停止时才能停止"的内容不符。仅根据《体外膜肺氧合（ECMO）请求和同意书》载明的内容，患者及家属不会预见到此次使用ECMO设备只能维持膜的一个使用周期，即如果患者在此期间机体恢复，则ECMO就发挥了作用，如果患者无法恢复，则会发生死亡的后果。基于上述事实，鉴定意见认定医疗机构在对被鉴定人诊疗过程中未尽到必要的注意义务，对患者家属告知不到位，存在着医疗过失，审理法院最终采信该鉴定意见，认定医疗机构未尽到必要的注意义务，对患者家属告知不到位，存在着医疗过失，并在综合考虑医疗过错行为在损害结果中的责任程度、损害结果与患者原有疾病状况之间的关系以及医疗科学发展水平、医疗风险状况等因素，对赔偿数额酌情予以判定。

[法条索引]

《中华人民共和国侵权责任法》第五十四条、第五十五条

[基本案情]

李×乙与赵×系夫妻，徐×（原名李×）系二人之子；徐×与闫×系夫妻关系，李×甲系二人之女。根据三〇九医院病历记载：2013年4月10日，徐×在工作中吸入煤炭粉尘后出现咳嗽，咳少量白痰，伴寒战、高热，到石家庄肾病医院治疗。因5月2日出现病情加重，呼吸衰竭，于5月4日转至河北省人民医院治疗。2013年5月19日，徐×由河北省人民医院转至三〇九医院。在三〇九医院的入院记录中最后和初步诊断为："1. 重症肺炎；2. 呼吸衰竭；3. 感染性休克；4. 肺间质纤维化；5. 过敏性紫癜性肾炎；6. 肺部感染；7. 气管切开术后"。在三〇九医院治疗期间，2013年5月27日，三〇九医院认为徐×有行ECMO治疗的指征，故在家属签字同意的情况下，从即日起予以行ECMO。当日，徐×及赵×、李×乙（签字为徐××）均在《体外膜肺氧合（ECMO）请求和同意书》

上签字。在《体外膜肺氧合（ECMO）请求和同意书》中对于 ECMO 概念描述如下："体外膜肺氧合（简称 ECMO）是一种人工心肺机器，它可以在一定程度上代替部分心脏和肺脏的功能，它适用于那些用其他方法都无效的严重的心脏和/或肺脏衰竭的病人。ECMO 本身并没有治疗疾病的作用，只是在买时间等待机体的恢复。ECMO 可以持续辅助病人直到病人恢复，或出现严重并发症而不能恢复，或医生认为 ECMO 治疗无效需要停止时才能停止。"对于 ECMO 的风险，在《体外膜肺氧合（ECMO）请求和同意书》中列明为：插管（内容略）麻醉（内容略）机械故障辅助过程中机器失灵；环路中形成凝血块，造成环路堵塞而无法工作；环路中的组成部分或整个环路需要更换；更换环路时病人死亡费用由于 ECMO 治疗的都是危重病人，相关费用较高其他 ECMO 风险（内容略）。在《体外膜肺氧合（ECMO）请求和同意书》中并没有记载医生告知患者及家属此次使用的 ECMO 设备没有配件膜，即如果发生堵塞无法更换的内容。2013 年 6 月 25 日，根据三〇九医院病程记录记载："今日朝阳医院童朝晖副院长会诊后指出：患者目前感染状况控制尚可，抗生素治疗无需特殊调整，目前主要问题在于肺部病变较前恢复太慢，且与患者在发病前存在自身免疫性疾病有关，故导致目前肺纤维化仍无法恢复。在治疗上无特殊意见，考虑目前最大问题在于 ECMO 治疗已近 1 个月，且目前中国市场上无该品牌肺膜更换，故如果 ECMO 因凝血不能继续，患者现有的肺功能恐无法维持氧供，故建议目前可尝试加强呼吸机的支持，对 ECMO 被迫撤离做准备"。2013 年 6 月 29 日，根据三〇九医院抢救记录记载："今日中午 12：00，患者（徐×）ECMO 机器出现报警，血流量下降，经反复调整 ECMO 管路仍无效，被迫中止 ECMO 治疗，将呼吸机氧浓度调为 100%。此后患者出现饱和度进行性下降，心率增快，血压快速下降，予以增加去甲肾上腺素泵入量，扩容补液仍无好转，至 12：15，患者血氧饱和度测不出，血压 33/18mmHg，心率 107 次/分，予以肾上腺素反复静推，12：30，患者血压 62/16mmHg，SPO246%，心率 178 次/分，心电监护示室性心动过速，予以利多卡因 50mg 静推。12：35，患者心率降至 33 次/分，予以连续胸外按压，并继续予以肾上腺素反复静推，至 12：47，患者血压 132/

95mmHg，SPO287％，心率87次/分，继续予以肾上腺素静推维持血压，并予以快速输注红细胞4U，血浆200ml。向患者家属交待病情，患者目前病情危重，ECMO停止后血氧饱和度低，血压不稳定，预后不佳，家属表示知情理解，要求自动出院，一切后果自负。予以今日出院。"2013年9月9日，山西省霍州市开元街道办事处社区卫生服务中心出具《居民死亡证明书》，证明徐×死亡，死亡原因为重症肺炎，死亡日期为2013年6月29日。

在一审法院审理中，闫×、李×乙、李×甲、赵×申请对三〇九医院对徐×进行医疗的过程中是否存在过错、其医疗过错与徐×死亡之间是否存在因果关系及参与度进行鉴定。法院依法委托北京天平司法鉴定中心对上述鉴定内容进行了鉴定并出具了鉴定文书。在鉴定文书中分析如下：被鉴定人徐×因"在煤矿工作中吸入粉尘后出现咳嗽，咳少量白痰，伴寒战、高热，体温最高39℃。"曾在当地二家医院住院治疗，予无创呼吸机辅助呼吸，应用多种抗感染、抗病毒药物，行气管插管呼吸机辅助呼吸，间断CRRT等治疗，转入ICU，病情无好转，呼吸困难进行性加重。2013年5月19日转入三〇九医院住院治疗。2013年6月21日当日办理出入院中结。二次住院诊断为："重症肺炎、呼吸衰竭、感染性休克、肺间质纤维化、过敏性紫癜性肾炎、肺部感染、左侧气胸、凝血功能异常、十二指肠溃疡、消化道出血、贫血、血小板减少、电解质紊乱、肝功能不全、肾功能不全、菌血症、气管切开术后。"被鉴定人既往有"过敏性紫癜性肾炎"13年，发病前服用强的松4个月，"慢性胃炎、十二指肠溃疡史"3年。此次合并病毒、多重耐药鲍曼不动杆菌等感染，出现感染性休克，多脏器功能衰竭等致命性疾病，病情极危重，其自身疾病预后即极其不佳。三〇九医院已向患者家属交待了病情，患者家属表示理解。入住三〇九医院后继续应用气管切开接呼吸机辅助呼吸、抗感染、抗病毒、营养支持、对症等治疗，三〇九医院诊断和治疗是正确的，但病情未见好转。三〇九医院于2013年5月27日在家属知情同意并签字情况下对被鉴定人进行ECMO维持呼吸治疗，根据被鉴定人的病情和诊疗过程应用ECMO维持呼吸治疗是正确的。应用ECMO维持呼吸治疗虽是在家属知情同意并签字情况下进行的，但三○九医院并未告知家属如需更换本院没有备用的 ECMO 机器和配件，及其在中国市场上也可能购置不到该种机器和配件。2013 年 6 月 29 日 12：00 患者 ECMO 机器出现报警，无备用的更换被迫中止 ECMO 维持呼吸治疗，致使被鉴定人血氧饱和度下，血压、心率不稳定，虽经抢救治疗但无好转。出院后，因自身多种疾病、多脏器功能衰竭而死亡。三○九医院在对被鉴定人诊疗过程中多次主任查房指示相应的治疗，还请全院有关科室主任和外院相关的专家会诊研究治疗方案。综上所述，三○九医院在对被鉴定人徐×诊疗过程中未尽到必要的注意义务，对患者家属告知不到位，存在着医疗过失，参照《关于办理医疗过失司法鉴定案件的若干意见》（京司鉴协发〔2009〕5号）之规定，其责任程度为轻微。被鉴定人因自身多种疾病、多脏器功能衰竭而死亡，与三○九医院诊疗无因果关系。鉴定意见为：三○九医院对被鉴定人徐×诊疗过程中存在医疗过失，系轻微责任程度。被鉴定人徐×因自身多种疾病、多脏器功能衰竭而死亡，与三○九医院诊疗无因果关系。上述鉴定文书出具后，闫×、李×甲、李×乙、赵×等提出异议。北京天平司法鉴定中心先后通过函件形式予以了两次回复，并委派鉴定人出庭质证。原告方异议及鉴定人回复主要涉及以下内容：关于"治病救人是医院医生的职责，医院应当备有必要的医疗设施和医疗条件，对于 ICU 病房重症病患者治疗所需要的医疗器材，更是应当配备，时刻准备为患者更换"和"医院违反法律规定、使用说明书的规定，超期使用医疗器械，鉴定中心对此只字未提，无视法院二次递交的证据"的问题：鉴定意见书分析说明中所述"应用 ECMO 维持呼吸治疗虽是在家属知情同意并签字情况下进行的，但三○九医院并未告知家属如需更换本院没有备用的 ECMO 机器和配件，及其在中国市场上也可能购置不到该种机器和配件。2013 年 6 月 29 日 12：00 患者 ECMO 机器出现报警，无备用的更换被迫中止 ECMO 维持呼吸治疗……"就说明了三○九医院没有备用的 ECMO 机器和配件，又购置不到，无法按规定及时进行更换，不得不继续使用，至 ECMO 机器出现报警，仍无备用的更换被迫中止 ECMO 维持呼吸治疗。故认定三○九医院在对徐×诊疗过程中存在医疗过失，系轻微责任程度。关于"徐×死亡的直接原因是，给徐×

ECMO 治疗仪器因膜堵后被迫中止运行，医院没有备用的配件，治疗仪器被迫停止后十几分钟徐×抢救无效死亡，徐×是在院内死亡"的问题：鉴定意见书分析说明中所述"出院后，因自身多种疾病、多脏器功能衰竭而死亡。"因病历病程记录没有记录徐×是在住院期间死亡的，即在三〇九医院住院病历病程记录 2013 年 6 月 29 日抢救记录中记载"向患者家属交待病情，患者目前病情危重，ECMO 停止后血氧饱和度低，血压不稳定，预后不佳，家属表示知情理解，要求自动出院，一切后果自负。予以今日出院。"同日的出院记录和自动出院记录单也有记载，并有家属签字。关于"天平司法鉴定中心鉴定程序违法"的问题：鉴定程序不存在违法，医患双方在办理委托及听证会上签字均不申请回避。告知书中拟定由哪几位法医对该案件进行鉴定已明确告知，本案的鉴定人均是拟定中的法医。关于"鉴定机构认定与事实不相符的其他问题"的问题：1."曾在当地二家医院住院治疗，予无创呼吸机辅助呼吸"是指徐×在三〇九医院住院之前曾在二家医院住院治疗过。2. 徐×入住三〇九医院时，2013 年 5 月 19 日诊断为：呼吸衰竭、感染性休克、过敏性紫癜性肾炎等，后又增加补充诊断，最后诊断：重症肺炎、呼吸衰竭、感染性休克、肺间质纤维化、过敏性紫癜性肾炎、肺部感染、左侧气胸、凝血功能异常、十二指肠溃疡、消化道出血、贫血、血小板减少、电解质紊乱、肝功能不全、肾功能不全、菌血症、气管切开术后。上述疾病足以说明徐×存在着多脏器功能衰竭。徐×未进行尸体检验，其确切死亡原因是不可能十分准确推断的。关于"ECMO 维持呼吸治疗的使用—此种方式是不是对病人进行诊治的唯一可选方式"问题；关于是否违反《医疗器械监督管理条例》事宜，不属于法医司法鉴定范畴，应到相关的行政部门解决。三〇九医院于 2013 年 5 月 27 日在家属知情同意并签字情况下对被鉴定人进行 ECMO 维持呼吸治疗，经审查病历，无不当之处。关于"三〇九医院涉嫌对死者病历造假"问题：ECMO 体外血流是一种连续的过程，少部分血液在体外交换氧气后流入到体内循环。根据病历记载，没有设备停止后失血的记录。关于是否病历造假问题，根据委托单位质证后提供的鉴定材料作出鉴定，我中心认为无不妥之处。关于"录音证据在鉴定中没有使用"问题：北京市海淀区人民法院提供的鉴定材料中没有录音证据。北京天平司法鉴定中心收取鉴定费 12000 元，出庭费 2000 元。北京天平永达科技发展有限公司开具发票，载明收取闫×等人复印费 477 元。根据三〇九医院提供的相关设备的《医疗器械注册证》，体外循环套包的批准注册日期为 2008 年 5 月 26 日，自批准之日起有效期 4 年；离心泵的批准注册日期为 2010 年 5 月 24 日，自批准之日起有效期 4 年。三〇九医院称该设备系安贞医院提供给其医院使用的，并未过期。对于膜的使用期限，三〇九医院未向本院提供产品使用说明书，但其委托代理人称："膜用于体内与体外的氧气交换，膜的使用期限通常是一周，所以要定时更换，但我们一直对膜进行维护，所以我们的膜已经用了一个多月，一直保持这个功能……换一次膜需要两个多小时，从结果上看患者承受不了换膜这么长的时间，患者离开膜十分钟就会死亡……如不用这个机器，病人马上就会死亡"。对于病历中记载 2013 年 6 月 29 日患者（徐×）出院的情况，原告在本案审理中称因其想将患者（徐×）运回老家土葬，故在徐×已经死亡的情形下，在病历上签字自行出院；三〇九医院称如果患者已经死亡是不能拉走的，如果患者处于奄奄一息、还有生命迹象的情况下，家属放弃治疗，是可以拉走的。对此争议，原告提交了与三〇九医院相关医生的谈话录音，但三〇九医院对录音证据真实性不予认可。

另查，徐×在三〇九医院治疗期间共支出医疗费用 563856.08 元，三〇九医院对于原告提供的医疗费用票据复印件提出异议，但未提供反驳证据。同时，对于 ECMO 设备及治疗期间所支出的费用，三〇九医院表示无法从医疗费用中单独析出。

[裁判结果]

一审法院判决：

一、中国人民解放军第三〇九医院于本判决生效后三十日内赔偿闫×、李×甲、李×乙、赵×人民币三十万元。二、驳回闫×、李×甲、李×乙、赵×其他诉讼请求。

二审法院判决：

驳回上诉，维持原判。

鉴定费（含鉴定人员出庭费）一万四千元，由闫×、李×甲、李×乙、赵×负担七千元，已交纳；由中国人民解放军第三〇九医院负担七千元，于本判决生效后七日内交纳。

[裁判理由]

法院生效裁判认为司法鉴定机构出具的司法鉴定意见书是人民法院审理医疗损害责任纠纷的重要证据，当事人没有足以反驳的相反证据和理由的，人民法院可以认定其证明力。本案中，原审法院依照法律规定委托北京天平司法鉴定中心进行了医疗过错鉴定，该中心不仅出具了鉴定意见书，还针对当事人提出的异议予以回复并派鉴定人出庭作证。对于北京天平司法鉴定中心出具的鉴定意见书，双方当事人并未提出足以反驳的相反证据和理由，故该鉴定意见书的证明效力，二审法院予以确认。根据在案证据可以确认：上诉人三〇九医院在徐×家属同意的情况下，对徐×进行的ECMO维持呼吸治疗，但三〇九医院并未告知家属如需要更换，三〇九医院没有备用的ECMO机器和配件，及其在中国市场上也可能购置不到该种机器和配件。原审法院采信鉴定机构关于认定三〇九医院在对被鉴定人徐×诊疗过程中未尽到必要的注意义务，对患者家属告知不到位存在着医疗过失的结论，二审法院予以支持。患者在诊疗活动中受到损害，医疗机构及其医务人员有过错的，由医疗机构承担赔偿责任。三〇九医院在对徐×诊疗过程中存在着医疗过失，应在其过失范围内承担赔偿责任。原审法院根据在案证据综合考虑三〇九医院的责任程度以及损害结果与患者原有疾病状况之间的关系等因素确定的赔偿金额适当，二审法院予以支持。综上，原审判决认定事实清楚，适用法律正确，二审法院予以维持。三〇九医院的上诉理由，缺乏证据支持，二审法院不予采纳。附一审法院裁判理由：一审法院认为，患者徐×在三〇九医院治疗期间，三〇九医院使用ECMO设备对徐×进行治疗，并在使用前对相关事项进行了告知，由患者徐×及家属签署了《体外膜肺氧合（ECMO）请求和同意书》。但在《体外膜肺氧合（ECMO）请求和同意书》中三〇九医院并未告知患者徐×及家属其医院所使用的设备系从其他医院借来，且没有备用的ECMO机器和配件以供更换以及在中国市场上也可能购置不到该种机器和配件的具体情况，最终对徐×停止使用ECMO设备系因该ECMO设备无法正常工作而又无法更换配件导致，上述情况与《体外膜肺氧合（ECMO）请求和同意书》中载明的："ECMO可以持续辅助病人直到病人恢复，或出现严重并发症而不能恢复，或医生认为ECMO治疗无效需要停止时才能停止"的内容不符。即使如三〇九医院所述在2013年5月27日如不采取ECMO设备治疗患者徐×可能会有生命危险，但三〇九医院并未明确告知徐×及家属上述内容，仅根据《体外膜肺氧合（ECMO）请求和同意书》载明的内容，患者及家属不会预见到此次使用ECMO设备只能维持膜的一个使用周期，即如果患者在此期间机体恢复，则ECMO就发挥了作用，如果患者无法恢复，则会发生死亡的后果。基于上述事实，本案鉴定单位北京天平司法鉴定中心出具的鉴定意见中认定三〇九医院在对被鉴定人徐×诊疗过程中未尽到必要的注意义务，对患者家属告知不到位，存在着医疗过失的结论法院予以采信。对闫×、李×甲、李×乙、赵×要求重新鉴定的主张不予支持。在本案中，并无证据证明三〇九医院所使用的ECMO设备的生产日期超过了批准有效期，故闫×、李×甲、李×乙、赵×的上述主张缺乏充分证据支持。综上所述，法院根据查明之事实及鉴定意见，认定三〇九医院在对被鉴定人徐×诊疗过程中未尽到必要的注意义务，对患者家属告知不到位，存在着医疗过失，应在其过失范围内对徐×的家属即本案原告予以赔偿，具体损害赔偿数额，法院综合考虑医疗过错行为在损害结果中的责任程度、损害结果与患者原有疾病状况之间的关系以及医疗科学发展水平、医疗风险状况等因素，并结合三〇九医院在《体外膜肺氧合（ECMO）请求和同意书》中明确告知的"ECMO治疗的都是危重病人，相关费用较高"的内容，对赔偿数额酌情判定。

十八、不能取得患者近亲属意见的具体情形及紧急救治时的责任

【医疗损害责任司法解释条文】

第十八条 因抢救生命垂危的患者等紧急情况且不能取得患者意见时，下列情形可以认定为侵权责任法第五十六条规定的不能取得患者近亲属意见：

（一）近亲属不明的；

（二）不能及时联系到近亲属的；

（三）近亲属拒绝发表意见的；

（四）近亲属达不成一致意见的；

（五）法律、法规规定的其他情形。

前款情形，医务人员经医疗机构负责人或者授权的负责人批准立即实施相应医疗措施，患者因此请求医疗机构承担赔偿责任的，不予支持；医疗机构及其医务人员怠于实施相应医疗措施造成损害，患者请求医疗机构承担赔偿责任的，应予支持。

【导读】

《中华人民共和国侵权责任法》第五十六条规定了紧急情况下医疗机构实施紧急医疗措施的内容，但实践中对于如何认识该条中"难以取得患者或者其近亲属同意"分歧较大，需要进一步明确。

对于患者不能表达意志的紧急情况下如何施救涉及患者一方自主决定权和医疗机构救治义务的协调问题。医疗机构救死扶伤的公益性职责，是

各国或地区的通行做法，比如台湾地区"医师法"第二十一条规定："医师对于危急之病人，应即依其专业能力予以救治或采取必要措施，不得无故拖延。"《中华人民共和国执业医师法》第二十四条、《医疗机构管理条例》第三十一条对此也有明确规定。基于及时救治生命垂危等紧急情况下患者的考虑，本解释对《中华人民共和国侵权责任法》第五十六条规定的"不能取得患者近亲属意见的"情形作了进一步细化。本条规定的适用前提仅限定在"因抢救生命垂危的患者等紧急情况，不能取得患者意见的"情况，对于患者与近亲属意见不一致的情况，由于涉及医学伦理和专业判断问题，为避免争议，并未作出规定，但从医疗机构的角度讲，也应当尽量本着救死扶伤的精神结合专业判断进行处理。需要强调的是，根据最终讨论意见，本解释将原稿中的第一款第二项"联系不到近亲属的"修改为"不能及时联系到近亲属的"，以减轻医疗机构在紧急情况下的取得患者近亲属意见的义务。同时对于第二款中"怠于"的判断标准，在价值导向上要遵循鼓励和倡导医疗机构实施紧急救助的义务，对于是否属于"怠于"紧急救助的情形，在认定标准上不宜太宽松，而应遵循有关诊疗规范的专业判断标准、尊重医学伦理并根据具体病情的主客观情况综合认定。

关于紧急情况的界定。依据《中华人民共和国侵权责任法》第五十六条的规定，医疗机构履行紧急救治义务必须符合特定条件，并遵循一定的程序。医疗机构实施紧急救治行为的前提条件是抢救生命垂危的患者等紧急情况。所谓危急情况系指患者的疾病或病情存在迫在眉睫的重大风险，根本来不及告知患者相关信息并征求其意见，如不立即采取相应抢救措施将危及其生命或对其身体健康造成重大不利后果。如某患者因交通事故腿大动脉破裂大出血应立即手术止血；某患者因坠楼头部严重受伤急需开颅清除瘀血，否则会丧失生命或造成瘫痪、植物人等严重后果的情况等。①

在此需要注意的是，医疗机构及其医务人员在依法履行了告知义务后，如果患者近亲属不同意抢救，是不能强制实施抢救行为的，由此造成的不良结果，医疗机构不构成侵权。其法律依据是《中华人民共和国侵权

---

① 胡雪梅：《论我国危急救治制度之合理构建》，载《社会科学》2013年第1期。

责任法》第六十条的规定，即患者或者其近亲属不配合医疗机构进行符合诊疗规范的诊疗，造成患者损害的，医疗机构不承担赔偿责任。

关于医疗机构怠于紧急救治的责任承担问题。侵权责任法并未规定与该法第五十六条规定有关的侵权责任承担规则，这其中争议较大的就是对于紧急救治属性如何认识的问题。紧急救治是权利还是义务，学界和实务界对此都有很大分歧。对危急情况下医院之所以可以在未得到患者同意的情况下进行紧急救治，两大法系国家和地区的主流观点是认为此时存在"推定同意"，也即认为：在危急情况下，如患者能够及时作出意思表示，他是会同意医生所采取的"适当的"或"符合其最大利益的"的救治行为的。故此，只要符合紧急救治的条件，事后患者本人或其家属以未得患者同意为由要求医院方承担责任是得不到法律支持的。①《中华人民共和国侵权责任法》第五十六条的规定也未明确回答这个问题。我们认为，对此应当结合其他法律法规的规定和医疗行为自身特点规律来进行认定。一方面，上述执业医师法以及《医疗机构管理条例》的规定从文义上明确了紧急救治对于医疗机构而言是一种义务。医疗机构实施紧急医疗措施的性质，从患者的角度讲，应属于权利的范畴，即公民在生命垂危等紧急情况下，有得到紧急抢救、治疗的权利；而从医疗机构的角度讲，应当理解为紧急救治义务。② 从及时救治生命垂危等紧急情况下的患者，维护患者生命健康权益的角度出发，对《中华人民共和国侵权责任法》第五十六条所规定的"经医疗机构负责人或者授权的负责人批准，可以立即实施相应的医疗措施"的情形，不应进行限缩解释。我们认为，在价值导向上要鼓励和维护医疗机构在患者处于紧急情况下积极施救，对于医疗机构的积极施救行为造成不良后果应当持适当从宽的态度，对于医务人员经医疗机构负责人或者授权的负责人批准立即实施相应的医疗措施，患者因此请求医疗机构承担赔偿责任的，人民法院不予支持。同时对于医疗机构怠于立即实施相应的医疗措施，导致患者生命权、健康权等人身权益及财产权益受到

---

① 胡雪梅：《论我国危急救治制度之合理构建》，载《社会科学》2013年第1期。
② 参见最高人民法院侵权责任法研究小组编著：《〈中华人民共和国侵权责任法〉条文理解与适用》，人民法院出版社2010年版，第402页。

损害时，也明确规定医疗机构应当承担相应的侵权责任。这样不仅有利于指导实务操作，有利于规范医疗机构行为，更有利于保障生命垂危等紧急情况下患者得到及时救治，维护其生命、健康权益。

对于本条第二款的适用，要注意有关医疗机构怠于紧急救治的责任构成问题。这种情形也属于医疗损害责任的一种类型，通常应当适用《中华人民共和国侵权责任法》第五十四条、第六十条的规定。在责任构成上，要有损害事实、违法行为、因果关系和主观过.错四个要件。但在审判实践中对此时诊疗过错的认定，有必要对紧急情况下的救治义务与非紧急情况下的救治义务有所区别，宜采取更严的标准或者更高的门槛认定医疗机构过错的存在。

【相关法条】

《中华人民共和国侵权责任法》

第五十六条 因抢救生命垂危的患者等紧急情况，不能取得患者或者其近亲属意见的，经医疗机构负责人或者授权的负责人批准，可以立即实施相应的医疗措施。

第六十条 患者有损害，因下列情形之一的，医疗机构不承担赔偿责任：

（一）患者或者其近亲属不配合医疗机构进行符合诊疗规范的诊疗；

（二）医务人员在抢救生命垂危的患者等紧急情况下已经尽到合理诊疗义务；

（三）限于当时的医疗水平难以诊疗。

前款第一项情形中，医疗机构及其医务人员也有过错的，应当承担相应的赔偿责任。

《中华人民共和国执业医师法》

第二十四条 对急危患者，医师应当采取紧急措施进行诊治；不得拒绝急救处置。

《医疗事故处理条例》

第三十三条 有下列情形之一的，不属于医疗事故：

（一）在紧急情况下为抢救垂危患者生命而采取紧急医学措施造成不良后果的；

（二）在医疗活动中由于患者病情异常或者患者体质特殊而发生医疗意外的；

（三）在现有医学科学技术条件下，发生无法预料或者不能防范的不良后果的；

（四）无过错输血感染造成不良后果的；

（五）因患方原因延误诊疗导致不良后果的；

（六）因不可抗力造成不良后果的。

《医疗机构管理条例》

第三十一条 医疗机构对危重病人应当立即抢救。对限于设备或者技术条件不能诊治的病人，应当及时转诊。

《临床输血技术规范》

第六条 无家属签字的无自主意识患者的紧急输血，应报医院职能部门或主管领导同意、备案，并记入病历。

【典型案例】

1. 金×仙等诉宁波市鄞州区鄞江中心卫生院医疗损害责任纠纷案

——在紧急情况下，医疗机构没有依法尽到相应的诊疗义务和告知义务的，应当认定医疗机构存在过错；没有进行尸检无法确定确切死因的，人民法院可以结合病历资料等案件事实综合认定医疗机构责任的有无及大小

案号：浙江省宁波市中级人民法院（2013）浙甬民一终字第29号（2013年9月15日）。

[裁判要点]

因抢救生命垂危的患者等紧急情况，不能取得患者或者其近亲属意见的，经医疗机构负责人或者授权的负责人批准，可以立即实施相应的医疗措施。在上述紧急情况下，医务人员没有尽到相应的诊疗义务、告知义务的，应当认定医疗机构有过错，并应当根据其过错大小、该过错行为与损害后果之间有无因果关系及原因力的大小确定相应的责任份额。

没有进行尸检不影响鉴定或者人民法院对医疗机构的诊疗过错以及因果关系的认定的，人民法院应当根据医疗机构在诊疗活动中过错大小以及原因力的大小来确定医疗机构应当承担的责任份额。

[法条索引]

《中华人民共和国侵权责任法》第二十二条、第五十六条

[基本案情]

施××（1936年1月23日出生）与金×定系夫妻，两人均系城镇居民。原告金×仙、金×飞、金忠×、金×亮系该两人的子女。金×定于2012年2月10日死亡。施××有多年高血压病史、血糖偏高，因"头晕、高血压"于同年7~8月份曾多次到被告处就诊。2010年8月17日上午，施××因头晕、乏力四天到当地社区卫生服务站就医，诉"四天前无明显诱因下出现头晕乏力，无旋转感及恶心呕吐，无发热畏寒，稍有心悸"，予葡萄糖、维生素、参麦等静脉滴注后回家。当晚，施××到被告处就诊，病历记载：气促半天伴心悸，既往体健，无过敏史，有冠心病、支气管炎、高血压病史；查体一般可，双肺呼吸音粗，心律不齐，血压170/90mmHg，诊断为冠心病、高血压、慢支感染；医生予病重通知、住抢救室、吸氧，并予5％葡萄糖注射液250毫升+肌苷0.3静滴、10％葡萄糖100毫升+氨茶碱0.25＋地塞米松5毫克静滴、甘露醇50g250毫升静滴。患者为此支出30.55元。输液过程中，施××呼吸越来越困难，医生检查后说要去宁波抢救，并打了120急救电话，向原告方发出病危通知书。根据院前急救病历记载，当晚19时51分，急救车到达现场，当时患者意识丧失，脸色苍白，口吐白沫，血压测不出，脉象微弱，双侧瞳孔散大，对

光反射迟钝,是呼吸衰竭征象,途中患者心跳、呼吸停止。原告方为此支出出诊费及车费260元。20时20分,施××被送到宁波市鄞州区第二医院,后经抢救无效宣布死亡。原告方又为此支出抢救费316.60元。后来原告方将施××遗体火化并办理了丧事。2010年9月6日,原告方与被告进行交涉未果,后诉至法院。

另查明,施××因未行尸检,确切的死因无法明确,医学会的专家组综合分析认为,本例患者临床死因考虑为急性左心衰、心肌梗死可能性大。但被告对施××诊疗过程中的一些基本的检查、化验不到位,对疾病的严重性认识不足,也没有及时告知患方,输液过程中没有对患者进行必要的监测,使用甘露醇不规范,存在医疗过失,该过失与施××的死亡之间存在一定的因果关系。

[裁判结果]

一审法院判决:

一、被告宁波市鄞州区鄞江中心卫生院在本判决生效后十日内赔偿原告金×仙、金×飞、金忠×、金×亮各项损失169272元;二、驳回原告金×仙、金×飞、金忠×、金×亮的其他诉讼请求。

浙江省宁波市中级人民法院2011年2月16日作出(2011)浙甬民终字第15号裁定书,以事实不清裁定发回重审。

一审法院重审判决:一、被告宁波市鄞州区鄞江中心卫生院在本判决生效后十日内赔偿原告金×仙、金×飞、金忠×、金×亮各项损失187178元;二、驳回原告金×仙、金×飞、金忠×、金×亮的其他诉讼请求。

二审法院判决:

驳回上诉,维持原判。

[裁判理由]

法院生效裁判认为:金×仙等四人上诉主张鄞州中心卫生院违反诊疗护理常规,盲目治疗,甘露醇、地塞米松、氨茶碱均未对症下药,并且违规混合使用,违规快速注射氨茶碱,在发生输液过敏瓜后,也未及时检查并停止输液,造成患者死亡,应全部责任。鄞江中心卫生院上诉主张,患者自身病情严重是其死亡的主要原因,鄞江中心卫生院所存在的过错行为只是次要原因,其只应承担30%的赔偿责任。经审查,根据浙江省医学会的医疗事故技术鉴定结论,患者系高龄,有多年高血压病史、血糖偏高,因"头晕、高血压"于2010年7～8月多次到鄞江中心卫生院就诊,基础疾病存在,因未行尸检,确切死因无法明确,但根据患者病史、现有资料及病情变化情况,临床死因为急性左心衰、心肌梗死的可能性大,此病发病凶险,死亡率高,是死亡主要原因,鄞江中心院存在基本的检查、化验不到位、使用甘露醇不规范、输液过程未进行必要的监测等医疗过错,应承担次要责任。金×仙等四人在二审中申请重新鉴定,二审法院依法委托了中山大学法医鉴定中心鉴定,但因患方金×飞对医方提供的病历资料不认可,且医方无法提供录像资料,患方不同意根据现有的病历进行鉴定,也不同意根据现有材料推断患者死因,故该中心不予受理此案。根据现有的证据,二审法院认为,虽然患者自身疾病比较严重,但鄞江中心卫生院对患者一些基本的检查、化验不到位、病历中未见呼吸次数、心率的记录,也未作心电图及血常规检查,影响了对病情的明确诊断,并且对疾病的严重性认识不足,也没有及时告知患方,还存在用药不当,使用甘露醇欠规范,加重了患者的心肌梗塞程度。如果鄞江中心卫生院对患者实施了通常可以期待的适当的检查、化验、治疗,则患者仍有生存可能性,而鄞江中心卫生院所存在的上述医疗过错使患者丧失了这种生存可能性。综合考虑鄞江中心卫生院的过错程度、医疗过失行为在医疗损害后果中的原因力大小、医疗损害后果与患者原有疾病之间的关系,为平衡双方利益,原审法院酌情确定鄞江中心卫生院承担70%的赔偿责任,二审法院予以维持。金×仙等四人认为鄞江中心卫生院将患者中暑误诊为慢支感染,但仅凭金×仙等四人在原审中提供的证人语言并不足以证明该项事实成立。金×仙等四人主张鄞江中心卫生院违规将甘露醇与地塞米松混合注射,且违规快速注射氨茶碱,亦缺乏证据证明。金×仙等四人在患者死亡半个月以后才与鄞江中心卫生院进行交涉,其以鄞江中心卫生院未能提供监控录像为由主张鄞江中心卫生院毁灭证据,依据亦不充分。金×仙等四人上诉要求根据《医疗事故处理条例》计算精神损害抚慰金,因本案发生于2010年8月,赔偿数额的计算应适用侵权责任法及最高人民法院相关司法解释的规定，金×仙等四人的该项上诉请示缺乏法律依据，不予支持。综上，金×仙等四人及鄞江中心卫生院的上诉，理由均不成立，均不予支持。

2. 宋×卿、刘××等与河南省煤炭总医院、郑州大学第一附属医院医疗损害责任纠纷案
——紧急救助的情况下，医疗机构存在过错，人民法院依照合法有效的鉴定意见的认定，判决有关医疗机构承担连带赔偿责任

案号：（2016）豫01民终8716号

[裁判要点]

在患者生命垂危等紧急情况下，医疗机构应当依据近期责任法第五十六条的规定，对患者予以施救，并要依法履行相应的告知义务。在对患者紧急救治过程中，医疗机构及其医务人员存在诊疗过错并对于损害后果的发生有因果关系，该医疗机构应当依据其过错和原因力的大小承担赔偿责任。数个医疗机构的过错诊疗行为造成患者同一损害的，承担按份责任还是连带责任，要依据《中华人民共和国侵权责任法》第八条、第十条、第十一条等规定，并根据案件具体情况确定。鉴定机构和鉴定人依照法定程序和要求作出的鉴定意见，人民法院应当确认其证据效力。本案中，审理法院依据合法有效的鉴定意见认定的两家医疗机构对于紧急情况下的患者予以救治的诊疗过程中均存在一定的过错，且他们的过错行为与患者的损害后果之间存在一定的因果关系，建议共同承担轻微责任，在外部责任上按照原因力大小明确两家医疗机构整体责任大小的基础上，依法判决该两家医疗机构共同承担15％的赔偿责任。

[法条索引]

《中华人民共和国侵权责任法》第八条、第十条、第十一条、第五十四条、第五十六条

[基本案情]

宋×卿、刘××、赵××、宋×甲、宋×乙（以下简称宋×丙等五人）诉称：2014年12月14日，宋×旗因伤被送往河南省煤炭总医院（以下简称煤炭总医院）处进行救治，宋×旗被诊断失血休克，在宋×旗大量失血的情况下，煤炭总医院却未为宋×旗进行任何出血口检查，仅仅对宋×旗患处进行包扎等简单处理。在2014年12月18日下午宋×旗脖子处开始出现渗血等现象，此时，在宋×旗及家属不断要求下，煤炭总医院才告知宋×旗及其家属他们不能处理这种伤口。此时，距离宋×旗受伤入院已经5日。2014年12月19日，宋×旗到郑州大学第一附属医院（以下简称郑大一附院），此时，宋×旗行动自如，到医院就诊后，郑大一附院诊断说宋×旗动脉破裂需手术修复。宋×旗及家属选定专家为宋×旗做手术，在手术过程中，郑大一附院出现手术失误，导致宋×旗死亡。同时从手术开始至今，宋×旗及家属从未见到所谓郑大一附院所称专家且未对病情做详细告知。因为煤炭总医院的误诊，导致宋×旗耽误病情未及时得到救治，郑大一附院手术过程中出现失误，直接导致宋×旗死亡。因此，煤炭总医院和郑大一附院无意思联络的共同侵权，应当对宋×旗的死亡承担连带责任。宋×旗年仅32岁，正值壮年，是家里的主要经济支柱，上有年迈的父母下有两个未成年的孩子，宋×旗的死亡给家人带来了精神及物质上的巨大打击。现请求依法判决煤炭总医院、郑大一附院赔偿宋×丙等五人伙食费、护理费、误工费、交通费、营养费、丧葬费、死亡赔偿金、被扶养人生活费、精神抚慰金共计884717.41元（详见赔偿清单），依法判令煤炭总医院、郑大一附院赔偿已支付的医疗费199000元，两项合计共1083717.41元，由煤炭总医院、郑大一附院承担诉讼费用。

煤炭总医院辩称：患者因多发刀伤，病情危急到我院救治，我院积极抢救治疗，病情很快稳定，正如宋×丙等五人所述，患者到郑大一附院处行动自如，证明我院抢救治疗方案正确，病情稳定后，转到医疗水平更高、设备更先进的煤炭总医院、郑大一附院处进行治疗，而发生了不幸的结果，医务人员在抢救生命垂危的患者等紧急情况下，已经尽到合理诊疗义务，我方不应承担赔偿责任。宋×丙等五人诉请部分项目没有事实依据，缺乏合法依据，部分项目要求过高。

郑大一附院辩称：郑大一附院对患者宋×旗"多处刀刺伤，左侧锁骨下假性动脉瘤"的诊断正确，存在手术适应症，进行手术治疗符合诊疗原则和患者病情。患者病情发生变化后，及时转科对症治疗符合医疗原则。××发展的结果，不是郑大一附院的诊疗行为不当所致。宋×丙等五人要求郑大一附院承担巨额赔偿责任缺乏事实和法律依据。本案经法院委托北京明正司法鉴定中心进行司法鉴定，鉴定意见认为郑大一附院与煤炭总医院仅存在一定的医疗过错，建议共同承担轻微责任。请人民法院综合考虑任何医疗行为都存在风险、医院已尽到了充分的告知义务、医务人员无主观过错等因素，合理确定答辩人的民事赔偿责任。被答辩人的诉讼请求过高，有不合理之处，请人民法院根据其提交的证据依法审查认定。

一审法院经审理查明：2014年12月14日，宋×旗以头颈胸背部出血疼痛一小时为主诉在煤炭总医院住院治疗，支付医疗费用14891.86元。2014年12月19日，宋×旗被转入郑大一附院住院治疗，2014年12月20日行动脉瘤栓塞术时，宋×旗突发谵妄，停止手术操作，2015年1月11日，宋×旗死亡，宋×丙等五人支付医疗费173313.45元（2014年12月19日支付医疗费2765.72元）。后宋某×等五人诉至法院，诉讼中，宋×丙等五人申请对煤炭总医院、郑大一附院的医疗行为是否存在过错等进行鉴定，经依法委托，北京明正司法鉴定中心出具一份司法鉴定意见书，载明"……五、鉴定意见：煤炭总医院、郑大一附院在对宋×旗的诊疗过程中均存在一定的过错，两医方的过错与宋×旗的损害后果之间存在一定的因果关系，建议共同承担轻微责任。……"后宋×丙等五人变更诉讼请求为要求煤炭总医院、郑大一附院赔偿误工费等计399588.23元，判令煤炭总医院、郑大一附院返还已经支付的医疗费199000元，赔偿宋×丙等五人鉴定费20000元，以上三项共计618588.23元，判令本案中宋×旗的停尸费用由煤炭总医院、郑大一附院承担。

一审法院另查明：宋×旗的父亲宋×丙（生于1953年12月7日），母亲刘×（生于1958年6月14日），生育包括宋×旗在内的三个子女。宋×旗与赵××系夫妻关系，生育两个子女，分别是宋×甲（生于2006年7月

26日),宋某乙(生于2011年7月2日)。宋×旗生前在河南众诺包装有限公司从事司机工作。

[裁判结果]

一审法院判决:

一、河南省煤炭总医院和郑州大学第一附属医院于判决生效之日起十日内共同赔偿宋×丙、刘某、赵××、宋×甲、宋×乙135194.94元;

二、驳回宋×丙、刘某、赵××、宋×甲、宋×乙的其他诉讼请求。

二审法院判决:

驳回上诉,维持原判。

[裁判理由]

人民法院生效裁判认为:经法定程序做出的鉴定结论认定,煤炭总医院、郑大一附院在对宋×旗的诊疗过程中均存在一定的过错,两医方的过错与宋×旗的损害后果之间存在一定的因果关系,建议共同承担轻微责任。该鉴定结论客观合法有效,应当予以采信。在煤炭总医院、郑大一附院承担轻微责任的情况下,一审判决认定煤炭总医院、郑大一附院共同承担15%的责任,并无不当。煤炭总医院、郑大一附院双方各应当承担多少的比例,煤炭总医院、郑大一附院可在要求鉴定机构出具相关说明后,另行清算,但不影响对宋×丙等五人责任的承担。

宋×旗在煤炭总医院、郑大一附院治疗期间所花费的医疗费用,煤炭总医院、郑大一附院应当按其过错责任的比例予以承担,而不能因宋×旗的死亡而全部返还。一审判决按责任比例确定鉴定费用的承担并无不当。综上,一审判决认定事实清楚,适用法律正确,实体处理并无不当。

附:一审法院裁判理由:

原审法院认为:宋×旗以头颈胸背部出血疼痛为主诉在煤炭总医院和郑大一附院住院治疗,2015年1月11日,宋×旗死亡,诉讼中北京明正司法鉴定中心出具司法鉴定意见书,认为煤炭总医院和郑大一附院在对宋×旗的诊疗过程中均存在一定的过错,两医方的过错与宋×旗的损害后果之间存在一定的因果关系,建议共同承担轻微责任,故对于因此给宋×丙等五人造成的损害,煤炭总医院和郑大一附院应共同承担15%的赔偿责任。

宋×丙等五人关于医疗费的主张，按照实际费用支出扣减正常诊疗费用，计为 185439.59 元；关于误工费（2421.86 元）、护理费（4843.72 元）、丧葬费（21335 元）的主张合理，予以支持；关于住院伙食补助费的主张，按照其住院天数，每天 50 元计，为 1500 元；关于交通费的主张，酌定 500 元；关于营养费的主张，按照其住院天数，每天 20 元计，为 600 元；关于处理丧葬事务必要开支的主张，缺乏相关法律依据，对该项请求不予支持；关于死亡赔偿金的主张，按照城镇居民人均可支配收入标准计算二十年，为 511512.20 元；关于被扶养人生活费的主张，按照农村居民人均年生活消费支出标准，年赔偿总额累计不超过农村居民人均年生活消费支出额，为 106480.58 元，该赔偿数额计入死亡赔偿金项内；关于要求煤炭总医院和郑大一附院承担停尸费的主张，因未提交相关证据，其可另行起诉主张权利。以上共计 834632.95 元，煤炭总医院和郑大一附院应共同承担 15％的赔偿责任，为 125194.94 元，另应赔偿赔偿宋×丙等五人精神损害抚慰金 10000 元，共计为 135194.94 元。

十九、多个医疗机构的诊疗行为造成患者同一损害时如何承担赔偿责任

【医疗损害责任司法解释条文】

第十九条 两个以上医疗机构的诊疗行为造成患者同一损害,患者请求医疗机构承担赔偿责任的,应当区分不同情况,依照侵权责任法第八条、第十一条或者第十二条的规定,确定各医疗机构承担的赔偿责任。

【导读】

本条规定了患者因在多个医疗机构接受诊疗受到损害,请求多个医疗机构承担赔偿责任的责任承担规则。侵权责任法对患者因在多个医疗机构接受诊疗受到损害如何承担责任的问题并无明确规定。实践中,这一情况较为复杂,有的案件可以区分不同医疗机构责任的大小,有的案件可能是不同医疗机构诊疗行为共同造成这一损害。本解释参照《最高人民法院关于审理道路交通事故损害赔偿案件适用法律若干问题的解释》第十三条的规定,指引适用《中华人民共和国侵权责任法》第八条、第十一条、第十二条的规定确定多家医院的责任形态。

关于二人以上实施侵权行为的责任承担问题,《中华人民共和国侵权责任法》第八条规定了共同侵权的连带责任,第十条规定的共同危险行为为连带责任,第十一条规定的每个行为人的行为均足以造成全部损害的为连带责任,第十二条规定的能够确定责任大小的为按份责任。上述三种责任形式均在患者在多个医疗机构接受诊疗受到损害的案件中出现。比如,

两个以上的医疗机构共同开展某种疾病诊治活动的,可能是一家医院收治病人,多家医院共同开展治疗,个别情况下可能存在两个以上的医疗机构联合收治患者的情形。两个以上的医疗机构共同诊治对患者造成损害的,根据《中华人民共和国侵权责任法》第八条的规定构成共同侵权,应当承担连带责任。又如,患者转院后发生损害的,这时医疗机构如何承担责任较为复杂。以患者转一次院为例,这时损害后果是由前一个医院所致还是后一个医院所致,亦或是两个医院在损害后果的发生上均有作用,往往不明确。如经鉴定只有一家医院有诊疗过错且与损害后果有因果关系,自然应对由该家医院承担侵权责任。在两家医院均有诊疗过错且与损害后果有因果关系的情况下,则存在着两家医院是否承担连带责任的问题。对此,在转院的情况下,通常不存在共同侵权的问题,但可能会存在符合《中华人民共和国侵权责任法》第十一条规定的"二人以上分别实施侵权行为造成同一损害,每个人的侵权行为都足以造成全部损害"的情形,这时两个医疗机构应当承担连带责任。除此之外,应当按照《中华人民共和国侵权责任法》第十二条的规定承担按份责任。

本条的主要内容是,在患者因多个医疗机构的诊疗活动受到损害中,既有可能根据《中华人民共和国侵权责任法》第十二条的规定承担按份责任,也有可能根据侵权责任法第八条的规定构成共同侵权,承担连带责任,也有可能存在行为与损害后果之间的因果关系难以确定,不能区分各自原因力大小、过错程度等特殊情形下,根据《中华人民共和国侵权责任法》第十一条的规定确定由多个责任主体承担连带责任。

本解释中关于数个医疗机构导致损害案件纠纷的情形,《中华人民共和国侵权责任法》第十一条规定的数人分别实施侵权行为足以造成同一损害承担连带责任在本条中的具体构成要件如下:

其一,实施过错诊疗行为的医疗机构的复数性,且数个医疗机构之间既没有共同的故意,也不存在共同的过失。如果存在共同故意或者过失,则应该适用侵权责任法第八条关于主观共同侵权的规定。

其二,造成他人损害结果,且此种损害结果是同一的、不可分的。如果数个医疗机构的过错诊疗行为造成了数个独立的损害结果,则属于数个独立的侵权行为,不适用《中华人民共和国侵权责任法》第十一条的规定。当然,这里必须要求每个诊疗过错行为与患者所受损害之间存在因果关系,满足独立的侵权责任构成。

其三,每个诊疗过错行为都足以造成该损害后果的全部。即每个诊疗过错行为都构成损害结果发生的充分原因。从因果关系角度考察:每个诊疗过错行为均为发生损害后果的直接原因,具有造成损害后果的全部原因力。

关于构成《中华人民共和国侵权责任法》第十一条规定情形时的医疗机构承担侵权责任的责任形态问题。尽管在比较法上,对于等价因果关系情况下各个侵权人的责任承担问题,存在连带责任和按份责任两种立法模式。但是,我国侵权责任法则明确了在此情况下各个侵权人需要承担连带责任。至于承担了侵权责任的行为人如果承担的责任份额超出了其应当承担的份额,可以向其他行为人追偿,这是连带责任人之间的责任分担问题。①

在医疗损害责任纠纷中对于《中华人民共和国侵权责任法》第十二条的适用,必须要求各个诊疗过错行为均不足以单独导致患者同一损害结果的发生。在适用后果上,当能够确定数个医疗机构的过错和原因力大小时,要根据彼此的过错和原因力大小承担相应的责任;在无法确定各自过错和原因力大小的情况下,则要平均承担相应的按份责任。

【相关法条】

《中华人民共和国侵权责任法》

第八条 二人以上共同实施侵权行为,造成他人损害的,应当承担连带责任。

第十条 二人以上实施危及他人人身、财产安全的行为,其中一人或者数人的行为造成他人损害,能够确定具体侵权人的,由侵权人承担责任;不能确定具体侵权人的,行为人承担连带责任。

---

① 参见最高人民法院民事审判第一庭编著:《最高人民法院关于道路交通损害赔偿司法解释理解与适用》,人民法院出版社2012年版,第173页。

第十一条　二人以上分别实施侵权行为造成同一损害，每个人的侵权行为都足以造成全部损害的，行为人承担连带责任。

第十二条　二人以上分别实施侵权行为造成同一损害，能够确定责任大小的，各自承担相应的责任；难以确定责任大小的，平均承担赔偿责任。

《最高人民法院关于审理道路交通事故损害赔偿案件适用法律若干问题的解释》

第十三条　多辆机动车发生交通事故造成第三人损害，当事人请求多个侵权人承担赔偿责任的，人民法院应当区分不同情况，依照侵权责任法第十条、第十一条或者第十二条的规定，确定侵权人承担连带责任或者按份责任。

【典型案例】

王甲等与上海某医院等医疗损害赔偿纠纷案
——两家医疗机构合作对患者实施诊疗
行为造成患者损害的，该两家医疗机构
应当依法共同对患者承担赔偿责任

案号：（2009）沪一中民一（民）终字第4708号

[裁判要点]

由于患者转入第二家医疗机构进行手术系由第一家医疗机构在诊断后向第二家医疗机构介绍联系，供体也是由第一家医疗机构提供，手术亦由第一家医疗机构派出的医生实施，因而可以认定这两家医疗机构之间是合作关系，故两家医疗机构应当共同承担对患者的赔偿责任，实际上就是连带责任。这种两家医疗机构合作行医的情形，应当与邀请医疗机构邀请其他医疗机构的医师实施诊疗行为由邀请医疗机构承担责任的情形相区分。

医疗机构具有器官移植的资质，实施手术的医生均具有医师执业资格，故本案不属于非法行医。

此外，鉴定意见认为两家医疗机构在诊疗过程中确存在不足之处，但与患者死亡后果之间不存在因果关系。因此对于患者一方据此要求两家医疗机构承担患者死亡后果的全部赔偿责任，人民法院依法不予支持。当事人单方委托的鉴定意见，形式上不符合法定要件，人民法院依法不予采信，当事人申请重新鉴定不符合法定要求的，人民法院不予准许。

[法条索引]

《中华人民共和国侵权责任法》第八条、第十二条、第五十四条

[基本案情]

患者徐×洁出生于1956年12月2日，王甲与王乙系父子关系，徐×洁系王甲之妻、王乙之母。患者徐×洁因反复胸闷、气急5年、进行性加重，入院前三天突感胸闷、气急、平地行走困难而于2004年8月16日至上海某医院急诊，初步诊断为双肺间质性病变、淋巴管平滑肌瘤病，右气胸。上海某医院予以完善相关检查、治疗，评价病情为必要时进行双肺移植。8月17日经上级医师查房，同意目前诊断及治疗方案，向家属说明患者病情危重，加强监测病情。8月20日，患者气急有好转、呼吸平稳、胸管引流畅，床边胸片示右肺有复张，仍有气体，痰培养（-）。同年8月24日，上海某医院术前讨论：根据患者目前病情，肺功能及血气分析，诊断呼吸衰竭。唯有双肺移植才能挽救生命。之后，上海某医院向患者家属告知了患者病情及手术治疗方案，由于费用方面的原因，需转至同意负担医疗费用人民币（下同）150000元的苏州某医院施行手术治疗。王甲在上海某医院"肺移植术前病员告知谈话记录"上签字。2004年8月24日18时，患者转入苏州某医院。入院诊断：双肺弥漫性肺间质病变，淋巴管平滑肌瘤样病，呼吸衰竭，左肾积水，左尿路结石，右肾肿瘤，右肾切除术后，右卵巢切除术后。评估手术条件后，经科主任及院医务处审核同意，择期行双肺移植术治疗，8月25日，苏州某医院向王甲、王乙详细告知了患者的病情，以及拟行手术术中、术后可能发生的风险，后患者本人及王甲在手术协议书及手术知情同意书上签字确认。8月26日下午，上海某医

院高××、施××、秦×，苏州某医院马××、倪×、秦×为患者在全麻下行体外循环下序贯式双肺移植术。患者术后进入重症监护，予以呼吸机辅助呼吸、血管活性药物维持，至次日10时生命体征仍平稳，但存在急性肾功能衰竭、肺水肿、感染及急性排斥等严重并发症。之后，患者肺肾功能均出现恶化诊状，经治疗有所缓和。同年9月24日，患者大便后突发气管内大出血，经苏州某医院抢救无效，于同日6时50分死亡。

原审时，上海市静安区医学会受原审法院委托进行医疗事故技术鉴定，结论为本病例不属于医疗事故。鉴定人认为肺淋巴管平滑肌瘤是一种不可逆性进展性疾病，临床治疗转归不佳。对持续恶化的终末期病人，肺移植是可选的一种治疗方法。此例患者术前肺功能证实为呼吸衰竭，肺移植适应症掌握无误。病人肾功能问题，术前医方予以了充分的重视，术前多次指标未提示有手术的绝对禁忌症。术后对病人肾功能的监测和积极处理，亦取得了一定的疗效。医方在诊疗过程中无严重违反诊疗常规的行为。病人双肺移植术后死亡，同医方的诊疗过程无因果关系，系此类手术后的严重并发症。同时鉴定人又指出，对于此类大型、高风险手术，手术的术前、术后，医方应加强同患方的沟通，使患方了解此类手术具有的风险及术后并发症严重情况，对此医方有待加强和改进。

因王甲、王乙对上述鉴定结论有异议，原审法院于2007年6月6日又委托法大研究所进行法医学鉴定。同年8月1日，法大研究所出具法医学鉴定意见书认为：徐×洁之死亡与其自身所患疾病具有直接因果关系。上海某医院和苏州某医院根据患者徐×洁的临床表现及影像学材料诊断其患双肺淋巴管平滑肌瘤病，据术后病理检查结果，临床诊断正确。该病虽为良性病变，但病程不可逆，综合其临床表现等情况，可以认为患者具有双肺移植的手术指征，该手术本身虽具有较高风险，但如果成功，确能挽救其生命。关于手术禁忌症问题，患者术前一般情况较差，肾脏存在病变，但同时其又具有双肺移植的手术指征，可以认为上述情况并非手术的绝对禁忌症；但是上述情况的存在可能会对双肺移植术的效果产生影响，手术又有较高风险，也可考虑不行双肺移植术。关于术前免疫检查和配型问题，按我国目前肺移植手术惯例，术前血型一致即可行移植术，且供体的血型化验单一般不在病历中保存。关于手术的性质问题，徐×洁行手术时对于此类手术的实施资质尚无明确规定，但该手术确属风险较大的手术，在国内开展较少，术前应向患者本人及其家属明确告知相应情况，并征得同意和理解。关于患者家属提出上海某医院对患者所行床旁肺功能检查时间与实际情况不符，经与医院方核实确认该检查发生时间确非记录中的凌晨5点，说明该检查报告上时间记载有误。关于患者家属提出供体肺脏大小与患者不相匹配的问题，在肺移植临床实践中，并不要求供体肺脏大小与受体完全一致，且对手术效果无直接影响。据目前材料，患者徐×洁死亡系因双肺移植术后吻合口瘘引起的气管内大出血所致，该情况的发生属手术难以完全避免的并发症。根据患者所患疾病（肺淋巴管平滑肌瘤病）的预后情况，结合其手术前的临床表现，可以推断，即使不行双肺移植术，随着其所患疾病的病情进展，死亡也是难以逆转之后果。鉴定人结论意见为，纵观患者徐×洁的整个诊疗过程，两家医院的诊疗行为未见明显过失，但存在不足之处：上海某医院的诊疗行为中肺功能检查报告上时间记载有误，对双肺移植术的手术禁忌症考虑欠充分；苏州某医院的诊疗行为中对双肺移植术的手术禁忌症考虑欠充分，术前与患方沟通不够，有碍患方行使治疗选择权。上述诊疗不足与患者徐×洁的死亡后果无直接因果关系，但两家医院对双肺移植术的手术禁忌症考虑欠充分之不足在一定程度上增加了徐×洁承受的治疗痛苦和相应的治疗费用。

患者徐×洁在上海某医院治疗期间自行支付医疗费 4896.97 元、器官保存费 20000 元，在苏州某医院治疗期间预付了医疗费 60000 元。为本案诉讼，王甲、王乙支出法医学鉴定费 6000 元、鉴定用差旅费 1767 元、复印费 14.50 元、律师代理费 10100 元。

另查明，2004 年 9 月 11 日，《姑苏晚报》上作了"省内首例双肺移植术在苏州成功进行"的报道。

苏州某医院 1993 年以来先后施行肾脏移植 190 余例，1997 年以来先后施行肝脏移植 30 余例，2000 年以来先后施行心脏移植 7 例、肺移植 3 例、心肺联合移植 1 例。

上海某医院、苏州某医院均持有《医疗机构执业许可证》。上海某医院高××《医师执业证书》许可执业地点为上海某医院、执业类别为临床、执业范围为外科执业。施××《医师执业证书》许可执业地点为上海某医院、执业类别为临床、执业范围为外科执业。秦×《医师执业证书》许可执业地点为上海某医院、执业类别为临床、执业范围为外科执业。苏州某医院马××《医师执业证书》许可执业地点为苏州某医院、执业类别为临床、执业范围为外科执业。秦×《医师执业证书》许可执业地点为苏州某医院、执业类别为临床、执业范围为外科执业。倪×《医师执业证书》许可执业地点为苏州市第二医院、执业类别为临床、执业范围为外科执业。

2004年8月25日，苏州某医院向上海某医院发出书面会诊邀请函。

患者徐×洁的父亲徐×华明确表示不参加诉讼。

原审中，王甲、王乙认为，上海某医院、苏州某医院对患者徐×洁合作进行的双肺移植手术属探索性、实验性手术，不仅违反我国执业医师法及器官移植的有关程序规定，还违反诊疗常规，术前未做供体的匹配工作，亦未充分考虑患者肾功能的手术禁忌问题，上海某医院、苏州某医院的过错与患者的死亡有直接的因果关系，应依法承担人身损害赔偿责任。故起诉要求上海某医院退还医疗费4896.97元和器官买卖费用20000元，苏州某医院退还医疗费60000元，上海某医院、苏州某医院共同赔偿王甲、王乙精神损失赔偿费各50000元、死亡赔偿金413360元、丧葬费14784.50元、司法鉴定费6000元、鉴定用差旅费1767元、复印费14.50元、律师代理费10100元、实验性手术补偿费150000元，本案诉讼费由上海某医院、苏州某医院共同承担。

上海某医院辩称，王甲、王乙所陈述的患者徐×洁双肺移植手术的医疗行为与上海某医院没有关系。根据上海市静安区医学会医疗事故技术鉴定书的鉴定结论，上海某医院的诊疗行为没有过错，王甲、王乙的损害后果与上海某医院的诊疗行为也没有因果关系，故不同意王甲、王乙的诉讼请求。

苏州某医院辩称，患者徐×洁的疾病属终末期，行双肺移植手术是最适合的治疗方案，苏州某医院也完全有能力进行该手术。苏州某医院对患者的全部治疗过程，诊断明确，方案合理，护理得当，术前亦就手术的风险和患者家属进行了充分的告知谈话，有全程录像记录。苏州某医院告知王甲、王乙可以不选择手术，王甲、王乙经过慎重考虑才同意进行手术。上海市静安区医学会的鉴定已认定本病例不属于医疗事故，医疗过错鉴定结论也证明患者死亡是本身疾病发展所致，与苏州某医院的医疗行为没有关系，苏州某医院不存在过错，故要求驳回王甲、王乙的诉讼请求。

[裁判结果]

原审法院判决：

一、苏州某医院应退还王甲、王乙医疗费预交金6万元，并免收其余医疗费用；二、苏州某医院应赔偿王甲、王乙10万元；三、上述义务于判决生效之日起十日内履行完毕；四、驳回王甲、王乙其余诉讼请求。负有金钱给付义务的当事人如果未按判决指定的期间履行给付金钱义务的，应当依照《中华人民共和国民事诉讼法》第二百二十九条之规定，加倍支付迟延履行期间的债务利息。案件受理费12819.20元，由王甲、王乙负担7482.20元，上海某医院、苏州某医院共同负担5337元；医疗事故技术鉴定费2500元、诉讼实际支出费3809元，由上海某医院、苏州某医院共同承担。

二审审法院判决：

一、维持上海市徐汇区人民法院（2008）徐民一（民）重字第6号民事判决第一项、第三项；

二、变更上海市徐汇区人民法院（2008）徐民一（民）重字第6号民事判决第二项为，上海某医院、苏州某医院应于本判决生效之日起十日内共同赔偿王甲、王乙人民币100000元；

三、撤销上海市徐汇区人民法院（2008）徐民一（民）重字第6号民事判决第四项；

四、上海某医院应于本判决生效之日起十日内退还王甲、王乙医疗费人民币4896.97元、器官保存费人民币20000元；

五、驳回王甲、王乙其余诉讼请求。

一审案件受理费人民币12819.20元，由王甲、王乙负担7282.20元，上海某医院、苏州某医院共同负担5537元；医疗事故技术鉴定费2500元、诉讼实际支出费3809元，由上海某医院、苏州某医院共同承担；二审案件受理费人民币10009.20元，由王甲、王乙负担5685.20元，上海某医院、苏州某医院负担4324元。

[裁判理由]

法院生效裁判认为，当事人要求医院承担医疗损害赔偿责任，应当举证证明医院的诊疗行为存在过错，且与患者死亡结果之间存在因果关系。本案中，根据法院依法委托的两家鉴定机构的鉴定结论，上海某医院、苏州某医院在诊疗过程中确存在不足之处，但与患者死亡后果之间不存在因果关系。因此对于王甲、王乙要求上海某医院、苏州某医院承担患者死亡后果的全部赔偿责任，原审未予支持，并无不当。由于北京华夏物证鉴定中心的鉴定行为系由王甲、王乙单方面委托，形式上不符合法定要件，故对于王甲、王乙在二审中提供的北京华夏物证鉴定中心的鉴定结论，二审法院不予认定。王甲、王乙要求重新鉴定，缺乏充分的事实和法律依据，原审未予采纳，亦无不当。王甲、王乙认为其同意对患者进行双肺移植手术，系受到了上海某医院、苏州某医院的欺骗和胁迫，但未提供相应证据证明，二审法院不予采信。上海某医院、苏州某医院均具有器官移植的资质，实施手术的医生均具有医师执业资格，不属于非法行医。对于王甲、王乙提出上海某医院、苏州某医院违反上海市人民政府和江苏省卫生厅有关规定的问题，原审判决理由正确，二审法院不再赘述。由于患者转入苏州某医院进行手术系由上海某医院在诊断后向苏州某医院介绍联系，供体由上海某医院提供，手术亦由上海某医院派出的医生实施，因而可以认定上海某医院与苏州某医院之间是合作关系，故上海某医院应当承担相应的责任。至于王甲、王乙支出的北京华夏物证鉴定中心鉴定费用6000元和交通费506元，因不属于原审诉讼请求范围，故本案不予处理。

附：原审法院裁判理由：

原审法院认为，王甲、王乙分别系死者徐×洁的丈夫和子女，符合赔偿权利人的要件，王甲、王乙作为原告的主体资格适格。患者徐×洁的父亲徐×华明确表示不参加诉讼，视为放弃相关民事权利，与法不悖。

医疗活动是医方向社会提供的一种服务，其结果本身也具有很大的不确定性，不能仅以结果来评判、追究责任。病人在医疗程序中受到的损害，一般可归于治疗措施存在过错或医疗行为的风险。前者是传统的医疗损害赔偿体系的基础，后者是医疗机构免除民事责任的理由。医疗行为存在风险性，医生并不是必须对病人的治疗没有达到预期的效果负责，法律仅要求医方在治疗过程中对其采取的方法和所提供服务谨慎程度的方式负责。

本案当事人之间的医疗争议业经专业鉴定机构鉴定，可以认定涉案患者徐×洁的死亡是其自身疾病发展的必然后果，其在肺移植术后因出现难以避免的并发症而死亡，属于医疗行为的风险范畴。患方出于节约费用考虑最终选择在苏州某医院施行手术，应当知道将面临并准备承担更大的风险。

对于医疗行为的风险，患方有知悉、了解的权利（知情权）。狭义的知情权是患方有了解病情、医疗措施、效果、风险等的权利等。上海某医院着眼于患方的经济能力有限，劝告病人转诊于苏州某医院，属于拒绝性治疗，对患方告知有关信息的程度可以相对简单一些。患方同意后，上海某医院按照《医院工作制度》中的转院制度办理，派医护人员护送，安全抵达苏州某医院，已尽了转出医院应尽的义务。上海某医院虽然在诊疗行为中，肺功能检查报告记载有误，但毕竟没有实施实质性治疗；也没有证据证明所提供的肺脏质量不佳，导致患者徐×洁在肺移植术后出现的死亡结果。王甲、王乙要求上海某医院退还医疗费和器官买卖费用，理由不充分，法院不予支持。

苏州某医院进行探索性的双肺移植手术，具有很大的风险，应当充分考虑患者术前存在肾脏病变等手术禁忌；且移植手术属于侵袭性治疗，对患方告知有关信息的程度应当相对全面一些。医生告知内容应当包括病人的症状、建议治疗措施之性质及其具体实施方法、并发症之可能、该治疗措施之成功率和风险性，可供选择的替代性治疗措施及其实施的可能效果、不采取此治疗措施可能带来的后果、治疗费用等。虽然最终是患方选择了施行手术，但从事后患方存在不够理解的情绪，可以认为苏州某医院在接受手术时对患方个体差异和风险方面考虑欠妥,需要进一步改进和加强,应承担返还医疗及相关费用的责任,不应再收取王甲、王乙欠付费用,并酌情赔偿损失。

王甲、王乙以上海某医院对患者所行床旁肺功能检查存在瑕疵,未提供供体来源的信息等为由,提出原鉴定材料虚假,申请再次进行法医学鉴定。对此,法院认为,法大研究所已经有了明确的意见,上海某医院医疗行为的瑕疵,虽然与患者徐×洁在肺移植术后出现的死亡结果没有因果关系,仍应当努力避免;但王甲、王乙因此否认鉴定机构的工作成果,理由也是不充分的。故对于王甲、王乙提出的再次进行法医学鉴定的申请,法院不予准许。

王甲、王乙认为患者徐×洁在全麻下行体外循环下序贯式双肺移植术系两医院合作的手术,但未提供相应证据。上海某医院、苏州某医院就双方关系提供了邀请会诊传真件的复印件,且陈述一致;虽然上海某医院、苏州某医院办理的邀请会诊手续不够规范,但尚不足以否定苏州某医院是邀请会诊医疗机构,上海某医院是会诊医疗机构的事实。医师在外出会诊过程中发生的医疗事故争议,由邀请医疗机构按照有关规定进行处理。王甲、王乙要求上海某医院共同赔偿损失,依据不足,法院不予支持。

王甲、王乙认为,上海某医院、苏州某医院对患者徐×洁进行的手术中,一位手术医生无任何医师注册信息,另一位手术医生超出医师注册范围实施手术,违反我国执业医师法,属于非法行医。非法行医行为是没有《医疗机构执业许可证》的机构对外行医,或没有《医师执业证书》的人员对外行医的行为。上海某医院、苏州某医院均有国家事业单位登记管理局核发的《中华人民共和国事业单位法人证书》,质量技术监督部门颁发的《中华人民共和国组织机构代码证》,卫生行政管理部门颁发的《医疗机构执业许可证》。负责患者徐×洁治疗的医疗机构人员均持有《医师执业证书》,符合临床外科的执业类别、范围。虽然有些人员的执业地点不在苏州某医院,但由此将执业医师交流跨院开展诊疗的行为认定为非法行医,理由不充分,法院不予采纳。

王甲、王乙认为,上海某医院、苏州某医院对患者徐×洁进行探索性、实验性的双肺移植手术，违反我国器官移植的有关行政许可规定，属于非法行医。行政许可是指行政机关根据公民、法人或者其他组织的申请，经依法审查，准予其从事特定活动的行为。法律可以设定行政许可，王甲、王乙提供有关机关的规定，属于规章以下的规范性文件，由此尚不足以认定上海某医院、苏州某医院违反国家的行政许可的规定。苏州某医院进行肾脏移植、肝脏移植相对比较成熟，肺移植尚处于起步阶段，但不属于违反国家行政许可规定的过错。

二十、医师外出会诊造成患者损害的，由哪家医疗机构承担赔偿责任

【医疗损害责任司法解释条文】

第二十条　医疗机构邀请本单位以外的医务人员对患者进行诊疗，因受邀医务人员的过错造成患者损害的，由邀请医疗机构承担赔偿责任。

【导读】

医师外出会诊（以下简称"会诊"）是当前医疗实践中普遍存在的一种现象。按照《医师外出会诊管理暂行规定》（以下简称《会诊规定》）第二条规定，其是指医师经所在医疗机构批准，为其他医疗机构特定的患者开展执业范围内的诊疗活动。会诊对于促进医学交流与发展，提高医疗水平，保证医疗质量和医疗安全，方便群众就医，实现医疗资源优化配置、提高医疗服务水平、维护人民群众身心健康、满足人民群众不断增长的医疗需求具有重要意义。但在会诊过程中，由于涉及发出邀请的医疗机构（以下简称"邀请医疗机构"）、接受邀请的医疗机构（以下简称"会诊医疗机构"）、会诊医师和患者四方当事人，一旦造成患者损害，如何确定法律责任，缺乏明确的法律规定。鉴于会诊责任特别是远程医疗问题属于当前普遍存在的医疗现象甚至是以后医疗发展的方向，这一内容有必要上升到立法层面予以规定。我们在深入调研、综合各方意见的基础上，对于会诊责任确立了应由邀请医疗机构承担责任。主要理由如下：

其一，由邀请医疗机构承担责任符合会诊制度的基本目的。在会诊的

诊疗过程中，会诊医师基本是处于邀请医院的监督、控制和管理下，会诊医师在诊疗过程中通常也无需向会诊医院进行报告，因此对医师负有监管控制义务的主要是邀请医院。一般而言，会诊制度的目的主要有两个：一是为了方便居民就医，满足居民的医疗需求；二是为了促进医学交流与发展，提高医疗服务水平，优化医疗资源配置。这其中，除了有益于患者外，对于邀请医院也大有裨益：第一，会诊可以加强邀请医院与外院的交流，提高邀请医院的医疗技术和服务水平，有助于邀请医院的长远发展。第二，通过会诊，患者往往不再需要转院治疗，客观上增加了邀请医院的经济收入，同时也有利于邀请医院医疗技术和服务水平的提高。因此，从制度设计的目的看，由邀请医疗机构承担责任而不由会诊医疗机构承担责任，对于促进医学交流与发展，提高社会整体医疗水平，方便群众就医，保护患者合法权益具有积极意义。

其二，由邀请医疗机构承担责任，符合替代责任的基本要求。在邀请其他医疗机构医师会诊的情况下，该会诊医师虽然接受外出会诊的指示是来自会诊医疗机构，但接受该指示后所从事的诊疗活动已经属于邀请医疗机构的工作事务范畴，受到该邀请医疗机构的指示、监督，他也往往会因该会诊行为从该邀请医疗机构活动一定的报酬，符合替代责任的上述要求，应该由该邀请医疗机构承担责任。

其三，从与患者所形成诊疗关系的主体看，无疑该邀请医疗机构是与该患者形成诊疗关系的主体，且该邀请医疗机构能够从会诊行为中获得相应的利益，比如患者支付的医药费。由邀请医疗机构承担会诊过程中诊疗过错导致患者损害的责任，符合权责利相统一原则的要求。

作为医疗损害责任的一种，外出会诊医师过错诊疗行为导致患者损害的责任构成应当符合《中华人民共和国侵权责任法》第五十四条的一般规定，即需要有患者损害，违法诊疗行为、因果关系、主观过错四个要件。这四个构成要件的判断标准与一般的医疗损害责任构成并无区别。但需要注意的是，这里的违法诊疗行为仅是指该医师在对患者的诊疗过程中的过错诊疗行为，① 不包括邀请医疗机构的其他过错诊疗行为，比如该医疗机构的护理人员违反护理规范造成患者损害的情形等，也不包括会诊医疗机构存在过错，且该过错行为与患者损害有一定原因力的情形。

对于本条的适用，要注意区分本条规定的调整范围和其他与会诊有关的医疗损害责任纠纷在法律适用上的不同。至于上述邀请医疗机构的其他过错诊疗行为与会诊医师存在诊疗过错并存的情形，依据本条规定和《中华人民共和国侵权责任法》第五十四条的规定，这时并不影响该邀请医疗机构的责任承担规则，只是该医疗机构存在了多个过错诊疗行为。这时有关责任的确定要看该过错行为与损害后果有无因果关系以及原因力的大小来确定该会诊医疗机构的责任大小。

最后还要强调的是，关于远程医疗中的责任承担规则与本条的衔接问题。依据《国家卫生计生委关于推进医疗机构远程医疗服务的意见》的规定，在远程医疗服务过程中发生医疗争议时，由邀请方和受邀方按照相关法律、法规和双方达成的协议进行处理，并承担相应的责任。医务人员直接向患者提供远程医疗服务的，由其所在医疗机构按照相关法律、法规规定，承担相应责任。医疗机构和医务人员在开展远程医疗服务过程中，有违反《中华人民共和国执业医师法》《医疗机构管理条例》《医疗事故处理条例》和《护士条例》等法律、法规行为的，由卫生计生行政部门按照有关法律、法规规定处理。由此可见，远程医疗行为也属于医疗机构正常从事的诊疗行为，由此引发的纠纷与一般的医疗损害责任纠纷并无不同，在法律适用上也应当适用有关医疗损害责任的规定。至于会诊责任的承担，本解释规定了由邀请方承担责任的规则，这既符合实践做法，也有利于推动远程医疗行为的开展。上述《国家卫生计生委关于推进医疗机构远程医疗服务的意见》中提出了有关发生医疗争议时，由邀请方和受邀方可以按照双方达成的协议进行处理的做法，有一定合理性。但考虑到侵权责任是一种法定责任，邀请方医疗机构与受邀方医疗机构达成的纠纷处理协议系他们当事人之间的内部协议，按照合同相对性的基本原理，该协议只能在

---

① 调研中有意见建议将本条中的"进行诊疗"修改为"实施诊疗行为"，经查询目前并无"实施诊疗行为"的提法，故未采纳该建议。

该当事人之间具有法律拘束力,故在对患者医医疗损害责任的承担上,应首先依照法律或者司法解释规定承担责任,邀请方医疗机构与受邀方医疗机构达成的纠纷处理协议可以作为他们之间内部责任划分或者行使追偿权的依据。

【相关法条】

《中华人民共和国侵权责任法》

第五十四条 患者在诊疗活动中受到损害,医疗机构及其医务人员有过错的,由医疗机构承担赔偿责任。

《医师外出会诊管理暂行规定》

第二条 本规定所称医师外出会诊是指医师经所在医疗机构批准,为其他医疗机构特定的患者开展执业范围内的诊疗活动。

医师未经所在医疗机构批准,不得擅自外出会诊。

第四条 医疗机构在诊疗过程中,根据患者的病情需要或者患者要求等原因,需要邀请其他医疗机构的医师会诊时,经治科室应当向患者说明会诊、费用等情况,征得患者同意后,报本单位医务管理部门批准;当患者不具备完全民事行为能力时,应征得其近亲属或者监护人同意。

第六条 有下列情形之一的,医疗机构不得提出会诊邀请:

(一)会诊邀请超出本单位诊疗科目或者本单位不具备相应资质的;

(二)本单位的技术力量、设备、设施不能为会诊提供必要的医疗安全保障的;

(三)会诊邀请超出被邀请医师执业范围的;

(四)省级卫生行政部门规定的其他情形。

第九条 会诊医疗机构不能派出会诊医师时,应当及时告知邀请医疗机构。

第十条 医师接受会诊任务后,应当详细了解患者的病情,亲自诊查患者,完成相应的会诊工作,并按照规定书写医疗文书。

第十一条 医师在会诊过程中应当严格执行有关的卫生管理法律、法规、规章和诊疗规范、常规。

第十四条 医师在外出会诊过程中发生的医疗事故争议,由邀请医疗机构按照《医疗事故处理条例》的规定进行处理。必要时,会诊医疗机构应当协助处理。

【典型案例】

刘×与金坛市人民医院等医疗损害责任纠纷案

——受邀实施手术的医务人员未尽告知义务导致患者精神损失的,该邀请医疗机构应当承担相应的赔偿责任

案号:(2011)常民终字第 1263 号

[裁判要点]

医疗机构的医务人员在诊疗活动中应当向患者说明病情和医疗措施等情况而未说明,或者在实施手术、特殊检查和特殊治疗时应当向患者或其近亲属说明医疗风险替代医疗方案等情况并取得其书面同意而未尽到义务的,医疗机构应对患者由此造成的损害承担赔偿责任。本案中经医疗损害鉴定书确认,医疗机构存在"术前沟通未告知可能的喉返神经损伤致声音嘶哑;术中加做颈部切口未与家属书面沟通"的过错,但该鉴定书同时认定患者的不良后果与医方过错行为之间并无因果关系,结合患者在庭审中提供的医疗费票据等相关证据,不能认定患者主张的医疗费等相关费用系因医疗机构的诊疗过错行为造成的,故医疗机构对对此医疗费损害不承担赔偿责任。但是本案中医疗机构在对患者进行手术治疗过程中,颈部加做切口以及术前未能告知可能的喉返神经损伤致声音嘶哑违反了医疗机构的告知义务,存在着侵害患者知情权和选择权的行为,使得患者丧失了选择自己认为的最佳治疗方案的机会,由此也造成了其精神上不明真相的压

力，对于该过错行为，医疗机构应当赔偿相应的精神抚慰金。本案中，审理法院认为医疗机构同意免除本应由患者承担承担的医疗费20741元，及另外对其补偿15000元的情形，已足以弥补患者因此而受到的精神损害，此该处分行为不违反法律规定，故予以准许。

在此需要注意的是，本案中为患者实施手术的主刀医师系受由该医疗机构邀请，其法律后果应由该医疗机构承担，该医师原来隶属的医疗机构不承担赔偿责任。

此外，医疗损害鉴定书不存在重新鉴定或补充鉴定的法定情形，且当事人在原审过程中也明确表示不申请重新鉴定，在二审程序中再申请重新鉴定的，人民法院不予准许。

[法条索引]

《中华人民共和国侵权责任法》第五十四条

《最高人民法院关于民事诉讼证据的若干规定》第二十七条

[基本案情]

2010年4月6日，刘×在金坛医院行全胸正位片检查提示：右上纵隔占位待排。4月7日，刘×因胸闷、呼吸困难月余到金坛医院门诊治疗，诊断：胸腺瘤、重症肌无力，行胸部CT检查提示：右上纵隔占位可能，建议增强扫描。4月13日，刘×入住金坛医院，初步诊断：右上纵隔占位、胸骨后甲状腺肿？胸腺瘤？4月15日，刘×亲属戴银娣在手术同意书上签署"同意手术"。4月17日，金坛医院对刘×行"胸骨后甲状腺癌根治术"，手术由经院外会诊邀请的南京胸科医院主任医师许×主刀，手术过程中因肿瘤向上延伸到颈下部，于胸骨柄上方约一横指作颈部横弧形切口，见颈部肿块与胸内部分相似，剪除头臂干被侵部分。4月23日，江苏省金坛医院病理诊断报告结论：本例应为恶性淋巴瘤，弥漫大B细胞型（生发中心型）。5月14日，复旦大学附属肿瘤医院病理会诊意见：（胸骨后）弥漫性大B细胞淋巴瘤，非特指性。2010年8月10日，刘×诉至金坛法院。

一审审理期间，根据刘×申请、法院委托，常州市医学会作出常州医损鉴〔2011〕001号医疗损害鉴定书，载明：金坛医院初步诊断"右上纵隔占位、胸骨后甲状腺肿？胸腺瘤？"有手术指征，排除手术禁忌症，拟行"剖右胸探查手术"，患者家属签手术同意书，并经院外会诊，邀请南京胸科医院主任医师施行手术，符合诊疗规范；根据2010年4月23日金坛市人民医院、江苏省人民医院病理诊断报告及5月14日复旦大学附属医院会诊意见，确诊该患者为纵隔恶性淋巴瘤（弥漫大B细胞型）；该患者甲状腺右叶存在，医方手术记录示"清除甲状腺右叶颈部部分"属记录有误；医方在诊疗过程中存在以下过错：术前未行胸部增强CT，术前评估不充分；术前沟通未告知可能的喉返神经损伤致声音嘶哑；术中加做颈部切口未与家属书面沟通。结论：该患者甲状腺功能低下依据不足；目前声音嘶哑考虑喉返神经损伤可能（无喉镜检查证据），喉返神经损伤是该手术的常见并发症。该患者的不良后果与医方的过错行为之间无因果关系。

二审法院经阅卷查明：一、上诉人刘×于2010年5月24日自金坛医院出院；上诉人刘×在原审中提供的金坛医院"住院费用清单"仅为2010年4月13日至2010年5月3日期间的费用清单（住院预缴费共20000元，上述期间清单费用载明的费用共为18162.98元）；上诉人刘×在原审中提供了出院后几次门诊医疗费用票据，其中包括2010年6月7日于常州市第一人民医院发生的200元、2011年6月26日于金坛市中医医院发生的检查费84元、2011年6月29日于江苏大学附属医院发生的挂号及喉镜检查费142元；除上述医疗费票据外，上诉人刘×未提供2010年5月4日及出院后发生的其他医疗费用票据；上诉人刘×原审中还提供了交通费票据计301元、鉴定费票据2200元。二、上诉人刘×于原审庭审过程中陈述的诉讼请求为"1. 请求金坛医院和许×赔偿医疗损害赔偿赔偿金50000元；2. 由金坛医院和许×承担全部诉讼费用"。三、据2011年6月26日金坛中医医院彩超检查报告单显示，上诉人刘×"甲状腺形态正常，右叶长径38mm、前后径17mm、横径18mm；左叶长径35mm、前后径17mm、横径20mm、峡部前后径3.0mm，表面光滑……"，超声印象为甲状腺回声欠均匀；医疗损害鉴定书载明"比较手术前与手术后的颈部CT及现场体检，该患者甲状腺右叶存在；医方手术记录录示清除甲状腺右叶颈部部分记录有误"。

二审庭审过程中双方当事人对于上诉人刘×仍欠被上诉人金坛医院医疗费用3万元左右均无异议；另对于上诉人刘×提出的金坛医院手术记录中记录了"从下方掉入胸腔"问题，结合字体书写习惯和字体形状以一般生活经验辨认，该条记录应为"从下方探入胸腔"。

[裁判结果]

一审法院判决：

驳回刘×的诉讼请求。案件受理费人民币1050元，由刘×负担。

二审法院判决：

一、撤销金坛市人民法院（2011）坛民初字第1933号民事判决；

二、被上诉人金坛医院于本判决生效之日起十日内支付上诉人刘×15000元；

三、驳回上诉人刘×的其他诉讼请求。

[裁判理由]

法院生效裁判认为：1.关于上诉人刘×提出的应对医疗损害进行重新鉴定的问题。按照《最高人民法院关于民事诉讼证据的若干规定》第二十七条的规定，当事人对人民法院委托的鉴定部门作出的鉴定结论有异议申请重新鉴定，提出证据证明存在下列情形之一的，人民法院应予准许：（一）鉴定机构或者鉴定人员不具备相关的鉴定资格的；（二）鉴定程序严重违法的；（三）鉴定结论明显依据不足的；（四）经过质证认定不能作为证据使用的其他情形。对有缺陷的鉴定结论，可以通过补充鉴定、重新质证或者补充质证等方法解决的，不予重新鉴定。本案中常州市医学会作出的医疗损害鉴定书不存在上述需要重新鉴定或补充鉴定的问题，且上诉人刘×在原审过程中也明确表示不申请重新鉴定，常州市医学会作出的医疗损害鉴定书可作为合法有效证据使用，上诉人刘×要求对被上诉人金坛医院的医疗行为是否存在过错以及患者所受伤害是否有因果关系进行重新鉴定的上诉意见，二审法院不予支持。2.关于被上诉人金坛医院是否应承担侵权赔偿责任问题。根据相关规定，患者在医疗机构就医时，由于医疗机构及其医务人员的过错，在诊疗护理活动过程中受到损害的，医疗机构应当承担侵权损害赔偿责任；同时医疗机构的医务人员在诊疗活动中应当向患者说明病情和医疗措施等情况而未说明，或者在实施手术、特殊检查和特殊治疗时应当向患者或其近亲属说明医疗风险替代医疗方案等情况并取得其书面同意而未尽到义务的，医疗机构应对患者由此造成的损害承担赔偿责任。本案中上诉人刘×在被上诉人金坛医院住院治疗期间被实施了手术治疗，经医疗损害鉴定书确认，被上诉人金坛医院存在着"术前未行胸部增强CT，术前评估不充分；术前沟通未告知可能的喉返神经损伤致声音嘶哑；术中加做颈部切口未与家属书面沟通"的过错，但该鉴定书同时认定上诉人刘×的身体的不良后果与医方过错行为之间并无因果关系，结合上诉人刘×于原审中提供的医疗费票据等相关证据，不能认定上诉人刘×主张的医疗费等相关费用系因被上诉人金坛医院医疗过错行为造成的，故上诉人刘×要求被上诉人金坛医院赔偿医疗费等费用于法无据，无法得到支持。本案中被上诉人金坛医院在对上诉人刘×进行手术治疗过程中，颈部加做切口以及术前未能告知可能的喉返神经损伤致声音嘶哑违反了医疗机构的告知义务，存在着侵害上诉人刘×知情权和选择权的行为，使得上诉人刘×丧失了选择自己认为的最佳治疗方案的机会，由此也造成了其精神上不明真相的压力，对于该过错行为，被上诉人金坛医院需承担一定的赔偿责任，现被上诉人金坛医院同意免除本应由上诉人刘×承担的医疗费20741元，并另外对其补偿15000元，已足以弥补上诉人刘×因此而受到的精神损害，被上诉人金坛医院该处分行为不违反法律规定，应予准许。因被上诉人许×主刀手术系受被上诉人金坛医院邀请，其法律后果应由被上诉人金坛医院承担，上诉人刘×要求其赔偿损失于法无据，二审法院亦不予支持。综上所述，上诉人刘×的上诉理由不能成立，二审法院不予采信，但被上诉人金坛医院自愿对上诉人刘×作出相应补偿，二审法院予以确认。

附：一审法院裁判理由：

原审法院认为，刘×因胸闷、呼吸困难到金坛医院就诊，双方之间已经形成医疗服务合同关系。许×主刀手术系受金坛医院邀请，其法律后果应由金坛医院承担，刘×要求其赔偿损失于法无据，法院不予支持。刘×主张其在诊疗过程中遭受损害、该损害系金坛医院的医疗行为造成的，但就金坛医院的医疗行为与刘×的损害结果之间是否存在因果关系，金坛医院已提交了根据刘×申请作出的医疗损害鉴定书，该鉴定书明确载明刘×的不良后果与医方的过错行为之间无因果关系。虽然刘×对该鉴定意见持有异议，但刘×未提交证据，亦未依法申请再次鉴定。金坛医院的举证义务已经完成。刘×要求金坛医院赔偿其损失，并未提交充分证据，无事实和法律依据，法院不予支持。

二十一、医疗产品责任及输入不合格血液导致损害的责任承担

【医疗损害责任司法解释条文】

第二十一条 因医疗产品的缺陷或者输入不合格血液受到损害,患者请求医疗机构,缺陷医疗产品的生产者、销售者或者血液提供机构承担赔偿责任的,应予支持。

医疗机构承担赔偿责任后,向缺陷医疗产品的生产者、销售者或者血液提供机构追偿的,应予支持。

因医疗机构的过错使医疗产品存在缺陷或者血液不合格,医疗产品的生产者、销售者或者血液提供机构承担赔偿责任后,向医疗机构追偿的,应予支持。

【导读】

药品、消毒药剂、医疗器械属于产品,应当适用产品责任的规定。依据《中华人民共和国侵权责任法》第四十三条的规定,因产品存在缺陷造成人身、他人财产损害的,受害人可以向产品的生产者要求赔偿,也可以向产品的销售者要求赔偿。属于产品的生产者的责任,产品的销售者赔偿的,产品的销售者有权向产品的生产者追偿。属于产品的销售者的责任,产品的生产者赔偿的,产品的生产者有权向产品的销售者追偿。对于医疗产品损害责任的责任形态,《中华人民共和国侵权责任法》第五十九条规定为"患者可以向生产者或者血液提供机构请求赔偿,也可以向医疗机构请求赔偿。患者向医疗机构请求赔偿的,医疗机构赔偿后,有权向负有责

任的生产者或者血液提供机构追偿",这与上述《中华人民共和国侵权责任法》第四十三条规定在本质上是一样的。对此,一种意见认为医疗产品责任是连带责任;另一种意见认为,是不真正连带责任,但主流意见认为,这同产品责任的责任形态一样,医疗产品损害责任也是不真正连带责任。

侵权责任法上的不真正连带责任,是指多数行为人违反法定义务,对一个受害人实施加害行为,或者不同的行为人基于不同的行为而致使受害人的权利受到损害,各个行为人产生的同一内容的侵权责任,各负全部赔偿责任,并因行为人之一的履行而使全体责任人的责任归于消灭的侵权责任形态。医疗产品责任采用不真正连带责任,在当事人进行选择其中一个责任主体主张权利的情形,人民法院认定其责任大小及承担方式并无争议。但对于当事人将医疗机构和生产者同时起诉或被追加的情形,如何确定他们责任的大小及承担方式,则有不同看法。一种意见认为,应当确定由他们共同承担责任,再行确定他们之间的追偿权;审判实践中有的判决表述为共同承担责任,有的案例也直接表述为承担连带责任。另一种意见认为,这时应当判定缺陷的直接生产者承担侵权责任,不必先实行先让医疗机构先承担责任,再进行追偿。① 本解释未采纳上述第二种意见判决由最终承担责任的主体承担责任的做法。主要理由是:其一,若最终承担责任的主体没有清偿能力,则被害人可能得不到应有救济,这与《中华人民共和国侵权责任法》第五十九条规定的立法目的(即充分救济受害人)不符;其二,若最终判决缺陷产品生产者承担责任,意味着对患者向销售者主张权利的途径也被剥夺,不利于患者利益维护;其三,按照这一思路,在人民法院依照职权追加医疗产品生产者的情形,在原告坚持不变更原来对医疗机构诉讼请求的情况下,则面临着要对原告诉讼请求裁定驳回的问题,这可能就直接与《中华人民共和国侵权责任法》第五十九条、第四十三条规定相悖。

关于医疗产品销售者的责任。由于医疗产品责任是产品责任的一种,

---

① 杨立新:《论医疗产品责任》,载《政法论丛》2009年第2期。

有关医疗产品销售者的责任承担问题,要适用《中华人民共和国产品质量法》第四十二条、第四十三条等规定。本条也是依据《中华人民共和国侵权责任法》关于产品责任的规定,在《中华人民共和国侵权责任法》第五十九条规定基础上,明确将销售者列为了医疗产品责任的主体。侵权责任法基于医疗的公益性考虑,并没有认定医疗机构是医疗产品的销售者,而是或多或少基于当前以药补医等情况的考虑,医疗机构实际上处于销售者的地位,① 在责任承担上确定了医疗机构承担与医疗产品销售者相类似的法律责任。在实践中需要注意的问题是,如果患者从医疗机构诊断后并未在该医疗机构购买相应的医疗产品,比如药品,而是到相关医疗产品经营者处按照医疗机构的处方购买了该医疗产品,后因该医疗产品缺陷导致患者损害的情形,这时由于医疗机构并不具备类似于该医疗产品销售者之地位,其并未从该医疗产品的销售中获益,也无法控制该医疗产品之风险当然也就无法转嫁该风险,因此按照严格责任的基本法理,该医疗机构不应当是该缺陷医疗产品导致损害的责任承担主体,即不能适用侵权责任法第五十九条规定,而应适用《中华人民共和国侵权责任法》第四十三条等关于产品责任的一般性规定确定该医疗产品生产者和销售者的责任。如果医疗机构对患者损害存在诊疗过错,且其诊疗行为与患者损害有因果关系的,这时应当对医疗机构适用侵权责任法关于医疗过错侵权的一般性规定,按照多因一果侵权行为的规则(比如原因力规则)确定医疗机构的责任,但无论如何,这种情况下的医疗机构不是医疗产品责任的主体。

　　本条第二款、第三款是对医疗产品责任承担后追偿权的规定。《中华人民共和国侵权责任法》第五十九条仅规定了医疗机构对医疗产品生产者的追偿权,并没有规定对医疗产品销售者的追偿权,也没有规定医疗产品生产者、销售者以及血液提供机构对有过错医疗机构的追偿权,由此引发的法律适用问题在实践中具有一定的普遍性,有必要通过司法解释予以明确。对此,本解释依据《中华人民共和国侵权责任法》第五十九条、第四

---

① 最高人民法院侵权责任法研究小组编著:《〈中华人民共和国侵权责任法〉条文理解与适用》,人民法院出版社 2010 年版,第 419 页。

十三条的规定，明确了医疗机构承担责任后向医疗产品生产者、销售者的追偿权以及医疗产品生产者、销售者及血液提供机构向有过错医疗机构追偿的内容。至于医疗产品生产者、销售者之间追偿权问题，则直接适用《中华人民共和国侵权责任法》第四十三条规定即可，无需重复规定。但在医疗机构与其他责任主体的追偿权的制度设计中，对医疗机构类推适用《中华人民共和国侵权责任法》第四十三条第三款的规定，医疗机构有过错，其应当承担最终的责任，这时医疗产品的生产者、销售者以及血液提供机构也应当享有相应的追偿权，这对于各方主体之间的利益分配更加公平。同时，结合《中华人民共和国侵权责任法》第四十三条、第五十九条的规定，医疗产品缺陷形成的原因，尤其是销售者的过错及其对产品缺陷形成的原因力即为划定销售者与生产者之间有关责任范围的基本依据。

对于血站和医疗机构在输入不合格血液导致患者损失的责任。依据《中华人民共和国侵权责任法》第五十九条的规定，输入不合格的血液与提供有缺陷的药品、消毒药剂、医疗器械产生同样的法律后果。医疗机构和血液提供机构对输血者因输入不合格的血液感染引起的损害承担严格责任，这样就最大限度地保护了输血者这一相对弱者的身体健康权。[①] 输入不合格血液的侵权责任与医疗产品责任都要适用严格责任，但在责任构成要件上二者有着本质的不同，即医疗产品责任责任以医疗产品存在缺陷为核心构成要件，而输血感染的情形下则以血液不合格作为判断标准。所谓血液不合格，主要表现为如下几种情况协厂是采集的血液本身不符合医学用血的各项标准，不能为患者起到输血、供血所应当达到的治疗和救护效果。同样，对于追偿权问题，依据《中华人民共和国侵权责任法》第五十九条的规定，输入不合格血液的医疗机构或者血液提供机构承担责任后也可以向最终责任人主张追偿权，即也适用与医疗产品责任相同的规则。

[①] 最高人民法院侵权责任法研究小组编著：《〈中华人民共和国侵权责任法〉条文理解与适用》，人民法院出版社2010年版，第416页。

【相关法条】

《中华人民共和国侵权责任法》

第四十一条 因产品存在缺陷造成他人损害的，生产者应当承担侵权责任。

第四十二条 因销售者的过错使产品存在缺陷，造成他人损害的，销售者应当承担侵权责任。

销售者不能指明缺陷产品的生产者也不能指明缺陷产品的供货者的，销售者应当承担侵权责任。

第四十三条 因产品存在缺陷造成损害的，被侵权人可以向产品的生产者请求赔偿，也可以向产品的销售者请求赔偿。

产品缺陷由生产者造成的，销售者赔偿后，有权向生产者追偿。

因销售者的过错使产品存在缺陷的，生产者赔偿后，有权向销售者追偿。

第五十九条 因药品、消毒药剂、医疗器械的缺陷，或者输入不合格的血液造成患者损害的，患者可以向生产者或者血液提供机构请求赔偿，也可以向医疗机构请求赔偿。患者向医疗机构请求赔偿的，医疗机构赔偿后，有权向负有责任的生产者或者血液提供机构追偿。

《血液制品管理条例》

第十条 单采血浆站必须对供血浆者进行健康检查；检查合格的，由县级人民政府卫生行政部门核发《供血浆证》。

供血浆者健康检查标准，由国务院卫生行政部门制定。

第十二条 单采血浆站在采集血浆前，必须对供血浆者进行身份识别并核实其《供血浆证》，确认无误的，方可按照规定程序进行健康检查和血液化验；对检查、化验合格的，按照有关技术操作标准及程序采集血浆，并建立供血浆者健康检查及供血浆记录档案；对检查、化验不合格的，由单采血浆站收缴《供血浆证》，并由所在地县级人民政府卫生行政部门监督销毁。

严禁采集无《供血浆证》者的血浆。

血浆采集技术操作标准及程序，由国务院卫生行政部门制定。

第二十五条 血液制品生产单位在原料血浆投料生产前，必须使用有产品批准文号并经国家药品生物制品检定机构逐批检定合格的体外诊断试剂，对每一人份血浆进行全面复检，并作检测记录。

原料血浆经复检不合格的，不得投料生产，并必须在省级药品监督员监督下按照规定程序和方法予以销毁，并作记录。

原料血浆经复检发现有经血液途径传播的疾病的，必须通知供应血浆的单采血浆站，并及时上报所在地省、自治区、直辖市人民政府卫生行政部门。

第二十六条 血液制品出厂前，必须经过质量检验；经检验不符合国家标准的，严禁出厂。

《医疗机构临床用血管理办法》

第二十八条 医疗机构应当建立临床用血医学文书管理制度，确保临床用血信息客观真实、完整、可追溯。医师应当将患者输血适应证的评估、输血过程和输血后疗效评价情况记入病历；临床输血治疗知情同意书、输血记录单等随病历保存。

《临床输血技术规范》

第六条 决定输血治疗前，经治医师应向患者或其家属说明输同种异体血的不良反应和经血传播疾病的可能性，征得患者或家属的同意，并在《输血治疗同意书》上签字。《输血治疗同意书》入病历。无家属签字的无自主意识患者的紧急输血，应报医疗职能部门或主管领导同意、备案，并记入病历。

第十四条 受血者配血试验的血标本必须是输血前 3 天之内的。

【典型案例】

长春长生生物科技有限责任公司
（原长春长生生物科技股份有限公司）
与山东润光液压科技股份有限公司、
青州市疾病预防控制中心产品责任纠纷案

——医疗机构承担责任后向医疗产品的生产者行使追偿权的，在前诉未对该生产者承担责任的事实予以认定的情况下，人民法院在本诉中应当对该生产者应否承担医疗产品责任进行审理，该生产者应当依法对相应的法定免责事由承担举证责任

案号：（2015）鲁民提字第614号

[裁判要点]

医疗机构、医疗产品的销售者在法院判决向患者承担赔偿责任后，以医疗产品责任纠纷起诉医疗产品的生产者行使追偿权的，人民法院应当依法受理。在原来医疗产品责任纠纷中没有将该医疗产品生产者列为被告的，人民法院在本诉中应当对该生产者应否承担医疗产品责任进行审理。该生产者应当依法对相应的法定免责事由承担举证责任。在依法认定该生产者应当承担相应责任的情况下，医疗机构在承担责任后向其追偿的，人民法院应予支持。

疫苗生产企业主张依据关于长生公司应否承担补偿责任问题。依据《疫苗流通和预防接种管理条例》的相关规定承担补偿责任的，应当以患者损害是由发生预防接种异常反应造成，即合格的疫苗在实施规范接种过程中或者实施规范接种后造成受种者机体组织器官、功能损害，相关各方均无过错的药品不良反应。但依据《预防接种异常反应鉴定办法》相关规

定,"预防接种异常反应鉴定由设区的市级和省、自治区、直辖市医学会负责。""省级、××预防控制机构应当成立预防接种异常反应调查诊断专家组,负责预防接种异常反应调查诊断。""有下列情形之一的,应当由设区的市级或者省级预防接种异常反应调查诊断专家组进行调查诊断:(一)受种者死亡、严重残疾的;(二)群体性疑似预防接种异常反应的;(三)对社会有重大影响的疑似预防接种异常反应。"本案中,有关司法鉴定中心并非法定的进行预防接种异常反应鉴定的鉴定机构,其进行接种异常反应鉴定缺乏相应资质,故不能作为认定构成预防接种异常反应的定案依据。

[法条索引]

《中华人民共和国侵权责任法》第五十九条

《中华人民共和国产品质量法》第四十一条

《疫苗流通和预防接种管理条例》第四十条、第四十六条、第四十七条

[基本案情]

2005年5月30日,山东润光液压科技股份有限公司(以下简称润光公司)卫生所花费165元从青州市疾病预防控制中心(以下简称青州市疾控中心)处购买狂犬疫苗3份,青州市疾控中心为润光公司卫生所出具了收款凭证。青州市疾控中心自2005年1月1日至2005年6月1日期间所购进的狂犬疫苗均系长春长生生物科技有限责任公司(以下简称长生公司)生产。2005年6月22日,案外人夏××因被自家饲养的小狗咬伤而到润光公司卫生所注射狂犬疫苗,共注射3针。同年7月11日,夏××家人发现其视力下降,于7月30日到潍坊市益都中心医院就诊,检查结果为:右眼无光感,右眼视力为0.1。其后,夏××先后到多家医院就诊治疗,××、××、多发性硬化、××等。2006年10月27日,夏××以润光公司为被告向法院提起诉讼,要求润光公司赔偿损失1068270.62元。2007年11月20日,法院根据夏××的申请,依法委托北京法源科学证据鉴定中心进行司法鉴定,鉴定结论为:1.被鉴定人目前主要为××所致视力障碍症状,并且存在一定肢体腱反射活跃症状。2.被鉴定人脑部病变与

其注射狂犬疫苗存在关联性，××症的罕见不良反应特点，该现象属于医疗意外情形。对被鉴定人进行狂犬疫苗注射未违反医疗常规。对于疫苗质量的评定超出本鉴定的能力范围。3.被鉴定人目前状况符合二级残疾之情形，住院期间需一人护理，出院后生活上需一人护理。4.被鉴定人目前脑部症状缺乏明确有效的特异性治疗方案，鉴于被鉴定人于北京大学第一医院住院期间采用免疫制剂治疗，其治疗效果从头颅MR表现具有一定改善作用，建议继续治疗，具体治疗所需费用请参考临床建议实际产生费用。2008年1月22日，山东省潍坊市中级人民法院指定该案由昌乐县人民法院审理。2009年1月8日，昌乐县人民法院作出（2008）乐民一初字第112号民事判决，判决润光公司赔偿夏××损失205282.38元，驳回了夏××的其他诉讼请求。宣判后夏××、润光公司均不服一审判决，分别提出上诉。2009年5月4日，山东省潍坊市中级人民法院作出（2009）潍民终字第493号民事判决，判决润光公司承担夏××损失的70%，即赔偿夏××478992.22元。终审判决后，夏××申请昌乐县人民法院强制执行，在执行过程中，夏××与润光公司达成执行和解协议，润光公司赔偿夏××各项损失共计478403元（含赔偿款450000元、案件受理费20871元、执行费7532元），润光公司已经支付了上述款项。2010年5月17日，夏××因后续治疗费用再次向法院提起诉讼，要求润光公司赔偿损失475390.78元。2010年6月4日，山东省潍坊市中级人民法院指定潍坊市潍城区人民法院审理此案。2011年1月11日，潍坊市潍城区人民法院作出（2010）潍城民初字第938号民事判决，判决润光公司赔偿夏××损失286987.55元。该判决生效后，润光公司已履行完毕。以上润光公司共计赔偿夏××损失765390.55元。

山东省高级人民法院再审查明，2015年12月4日，"长春长生生物科技股份有限公司"更名为"长春长生生物科技有限责任公司"。

[裁判结果]

一审法院判决：

一、长生公司于判决生效之日起十日内支付润光公司经济损失765390.55元的80%即612312.44元；

二、驳回润光公司的其他诉讼请求。一审案件受理费 11455 元，减半收取 5728 元，由润光公司负担 1146 元，长生公司负担 4582 元。

二审法院判决：

一、撤销山东省潍坊市中级人民法院（2013）潍民一终字第 265 号民事判决及山东省青州市人民法院（2013）青法民初字第 683 号民事判决；

二、驳回山东润光液压科技股份有限公司的诉讼请求。

再审判决：

一、撤销山东省潍坊市中级人民法院（2013）潍民一终字第 265 号民事判决及山东省青州市人民法院（2013）青法民初字第 683 号民事判决；

二、驳回山东润光液压科技股份有限公司的诉讼请求。

[裁判理由]

再审生效裁判认为，润光公司在另案判令其向受种者夏××承担相应的赔偿责任后，润光公司以医疗产品责任纠纷起诉疫苗生产企业长生公司行使追偿权，形成本案诉讼，则应当就长生公司应否承担医疗产品责任进行审理。《中华人民共和国产品质量法》第四十一条第一款规定："因产品存在缺陷造成人身、缺陷产品以外的其他财产（以下简称他人财产）损害的，生产者应当承担赔偿责任。"《最高人民法院关于民事诉讼证据的若干规定》第四条第一款第六项规定：因缺陷产品致人损害的侵权诉讼，由产品的生产者就法律规定的免责事由承担举证责任。依据以上规定，审理产品责任纠纷案件，生产者在其生产的产品存在缺陷造成他人损害的情况下，则不论缺陷产品的生产者主观上是否存在过错，都应当承担侵权责任，生产者对法定的免责事由承担举证责任。本案当事人再审争议的焦点问题是：涉案为夏××注射的狂犬疫苗是否为长生公司生产？该狂犬疫苗是否为合格产品？

根据润光公司提交的证据，结合青州市疾控中心的提供的证据和北京法源科学证据鉴定中心出具的鉴定结论，可以证明青州市疾控中心自 2005 年 1 月 1 日至 2005 年 6 月 1 日期间所购买的狂犬病疫苗均系由长生公司生产，润光公司卫生所于 2005 年 5 月 30 日到青州市疾控中心购买 3 份狂犬疫苗，并于同年 6 月 22 日、6 月 25 日、6 月 29 日为夏××注射，未有违反医疗常规,而且购买的数量、时间与涉案狂犬疫苗高度吻合。据此,能够证明润光公司为夏××注射的疫苗为长生公司生产。对此,原审认定正确,再审法院予以确认。长生公司以不能排除润光公司卫生所从其他销售者处购买的产品或假冒伪劣产品为由否认涉案狂犬疫苗为其生产,青州市疾控中心也说明在青州确有非法销售狂犬疫苗现象的存在,但因长生公司未能提供反驳证据,亦不能仅据两当事人所述直接推定润光公司卫生所非法购入狂犬疫苗,故均不予采信。2005年6月30日,国家食品药品监督管理局下发的《关于人用狂犬疫苗实施批签发管理的通知》要求,自2005年8月1日起实施签发每批检验合格证明,即在此时间前对销售狂犬疫苗并无强制性规定,且北京法源科学证据鉴定中心出具的鉴定结论也未说明涉案狂犬疫苗为不合格产品。润光公司主张长生公司应承担医疗产品责任,其应当对涉案狂犬疫苗存在缺陷承担举证责任。因此,原审仅以长生公司对期间批次的狂犬疫苗未能提供批签发合格证明,认定具备生产资质的长生公司就涉案狂犬疫苗是否为合格产品承担举证不能的法律后果,无事实和法律依据。应认定涉案狂犬医疗为合格医疗产品。润光公司主张长生公司承担医疗产品质量责任的理由不能成立,再审法院不予支持。

关于长生公司应否承担补偿责任问题。依据《疫苗流通和预防接种管理条例》第四十条、第四十六条的规定,涉案狂犬疫苗作为第二类疫苗,其生产企业长生公司承担补偿责任的前提是发生预防接种异常反应,即合格的疫苗在实施规范接种过程中或者实施规范接种后造成受种者机体组织器官、功能损害,相关各方均无过错的药品不良反应。具体补偿办法由各省、自治区、直辖市人民政府制定。《疫苗流通和预防接种管理条例》第四十五条规定:"预防接种异常反应的鉴定参照《医疗事故处理条例》执行,具体办法由国务院卫生主管部门会同国务院药品监督管理部门制定。"依据该授权性规范条款,原国家卫生部发布《预防接种异常反应鉴定办法》。该办法第五条、第十一条、第十四条、第十七条规定:"预防接种异常反应鉴定由设区的市级和省、自治区、直辖市医学会负责。""省级、××预防控制机构应当成立预防接种异常反应调查诊断专家组,负责预防接种异常反应调查诊断。""有下列情形之一的,应当由设区的市级或者省级预防接种异常反应调查诊断专家组进行调查诊断：（一）受种者死亡、严重残疾的；（二）群体性疑似预防接种异常反应的；（三）对社会有重大影响的疑似预防接种异常反应。""受种方、接种单位、疫苗生产企业对预防接种异常反应调查诊断结论有争议时，可以在收到预防接种异常反应调查诊断结论之日起 60 日内向接种单位所在地设区的市级医学会申请进行预防接种异常反应鉴定，并提交预防接种异常反应鉴定所需的材料。""对设区的市级医学会鉴定结论不服的，可以在收到预防接种异常反应鉴定书之日起 15 日内，向接种单位所在地的省、自治区、直辖市医学会申请再鉴定。"本案中，北京法源科学证据鉴定中心并非法定的进行预防接种异常反应鉴定的鉴定机构，无权对是否构成接种异常反应作出认定结论。其出具的鉴定结论虽明确："被鉴定人脑部病变与其注射狂犬疫苗存在关联性，××症的罕见不良反应特点，该现象属于医疗意外情形。"但不能作为认定构成预防接种异常反应的定案依据。因此，润光公司另案承担向受种者夏××相应的赔偿责任后，代受种者向涉案狂犬疫苗的生产企业长生公司主张补偿责任无事实依据，再审法院亦不予支持。

关于青州市疾控中心的责任承担问题。因青州市疾控中心具备经营疫苗的资质，所经营的疫苗系由具有生产疫苗资质的长生公司供给，在出售疫苗过程中亦不存在过错，故在本案中不承担民事责任。对此，一审判决认定理由充分，再审法院予以确认。

综上所述，原审部分案件事实认定不清，适用法律错误，再审法院依法予以纠正。长生公司的主要再审申请理由成立。

附：二审法院裁判理由：

二审法院认为，当事人对自己提出的诉讼请求所依据的事实或者反驳对方诉讼请求所依据的事实有责任提供证据加以证明；没有证据或者证据不足以证明当事人的事实主张的，由负有举证责任的当事人承担不利后果。润光公司提供的收款收据及青州市疾控中心出具的证明，可以证实润光公司卫生所在为夏××注射疫苗前不久曾从青州市疾控中心购买过 3 支疫苗的事实。青州市疾控中心提供的购货收款收据、药品材料入库单、库存材料明细账、《生物制品及一次性注射器出入库登记表》等证据，也能够形成证据链证实青州市疾控中心自 2005 年 1 月 1 日至 2005 年 6 月 1 日期间所购买的狂犬病疫苗均系由长生公司生产的事实。综上，根据润光公司和青州市疾控中心提供的上述证据，可形成有效证据链证实润光公司为夏××注射的疫苗为长生公司生产的事实。长生公司否认为夏××注射的疫苗系本公司生产，应提供反驳证据，现其既不能对其主张提供证据，也不能就涉案疫苗提供检验合格证明，故应依法承担举证不能的不利后果。综上，长生公司的上诉请求，证据不足，不予支持。一审判决认定事实清楚、适用法律正确，应予维持。

二十二、医疗产品缺陷与诊疗过错并存的多因一果情形下损害赔偿责任的承担

【医疗损害责任司法解释条文】

第二十二条 缺陷医疗产品与医疗机构的过错诊疗行为共同造成患者同一损害，患者请求医疗机构与医疗产品的生产者或者销售者承担连带责任的，应予支持。

医疗机构或者医疗产品的生产者、销售者承担赔偿责任后，向其他责任主体追偿的，应当根据诊疗行为与缺陷医疗产品造成患者损害的原因力大小确定相应的数额。

输入不合格血液与医疗机构的过错诊疗行为共同造成患者同一损害的，参照适用前两款规定。

【导读】

由于在医疗产品责任案件中，造成患者最终的人身、财产权益损害的原因往往非常复杂，有时会伴有患者原有疾病状况、自身特异体质、医疗产品存在缺陷，诊疗行为有过错等多种原因。在医疗产品有缺陷，同时医疗机构的诊疗行为也有过错的情况下，医疗产品的生产者与医疗机构承担连带责任还是按份责任，存有一定争议。一种意见认为，医疗机构在给患者使用医疗产品之外的其他诊疗行为有过错的情况下，让医疗机构与医疗产品的生产者就患者的损害承担连带赔偿责任缺乏法律依据。这时应该依照原因力规则来确定相应责任主体的责任份额，医疗机构要对其诊疗过错行为造成的损害承担责任，缺陷医疗产品的生产者仅

对医疗产品缺陷所造成的损害结果承担赔偿责任。另一种意见认为，缺陷医疗产品与医疗机构的过错诊疗行为共同造成患者同一损害，医疗机构与医疗产品的生产者应当承担连带责任。理由在于：其一，鉴于诊疗行为的专业性，使用缺陷医疗产品中的过错诊疗行为与此外的行为在实际操作中难以区分，要求患者对此举证不现实，由此来确定责任主体的按份责任也不利于患者利益的保护，而且会使法律关系复杂化，徒增双方当事人的负担；其二，参照《最高人民法院关于审理人身损害赔偿案件适用法律若干问题的解释》第三条的规定，在难以区分使用缺陷医疗产品中的过错诊疗行为与此外的行为的情况下，直接规定医疗产品的生产者与医疗机构承担连带责任，有利于对患者的救济。而且采用"共同造成"的表述，也符合侵权责任法第八条的规定。至于医疗机构与医疗产品的生产者之间的内部责任承担问题，则应当通过行使追偿权的方式解决。

上述意见都有一定道理。由于患者个体体质的各异性、疾病本身的复杂性和诊疗行为本身的精细性，以及医疗产品作用于人体机理反应的不确定性，在既存在医疗产品有缺陷，又有过错诊疗行为时，如何确定医疗机构与医疗产品的生产者、销售者之间的责任形态不可一概而论。同时，基于连带责任在本质上就是对自己责任的一种加重，在法律没有具体规定的情况下不能课以当事人以连带责任，避免因此危害行动自由和社会进步。反言之，对于符合侵权责任法有关共同侵权的规定的案件，则有关责任主体就要承担连带责任。本解释最终采纳按照这一思路，分两款规定了医疗机构与医疗产品的生产者的连带责任及追偿权行使的规则。

根据本条规定，缺陷医疗产品与诊疗过错行为构成共同侵权行为时，医疗机构与医疗产品的生产者或者销售者对外须承担连带责任，被侵权人有权请求部分或者全部行为人承担全部责任。在缺陷医疗产品与诊疗过错行为共同造成患者同一损害的情形，应该类似于客观行为关联的共同侵权情形。对于无意思联络的数人共同侵权的责任承担，只要符合关联共同性的要件，也应当承担连带责任。进而言之，对于本条第一款的情形，必须以构成共同侵权为前提，对于不符合本条第一款规定的共同侵权要件的缺陷医疗产品与过错诊疗行为造成患者损害的情形，则属于典型的多因一果侵权行为类型，应当适用原因力规则。通常而言，依照《中华人民共和国侵权责任法》第十二条关于"二人以上分别实施侵权行为造成同一损害，能够确定责任大小的，各自承担相应的责任；难以确定责任大小的，平均承担赔偿责任"的规定，对于非共同侵权行为，其行为人在行为之前并无共同的意思联络，也没有客观上的行为结合的时空一致性，该侵权行为不是共同侵权行为，各个加害人之间不承担连带责任，应就自己的过错程度和行为的法律原因力，分别承担按份责任。但在缺陷医疗产品与过错诊疗行为造成患者损害的情况下，确定责任主体承担责任的大小，应该适用比较原因力的规则，但同时也要考虑缺陷本身的严重程度和诊疗过错的大小。

此外，按照本解释第二十一条所规定的，产品生产者与产品销售者承担的是不真正连带责任，但是在有关法律与其他司法解释对于生产者与销售者承担连带责任的问题作了有益探索的背景下，这并不妨碍患者一方向医疗机构、医疗产品生产者、销售者主张共同承担赔偿责任或者承担连带责任的问题作有益探索。比如，产品质量法第五十八条规定："社会团体、社会中介机构对产品质量作出承诺、保证，而该产品又不符合其承诺、保证的质量要求，给消费者造成损失的，与产品的生产者、销售者承担连带责任。"本条规定从文义上看就没有对生产者与销售者采取"或者"的选择性表述，应当理解为该消费者既可以要求社会团体、社会中介机构与产品生产者或者销售者之间承担连带责任，也可以同时社会团体、社会中介机构与产品生产者以及销售者一起承担连带责任，至于如何确定责任主体，取决于消费者的选择。

【相关法条】

《中华人民共和国侵权责任法》

第八条 二人以上共同实施侵权行为，造成他人损害的，应当承担连带责任。

第十一条 二人以上分别实施侵权行为造成同一损害,每个人的侵权行为都足以造成全部损害的,行为人承担连带责任。

第十二条 二人以上分别实施侵权行为造成同一损害,能够确定责任大小的,各自承担相应的责任;难以确定责任大小的,平均承担赔偿责任。

第四十三条 因产品存在缺陷造成损害的,被侵权人可以向产品的生产者请求赔偿,也可以向产品的销售者请求赔偿。

产品缺陷由生产者造成的,销售者赔偿后,有权向生产者追偿。

因销售者的过错使产品存在缺陷的,生产者赔偿后,有权向销售者追偿。

第四十四条 因运输者、仓储者等第三人的过错使产品存在缺陷,造成他人损害的,产品的生产者、销售者赔偿后,有权向第三人追偿。

第五十九条 因药品、消毒药剂、医疗器械的缺陷,或者输入不合格的血液造成患者损害的,患者可以向生产者或者血液提供机构请求赔偿,也可以向医疗机构请求赔偿。患者向医疗机构请求赔偿的,医疗机构赔偿后,有权向负有责任的生产者或者血液提供机构追偿。

《最高人民法院关于审理人身损害赔偿案件适用法律若干问题的解释》

第三条 二人以上共同故意或者共同过失致人损害,或者虽无共同故意、共同过失,但其侵害行为直接结合发生同一损害后果的,构成共同侵权,应当依照民法通则第一百三十条规定承担连带责任。

二人以上没有共同故意或者共同过失,但其分别实施的数个行为间接结合发生同一损害后果的,应当根据过失大小或者原因力比例各自承担相应的赔偿责任。

【典型案例】

郭×与中国人民解放军第三〇六医院、大连昊德商贸有限公司医疗损害责任纠纷案
—— 医疗机构与医疗产品的销售者因其共同过错行为导致患者损害的,应当承担连带赔偿责任

[裁判要点]

　　两个责任主体造成同一损害须承担连带责任承担的情况,在外部责任确定时,如果患者自身存在过错或者有其他原因的,也要适用过失相抵规则和原因力规则。在确定完整体责任后,两个主体之间内部责任的划分也会涉及原因力规则的适用,在无法确定各自原因力大小的,才均等承担责任,但这必须是在对外根据受害人一方的主张统一承担完连带责任之后的规则,即存在内外有别的适用顺序问题。本案中,造成患者人身损害,既有患者自身原因外,医方的主要原因为选用了不同材质的缆索。而涉案缆索的选用系医疗机构与某公司共同实施。在该公司主张其系按照医疗机构要求提供缆索,但对此并未提供证据加以证明的情况下,审理法院最终根据侵权责任法第十条规定,判决二者承担连带责任。

　　关于涉案缆的保管问题。审理法院认为,医疗机构为患者取出钢板和缆索的同时,注意封存样品和保存记录。医疗机构主张其将存疑器械在未经双方共同封存的情况下交予患者保管,并称此为"患者的权利"的主张且无其他证据证明,人民法院对此不予支持。因该缆索丢失导致对有关案件事实无法查证的,医疗机构应当承担相应的不利后果。

[法条索引]

　　《中华人民共和国侵权责任法》第十条、第五十四条、第五十九条

二十二、医疗产品缺陷与诊疗过错并存的多因一果情形下损害赔偿责任的承担

[基本案情]

郭×因右髋关节术后21年，右髋疼痛活动受限10个月于2010年4月7日入中国人民解放军第三〇六医院，予行右髋关节翻修术，术后2年余因右大腿外侧疼痛、红肿再次来院，X线检查发现金属丝断裂，并考虑感染，行手术治疗，将钢板及金属丝取出。据中国人民解放军第三〇六医院的郭×住院病历（住院号16847）记载：2010-4-7入院记录：主诉：右髋关节置换术后21年，右髋疼痛活动受限10个月。现病史：患者21年前无明显诱因出现双侧髋关节疼痛，伴活动受限，不伴发热、乏力及盗汗症状。患者当时来我院骨科诊治，诊断为"强直性脊柱炎"，并在全麻下行"右侧半髋关节置换术"，术后恢复良好。患者于去年6月，再次出现右侧髋关节疼痛，活动受限。口服扶他林治疗，效果不佳，为进一步诊治，遂来我院，门诊以"右髋关节置换术后"收入。专科情况：患者站立时呈脊柱前屈体位。双下肢肌肉萎缩明显，双侧下肢等长，右侧髋关节活动度：屈曲10～70度，内旋5度，外旋10度，不能后伸、外展及内收。左侧髋关节完全僵直，无活动。辅助检查：骨盆平片（2010-4-7本院）：右侧髋关节半髓置换术后，假体位置松动，左侧髋关节完全强直。全脊柱X片（2010-4本院）：脊柱胸段后凸，Cobb角65度，椎体旋转约0度；各椎体排列规整，未见蝶形椎及半椎体，Risser征Ⅴ度。初步诊断：1.强直性脊柱炎；2.右髋关节置换术后；3.高血压病Ⅰ级。最后诊断：1.强直性脊柱炎；2.右髋关节置换术后；3.高血压病Ⅰ级；4.低蛋白血症；5.上呼吸道感染；6.急性肾损伤；7.急性肝损伤；8.多浆膜腔积液；9.肺部感染。2010-4-14术前讨论记录：根据患者病史、症状、体征及影像学检查，诊断明确，患者假体松动，髋关节疼痛，有手术指征，需进行全髋关节翻修手术治疗以解决患者症状，术式选择人工髋关节置换术，患者人工半髋关节置换术后21年，假体位置松动，股骨干皮质较薄，人工关节选择水泥型翻修假体，切口选择后外侧切口，禁强力拉钩，仔细解剖，避免损伤坐骨神经，术后严格左下肢外展中立位，避免人工关节脱位。2010-4-14手术同意书：手术名称：人工全髋关节翻修术。手术指征（适应症）：患者人工半髋关节置换术后21年，现假体松动，髋关节疼痛，患者及家属

要求手术治疗。可能出现的意外和并发症：1. 各种感染：伤口感染、关节内感染积脓、迟发性关节内感染、低毒性感染，骨髓炎等，可能需要再次手术处理；2. 麻醉意外；3. 手术中或术后大出血；4. 损伤临近脏器；损伤坐骨神经、股神经导致下肢功能活动受限；5. 严重心律失常；6. 下肢静脉血栓形成，栓子脱落引起相应并发症，如肺栓塞；7. 肺部感染、肺炎；8. 假体松动、脱位、移位、股骨劈裂骨折；9. 关节周围骨化性肌炎，影响关节活动；10. 内置物使用有一定的寿命，有可能要再次手术返修；11. 其他难以预料和危及生命或致残的意外。2010-4-15 手术记录：取右侧髋关节后外侧切口，沿原切口瘢痕切开，远端沿股骨干方向延长，切开阔筋膜张肌，屈曲、内旋、内收下肢，自大粗隆后方钝性剥离，切开关节囊周围瘢痕，见髋臼周围多量异位骨化组织形成，咬骨钳咬除骨化组织和瘢痕，探查见股骨柄假体周围，股骨内侧、前侧和后侧骨组织溶解明显，股骨干已经侵蚀后骨折。髋臼底部壁薄。完整取出股骨柄和髋臼假体，骨刀清理残留的骨水泥。先翻修髋臼，取同种异体骨粒填充髋臼骶部，取zimmer 的重建臼挤压镶嵌，重建髋臼底。挤压镶嵌后见臼底压实稳定。取zimmer 的骨水泥行直径 64mm 的髋臼保持前外下方向植入人工髋臼，挤压去除多余的骨水泥组织。探查股骨干骨折位于大粗隆下方约 12cm 处，骨折斜行，内侧，前侧和后侧骨缺损，取 zimmer 生物型重建柄，长度为 200mm，直径 11mm 植入，在骨缺损处取同种异体骨挤压镶嵌，植骨重建后区 zimmer 的 6 孔铁缆自锁定钢板于骨干的外侧捆绑固定，探查见股骨干固定可靠稳定。髋关节复位，试模，选择+ 3.5mm 的直径 62mm 的配套股骨头假体植入，复位，髋关节屈伸、外展、内收、外旋活动好，冲洗，碘伏溶液浸泡后放置伤口引流管 1 根后一次关闭切口。术后给予患者下肢弹力袜预防血栓，安返病房。2010-4-30 出院小结：治疗经过：患者入院后行常规术前检查，无明显手术禁忌，于 2010 年 4 月 15 日在全麻下行"右侧全髋关节翻修术"，手术顺利，术后患者生命体征平稳，予以输血、补液、抗炎治疗。出院诊断：1. 强直性脊柱炎；2. 右髋关节置换术后；3. 低蛋白血症；4. 上呼吸道感染；5. 急性肾损伤；6. 急性肝损伤；7. 多浆膜腔积液；8. 肺部感染。出院医嘱：1. 出院带药：无。2. 给病人建议：

继续住院治疗。3. 复诊时间：术后6周、3个月、6个月、12个月。2010-5-1入院记录：主诉：右髋关节翻修术后15天。现病史：患者因手术创伤较大，失血多，于术后出现急性肺损伤、急性肝损伤、急性肾损伤、低蛋白血症及多浆膜腔积液。予以输血浆、人血白蛋白、利尿、护肝及保肾治疗，并定期复查血象、肝肾功、电解质及双侧胸腔积液彩超。术后2周，患者因家中有事，强烈要求出院。签同意书后予以办理。患者因需进一步治疗，再次来我院，急诊以"右髋关节翻修术后"收入。2010-5-22出院小结：治疗经过：患者入院后，继续予以抗感染、抗凝及护肝保肾治疗。出院医嘱：注意休息，避免剧烈运动；卧床时保持右下肢外展中立位，并行下肢功能锻炼；术后6周内不能下蹲，下地行走时右下肢部分负重；不适随诊。复诊时间：术后6周、3个月、6个月、12个月。2012-10-29入院记录：主诉：右侧髋关节翻修术后2年半，右大腿肿痛2个月。现病史：患者缘于2010年4月15日因"右侧髋关节置换术后假体松动"于我科在全麻下行"右侧全髋关节翻修术"，术后患者恢复良好。右髋关节活动度：屈伸75°-0°，内外旋10°-30°，内收外展10°-30°。患者髋关节活动尚可，无不适，2年来未定期复查，两个月前无诱因出现右大腿外侧疼痛，并发现稍有红肿，髋关节活动如常，无受限，无疼痛。2个月来右大腿外侧红肿范围逐渐增大。今为求进一步治疗来我院，门诊行髋关节正侧位片见：右侧人工全髋关节翻修术后改变，股骨假体周围部分骨质破坏，呈溶骨性改变，假体中段钛丝断裂。门诊以"右侧人工髋关节翻修术后假体周围感染"收入院。专科情况：双侧下肢肌肉萎缩，触痛觉正常，右大腿外侧中段皮肤局部红肿，膨隆，范围约6x4cm，触之有波动，皮温增高，有压痛，无皮肤破溃。双侧下肢等长，髂前上棘至内踝距离82cm。右髋关节活动度：屈伸75°-0°，内外旋10°-30°，内收外展10°-30°。左髋关节僵直，无活动。VAS疼痛评分3分。初步诊断：最后诊断：1. 人工全髋关节翻修术后假体周围感染（右）；2. 强直性脊柱炎；3. 髋关节僵直（左）；4. 高血压病；5. 重度骨质疏松症。2012-10-29主任医师查房记录：根据目前症状及体征，考虑假体周围感染。患者病程2个月，无发热病史，初步考虑为感染，给予查血炎性指标，排除感染急性期可能。目前计划将断裂钛缆取出，并给予感染病灶清除。待检查结果回报进一步讨论。2012-11-1 主任医师查房记录：患者一般情况良好，生命体征平稳。目前检查：白细胞 6.4X109/L，中性细胞百分比 54%，C 反应蛋白 23.70mg/L↑，血沉 10mm/h。髋关节 CT 示：右髋后部部分软组织肿胀，皮下脂肪间隙密度增高，肿胀软组织似呈囊性低密度，内见数个斑结状高密度影，感染可能。皮下超声提示：右大腿中段皮下组织内不均质回声区（脓肿？）。根据 X 线片及检查结果，目前考虑为低毒力感染。人工假体近端及远端稳定无松动，拟给予安排在全身麻醉下行局部感染病灶清除，并将断裂钛缆取出，留取受累软组织送病理及检验，明确感染病原。2012-11-2 手术记录：手术名称：右髋关节假体周围感染病灶清除置管冲洗引流术。手术步骤：于股骨外侧局部红肿膨隆处沿原切口切开约 8cm，见大量混浊暗红色液体流出，其中可见大量白色脓苔，周围软组织呈青灰色坏死改变。扩大切口，探查见股骨钢板周围大量脓苔，钢板周围铁缆断裂，钢板松动，部分骨缺损，同种异体骨受累。用取钉器将固定于钢板锁定孔内三枚锁定钉取出，并将钢板及铁缆取出。用咬骨钳将所见坏死软组织及异体骨咬除，用刮匙反复刮除软组织，至新鲜血液流出。反复冲洗伤口，于伤口内外侧分别置 2 根冲洗引流管，将伤口逐层缝合。无菌敷料包扎。术毕。切除组织：送病理检查。2012-11-5 主任医师查房记录：术中脓液培养结果未见细菌生长。根据临床经验及术中所见细菌感染明确，根据治疗常规，抗生素需使用至少 2 周，故继续给予当前治疗，待病理检查结果回报。2012-11-10 主任医师查房记录：病理结果回报：增生性纤维结缔组织，呈慢性炎及急性炎改变，伴大片状坏死，部分点状钙化。主任查看病人后指示：根据病理结果可明确为感染，故目前继续给予抗感染及持续冲洗治疗。2012-12-18 病程记录：患者一般情况良好，未诉不适，指导患者借助拐杖患肢免负重下床活动，鼓励患者急需加强营养，增强抵抗力，观察病情变化。2012-12-21 出院记录：治疗经过：入院后完善术前检查，明确无手术禁忌后，于 2012 年 11 月 2 日在全身麻醉下行"右髋关节假体周围感染病灶清除置管冲洗引流术"，术后伤口持续冲洗引流管，给予抗感染治疗。11 月 21 日给予停用抗生素。12 月 3 日给予停止冲洗引流。出院诊断：1. 人工髋关节翻修术后假体周围感染（右）；2. 强直性脊柱炎；3. 髋关节僵直（左）；4. 高血压；5. 重度骨质疏松症。出院医嘱：注意休息，加强营养，增强抵抗力，避免再次感染；专人陪护，患肢免负重活动；术后三个月、六个月复查。

捷迈（上海）医疗国际贸易有限公司产品说明书记载：索绑系统（商品名：Cable-Ready）注册号：国食药监械（进）字 2009 第 3460646。说明：Cable-Ready 系统所有组成部件是属暂时性内固定装置，设计用于暂时稳定骨组织，直至骨正常愈合。在愈合过程完成后，装置不再起功能性作用，可以取除。Cable-Ready 系统的组织部件不能与其他任何环扎或骨钢板系统联合使用，它是为该系统专门设计的器械应用于植入术中。禁忌症：不要用于由不同的和不相容的金属制成的植入物如钢板、螺丝等相互物理接触。警告：在骨外科，使用不同类型金属制成的装置可产生电流腐蚀。因此，钢索和骨科装置须由同一合金制成。钴-铬合金可不产生腐蚀。然而，最近研究显示在这些金属的连接处仍可发生腐蚀，当用钴-铬环扎钢索和钛合金原件机构合用时应小心，金属间相互作用尚不十分明了。应用不锈钢钢索系统与钴-铬或钛原件合用应避免，排除原件之间产生电流腐蚀的可能性。

一审法院审理中，郭×先后就"钛缆"断裂原因以及中国人民解放军第三〇六医院的医疗行为有无过错，如有过错与郭×的损害后果之间是否存在因果关系和责任程度，郭×的伤残等级、营养期限和护理依赖程度进行鉴定。其中就"钛缆"断裂原因，2013 年 11 月 11 日，中国检验认证集团北京有限公司作出编号为 110213030004 的《鉴定意见书》，意见总结为：1.1♯钢索多数钢丝和 2♯钢索少数钢丝断口较平整，无明显塑性变形，可见条纹状断裂或疲劳弧线、疲劳条带，为疲劳断裂。1♯钢索少数钢丝断口呈倾料断面，2♯钢索多数钢丝断口呈锥状、塑性变形明显，均可见韧窝，为过载断裂。对于同一钢索中的不同钢丝，疲劳断裂比过载断裂先发生。因此，1♯、2♯钢索的断裂性质为疲劳断裂。2.3♯、4♯钢索多数钢丝断口呈扁平、挤压状，可见韧窝，少数钢丝断口较平整，边缘可见挤压损伤及韧窝，为过载断裂。3.1♯-4♯钢索同属于索绑系统，对于同一系统的不同构件,一般来说,疲劳断裂的构件先于过载断裂的构件发生断裂。所以,1♯和2♯钢索比3♯钢索和4♯钢索先发生断裂。4.2♯钢索钢丝疲劳断口源区观察和能谱分析未见腐蚀性产物,这表明钢丝疲劳断裂与腐蚀无关。5.1♯、2♯钢索钢丝疲劳断口边缘及附近钢丝表面的存在磨损、挤压、变形,个别钢丝断口下方附近钢丝表面裂纹、滑移明显,且2♯钢索多数钢丝断口为锥状过载断口;这表明1♯、2♯钢索断裂过程中受到较大力和磨损。分析认为1♯、2♯钢索疲劳断裂与受到较大力和磨损有关。6.能谱分析结果表明,1♯钢索为钴铬钨镍合金,2♯-4♯钢索为铁铬镍不锈钢。上述2♯-4♯钢索与鉴定委托人提供的"医用特殊材料使用凭证"所述数量(3根)相符,"医用特殊材料使用凭证"所述型号为2232-03-18,在医疗器械注册产品标准《索绑系统》(YZB/USA0331-2009)中可找到相应型号,医疗器械注册产品标准《索绑系统》(YZB/USA0331-2009)中该型号钢索材质为"可锻不锈钢",与上述2♯-4♯钢索材质基本吻合;1♯钢索未在"医用特殊材料使用凭证"中列明,无法确定型号,无法确定是否为医疗器械注册产品标准《索绑系统》(YZB/USA0331-2009)中的产品。鉴定意见为:依据鉴定委托人提交的鉴定原始资料、标的物查勘情况及检验结果,参考相关文献,我司得出鉴定意见如下:1.鉴定标的物中的4根钢索非委托鉴定内容中所述的"钛缆",其中1♯钢索为钴铬钨镍合金,2♯-4♯钢索为铁铬镍不锈钢;2.1♯、2♯钢索的断裂性质为疲劳断裂,3♯、4♯钢索的断裂性质为过载断裂。中国检验认证集团北京有限公司表示,以上意见中已经包含了缆索产品质量鉴定的意见。

2014年2月26日,原审法院向中国检验认证集团北京有限公司发函,要求其进一步说明:1.郭×所用钢索根数,是三根还是四根;2.根据捷迈(上海)医疗国际贸易有限公司提供的索绑系统产品标准判断,鉴定报告中1♯钢索产品编号,是002×××××××(以下简称0418)还是002×××××××(以下简称0518)?2014年3月3日,中国检验认证集团北京有限公司出具《补充说明函》,载明:1.钢索根数。针对委托人提供的X-ray影像图(X光片),结合我司110213030004号《鉴定意见书》,我司答复如下:鉴定标的物3♯钢索与4♯钢索断裂形式相似,化学成分相似；鉴定标的物上索头数量为3只，分别位于1#、2#和4#钢索侧固定孔；依据图2所示的缠绕形式判断，其中3#、4#钢索应为同一根钢索，其缠绕形式应为从4#索头开始后绕过固定物穿过4#钢索孔，再次绕过固定物后在3#钢索孔终止并固定。鉴定标的物上所用钢索根数应为3根。2.1#钢索产品编号。我司110213030004号《鉴定意见书》中已依据能谱分析结果判断，鉴定标的物1#钢索为钴铬钨镍合金；我司对鉴定标的物钢索的直径进行检测，显示1#钢索和2#钢索直径平均值均为1.816mm，3#钢索直径平均值为1.824mm，4#钢索直径平均值为1.812mm。YZB/USA0331-2009《医疗产品器械注册产品标准索绑系统》第8页"附录A产品规格型号"及第9页"附录B尺寸公差及示意图"所示，0418和0518号产品材质相同，均为精炼钴铬钨镍合金；产品直径存在差异，其中0418号产品钢索直径为2.06mm，0518号产品直径为1.80mm；依据我司110213030004号《鉴定意见书》中能谱分析结果及直径检测结果进行判断，鉴定标的物1#钢索与YZB/USA0331-2009《医疗产品器械注册产品标准索绑系统》0518号产品相同。各方均认可《鉴定意见书》和《补充说明函》的真实性。中国人民解放军第三〇六医院称，我院确实仅为郭×使用了3根缆索，而非4根，但根据我院的病历记载，应该都是编号为002×××××××××（以下简称0318）的缆索，同一手术中不可能使用两种不同的缆索，这是常识。捷迈（上海）医疗国际贸易有限公司称，鉴定结论并未针对产品质量，且缆索发生断裂的原因于产品质量也没有直接必然的联系。郭×未在术后按照医嘱定期到医院复查以及每天喝酒都增加了断裂的风险。另外，郭×在进行手术时患有严重的骨质疏松症，属于产品适用的严重禁忌症，这在说明书中有体现。现在我公司无法确认郭×提交的钢板和缆索确系郭×实际使用的，也无法确定现在鉴定报告中哪两根缆索为同一根。大连昊德商贸有限公司称，缆索断裂的原因与郭×自身的特点、病情、是否定期复查、是否遵医嘱都有关系。我公司现在可以确定郭×使用了3根0318缆索，但现在我公司也无法确认郭×提交的钢板和缆索确系郭×实际使用的。关于郭×提交的钢板和缆索是否为捷迈（上海）医疗国际贸易有限公司的产品，捷迈（上海）医疗国际贸易有限公司和大连昊德商贸有限公司均称,钢板上有捷迈(上海)医疗国际贸易有限公司的标志,但是不能确定是否为仿制的;缆索上看不出是哪个公司的产品。中国人民解放军第三〇六医院称,钢板和缆索取出后就交给郭×了,应该由郭×保管,这是郭×作为患者的权利,现在我院也无法确定郭×提交的钢板和缆索即为我院取出的原物。关于缆索的型号,中国人民解放军第三〇六医院和大连昊德商贸有限公司均称,其各自记录中为郭×使用的均为3根0318缆索;但大连昊德商贸有限公司同时称,其为中国人民解放军第三〇六医院配有两种钢板和两种缆索(即0318和0518,0418缆索不能适用于本案中钢板),这两种钢板和两种缆索可以互用,且价格一样,但两种缆索材质不同。若在手术中出现了一种缆索不够用的情况,可能会"临时送来一根",在患者不能负担这些费用时可能就不收费了;本案郭×是否发生这种情况,我公司现记不清了,但当时可能在同一个钢板上用了两种缆索。此项鉴定费用共计42000元,郭×以生活困难为由向鉴定机构申请缓交,鉴定机构批准。

就郭×申请其他各项鉴定,经北京市高级人民法院随机确定,由北京市红十字会急诊抢救中心司法鉴定中心进行鉴定。2015年4月10日和2015年7月2日,北京市红十字会急诊抢救中心司法鉴定中心分别作出北京市红十字会急诊抢救中心司鉴中心〔2014〕临鉴字第1454号和北京市红十字会急诊抢救中心司鉴中心〔2014〕临鉴字第1454号(补)《法医学鉴定意见书》各一份,其中载明:郭×以右髋关节置换术后21年,右髋疼痛活动受限10个月为主诉于2010年4月7日入中国人民解放军第三〇六医院,中国人民解放军第三〇六医院行骨盆平片后认为其存在假体松动,予行右人工全髋关节翻修术,术中见股骨大粗隆下方约12cm处斜行骨折,内侧、前侧和后侧骨缺损,行同种异体骨植骨,6孔钢板内固定术。2010年5月22日办理出院。出院后郭×未定期复查,术后2年余,因右大腿肿痛2个月于2012年再次来院,X线示股骨假体周围部分骨质破坏,呈溶骨性改变,假体金属丝断裂,予行手术探查考虑感染,将钢板及断裂金属丝取出,病情平稳出院。郭×因右大腿外侧疼痛、红肿于2012年再次来院,术中见组织及钢板周围脓性物,部分骨缺损,同种异体骨受累均符合感染表现。由于抗生素的应用,术后脓液培养可能产生假阴性结果,因而阴性结果不能作为否认感染存在的证据。感染可造成骨溶解,引起金属植入物松动,活动及负重后造成金属丝断裂疲劳/过载断裂。审阅现有病历资料及影像片,郭×于2010年出现假体松动,行髋关节翻修手术存在手术适应证而无禁忌症,中国人民解放军第三〇六医院手术方式选择合理。2012年因发现假体内固定周围感染,金属丝断裂,术中将钢板及金属丝取出符合诊疗常规。医疗机构对患者使用植入性医疗用品时,应对使用产品有所了解,使用时应对相关信息进行核对,将产品标签粘贴至病历。中国人民解放军第三〇六医院2010年病历记载所行手术为6孔钛缆自锁定钢板,经鉴定实际所使用3根索绑系统材质并非钛缆,其中近端1根为钴-铬合金(钴铬钨镍)材质,远端2根不锈钢(铁铬镍)材质。中国人民解放军第三〇六医院在此对其所使用的医疗用品了解不足,将钢缆记录为钛缆,病历中也未见使用钢缆标签,存在不当。同时,中国人民解放军第三〇六医院未能选用同种材质钢缆进行手术的医疗行为,不符合医疗常规,可能造成一定的电解反应而给手术部位带来特异性刺激,使其增加了后期发生并发症风险。中国人民解放军第三〇六医院术前讨论较简单,术前检查欠详细,因而未能在术前了解郭×存在股骨粗隆下骨折及骨质缺失情况,待术中发现骨折后临时处理,手术历时近7小时,时间偏长,进而使出现术中污染的几率增高,加大了未来发生感染的风险。人工髋关节翻修手术属于相对较复杂的骨科手术,感染则是一种严重的并发症,在一定程度上较难以完全避免。郭×属于强直性脊柱炎患者,二次手术翻修髋关节手术复杂,内植入物多,手术时股骨骨皮质较薄,同时其翻修术后未能定期复诊,由于对侧髋关节活动功能已经丧失,置换手术下肢要更多承担身体重量负荷,以上自身问题均是诱发感染等并发症出现的主要因素,中国人民解放军第三〇六医院医疗行为的不足应是导致并发症出现风险增加的次要因素。综上分析,中国人民解放军第三〇六医院对郭×的医疗行为存在一定过错,该过错与郭×后期发生感染、内固定物取出等损害后果之间存在一定因果关系,建议责任比例为次要;郭×右髋关节功能障碍符合八级伤残;护理依赖程度为完全护理依赖,损伤参与度为25%;建议营养期为180日。

中国人民解放军第三〇六医院认可两份鉴定意见书的真实性及鉴定结论。捷迈（上海）医疗国际贸易有限公司认可后份鉴定意见书的真实性及鉴定结论。捷迈（上海）医疗国际贸易有限公司对于前份鉴定意见书，以及大连昊德商贸有限公司对于两份鉴定意见书均未发表质证意见。郭×认可两份鉴定意见书的真实性，但不认可鉴定结论。就前份鉴定意见书，郭×申请鉴定人出庭接受质询，鉴定人出庭后明确表示，坚持鉴定结论不变，对于中国人民解放军第三〇六医院的责任程度在次要责任范围内也无偏高或偏低的建议。为此，郭×支付鉴定费13636.98元，郭×支付鉴定人出庭费1000元。

就医疗费，郭×提交2015年7月29日中国人民解放军第三〇六医院证明3张，住院费用清单3张，费用结算单2张，住院费收据复印件1张，麦瑞骨科医院收费凭证2张，其中个人支付金额共计111138.18元。中国人民解放军第三〇六医院认可证据的真实性及金额；捷迈（上海）医疗国际贸易有限公司认可证据的真实性，但称住院期间为2010年4月7日至2010年4月30日和2010年5月1日至2010年5月24日的两张住院费用证明所记载的金额应该是用于治疗郭×原发病的，与郭×现在所主张的损害后果无关；大连昊德商贸有限公司未到庭，未提交书面质证意见。

就护理费，郭×提交个体工商户北京常青叶子服装服饰店营业执照复印件以及经营者袁志明出具的《证明》复印件各一份，其中《证明》载明："兹证明李清华属低保户，其夫残疾无工作，念其家庭生活困难，在他丈夫身体状况允许的情况，不定期帮我看售服装摊位，工资以日结算。每天十二小时一百元。"中国人民解放军第三〇六医院和捷迈（上海）医疗国际贸易有限公司均不认可证据的真实性，称护理费水平由法院酌定。

就后续治疗费，郭×未举证，称没有诊断证明，但从中国人民解放军第三〇六医院出院时医生曾向郭×口头交代过，半年后要进行手术。对此，中国人民解放军第三〇六医院表示认可，但称郭×现在是否需要手术要进行具体判断，且即使郭×需要后续手术治疗也与鉴定报告中所确定的损害后果无关，无论郭×是否存在医疗过错所造成的损害后果，其自身的原发疾病已经决定了郭×需要继续进行后续手术治疗。对于郭×主张的后续手术费 40 万元，中国人民解放军第三〇六医院称要看郭×具体情况，现在无法判断。

就残疾辅助器具费，郭×未举证。

查，郭×为非农业家庭户。

[裁判结果]

一审法院判决：

一、中国人民解放军第中国人民解放军第三〇六医院和大连昊德商贸有限公司于判决生效之日起七日内负连带责任赔偿郭×医疗费二万七千七百八十四元五角五分、护理费二千四百二十五元、后续护理费三万四千二百一十八元七角五分、住院伙食补助费一千二百一十二元五角、营养费二千二百五十元、残疾赔偿金六万五千八百六十五元、精神损害抚慰金七千五百元。

二、驳回郭×的其他诉讼请求。

二审法院判决：

驳回上诉，维持原判。

[裁判理由]

生效裁判认为：综合各方诉辩主张，本案二审的争议焦点为大连昊德商贸有限公司与中国人民解放军第三〇六医院是否应对郭×人身损害承担连带赔偿责任。

连带责任是指依照法律规定或当事人的约定，两个或者两个以上当事人对其共同债务全部承担或部分承担，并能因此引起内部债务关系的一种民事责任。根据北京市红十字会急诊抢救中心司法鉴定中心出具的鉴定意见，造成郭×人身损害，除郭×自身原因外，医方的主要原因为选用了不同材质的钢缆。中国人民解放军第三〇六医院与大连昊德商贸有限公司均确认在为郭×手术时，有大连昊德商贸有限公司的销售人员跟台并直接向术者提供植入缆索。大连昊德商贸有限公司销售人员的行为为职务行为，涉案缆索选用行为应认定为中国人民解放军第三〇六医院和大连昊德商贸有限公司共同实施。大连昊德商贸有限公司虽主张其系按照中国人民解放军第三〇六医院要求提供缆索，但其对此并未提供证据加以证明，中国人民解放军第三〇六医院亦不予认可，故二审法院对其该项主张不予采信。根据《中华人民共和国侵权责任法》第十条规定："二人以上实施危及他人人身、财产安全的行为，其中一人或者数人的行为造成他人损害，能够确定具体侵权人的，由侵权人承担责任；不能确定具体侵权人的，行为承担连带责任。"对于选用不同材质缆索的责任主体，因根据现有证据尚无法确定，故大连昊德商贸有限公司与中国人民解放军第三〇六医院应承担连带赔偿责任。

综上，大连昊德商贸有限公司的上诉请求和理由没有事实和法律依据，二审法院不予支持，一审判决并无不当，应予维持。

附：一审法院裁判理由：

原审法院认为：当事人对自己提出的主张，有责任提供证据。根据《医疗器械不良事件监测工作指南（试行）》的规定，医疗器械不良事件是指获准上市的质量合格的医疗器械在正常使用情况下发生的，导致或者可能导致人体伤害的各种有害事件。在发现或知悉医疗器械不良事件后，使用单位应及时分析事件发生的可能原因，详细记录有关监测情况，适时反馈有关医疗器械生产企业。对报告事件，使用单位还应当积极配合医疗器械生产企业和监测主管部门对报告事件的调查，提供相关资料并根据事件的严重性和重复发生的可能性，采取必要的控制措施（如：暂停使用、封存"样品"和记录保存等）。本案中，依据鉴定机构做出的鉴定结论可知，中国人民解放军第三〇六医院为郭×使用的缆索发生了疲劳断裂。在此情况下，中国人民解放军第三〇六医院应在为郭×取出钢板和缆索的同时，注意封存样品和保存记录，以保证问题器械的可追溯性；而不应简单地将存疑器械在未经双方共同封存的情况下交予郭×保管。中国人民解放军第三〇六医院称此为"患者的权利"，应属对相关操作规范理解认识有误。故关于郭×提交的钢板和钢索是否为中国人民解放军第三〇六医院从郭×体内取出的原物，中国人民解放军第三〇六医院和捷迈（上海）医疗国际贸易有限公司在庭审中均予以否认；大连昊德商贸有限公司予以认可在先，而后又变更陈述亦予以否认，但郭×就此无从举证，应认定为因中国人民解放军第三〇六医院的处置行为不当所致，应由中国人民解放军第三

○六医院承担相应的责任。捷迈（上海）医疗国际贸易有限公司和大连昊德商贸有限公司虽称不排除其他公司仿冒捷迈（上海）医疗国际贸易有限公司产品的情况，但亦未举证，故法院认定郭×在本案审理中提交的钢板及缆索均系中国人民解放军第三〇六医院实际为郭×植入的器械。

医疗机构承担医疗侵权损害赔偿责任的前提条件是其医疗行为存在过错并与郭×的损害后果有因果关系。作为郭×的患方通常应对损害后果、医疗过错、医疗过错与损害后果之间的因果关系承担举证责任。经鉴定，鉴定机构认为中国人民解放军第三〇六医院在郭×的诊疗过程中存在一定的过失，该过失与郭×的损害后果之间存在一定的因果关系，并建议中国人民解放军第三〇六医院的过失在郭×的诊疗过程中负有次要责任。现中国人民解放军第三〇六医院认可鉴定结论，郭×虽不认可鉴定结论，但无相反证据足以反驳，故法院采纳鉴定机构的意见，并根据现有证据、本案的实际情况以及郭×自身的疾病，依法确定中国人民解放军第三〇六医院承担民事赔偿责任的比例为25%。

因销售者的过错使产品存在缺陷，造成他人损害的，销售者应当承担侵权责任。本案中，中国人民解放军第三〇六医院和大连昊德商贸有限公司均认可在郭×进行钢板和缆索植入手术时，有大连昊德商贸有限公司的销售人员跟台并直接向术者提供了植入的缆索。同时，中国人民解放军第三〇六医院、大连昊德商贸有限公司的陈述以及捷迈（上海）医疗国际贸易有限公司提供的产品说明书均表明，不同材质的缆索不可同时使用，但大连昊德商贸有限公司在庭审中认可可能出现同时使用两种不同材质缆索的情形。现根据鉴定机构的结论可知，1#缆索材质与2#缆索、3#和4#缆索材质不同，且该情况可能造成一定的电解反应而给手术部位带来特异性刺激，增加了后期发生并发症的风险，故对于郭×后期发生感染、内固定物取出的损害后果，大连昊德商贸有限公司应与中国人民解放军第三〇六医院承担连带赔偿责任。至于捷迈（上海）医疗国际贸易有限公司，现无证据表明其向大连昊德商贸有限公司和中国人民解放军第三〇六医院提供的医疗器械存在质量缺陷，或对于郭×损害后果的发生存在过错，故郭×要求捷迈（上海）医疗国际贸易有限公司承担赔偿责任，法院不予支持。

就医疗费，根据医疗机构出具的医药费、检查费、住院费等收款凭证予以确定。本案中，郭×提交的医疗费证明及票据金额共计111138.18元，中国人民解放军第三〇六医院对于证据的真实性均予以认可，法院不持异议；大连昊德商贸有限公司未到庭发表质证意见。

住院伙食补助费参照北京市国家机关一般工作人员的出差伙食补助标准予以确定。郭×三次住院共计97天。

就护理费，根据护理人员的收入状况和护理人数、护理期限确定。护理人员有收入的，参照误工费的规定计算；护理人员没有收入或者雇佣护工的，参照当地护工从事同等级别护理的劳务报酬标准计算。从郭×提交的《证明》看，其妻李清华的收入并非为每天100元，但其主张的护理费水平未明显超过北京市护工劳务报酬标准，法院予以采信。

就后续护理费，护理期限应计算至受害人恢复生活自理能力时止。受害人因残疾不能恢复生活自理能力的，可以根据其年龄、健康状况等因素确定合理的护理期限，但最长不超过二十年。根据鉴定结论，郭×护理依赖程度为完全护理依赖，损伤参与度为25%。郭×虽对此不予认可，但未提交相反证据，法院对于郭×的主张不予采信。结合北京市护理行业现行收费标准、郭×后续护理期限及程度等，法院认定郭×主张的后续治疗费标准150元未超过必要限度；但鉴于郭×的年龄和健康状况，本案中以先赔付郭×10年后续护理费为宜，之后期间的护理费郭×可另行主张。

就营养费，根据受害人伤残情况参照医疗机构的意见确定。现鉴定结论确定的营养期限为180天，法院予以认可。但郭×主张的每日营养费标准过高，以50元为宜。且郭×主张在180天营养期限之外，另行计算住院期间97天的营养费，于法无据，法院不予支持。

就残疾赔偿金，郭×系城镇户口，根据郭×伤残等级，按照北京市2014年城镇居民人均可支配收入，自定残之日起按二十年计算。

就精神损害抚慰金，结合郭×的受损害程度、部位、中国人民解放军第三〇六医院和大连昊德商贸有限公司的过错情况，具体数额由法院酌定。

以上各项金额均以郭×的诉讼请求为限。至于残疾辅助器具费，郭×未举证其实际发生，法院难以支持。后续治疗费，郭×认可尚未实际发生，可待实际发生后另行主张。大连昊德商贸有限公司经法院依法传票传唤未到庭应诉，本案依法缺席判决。

二十三、医疗产品责任中如何适用惩罚性赔偿？

【医疗损害责任司法解释条文】

第二十三条 医疗产品的生产者、销售者明知医疗产品存在缺陷仍然生产、销售，造成患者死亡或者健康严重损害，被侵权人请求生产者、销售者赔偿损失及二倍以下惩罚性赔偿的，人民法院应予支持。

【导读】

《中华人民共和国侵权责任法》在产品责任一章中确立了惩罚性损害赔偿制度，其目的在于通过制裁故意将缺陷产品投放市场并且已经造成了使用人严重人身损害的行为，督促生产者、经营者规范其行为，提高产品质量，以充分保护产品使用人的合法权益。《中华人民共和国侵权责任法》第四十七条规定："明知产品存在缺陷仍然生产、销售，造成他人死亡或者健康严重损害的，被侵权人有权请求相应的惩罚性赔偿。"本条关于产品责任中的惩罚性损害赔偿的规定，对于医疗产品责任也应当予以适用。而且在医疗产品纠纷中引入惩罚性赔偿，对于威慑或者阻遏明知医疗产品存在缺陷仍然生产、销售的行为，维护广大人民群众的生命健康利益，具有十分重要的意义。

一般而言，惩罚性损害赔偿制度是指加害人所要承担的损害赔偿数额超过受害者实际损害数额，在补偿受害人损害的基础上，彰显对加害人进行惩罚的制度。与补偿性损害赔偿相比较，惩罚性赔偿是由赔偿和惩罚所组成的。其主要是针对那些具有不法性和道德上的应受谴责性的行为而适用的,就是要对故意的恶意的不法行为实施惩罚。依据《中华人民共和国侵权责任法》第四十七条的规定,适用惩罚性赔偿的条件是:第一,侵权人具有主观故意,即明知是缺陷产品仍然生产或者销售;第二,要有损害事实,这种损害事实不是一般的损害事实,而应当是造成严重损害的事实,即造成他人死亡或者健康受到严重损害;第三,要有因果关系,即被侵权人的死亡或者健康严重受损害是因为侵权人生产或者销售的缺陷产品造成的。

关于惩罚性损害赔偿标准的确定。《中华人民共和国侵权责任法》第四十七条确立了产品责任中的惩罚性损害赔偿制度,但其并没有对惩罚性损害赔偿的具体数额作出明确规定。但由于《中华人民共和国侵权责任法》第四十七条并没有规定相应的惩罚性损害赔偿的标准,使得这一规定缺乏可操作性。为此,本解释参照《中华人民共和国消费者权益保护法》第五十五条第二款的规定,明确规定了医疗产品的生产者明知医疗产品存在缺陷仍然生产造成患者死亡或者健康严重损害,有权请求所受损失二倍以下的惩罚性赔偿。在明确医疗产品惩罚性赔偿的责任主体是医疗产品的生产者、销售者的前提下将患者视同消费者予以保护,适用《中华人民共和国消费者权益保护法》的这一规定既可以有效弥补《中华人民共和国侵权责任法》第四十七条的立法不足,也在本质上符合《中华人民共和国消费者权益保护法》对消费者权益予以保护的立法精神和实践中对于患者利益予以保护的需要。《中华人民共和国消费者权益保护法》的这一规定系针对目前消费市场很不规范,诚信严重缺失,制售假冒伪劣商品的行为屡禁不止,严重损害了消费者的利益的背景,明确规定惩罚性赔偿责任,加大经营者的违法成本,让故意制售假冒伪劣商品的经营者付出沉重代价,把维护消费者权益真正落到实处,从而切实加大了保护消费者、惩罚违法经营者的力度。由于医疗产品也属于商品的范畴,这一规定在外延上毫无疑问也要适用于医疗产品领域。而且同普通消费市场中存在的假冒伪劣商品类似,在医疗领域上述的医疗产品市场不规范、诚信缺失、制售假冒伪劣医疗产品屡禁不止等现象也较为突出,更为关键的是医疗产品事关广大人民群众健康福祉，与民生大计息息相关，缺陷医疗产品的危害较普通商品的危害要严重的多，举轻以明重，对普通缺陷商品适用惩罚性赔偿，对于医疗产品就更应该适用惩罚性赔偿。

关于医疗产品惩罚性赔偿责任的责任形态。一种意见认为，医疗产品的惩罚性赔偿责任是医疗产品责任的一种特殊形态，在责任形态上当然也同医疗产品责任一样，属于不真正连带责任的范畴。即在满足明知产品存在缺陷而生产或者销售时，被侵权人（患者或者患者近亲属）有权选择医疗产品的生产者或者销售者之一或者全部来承担惩罚性赔偿，其中一个主体承担完毕后仍可以基于是否为其他主体原因造成损害而进行追偿。这一观点有一定道理，也对于保护患者利益具有积极意义，但我们对此不赞同，医疗产品惩罚性损害赔偿责任本身是一种独立的责任，在责任形态上属于自己责任的范畴。医疗产品惩罚性损害赔偿本身是一种制裁性的加重责任，其突出的是对于某类明知缺陷产品仍然生产或者销售行为的制裁，若某一主体并未实施应当受到制裁的恶意侵权行为，对其实施加重责任的制裁，本身起不到惩罚性赔偿的惩罚和威慑功能，本身也不符合对自己行为负责的基本法理，等于让另一主体对自己不可控行为承担了更加严苛的加重责任，既会产生非常不公平的结果，也会严重影响行动自由，阻遏社会进步。比如前述的对于生产者明知医疗产品存在缺陷而生产不知情的销售者课以惩罚性赔偿，既起不到对真正实施严重侵权行为的生产者的制裁和威慑作用，也会使销售者承担了更多自己不可控的风险。简言之，惩罚性损害赔偿对于有关责任主体的适用，必须满足各自独立的构成要件的要求，某一主体，即使在一般的民事赔偿责任中可能要与其他责任主体承担不真正连带责任，但在惩罚性赔偿的适用中，如果该主体的行为样态不符合惩罚性赔偿的构成要件，则不能作为承担惩罚性赔偿责任的主体。

【相关法条】

《中华人民共和国侵权责任法》

第四十七条　明知产品存在缺陷仍然生产、销售，造成他人死亡或者健康严重损害的，被侵权人有权请求相应的惩罚性赔偿。

《中华人民共和国消费者权益保护法》

第五十五条 经营者提供商品或者服务有欺诈行为的，应当按照消费者的要求增加赔偿其受到的损失，增加赔偿的金额为消费者购买商品的价款或者接受服务的费用的三倍；增加赔偿的金额不足五百元的，为五百元。法律另有规定的，依照其规定。

经营者明知商品或者服务存在缺陷，仍然向消费者提供，造成消费者或者其他受害人死亡或者健康严重损害的，受害人有权要求经营者依照本法第四十九条、第五十一条等法律规定赔偿损失，并有权要求所受损失二倍以下的惩罚性赔偿。

《中华人民共和国食品安全法》

第一百四十八条第二款 生产不符合食品安全标准的食品或者经营明知是不符合食品安全标准的食品，消费者除要求赔偿损失外，还可以向生产者或者经营者要求支付价款十倍或者损失三倍的赔偿金；增加赔偿的金额不足一千元的，为一千元。但是，食品的标签、说明书存在不影响食品安全且不会对消费者造成误导的瑕疵的除外。

《最高人民法院关于审理食品药品纠纷案件适用法律若干问题的规定》

第十五条 生产不符合安全标准的食品或者销售明知是不符合安全标准的食品，消费者除要求赔偿损失外，向生产者、销售者主张支付价款十倍赔偿金或者依照法律规定的其他赔偿标准要求赔偿的，人民法院应予支持。

【典型案例】

杨××诉上海赛亚磨具有限公司、姜××产品责任纠纷案

案号：（2015）宁民终字第991号

[裁判要点]

生产者应当保证其产品符合国家规定的标准，并应在生产时进行相应的检测，其对自己产品明显达不到国家规定质量标准存在严重缺陷，应当是明知的。因产品缺陷导致受害人七级伤残的严重健康损害，受害人请求生产者承担惩罚性损害赔偿的，人民法院依据《中华人民共和国产品质量法》第四十七条、《中华人民共和国消费者权益保护法》第五十五条规定，予以支持。

[法条索引]

《中华人民共和国侵权责任法》第四十七条、第五十九条

[基本案情]

杨××系南京能巧机械制造有限公司（以下简称能巧公司）职工，2013年3月20日下午，杨××在经过能巧公司车间时，安装在打磨机上的砂页盘发生爆裂，碎片飞出致杨××左眼受伤。事故发生后，杨××立即被送往南京市六合区人民医院急诊治疗，后又被送往南京军区南京总医院进行治疗，被诊断为左侧眼球破裂伴局部软组织稍肿胀，并行左眼球破裂清创缝合术。此后，杨××先后前往南京宁益眼科中心、南京市六合区人民医院、南京市鼓楼医院、江苏省人民医院及中国人民解放军八一医院进行治疗。其中，2013年3月22日至2013年4月2日，杨××在南京市六合区人民医院住院治疗。2013年7月18日至2013年7月26日，杨××在中国人民解放军八一医院住院治疗，诊断为左眼球萎缩，行左眼内容物摘除+眼台植入术。经能巧公司委托，国家磨料磨具质量监督检验中心于2013年4月1日出具检验报告，主要内容为：产品名称：涂附磨具砂页盘，商标：赛亚磨具，规格型号：砂页盘A10072m/sGB/T20962，样品数量：10片，检验结论：此批样品经检验，回转强度、孔径、内底径、标志不符合JB/T10826-2008标准，检验结论为不合格。同时检验报告备注中写明：1#-10#砂页盘在17388转/分-19790转/分时破裂。为此，能巧公司支出检测费2020元。2014年3月11日，经委托，南京东南司法鉴定中心于2014年3月27日出具司法鉴定意见书，鉴定意见为：1.被鉴定人

杨××左眼球缺失构成人体损伤七级伤残;2.被鉴定人杨××的误工期限共计以180日为宜;护理期限共计以60日为宜;营养期限共计以30日为宜。杨××为此支出鉴定费2360元。杨××受伤后累计共产生医疗费27758.92元,已通过保险公司予以赔付部分费用,尚余18006.4元未报销或者赔付。

[裁判结果]

法院判决:

一、姜××或上海赛亚公司于判决生效之日起十日内赔偿杨××各项损失合计328529.4元。二、上海赛亚公司对杨××的损失承担最终赔偿责任。若姜××实际向杨××进行赔偿,相应赔偿数额可向上海赛亚公司追偿。三、上海赛亚公司于判决生效之日起十日内赔偿杨××20000元。四、驳回杨××其他的诉讼请求。

[裁判理由]

法院认为:因产品存在缺陷造成损害的,被侵权人可以向产品的生产者请求赔偿,也可以向产品的销售者请求赔偿。产品缺陷由生产者造成的,销售者赔偿后,有权向生产者追偿。本案中,双方均认可杨××左眼系被砂页盘碎片所伤,双方的争议焦点为:1.导致事故发生的砂页盘是否系姜××销售的砂页盘,上海赛亚公司是否系砂页盘的生产者;2.导致事故发生的砂页盘是否存在缺陷;3.如砂页盘存在缺陷,其与损害的发生是否存在因果关系。

关于第一个争议焦点。杨××主张,导致其左眼受伤的砂页盘系姜××销售,生产者为上海赛亚公司。姜××辩称杨××并没有证据证明破裂的砂页盘是其销售的,且提出其是从南京锋芒磨料磨具有限公司购买的砂页盘,该公司生产砂页盘,并贴"赛亚"的商标,并提供送货清单予以证明。上海赛亚公司则称,其只生产固结磨具,并不生产涂附磨具,砂页盘系涂附磨具的深加工产品,故其并非砂页盘的生产者。原审法院认为,首先,关于姜××是否为涉事故产品的销售者的问题。2013年3月9日,能巧公司在姜××处购买了砂页盘,且产品包装已经拆开,能巧公司的生产内容也需要使用砂页盘,由此可以认定,能巧公司确实使用了所购买的砂页盘。而事故发生之日仅在购买上述产品11日之后，该批砂页盘尚未使用完具有合理性。杨××左眼是被能巧公司打磨机上破裂的砂页盘所伤，姜××虽否认事故所涉砂页盘由其销售，但其并未提供证据证明能巧公司从第三方处购买并使用了第三方的产品。综合全案证据进行分析，现有证据可以认定事故发生当日，发生破裂的砂页盘系能巧公司向姜××购买的砂页盘。因此，姜××系事故所涉产品的销售者。其次，关于上海赛亚公司是否系涉事故产品的生产者的问题。原审法院认为，涉事故同批次产品上均有"赛亚"的商标，该商标由上海赛亚公司持有。上海赛亚公司虽否认生产砂页盘，但其经营范围含磨具磨料，其并未提供证据证明其生产范围仅局限于固结磨具。虽然姜××提供了抬头为"南京锋芒磨料磨具有限公司"的送货清单、结算凭证及转账支票，但这并不能证明南京锋芒磨料磨具有限公司生产了事故所涉产品。无论姜××销售的砂页盘来自何处，其在2013年3月22日已经承认其销售的是上海赛亚的砂页盘。同时结合上海赛亚公司承认姜××系其南京经销商，姜××亦承认经营场所写明其为"上海赛亚磨具南京经营部"，且事故所涉产品均贴有"赛亚"商标，上海赛亚公司也未提供证据证明其生产的产品不含砂页盘等事实，姜××和上海赛亚公司的抗辩并无事实和法律依据，根据现有证据可以认定上海赛亚公司为"赛亚"牌砂页盘的生产者。

关于第二个争议焦点。杨××认为，检测报告表明，姜××销售的砂页盘为不合格产品。姜××则提出，杨××单方进行的检测程序不合法，且样品并非导致杨××受伤的砂页盘。杨××虽系单方鉴定，但所选择的检验机构有相应的检验资质，且杨××提供的样品同为"赛亚"砂页盘（A100），与在姜××处购买的相同。在事故所涉砂页盘已经破裂的情况下，杨××选择同批次的产品进行检测，具有合理性。而姜××虽对检测报告提出异议，但其并未提供其销售产品系合格产品的证据，因此，上述抗辩缺乏事实和法律依据，不予采纳。从该检测报告来看，姜××所销售的产品在17388转/分-19790转/分即发生破裂，而标准的转速为20627转/分。由此可知，事故所涉产品并未达到标准。在转动的情况下，砂页盘破裂会导致碎片飞出，具有一定的人身危险性。故足以认定所涉产品具有缺陷。

关于第三个争议焦点。姜××提出，其所销售的砂页盘只要正常使用便不会出现破裂，能巧公司管理及员工操作存在问题，或其他因素，是造成本起事故的原因。砂页盘在使用时发生破裂是事实，虽称能巧公司存在管理问题，且员工操作不当，但其所称需使用挡板等并不适用于砂页盘，且其也未提供砂页盘使用应采取的操作规范，因此，对其所称存在的上述因素，不予采信。砂页盘在回转强度方面不符合标准，由此也存在未到标准转速便破裂的缺陷。现杨××确因砂页盘破裂受伤，也未提供证据证明存在其他因素，故认定砂页盘的缺陷致其破裂，并致杨××受损，两者之间存在因果关系。

关于杨××的损失，原审法院依照法律规定认定如下：

1. 医疗费。杨××主张18006.4元，并提供门诊病历、医疗费票据等予以证明。结合医疗费票据，并经当庭质证确认，认定杨××医疗费损失为18006.4元。

2. 伤残赔偿金。杨××主张××赔偿金260304元（32538元×20年×0.4），被扶养人生活费76856元。并提供司法鉴定意见书、村民委员会证明、××人证等予以证明。结合司法鉴定意见及暂住证，认定××赔偿金为260304元。关于被扶养人生活费。姜××认可杨××父亲属于被扶养人。杨××伤情为七级伤残，必然对其劳动能力产生影响。但杨××提供的证据只能证明其家庭困难，父母共生育包括杨××在内的两个子女，其父亲肢体××，而不能证明其父母没有劳动能力且没有收入，需要他人扶养。因此，对其被扶养人生活费的主张，不予支持。

3. 误工费。杨××主张22800元（3800元×6月），并提供劳动合同、工资发放单等予以证明。姜××和上海赛亚公司对此不予认可。原审法院认为，误工费应根据误工时间及误工减少状况予以确定。杨××提供的证据足以证明其在能巧公司工作，属于固定收入人员。杨××虽系能巧公司员工，且提供的工资清单也能反映其工资收入情况，但杨××未能依照法律规定提交收入减少的证明，因此其主张误工费损失，没有法律依据，不予支持。

4. 住院伙食补助费。杨××主张 400 元（20 元/天×20 天）。本院认为，杨××主张 20 元/天的标准并无不当，结合杨××实际住院 20 天，认定住院伙食补助费为 400 元。

5. 营养费。杨××主张 900 元（30 元/天×30 天）。根据司法鉴定意见书，认定营养期为 30 天。同时，结合杨××伤情、年龄等因素，认定营养费标准为 20 元/天，营养费共计 600 元（20 元/天×30 天）。

6. 护理费。杨××主张 4200 元（70 元/天×60 天）。根据司法鉴定意见书，认定护理期为 60 天。同时，结合杨××伤情、年龄，以及本地护工从事同等级别护理的劳务报酬标准，酌定护理费标准为 60 元/天，护理费共计 3600 元（60 元/天×60 天）。

7. 交通费。杨××主张 2100 元，并提供交通费票据予以证明。交通费根据受害人及其必要的陪护人员因就医或者转院治疗实际发生的费用计算。杨××自称交通费票据均系能巧公司单位车辆为杨××进城出城看病所产生的过桥过路费，该项损失并非杨××产生的损失，故对杨××的该项主张，不予支持。

8. 精神损害抚慰金。杨××主张 20000 元。事故导致杨××七级伤残，必然会使其产生精神上的痛苦。结合杨××的损害后果、过错程度等因素，认定精神损害抚慰金为 20000 元。

姜××作为事故所涉砂页盘的销售者，上海赛亚公司作为生产者，在砂页盘存在质量缺陷，并致杨××受伤的情况下，杨××主张侵权损害赔偿，符合法律规定，依法应予以支持。姜××或上海赛亚公司应对杨××的损失 328529.4 元承担赔偿责任。因砂页盘本身不符合国家标准，因此，可以认定，其缺陷并非在销售环节产生，故上海赛亚公司作为生产者，应最终承担赔偿责任。若姜××实际赔偿杨××的损失，其可向上海赛亚公司予以追偿。

关于杨××要求上海赛亚公司与姜××连带承担惩罚性赔偿金的主张。原审法院认为，上海赛亚公司作为砂页盘的生产者，其对国家标准应是知晓的，也应保证其产品符合国家规定的标准，并应在生产时进行相应的检测。因此，其对砂页盘的缺陷，应当是明知的。而姜××在购买砂页盘时，虽应同时查看并索要相关合格证明，以保证产品符合国家标准，但其未索要合格证明的行为只能证明其存在过失，尚不能证明其系明知产品存在缺陷。因此，对杨××请求对姜××进行惩罚性赔偿的主张，不予支持。基于杨××伤情为七级伤残，身体××受到严重损害，杨××主张对上海赛亚公司进行惩罚性赔偿，予以支持。关于惩罚性赔偿的数额，原审法院认为，惩罚性赔偿着眼于惩罚、威慑和预防，因此其数额应根据受害人人身损害情况、侵权人获利情况、社会影响等因素综合确定。结合本案情况，酌定惩罚性赔偿数额为20000元。

综上，依照《中华人民共和国产品质量法》第四十一条、第四十三条、第四十四条、《中华人民共和国侵权责任法》第四十三条、第四十七条，《最高人民法院关于审理人身损害赔偿案件适用法律若干问题的解释》第十七条、第十八条，《中华人民共和国民事诉讼法》第一百四十二条之规定，作出判决。

二十四、医疗机构依法不承担赔偿责任时残疾赔偿金、死亡赔偿金的计算标准

【医疗损害责任司法解释条文】

第二十四条 被侵权人同时起诉两个以上医疗机构承担赔偿责任，人民法院经审理，受诉法院所在地的医疗机构依法不承担赔偿责任，其他医疗机构承担赔偿责任的，残疾赔偿金、死亡赔偿金的计算，按下列情形分别处理：

（一）一个医疗机构承担责任的，按照该医疗机构所在地的赔偿标准执行；

（二）两个以上医疗机构均承担责任的，可以按照其中赔偿标准较高的医疗机构所在地标准执行。

【导读】

本条系解决医疗纠纷诉讼中的特定问题，即患者通过转院到赔偿标准较高地区的医疗机构就诊的方式，来获得连接点找管辖法院，尤其在受诉法院所在地的医疗机构并不承担责任的情况下，仍然判决原来的医疗机构按照受诉法院所在地的赔偿标准承担责任，不仅加重了该医疗机构的负担，也不利于和谐医患关系的构建。

死亡赔偿金和残疾赔偿金问题是侵权责任法中的热点难点和争点问题，这些年理论界和实务界对此也多有探索，其中核心问题在于此二者的性质问题以及城乡二元化赔偿计算标准问题，而这突出反映在对死亡赔偿金的认识上。《最高人民法院关于审理人身损害赔偿案件适用法律若干问

题的解释》将"死亡赔偿金"的性质确定为收入损失的赔偿,而非"精神损害抚慰金"。具体的赔偿数额,按照"人均可支配收入"的客观标准以二十年固定赔偿年限计算,即采取定型化赔偿模式。其第二十九条规定:"死亡赔偿金按照受诉法院所在地上一年度城镇居民人均可支配收入或者农村居民人均纯收入标准,按二十年计算。但六十周岁以上的,年龄每增加一岁减少一年;七十五周岁以上的,按五年计算。"该计算方法既与过去的法律法规相衔接,又不致因主观计算导致贫富悬殊、两极分化。残疾赔偿法也是采取此类标准予以认定。由于《最高人民法院关于审理人身损害赔偿案件适用法律若干问题的解释》对于死亡赔偿金、残疾赔偿金的计算标准采取了受诉法院所在地上一年度城镇居民人均可支配收入或者农村居民人均纯收入的标准,而不同地区的经济发展不平衡,各地的赔偿标准多有高有底,由此导致在医疗纠纷中,不少患者为获得更高赔偿,通过转院到赔偿标准较高地区的医疗机构就诊的方式,来获得连接点找管辖法院,导致到该医疗机构所在地法院起诉的案件屡屡发生。尤其在受诉法院所在地的医疗机构并不承担责任的情况下,仍然判决原来的医疗机构按照受诉法院所在地的赔偿标准承担责任,不仅加重了该医疗机构的负担,也不利于和谐医患关系的构建。这一通过不诚信行为而获得不当利益的行为更不能提倡。

为此,本条针对患者同时请求多个医疗机构承担赔偿责任的情形,明确了受诉法院所在地的医疗机构依法不承担赔偿责任时,不能按照受诉法院所在地的赔偿标准来计算须承担责任的医疗机构的赔偿数额。具体而言,如果只有其他一个医疗机构承担责任的,可以按照该医疗机构所在地的赔偿标准执行;若有两个以上医疗机构均承担责任的,基于到对患者损害充分救济的考虑,依据"就高不就低"的原则,可以按照其中赔偿标准较高的医疗机构所在地的标准执行。

对于本条的适用,需要满足以下条件:

其一,患者在多家医疗机构就诊并受到损害。这是本条规定适用的基本前提。如果患者仅在一家医疗机构就诊,无本条适用的可能。同时,患者需遭受损害,若无损害,当然就无救济。

其二，受诉法院所在地医疗机构不承担责任。即受诉医疗机构的诊疗行为对于患者的损害不能满足医疗损害责任的构成要件，其不应承担责任。如果受诉法院所在地医疗机构需要承担责任，则应该直接适用受诉法院所在地的赔偿标准。而且该医疗机构需要承担责任，就医疗损害责任纠纷而言，该医疗机构所在地也属于侵权行为地，患者一方依据民事诉讼法的规定当然也可以向该地法院提起诉讼。

其三，非受诉法院所在地医疗机构的诊疗行为符合医疗损害责任的构成要件。这里的医疗损害责任形态既包括一般的医疗损害责任也包括医疗产品责任，但是该医疗机构的行为构成非医疗损害责任的其他侵权责任则不能适用本条规定。

在此需要注意的是，依据《最高人民法院关于审理人身损害赔偿案件适用法律若干问题的解释》第二十八条第一款的规定，被扶养人生活费根据扶养人丧失劳动能力程度，按照受诉法院所在地上一年度城镇居民人均消费性支出和农村居民人均年生活消费支出标准计算。即同死亡赔偿金、残疾赔偿金一样，被扶养人生活费同样按照受诉法院所在地相关标准计算。这也就同样存在本条规定的当事人选择医院改变管辖从而提高其赔偿标准的问题。本条虽然没有明确列明被扶养人生活费的计算标准，但由于在计算死亡赔偿金和残疾赔偿金时，需要将被扶养人生活费计入，也就是说该被扶养人生活费实际上成了死亡赔偿金或者残疾赔偿金的一部分。因此无论从解决问题的本质上还是从该在本条规定对此应当适用同死亡赔偿金、残疾赔偿金相同的规则，即应该适用本条所确立的规则。

本条的适用，还涉及本解释关于医疗损害责任中的人身损害赔偿的规定与《最高人民法院关于审理人身损害赔偿案件适用法律若干问题的解释》的规定之间的关系问题。我们认为，相较于《最高人民法院关于审理人身损害赔偿案件适用法律若干问题的解释》作为人身损害赔偿案件的普遍性法律适用问题所作的解释，本解释属于人身损害赔偿在医疗损害责任纠纷中的特殊规定，应该贯彻特殊规定优于一般规定而适用的规则。但同时对于本解释所没有规定而《最高人民法院关于审理人身损害赔偿案件适用法律若干问题的解释》有规定以及《最高人民法院关于审理人身损害赔偿案件适用法律若干问题的解释》的内容与本解释并不冲突的内容，应该继续适用《最高人民法院关于审理人身损害赔偿案件适用法律若干问题的解释》的规定。

【相关法条】

《中华人民共和国侵权责任法》

第十六条 侵害他人造成人身损害的，应当赔偿医疗费、护理费、交通费等为治疗和康复支出的合理费用，以及因误工减少的收入。造成残疾的，还应当赔偿残疾生活辅助具费和残疾赔偿金。造成死亡的，还应当赔偿丧葬费和死亡赔偿金。

第二十条 侵害他人人身权益造成财产损失的，依照被侵权人因此受到的损失赔偿；被侵权人的损失难以确定，侵权人因此获得利益的，依照其获得的利益赔偿；侵权人因此获得的利益难以确定，被侵权人和侵权人就赔偿数额协商不一致，向人民法院提起诉讼的，由人民法院根据实际情况确定赔偿数额。

第二十二条 侵害他人人身权益，造成他人严重精神损害的，被侵权人可以请求精神损害赔偿。

第二十五条 损害发生后，当事人可以协商赔偿费用的支付方式。协商不一致的，赔偿费用应当一次性支付；一次性支付确有困难的，可以分期支付，但应当提供相应的担保。

第五十四条 患者在诊疗活动中受到损害，医疗机构及其医务人员有过错的，由医疗机构承担赔偿责任。

《最高人民法院关于审理人身损害赔偿案件适用法律若干问题的解释》

第十七条 受害人遭受人身损害，因就医治疗支出的各项费用以及因误工减少的收入，包括医疗费、误工费、护理费、交通费、住宿费、住院伙食补助费、必要的营养费，赔偿义务人应当予以赔偿。

受害人因伤致残的，其因增加生活上需要所支出的必要费用以及因丧失劳动能力导致的收入损失，包括残疾赔偿金、残疾辅助器具费、被扶养人生活费，以及因康复护理、继续治疗实际发生的必要的康复费、护理费、后续治疗费，赔偿义务人也应当予以赔偿。

受害人死亡的，赔偿义务人除应当根据抢救治疗情况赔偿本条第一款规定的相关费用外，还应当赔偿丧葬费、被扶养人生活费、死亡补偿费以及受害人亲属办理丧葬事宜支出的交通费、住宿费和误工损失等其他合理费用。

第十八条 受害人或者死者近亲属遭受精神损害，赔偿权利人向人民法院请求赔偿精神损害抚慰金的，适用《最高人民法院关于确定民事侵权精神损害赔偿责任若干问题的解释》予以确定。

精神损害抚慰金的请求权，不得让与或者继承。但赔偿义务人已经以书面方式承诺给予金钱赔偿，或者赔偿权利人已经向人民法院起诉的除外。

第二十条 误工费根据受害人的误工时间和收入状况确定。

误工时间根据受害人接受治疗的医疗机构出具的证明确定。受害人因伤致残持续误工的，误工时间可以计算至定残日前一天。

受害人有固定收入的，误工费按照实际减少的收入计算。受害人无固定收入的，按照其最近三年的平均收入计算；受害人不能举证证明其最近三年的平均收入状况的，可以参照受诉法院所在地相同或者相近行业上一年度职工的平均工资计算。

第二十五条 残疾赔偿金根据受害人丧失劳动能力程度或者伤残等级，按照受诉法院所在地上一年度城镇居民人均可支配收入或者农村居民人均纯收入标准，自定残之日起按二十年计算。但六十周岁以上的，年龄每增加一岁减少一年；七十五周岁以上的，按五年计算。

受害人因伤致残但实际收入没有减少，或者伤残等级较轻但造成职业妨害严重影响其劳动就业的，可以对残疾赔偿金作相应调整。

第二十七条 丧葬费按照受诉法院所在地上一年度职工月平均工资标准，以六个月总额计算。

第二十八条 被扶养人生活费根据扶养人丧失劳动能力程度，按照受诉法院所在地上一年度城镇居民人均消费性支出和农村居民人均年生活消费支出标准计算。被扶养人为未成年人的，计算至十八周岁；被扶养人无劳动能力又无其他生活来源的，计算二十年。但六十周岁以上的，年龄每增加一岁减少一年；七十五周岁以上的，按五年计算。

被扶养人是指受害人依法应当承担扶养义务的未成年人或者丧失劳动能力又无其他生活来源的成年近亲属。被扶养人还有其他扶养人的，赔偿义务人只赔偿受害人依法应当负担的部分。被扶养人有数人的，年赔偿总额累计不超过上一年度城镇居民人均消费性支出额或者农村居民人均年生活消费支出额。

第二十九条 死亡赔偿金按照受诉法院所在地上一年度城镇居民人均可支配收入或者农村居民人均纯收入标准，按二十年计算。但六十周岁以上的，年龄每增加一岁减少一年；七十五周岁以上的，按五年计算。

第三十条 赔偿权利人举证证明其住所地或者经常居住地城镇居民人均可支配收入或者农村居民人均纯收入高于受诉法院所在地标准的，残疾赔偿金或者死亡赔偿金可以按照其住所地或者经常居住地的相关标准计算。

被扶养人生活费的相关计算标准，依照前款原则确定。

【典型案例】

河北医科大学第二医院与杨×录等医疗损害责任纠纷案

——患者在一地医疗机构就诊后转院到另一地医疗机构就诊后发生死亡后果的，有关死亡赔偿金的计算标准要注意区分不同的情形确定

案号：（2015）三中民终字第 10767 号

[裁判要点]

医疗机构承担医疗损害赔偿责任的前提是其诊疗行为存在过错并与患

者的损害后果有因果关系，患者一方应对相关侵权责任构成提供证据予以证明，其可以通过申请鉴定来解决。当事人对于鉴定意见有异议的，可以依法就有关专门性问题申请补充鉴定。本案中，经患者一方申请司法鉴定，认定其中一家医疗机构（非受诉法院所在地的医疗机构）存在术前准备不足、术中未完全夹闭动脉瘤的医疗过错，且与患者的死亡之间存在大部分因果关系。该医疗机构机构申请的补充鉴定意见认为，其他医疗机构的住院病历对其作出的上述鉴定没有实质性影响，建议上述承担责任的医疗机构的责任程度为大部分因果关系的低限，即过错参与度60%。双方当事人虽不认可该补充鉴定意见，但均未提交有效证据反驳，故审理法院采信上述鉴定意见及补充鉴定意见，综合本案实际情况，酌定该医疗机构承担60%的赔偿责任。

在此需要注意的是，本案属于转院到北京的某个医疗机构治疗而该医疗机构不承担责任的典型案例。在医疗损害解释起草前，需要按照《最高人民法院关于审理人身损害赔偿案件适用法律若干问题的解释》规定的以受诉法院所在地标准计算残疾赔偿金和死亡赔偿金。本案中，关于死亡赔偿金的计算，法院按照2014年北京市城镇职工人均可支配收入43910元计算20年，由河北的医疗机构承担60%的赔偿责任。但是在医疗损害司法解释对此作出明确规定后，该解释施行后发生的案件或者正在审理的一审、二审案件则应适用本解释的规定，但是再审案件除外。

[法条索引]

《中华人民共和国侵权责任法》第十六条

《最高人民法院关于审理人身损害赔偿案件适用法律若干问题的解释》第二十九条

《最高人民法院民一庭关于经常居住地在城镇的农村居民因交通事故伤亡如何计算赔偿费用的复函》

[基本案情]

2013年1月13日，赵××之女，杨×录之妻，杨×清、杨×甲之母谷×甲因蛛网膜下腔出血至河北二医院住院治疗。住院期间为：2013年1月13日20：15至2013年4月10日6：30。入院诊断为：自发性蛛网膜下腔出血，高血压3级，很高危。入院当日，谷×甲在该院行右侧后交通动脉瘤探查夹闭、右额血肿清除术。2013年1月15日，患者谷×甲在该院复查头颅CT显示右额血肿，在该院行右额血肿清除+去骨瓣减压术。2013年1月28日，患者谷×甲复查头颅CT显示右额血肿，脑膨出明显，在该院行颅内血肿清除，内减压术。2013年1月29日，患者谷×甲在该院行钻孔外引流术。2013年4月10日，谷×甲从河北二医院出院，出院诊断为：右侧后交通动脉瘤，右额脑内血肿、脑疝，右颈内动脉瘤，自发性蛛网膜下腔出血，高血压3级，很高危，左额颞顶慢性硬膜下血肿，颅内感染，脑积水。

2013年4月10日，谷×甲转入航空总医院住院治疗。住院期间为：2013年4月10日13：02至2013年6月28日08：39。入院诊断为：1.继发性脑积水；2.粘连性脑室炎；3.颅骨缺损（右额颞顶、脑组织膨出）；4.右后交通动脉瘤开颅夹闭及介入术后；5.左颞顶硬膜下血肿引流术后；6.复杂性癫痫；7.气管切开术后；8.肺炎。2013年4月11日，谷×甲在该院行局麻下急性左侧脑室外引流术，持续外引流。2013年4月24日，在全身麻醉下行四脑室腹腔分流并分流管外置术，术后继续静脉抗炎，脑脊液治疗。2013年5月9日全麻下行脑室-腹腔分流管腹部外置术，继续静脉抗炎及脑脊液治疗。2013年6月14日在局部麻醉下行脑室腹腔分流管腹腔置入术。2013年6月28日，谷×甲从航空总医院出院，出院诊断：1.继发性脑积水（分流术后）；2.粘连性脑室炎；3.颅骨缺损（右额颞顶）；4.右后交通动脉瘤开颅夹闭及介入术后；5.做颞顶硬膜下血肿引流术后；6.复杂性癫痫；7.气管切开术后；8.肺炎。

2013年6月28日，谷×甲转入鹿泉市人民医院住院继续治疗，住院期间为：2013年6月28日16：03至2013年9月17日21：34。入院诊断为：1.右后交通动脉瘤开颅夹闭及介入术后；2.左颞顶硬膜下血肿引流术后；3.颅骨缺损（右额颞顶）；4.气管切开术后；5.继发性脑积水分流术后；6.粘连性脑室炎；7.复杂性癫痫；8.肺炎。2013年9月17日，谷×甲出院，出院时情况：患者仍处于昏迷状态，偶有睁眼，右上肢可见无意识活动，偶有咳嗽，痰不多，体温不高，鼻饲流食量约2300ml，无发热，四肢抽搐不适。查体：BP145/85mmHg，心率96/分，血氧饱和度98%，骨窗压力不高，双瞳孔约2.5mm，对光反射正常存在，气管套管在位，双肺呼吸音正常，四肢被动活动自如，病理反射未引出。出院诊断：1.右后交通动脉瘤开颅夹闭及介入术后；2.左颞顶硬膜下血肿引流术后；3.颅骨缺损（右额颞顶）；4.气管切开术后；5.继发性脑积水分流术后；6.粘连性脑室炎；7.复杂性癫痫；8.肺炎。出院医嘱：嘱其1.保持呼吸道通畅，雾化吸入，必要时吸痰；2.加强护理，预防坠积性肺炎、褥疮及泌尿系感染，加强肢体活动，预防关节强直；3.每日鼻饲流食，量约2500ml；4.每周复查电解质分析预防水电解质紊乱；5.如病人发热、痰多，复查血常规、胸片，必要时输液治疗；6.给予亲情关怀治疗。

本案在一审法院审理期间，经杨×录等四人申请，商各方当事人同意，法院委托北京明正司法鉴定中心对河北二医院、航空总医院的医疗行为有无过错；如有过错与谷×甲的死亡后果之间有无因果关系及其责任程度进行司法鉴定。经鉴定，北京明证司法鉴定中心作出京正〔2014〕临医鉴字第22号司法鉴定意见书，该意见书分析说明部分内容为：依据委托人提供的现有文证资料，结合鉴定听证会所了解情况，综合分析如下：

（一）关于河北医科大学第二医院的医疗行为是否存在过错及与该患者死亡后果之间是否存在因果关系及其参与度的分析

（1）该患者谷×甲2013年1月13日以"突发头痛伴恶心呕吐20小时"入住河北医科大学第二医院，入院后医方根据其病史、临床查体情况，结合头部CT检查结果，初步诊断为"自发性蛛网膜下腔出血，高血压3级，很高危"是可行的，患者具有明确的手术适应证，无明显手术禁忌证，但医方开颅手术前未做脑血管影像（CTA或DSA）检查，术前准备不足，存在过错。

（2）关于动脉瘤夹闭手术的问题。经审阅送检光盘，可以明确患者术后反复颅内出血的原因为动脉瘤夹闭不全所致，术后所行DSA检查明确了动脉瘤依然存在。术后感染虽然属于手术难以完全避免的并发症，但是动脉瘤夹闭术后又因颅内出血多次行颅内血肿清除手术增加了感染的机会，故此认为，医方动脉瘤夹闭不全是导致患者术后颅内反复出血并因此多次行手术治疗、术后神经系统感染的主要原因。

（3）关于神经系统感染的诊治及第二次、第三次开颅手术及介入栓塞术，医方未见明显医疗过错之处。

综上所述：河北医科大学第二医院在对该患者谷×甲的诊治过程中存在术前准备不足、术中未完全夹闭动脉瘤的医疗过错，该过错是导致患者术后颅内反复出血并因此多次行手术治疗、患者术后神经系统感染的主要原因；同时应考虑到动脉瘤夹闭不全是目前尚无法完全避免的手术并发症，手术本身所具有的风险与该患者的损害后果之间存在一定的因果关系，故综合分析认为：河北医科大学第二医院的上述医疗过错与该患者最终的死亡后果之间存在因果关系，其参与程度为大部分因果关系。

（二）关于航空总医院的医疗行为是否存在过错及与该患者死亡后果之间是否存在因果关系及其参与度的分析

该患者谷×甲2013年4月10日以"颅内动脉瘤夹闭术后3月，CT示脑积水半月"入住航空总医院，入院后医方根据其病史、临床查体情况，结合有关辅助检查结果，初步诊断为"1. 继发性脑积水；2. 粘连性脑室炎；3. 颅骨缺损（右额颞顶、脑组织膨出）；4. 右后交通动脉瘤开颅夹闭及介入术后；5. 左颞顶硬膜下血肿引流术后；6. 复杂性癫痫；7. 气管切开术后；8. 肺炎。"是正确的，入院后给予脑室外引流术、脑室腹腔引流术等手术治疗及抗感染、静脉营养支持等对症支持治疗符合诊疗规范，该院在对该患者的诊治过程中其诊疗行为未见明显医疗过错之处，与该患者的死亡后果之间没有明确的因果关系。

鉴定意见为："1. 河北医科大学第二医院在对被鉴定人谷×甲的诊治过程中存在术前准备不足．术中未完全夹闭动脉瘤的医疗过错，该过错与被鉴定人谷×甲的死亡后果之间存在因果关系，其参与程度为大部分因果关系。2. 航空总医院在对被鉴定人谷×甲的诊治过程中未见明显医疗过错之处，与被鉴定人谷×甲的死亡后果之间没有明确的因果关系。"

杨×录等四人及航空总医院认可鉴定意见书，河北二医院不认可鉴定意见书，申请鉴定人出庭，北京明正司法鉴定中心鉴定人王××出庭接受质询，答复了各方当事人的提问。杨×录等四人及航空总医院认可鉴定意见及鉴定人的答复，河北二医院不认可鉴定意见及鉴定人的答复，坚持认为其医疗行为无过错与患者的死亡之间无因果关系，并认为此次鉴定中缺少鹿泉市人民医院的主观病历部分，患者在鹿泉市人民医院的治疗可能会影响鉴定意见，因此申请重新鉴定。考虑本案实际情况，经河北二医院申请，各方当事人同意，本案调取了谷×甲在鹿泉市人民医院治疗的全部住院病历（共两册，一是2013年1月13日的住院病历复印件一册，二是2013年6月28日-2013年9月17日的病历复印件一册）作为补充鉴定材料，委托北京明正司法鉴定中心对本案进行补充鉴定。北京明正司法鉴定中心经鉴定作出京正〔2015〕临医鉴字第1号司法鉴定意见书。该鉴定意见书的分析说明部分内容为："依据委托人提供的现有文证资料，结合鉴定听证会所了解情况，综合分析如下：

1. 经审阅补充的该患者谷×甲2013年1月23日在鹿泉市人民医院住院的全部住院病历，病历中确有记载该患者蛛网膜下腔出血伴有应激性肺损伤，双肺可闻及少量湿性啰音，但该患者当日转入河北医科大学第二医院后，河北医科大学第二医院入院查体示该患者心肺腹未见明显异常，入院诊断中也没有应激性肺损伤之诊断，该患者在医方实施第一次手术-右侧后交通动脉瘤探查夹闭，右额血肿清除术前肺部也无明显异常情况，患者出现肺部感染是在其在该院行多次手术后出现的，故此认为：患者2013年1月13日在鹿泉市人民医院出现的应激性损伤与其术后疾病的发展．转归没有必然关系，对我中心出具的京正〔2014〕临医鉴字第22号司法鉴定意见书没有实质性影响。

2. 经审阅补充的该患者谷×甲2013年6月28日～2013年9月17日在鹿泉市人民医院住院的全部住院病历，该患者是因主动脉瘤术后半年神志不清入院的，入院查体及诊断都表明了患者病情严重，预后差，该患者在该院治疗后出院时仍处于昏迷状态，病情未见明显好转，预后差。鹿泉市人民医院的诊疗行为没有加速或影响患者疾病的诊治。但该院出院医嘱中记载：4.每周复查电解质分析预防水电解质紊乱；5.如病人发热、痰多，复查血常规、胸片，必要时输液治疗。根据目前鉴定材料所载，无证据证明患者出院后遵医嘱进行了上述检查和治疗，上述因素对该患者疾病的发展、转归存在轻微影响。

3.经审阅本次法院补充的鉴定材料，结合前次委托的全部病历资料（详见京正〔2014〕临医鉴字第22号司法鉴定意见书所载鉴定材料），综合分析认为：河北医科大学第二医院在对该患者谷×甲的诊治过程中存在的术前准备不足、术中未完全夹闭动脉瘤的医疗过错是导致患者术后颅内反复出血并因此多次行手术治疗、患者术后神经系统感染的主要原因，与该患者的死亡后果之间存在大部分因果关系；手术本身所具有的风险与该患者的死亡后果之间存在少部分因果关系；该患者在2013年9月17日从鹿泉市人民医院出院后未遵医嘱进行检查和治疗，对该患者疾病的发展、转归存在轻微影响，与该患者的死亡后果之间存在轻微因果关系。建议河北医科大学第二医院的过错参与度取大部分因果关系的低限（即过错参与度60%）为宜。"

鉴定意见为："补充的该患者谷×甲2013年1月23日在鹿泉市人民医院住院的病历资料对我中心出具的京正（2014）临医鉴字第22号司法鉴定意见书没有实质性影响；补充的该患者谷×甲2013年6月28日~2013年9月17日在鹿泉市人民医院住院的病历资料对我中心出具的京正〔2014〕临医鉴字第22号司法鉴定意见书存在轻微影响，建议河北医科大学第二医院的过错参与度取大部分因果关系的低限（即过错参与度60%）为宜。"

航空总医院认可补充鉴定意见。杨×录等四人对补充鉴定意见的结论不认可，认为只有鹿泉市人民医院在有过错的前提下才会对该案产生实质性影响，但鹿泉市人民医院并未参加补充鉴定的听证会，其结论不成立，但不申请重新鉴定。河北二医院对鉴定意见亦不认可，申请进行重新鉴定。法院以其重新鉴定申请不符合《最高人民法院关于民事诉讼证据若干问题的若干规定》第二十七条之规定，不予准许。

诉讼中，杨×录等四人向法院寄送了追加鹿泉市人民医院为本案共同被告以及申请鉴定人出庭的意见，后在庭审中又全部撤回。

本案在一审法院审理期间，为证明医疗费支出，杨×录等四人提交了谷×甲于2013年1月13日、2013年1月16日、2013年1月27日在河北二医院的门诊收据共17张，金额共计2491.36元。河北二医院认可真实性，但认为这些是谷×甲在手术前发生的费用，不应赔偿。杨×录等四人提交了加盖有鹿泉市新型农村合作医疗管理中心印章的河北省住院统一收费收据的复印件和新型农村合作医疗参合人员住院补偿审核表复印件各1张，内容显示：谷×甲于2013年1月13日～2013年4月10日在河北医科大学第二医院住院期间共支出医疗费558919.77元，其中经鹿泉市合作医疗补偿费用为89241.3元。河北二医院认可真实性，但认为应该扣除已经报销的部分；杨×录等四人提交了河北二医院邀请外院专家会诊回执单，证明其支出了6000元会诊费；河北二医院认可真实性，但认为没有关于会诊费用的收据，不认可证明目的；杨×录等四人提交了加盖有鹿泉市新型农村合作医疗管理中心印章的北京市住院收费专用收据复印件和新型农村合作医疗参合人员住院补偿审核表复印件各1张，内容显示：谷×甲于2013年4月10日～2013年6月28日在航空总医院共支出医疗费235942.22元，但最终未能报销。河北二医院认可真实性，但认为该治疗与其无关；杨×录等四人提交了谷×甲于2013年10月7日、2013年10月17日在鹿泉市中医院的门诊收费收据共4张，金额共计49.8元。河北二医院认为不在其医院发生，也没有相应的诊疗记录，不认可其真实性。杨×录等四人提交了其于2013年10月10日、2013年10月16日、2013年11月4日在鹿泉市人民医院的门诊费收据共3张，金额共计693.3元。河北二医院认为不在其医院发生，也没有相应的诊疗记录，不认可其真实性。杨×录等四人提交了谷×甲在鹿泉市人民医院于2013年6月28日～2013年9月17日的住院费收据1张，金额共计43559.83元。河北二医院真实性认可。杨×录等四人提交了为给谷×甲治本案所涉疾病，于2013年1月10日～2013年10月28日期间购买药品的药店销售清单及发票共28张，金额共计5846元。河北二医院认为其中有1张2013年1月10日的金额为148.5元的单据是在其院就医前发生的费用，与本案无关，另有3张在健康平价药房的药品清单和鹿泉市镇宁路药房的20元收据因没有署名患者，不认可；对其他的药品清单也不认可。杨×录等四人提交了医疗器械票据，显示购买雾化器、电子血压计、防辐射气垫、制氧机、血氧仪、分流管、碘伏、纱布、镊子等金额共计14094.9元。河北二医院不认可。以上杨×录等四人为证明医疗费支出的证据材料，航空总医院均认可。

杨×录等四人为证明交通费支出，提交了火车票1张，金额为43.5元。河北二医院、航空总医院认可其真实性。

杨×录等四人为证明营养费支出，提交了收据16张，金额共计2576元。航空总医院认可。河北二医院不认可，理由是患者谷×甲住院期间有营养餐，无需另行补充营养。

杨×录等四人为证明误工费主张，提交了鹿泉市获鹿镇杨庄村村民委员会的证明，其主要内容为："兹证明我村谷×甲，身份证号：×××，在我村搞个体经营润滑油，月收入3000元左右，无营业执照。"

另查明，谷×甲与杨×录系夫妻，二人育有两个儿子，分别是长子杨×清（1993年7月4日出生），次子杨×甲（2011年3月12日出生）。谷×甲去世时，杨×甲两周岁，系未成年人，杨×录等四人向河北二医院、航空总医院主张关于杨×甲的被抚养人生活费。

谷×甲之父谷×丙已于2013年1月7日去世。谷×甲去世时，其母赵××已满70周岁。杨×录等四人为证明赵××也系被抚养人之一，提交了鹿泉市白鹿泉乡人民政府、白鹿泉乡谷家裕村村委会共同出具的证明，内容为："我村村民赵××，女，身份证号×××，没有劳动能力，没有收入来源。"还提交了鹿泉市公安局白鹿泉派出所、鹿泉市白鹿泉乡谷家峪村共同出具的证明信，内容显示：赵××有三个儿女，分别是长女谷×甲、次女谷×甲（即本案患者）、儿子谷×丁。赵××的丈夫谷×丙于2013年1月7日病故。

诉讼中，法院工作人员至鹿泉市公安局查询得知，谷×甲生前所在的获鹿镇杨庄村人口标识系城镇，谷×甲的生前户口性质为城镇户口。

[裁判结果]

一审法院判决：

一、河北二医院于判决生效后十五日内赔偿杨×录、杨×清、杨×甲、赵××医疗费四十六万一千八百一十八元，误工费一万八千一百八十元、护理费二万七千二百七十元、交通费二十六元、住院伙食补助费七千四百一十元、营养费一千五百四十六元、丧葬费二万零八百五十六元、死亡赔偿金七十一万七千三百八十一元、精神损害抚慰金六万元；二、驳回杨×录、杨×清、杨×甲、赵××的其他诉讼请求。如未按判决指定的期间履行给付金钱义务，应当依照《中华人民共和国民事诉讼法》第二百五十三条之规定，加倍支付迟延履行期间的债务利息。

二审法院判决：

驳回上诉，维持原判。

司法鉴定费 32000 元，由河北医科大学第二医院负担（杨×录、杨×清、杨×甲、赵××预交 26000 元，河北医科大学第二医院于本判决生效后 15 日内直接给付杨×录、杨×清、杨×甲、赵×× 26000 元）。

鉴定人出庭费 1000 元，由河北医科大学第二医院负担（已交纳）。

一审案件受理费 21710 元，由杨×录、杨×清、杨×甲、赵××负担 5075 元（已预交 1070 元，其余 4005 元于本判决生效后 7 日内交至原审法院），由河北医科大学第二医院负担 16635 元（于本判决生效后 7 日内交至原审法院）；二审案件受理费 16090 元，由河北医科大学第二医院负担（已交纳）。

[裁判理由]

法院生效裁判认为当事人对自己提出的诉讼请求所依据的事实或者反驳对方诉讼请求所依据的事实有责任提供证据加以证明。没有证据或者证据不足以证明当事人的事实主张的，由负有举证责任的当事人承担不利后果。现河北二医院主张原审判决依据的法医鉴定结论存在重大错误，但是其未能提交证据予以反驳。该鉴定结论在一审过程中，已经接受过各方的质证，鉴定人员也应河北二医院申请出庭接受质询，针对河北二医院提出的质疑，原审法院也按照法律程序进行了补充鉴定，补充鉴定结论相对于先前作出的鉴定结论，对河北二医院较为有利。因此，河北二医院主张原审法院依据错误的鉴定结论作出裁判，依据不足，二审法院对其主张重新鉴定的抗辩意见不予采纳。

患者在诊疗活动中受到损害，医疗机构及其医务人员有过错的，由医疗机构承担赔偿责任。河北二医院在诊疗活动中对患者谷×甲的损害后果具有一定的因果关系，其应当按照鉴定结论确定的比例承担相应的责任。

根据相关法律规定,对于被侵权人主张的部分损害赔偿,可按照受诉法院所在地(本案为北京地区)上一年度的相关经济指数标准进行主张,原审判决计算并无不当之处,二审法院予以维持。

综上,河北二医院的上诉理由不能成立,其上诉请求二审法院不予支持。原判认定事实清楚,适用法律正确,程序合法,二审法院予以维持。

附:一审法院裁判理由:

医疗机构承担医疗侵权赔偿责任的前提是其医疗行为存在过错并与患者的损害后果有因果关系。本案中,经司法鉴定,河北二医院对谷×甲的诊治过程中存在术前准备不足、术中未完全夹闭动脉瘤的医疗过错,且与谷×甲的死亡之间存在大部分因果关系。在河北二医院申请进行补充鉴定后,补充鉴定意见认为,补充的谷×甲于2013年1月13日在鹿泉市人民医院的住院病历对其作出的上述鉴定没有实质性影响,补充的谷×甲于2013年6月28日-2013年9月17日在鹿泉市人民医院的病历资料对上述鉴定有轻微影响,建议河北二医院的责任程度为大部分因果关系的低限,即过错参与度60%。杨×录等四人及河北二医院虽不认可补充鉴定意见,但均未提交有效证据反驳,故,法院采信上述鉴定意见及补充鉴定意见,综合本案实际情况,酌定河北二医院60%的赔偿责任。

关于医疗费,综合杨×录等四人提交的医疗费收据、病历资料鉴定意见以及本案查明的谷×甲的诊疗情况,扣除谷×甲在河北二医院住院前的门诊医疗费用以及经鹿泉市新型农村合作医疗管理中心报销的费用,谷×甲在河北二医院、航空总医院、鹿泉市中医院、鹿泉市人民医院以及合理的自购药品中,与本案相关联的合理自费部分医疗费用共计769696元,由河北二医院承担60%的赔偿责任。

关于误工费,谷×甲因河北二医院的诊疗过错导致多次住院,直至死亡,期间无法工作。杨×录等四人称谷×甲在河北二医院就诊前自行无照经营润滑油生意,月收入约3000元,并提交了鹿泉市获鹿镇杨庄村村民委员会的证明,法院采信。考虑谷×甲误工期间为2013年1月13日~2013年11月12日,误工期间每月减少的收入为3000元,误工收入共计30300元,由河北二医院承担60%的赔偿责任。

关于护理费，谷×甲生病期间确需护理，法院按照护理行业平均工资150元/天计算，护理期间为2013年1月13日～2013年11月12日期间，由河北二医院承担60%的赔偿责任。

关于交通费，杨×录等四人为谷×甲治病期间确需发生一定的交通损失，杨×录等四人提交了43.5元的交通费票据，由河北二医院承担60%的赔偿责任。

关于住院伙食补助费，谷×甲在河北二医院（住院期间2013年1月13日～2013年4月10日）、航空总医院（2013年4月10日～2013年6月28日）、鹿泉市人民医院（2013年6月28日～2013年9月17日）共住院247天，杨×录等四人按照50元/天计算，法院不持异议，由河北二医院承担60%的赔偿责任。

关于营养费，因谷×甲治疗期间需补充一定营养，杨×录等四人提交了购买营养品的收据共计2576元，由河北二医院承担60%的赔偿责任。

关于丧葬费，杨×录等四人主张按照2013年北京市城镇职工年平均工资69521元计算6个月，法院不持异议，由河北二医院承担60%的赔偿责任。

关于死亡赔偿金，法院按照2014年北京市城镇职工人均可支配收入43910元计算20年，由河北二医院承担60%的赔偿责任。谷×甲去世后，谷×甲之子杨×甲、谷×甲之母赵××应产生被抚养人生活费，法院对杨×录等四人的计算方式不持异议，由河北二医院承担60%的赔偿责任，法院将此笔被抚养人生活费依法计入死亡赔偿金中。

关于精神损害抚慰金20万元，应予支持，但杨×录等四人主张的数额过高，对于过高部分，法院不予支持。

经司法鉴定，航空总医院与谷×甲的死亡之间无因果关系，依法不应承担赔偿责任，对杨×录等四人主张航空总医院的赔偿请求，法院不予支持。

二十五、患者近亲属等的损害赔偿请求权的准用及医疗产品的界定

【医疗损害责任司法解释条文】

第二十五条 患者死亡后,其近亲属请求医疗损害赔偿的,适用本解释;支付患者医疗费、丧葬费等合理费用的人请求赔偿该费用的,适用本解释。

本解释所称的"医疗产品"包括药品、消毒药剂、医疗器械等。

【导读】

对于侵权责任中的赔偿权利人,依据《最高人民法院关于审理人身损害赔偿案件适用法律若干问题的解释》第一条第二款的规定,赔偿权利人是指因侵权行为或者其他致害原因直接遭受人身损害的受害人、依法由受害人承担扶养义务的被扶养人以及死亡受害人的近亲属。

关于第一款的内容,需要注意有关司法解释关于近亲属范围的界定。对于近亲属的范围,侵权责任法并没有规定,这主要是因为婚姻法、继承法等婚姻家庭法律对于近亲属的范围都做了规定,同时在被侵权人死亡的案件中,有时要根据具体案情确定哪些近亲属可以请求侵权人承担侵权责任,故侵权责任法最终并没有规定"近亲属"的范围。其实,在我国,近亲属是一个由司法解释确认的概念,也是一个外延很宽泛的概念:配偶、父母、子女为近亲属,孙子女、外孙子女以及祖父母、外祖父母也属于近亲属的范畴。《最高人民法院关于贯彻执行〈中华人民共和国民法通则〉

若干问题的意见（试行）》第12条规定："民法通则中规定的近亲属，包括配偶、父母、子女、兄弟姐妹、祖父母、外祖父母、孙子女、外孙子女。"在关于死亡赔偿金的诉讼当中，应当将同一顺序的请求权人作为必要共同诉讼当事人。① 具体而言，可以参照《最高人民法院关于确定民事侵权精神损害赔偿责任若干问题的解释》第七条的规定，死者的配偶、父母和子女向人民法院起诉请求赔偿精神损害的，列其配偶、父母和子女为原告；没有配偶、父母和子女的，可以由其他近亲属提起诉讼，列其他近亲属为原告。同时，在当事人主体资格问题上要适用必要共同诉讼的规则。此外，本款针对实践中支付丧葬费、医疗费的人也享有相关费用请求权，在第一款中明确规定"支付患者医疗费、丧葬费等合理费用的人请求赔偿该费用的，适用本解释"的内容，以更加周延。根据《中华人民共和国侵权责任法》第十八条的规定，患者死亡的，患者的近亲属，或者支付患者医疗费、丧葬费等合理费用的人有权请求医疗机构及其他责任主体承担侵权责任，但这都要以符合医疗损害责任的构成要件为前提。故患者死亡后，不仅其近亲属请求医疗损害赔偿，支付患者医疗费、丧葬费等合理费用的人请求赔偿该费用的案件，有关法律适用的规则都应适用侵权责任法关于医疗损害责任的规定，也就应当适用本解释的规定。依据《第八次全国法院民事商事审判工作会议（民事部分）纪要》的规定，鉴于《中华人民共和国侵权责任法》第十八条明确规定被侵权人死亡，其近亲属有权请求侵权人承担侵权责任，并没有赋予有关机关或者单位提起请求的权利，当侵权行为造成身份不明人死亡时，如果没有赔偿权利人或者赔偿权利人不明，有关机关或者单位无权提起民事诉讼主张死亡赔偿金，但其为死者垫付的医疗费、丧葬费等实际发生的费用除外。

关于医疗产品的界定。本解释所称的医疗产品实际上就是药品、消毒药剂、医疗器械的简写，这也是有利于条文简洁表述的需要，同时将此规定在本条当中，也是基于本解释体系更加科学合理的需要。《中华人民共和国药品管理法》第一百条对药品作了规定，具体包括中药材、化学原料

---

① 杜万华：《杜万华大法官民事商事审判实务演讲录》，人民法院出版社2016年版，第43页。

药及其制剂、抗生素、生化药品、放射性药品、血清、疫苗、血液制品和诊断药品等。按照该条规定，血清和血液制品属于药品而非血液。按照《血液制品管理条例》第四十五条的规定，血液制品是指各种人血浆蛋白制品。依据《消毒管理办法》第四十六条的规定，消毒产品包括消毒剂、消毒器械（含生物指示物、化学指示物和灭菌物品包装物）、卫生用品和一次性使用医疗用品。按照《医疗器械监督管理条例》第七十六条的规定，"医疗器械，是指直接或者间接用于人体的仪器、设备、器具、体外诊断试剂及校准物、材料以及其他类似或者相关的物品，包括所需要的计算机软件；其效用主要通过物理等方式获得，不是通过药理学、免疫学或者代谢的方式获得，或者虽然有这些方式参与但是只起辅助作用；其目的是：（一）疾病的诊断、预防、监护、治疗或者缓解；（二）损伤的诊断、监护、治疗、缓解或者功能补偿；（三）生理结构或者生理过程的检验、替代、调节或者支持；（四）生命的支持或者维持；（五）妊娠控制；（六）通过对来自人体的样本进行检查，为医疗或者诊断目的提供信息。"

【相关法条】

《中华人民共和国侵权责任法》

第十八条　被侵权人死亡的，其近亲属有权请求侵权人承担侵权责任。被侵权人为单位，该单位分立、合并的，承继权利的单位有权请求侵权人承担侵权责任。

被侵权人死亡的，支付被侵权人医疗费、丧葬费等合理费用的人有权请求侵权人赔偿费用，但侵权人已支付该费用的除外。

第五十九条　因药品、消毒药剂、医疗器械的缺陷，或者输入不合格的血液造成患者损害的，患者可以向生产者或者血液提供机构请求赔偿，也可以向医疗机构请求赔偿。患者向医疗机构请求赔偿的，医疗机构赔偿后，有权向负有责任的生产者或者血液提供机构追偿。

《最高人民法院关于贯彻执行〈中华人民共和国民法通则〉若干问题的意见（试行）》

12. 民法通则中规定的近亲属，包括配偶、父母、子女、兄弟姐妹、祖父母、外祖父母、孙子女、外孙子女。

《最高人民法院关于确定民事侵权精神损害赔偿责任若干问题的解释》

第七条 自然人因侵权行为致死,或者自然人死亡后其人格或者遗体遭受侵害,死者的配偶、父母和子女向人民法院起诉请求赔偿精神损害的,列其配偶、父母和子女为原告;没有配偶、父母和子女的,可以由其他近亲属提起诉讼,列其他近亲属为原告。

《中华人民共和国执业医师法》

第二十五条 医师应当使用经国家有关部门批准使用的药品、消毒药剂和医疗器械。

除正当诊断治疗外,不得使用麻醉药品、医疗用毒性药品、精神药品和放射性药品。

《中华人民共和国药品管理法》

第一百条 本法下列用语的含义是:

药品,是指用于预防、治疗、诊断人的疾病,有目的地调节人的生理机能并规定有适应症或者功能主治、用法和用量的物质,包括中药材、中药饮片、中成药、化学原料药及其制剂、抗生素、生化药品、放射性药品、血清、疫苗、血液制品和诊断药品等。

辅料,是指生产药品和调配处方时所用的赋形剂和附加剂。

药品生产企业,是指生产药品的专营企业或者兼营企业。

药品经营企业,是指经营药品的专营企业或者兼营企业。

《医疗器械监督管理条例》

第二十条 从事医疗器械生产活动,应当具备下列条件:

(一)有与生产的医疗器械相适应的生产场地、环境条件、生产设备以及专业技术人员;

(二)有对生产的医疗器械进行质量检验的机构或者专职检验人员以及检验设备;

(三)有保证医疗器械质量的管理制度;

(四)有与生产的医疗器械相适应的售后服务能力;

(五)产品研制、生产工艺文件规定的要求。

第二十九条 从事医疗器械经营活动，应当有与经营规模和经营范围相适应的经营场所和贮存条件，以及与经营的医疗器械相适应的质量管理制度和质量管理机构或者人员。

第七十六条 本条例下列用语的含义：

医疗器械，是指直接或者间接用于人体的仪器、设备、器具、体外诊断试剂及校准物、材料以及其他类似或者相关的物品，包括所需要的计算机软件；其效用主要通过物理等方式获得，不是通过药理学、免疫学或者代谢的方式获得，或者虽然有这些方式参与但是只起辅助作用；其目的是：

（一）疾病的诊断、预防、监护、治疗或者缓解；

（二）损伤的诊断、监护、治疗、缓解或者功能补偿；

（三）生理结构或者生理过程的检验、替代、调节或者支持；

（四）生命的支持或者维持；

（五）妊娠控制；

（六）通过对来自人体的样本进行检查，为医疗或者诊断目的提供信息。

医疗器械使用单位，是指使用医疗器械为他人提供医疗等技术服务的机构，包括取得医疗机构执业许可证的医疗机构，取得计划生育技术服务机构执业许可证的计划生育技术服务机构，以及依法不需要取得医疗机构执业许可证的血站、单采血浆站、康复辅助器具适配机构等。

大型医用设备，是指使用技术复杂、资金投入量大、运行成本高、对医疗费用影响大且纳入目录管理的大型医疗器械。

《传染病防治法实施办法》

第二十七条 生产、经营、使用消毒药剂和消毒器械、卫生用品、卫生材料、一次性医疗器材、隐形眼镜、人造器官等必须符合国家有关标准，不符合国家有关标准的不得生产、经营和使用。

【典型案例】

屈××等与首都医科大学附属北京安贞医院医疗损害责任纠纷案

——患者死亡后,患者近亲属可以依法主张医疗损害责任;
未尸检不影响鉴定程序进行的,人民法院
可以采信该依法作出的鉴定意见对于身患
绝症患者死亡的死亡赔偿金的赔偿作出判决

案号:(2014)三中民终字第 4988 号

[裁判要点]

鉴定意见认为医疗机构在对患者的诊疗过程中存在过失,且与患者的损害后果之间存在因果关系,并建议责任参与度以 25%～50% 为宜,法院根据现有证据及案件的实际情况,参照该鉴定意见的内容,判决医疗机构承担民事赔偿责任的比例为 35%。当事人主张鉴定程序违法的,未提出充分证据予以证明,故对此主张不予支持。

本案中,医疗机构告知患者家属可以在患者在死亡后 48 小时内进行尸检但患者家属在此《尸检意见书》无任何签章。且亦未就其未在《尸检意见书》上签署意见作出合理解释,应当认定其为拒绝进行尸检。但是本案中拒绝尸检并不影响鉴定程序的进行,故法院采信了该鉴定意见的内容并作出判决。

本案患者系身患绝症,鉴定机构和鉴定人无法对患者的生存时限作出认定,但认为医疗机构的诊疗过错与患者术后短期内出现腹腔内广泛肿瘤播散浸润、病情迅速恶化并死亡的结果之间存在一定程度的因果关系,医疗机构的诊疗过错,加速了患者发生死亡的结果,在一定程度上缩短了其生存时限。法院依据鉴定意见,按照原因力规则并依据有关法律、司法解释的规定对于死亡赔偿金的赔偿作出了相应判决。

[法条索引]

《中华人民共和国侵权责任法》第十六条、第五十四条

《中华人民共和国民事诉讼法》第七十六条

[基本案情]

王明×因"发现盆腔内包块1年余"就诊于安贞医院，分别于2012年5月24日、2012年6月9日行腹腔镜左侧附件切除术、次全子宫切除+右附件切除+大网膜切除+阑尾切除+盆腔粘连松解术，术后行化疗等治疗，于2012年7月25日死亡。

王明×住院病历（病案号1797737）载：第一次入出院日期：2012年5月21日，2012年6月4日。主诉：发现盆腔包块1+年。现病史：患者1+年前触及下腹偏右一包块，约儿头大小，活动，无压痛。2011年5月31日北京大学第一医院超声：盆腔巨大囊实性肿物，2011年6月日北京大学第一医院CT：盆腔内巨大囊性病变，左侧附件来源囊腺瘤可能大，建议手术治疗，未遵医嘱。近4周尿频、尿痛，口服利复星2天，尿痛症状好转，仍有排尿不适，伴排便困难，右下腹痛、腹胀，偶有针刺样疼痛，门诊以"盆腔巨大肿物、左卵巢囊肿？"收入院。精神好，饮食、睡眠佳，大便无异常。既往史：30年前曾感染肝炎，治愈。糖尿病史1年，口服格列美脲1mg，一日二次，二甲双胍肠溶片0.25g，一日三次，现空腹血糖控制在5.0～5.8mmol/L。27岁行剖宫产。腰间盘突出病史10年。体格检查：体温36℃，脉搏74次/分，呼吸20次/分，血压117/75mmHg。心肺未及异常，下腹见一纵行手术疲痕，腹软，触及一囊实性包块，上界达剑突与脐之间，活动，右侧腹部压痛。外阴已婚型，阴道通畅，宫颈光滑，子宫触诊不满意。自盆腔至剑突下4cm可及一囊实性包块，边界清，活动差，肿物右侧压痛。辅助检查：2012-5-14糖类抗原199：149.1u/ml，糖类抗原125：235.0u/ml。初步诊断：1. 左卵巢粘液性囊腺瘤 2. 糖尿病。诊疗计划：1. 完善相关辅助检查；2. 请上级医师看病人，完善诊疗计划；3. 择期手术。2012-5-24，行腹腔镜左侧附件切除术。手术经过：患者全麻成功后，取膀胱截石位，常规消毒铺巾，于左下腹切开3厘米切

口逐层进腹。见囊肿壁,纱布保护腹壁切口,穿刺抽取淡黄色粘稠液体,约 2500ml。夹闭囊肿破口,改为腹腔镜操作。脐正中切开 1cm,进气腹针,确信入腹腔内,冲入 CO_2 气体 3 升,腹内压达 13mmHg,10mmTrocar 穿刺入腹,于双下腹分别穿刺 5mm、5mmTrocar 穿刺入腹。进镜探查:子宫正常大小,左侧附件与子宫左后壁及部分乙状结肠粘连。左侧输卵管附着于整个左侧卵巢表面,卵巢囊肿壁光滑。右侧附件正常。分离粘连困难。切断左侧输卵管间质部、卵巢固有韧带及左侧骨盆漏斗韧带。切除卵巢肿物送冰冻,回报:卵巢浆液性及粘液性混合性肿瘤。子宫左后壁粘连处出血明显,予间断缝合止血。术中出血约 1500ml,输液 1500ml,尿量 200ml。标本:左侧附件,卵巢囊肿壁直径 20 厘米,可见多个囊腔,壁厚约 1 厘米,内壁光滑。2012-6-3,患者术后 10 日,睡眠良好,饮食规律,二便正常,右下腹隐痛,较前好转。查体:双肺呼吸音清,心律齐,腹软,无压痛、反跳痛,肠鸣音正常。继续观察。2012-6-4,患者术后第 11 天,患者无特殊不适主诉,饮食规律,二便正常……主任医师查房指示:患者身体恢复可,病理未归,与病理科联系后,病理科意见:考虑病情复杂,需查资料或组织科内会诊,并出示病理报告延迟通知单。故今日予以患者出院,回家等待病理。出院诊断:1.盆腔炎性疾病;2.左卵巢粘液性囊腺瘤伴交界性囊腺瘤;3.左卵巢粘液性囊腺瘤局部肉瘤样癌?;4.糖尿病。出院医嘱:1.病理外院会诊后决定进一步治疗方案……病理检查报告单(病理号 20123813):肉眼所见:冰冻送检(卵巢囊肿)灰白黄红囊性组织一个,3×3×1.2cm,已破,多房,内容流失,部分囊腔内含凝血样物,壁厚 0.1~0.05cm,内外壁均较光滑。(左附件)灰白灰黄囊皮碎组织一堆,12×10×3cm,局部囊壁增厚,最厚 1.1cm,囊内壁呈灰白灰黄淡褐色,增厚囊壁切面灰白实性,质稍韧,输卵管长 7cm,外径 0.5cm. 病理诊断:(左侧卵巢)肠型粘液性囊腺病,少数呈交界性粘液性囊腺病(小于 10%),部分囊壁增厚,大部分未见明显被覆上皮,囊壁内可见有一定异型性,生长活跃的梭形、卵圆形细胞,核分裂易见,散在淋巴细胞浸润,形态学结合免疫组化结果高度怀疑局部呈肉瘤样癌分化,建议会诊;局灶囊壁内可见少数子宫内膜腺体及间质,倾向伴子宫内膜异位症。（左侧输卵管）输卵管组织未见特殊。免疫组化结果：增厚囊壁梭形细胞：Inhibin-α（-），S-100（-），CD99（-），AE1/AE3（+），EMA（-），Vimentin（-），CK7（+），Calretin（-），CD56（部分细胞+），CA-125（个别细胞+），CA199（-），CD34（-），CK19（+），CK20（-），SMA（-），MC（-），Ki-67index约30%～40%。报告日期：2012-6-7。

第二次入院日期：2012-6-16。主诉：左附件切除术后23天，下腹痛12天。现病史：……出院后第二天始自觉腹痛、腹胀、偶有下坠感，自己口服头孢地尼5天，左氧氟沙星片1天，阿奇霉素3天（具体用量不详），近三天自觉腹痛较前加重，灼痛，无肛门下坠感，伴发热，最高温度达38℃，自觉尿痛，无尿频、尿急，急诊"腹痛待查？"收入院。精神欠佳，食欲一般，睡眠可，大便三日一次。体格检查：体温38℃，脉搏90次/分，呼吸32次/分，血压125/75mmHg。心肺未及异常，下腹见一纵行手术瘢痕，左下腹切口愈合好，局部有硬结直径约3cm，余穿刺孔愈合好，腹软，膨隆，右侧中腹部压痛，下腹压痛，以左下腹为著，无明显反跳痛，叩浊音。外阴已婚型，阴道畅，宫颈光滑，子宫及双附件因腹痛触诊不满意，双附件区压痛阳性。2012-6-19，行开腹次全子宫切除术+右附件切除术+大网膜切除术+阑尾切除术+盆腔粘连松解术。手术经过：病人全麻成功后，常规消毒铺巾，剔除原手瘢痕，向左绕脐切口长约20cm，逐层切开腹壁，慎开腹膜，进入腹腔。吸出淡黄色腹水约4000ml，取腹水送细胞学。探查：腹膜水肿、增厚、表面粗糙，肠管广泛粘连、表面水肿、粗糙、质地韧。乙状结肠增粗水肿僵硬，肝、脾、横隔光滑，大网膜挛缩呈饼状，左侧附件缺如。子宫及右附件均包埋于膀胱、乙状结肠及侧盆壁之间，阑尾增粗、水肿。向家属交待盆腹腔粘连严重，为避免膀胱、肠管损伤行子宫次全切术。小心分离粘连，分离粘连困难。右附件粘连严重未见正常卵巢输卵管结构。取部分大网膜及右附件组织送冰冻，报告：大网膜可见癌。钳夹切断右侧骨盆漏斗韧带，7号丝线缝扎。钳夹切断双侧圆韧带，7号丝线缝扎。打开膀胱反折腹膜困难，略下推膀胱达宫颈内口水平。钳夹切断双侧子宫动静脉，7号丝线缝扎2道。于子宫颈内口水平楔形切除子宫，1号微乔连续缝合宫颈断端。沿横结肠下缘分次钳夹、切断、缝扎大网膜，大网膜游离下。切断阑尾系膜，根部结扎、切断，断端消毒，荷包缝合阑尾残端。生理盐水冲洗盆腹腔，防粘连医用胶涂抹于腹膜及肠管表面，查盆腹腔无活动性出血，放置盆腔引流由左下腹引出。标本：次全切之子宫6×5×4cm，表面粗糙，肌壁间散在小肌瘤结节，直径0.5cm，子宫内膜薄。右附件区包块4×3×3cm，组织结构分辨不清，大网膜挛缩呈饼状、阑尾增粗、水肿。术后返SICU，持续胃肠减压、静脉营养、输白蛋白、血浆、持续抗生素静点，期间多次向家属交待病情：该患者为恶性肿瘤终末期，表现为血压不稳定，心率、呼吸快，肿瘤类型恶性程度极高，短期内发展迅速，病情危重，随时有多器官功能衰竭而致死亡可能，并下病危通知。多次请普外科、感染科及全院相关科室会诊指导治疗，并通过医务处请外院相关专家会诊。6月30日开始给予紫杉醇+卡铂周疗（紫杉醇90mg、卡铂450mgd1+紫杉醇90mg、卡铂150mgd8+紫杉醇90mg、卡铂100mgd15），化疗后血象逐渐下降，给予升白细胞治疗，其余治疗同前。术后20天患者肠梗阻稍缓解，间断夹闭胃管开始进食少量水及米汤。术后27天（7月6日）患者有排气、排便，拔除胃管转回妇科，继续补液、静脉营养、升白治疗、维持电解质平衡等治疗同前。患者于2012-7-24约5：40出现呼吸心跳骤停，查患者无意识，呼之不应，即刻行心肺复苏，经麻醉科、心内科、呼吸科、妇产科医护人员共同抢救，患者恢复自主心律、无意识、呼吸机辅助呼吸，转入SICU病房。持续肾上腺素、多巴胺泵入维持血压，持续呼吸机辅助呼吸。患者出现多器官脏器功能障碍：1.血流动力学极不稳定，2.ARDS，3.少尿，4.血液三系减低，5.胃出血，6.转氨酶及肌醉逐步上升。予升压、呼吸机辅助呼吸、输悬红血小板、纠正酸中毒及电解质紊乱等治疗。患者于2012-7-25再次出现心跳骤停。经抢救无效，于2012-7-2520：50宣布临床死亡。死亡诊断：1.多脏器功能衰竭，2.呼吸心跳骤停，3.左卵巢粘液性囊腺瘤局部肉瘤样癌Ⅲc期，4.糖尿病。细胞学诊断报告单（病理号020120365）：细胞学诊断：（?）查见肿瘤细胞。报告日期：2012-6-21。病理检查报告单：肉眼所见：第一次冰冻送检（大网膜）灰黄组织一块，3.8×2×0.7cm，切面淡黄，实性，质中。第二次冰冻送检（右卵巢）灰白组织一块，2.7×1.3×0.6cm，切面灰白，实性，质软，剩余全埋。子宫+右附件+大网膜——不整形子宫组织，6×4.5×3cm，肌壁间可及结节3枚，0.3～1cm，另见灰黄组织一块，13×10×2cm。（阑尾）阑尾一条，长3.5cm，最大径1cm，表面附脓苔，切面界清。（腹壁组织）灰白兼淡黄组织一堆，1.3×1×0.3cm，全埋。病理诊断左卵巢肿瘤切除术后。（子宫）子宫浆膜层及部分浅层肌壁（小于1/2肌层）可见低分化癌（肉瘤样癌）组织浸润，癌累及双侧宫旁组织，双侧系膜血管内未见癌栓；多发性平滑肌瘤；老年萎缩性子宫内膜；（右卵巢）卵巢组织内可见低分化癌（肉瘤样癌）浸润；（阑尾）阑尾呈慢性闭锁性阑尾炎改变，浆膜及肌层内可见低分化癌（肉瘤样癌）组织浸润；（大网膜）脂肪组织内可见低分化癌（肉瘤样癌）组织浸润；（腹壁组织）纤维结缔组织内可见低分化癌（肉瘤样癌）组织浸润，免疫组化结果：3、6、10、17号切片：AE1/AE3（+），Vimentin（-）。中国医学科学院肿瘤医院病理会诊报告单载：病理诊断：（左附件）结合免疫组化结果符合粘液性囊腺瘤，部分呈交界性改变，实性排列区域考虑为附壁肉瘤样癌。另见卵管组织。免疫组化结果（实性区）：AE1/AE3（+），CK7（+），CK19（+），CK20（-），EMA（-），CA125（-），CA199（-），CD34（-），CD56（-），CD99（-），CR（-），Inhibin（-），Ki-67（平均25%+），MC（-），S100（-），SMA（-），Vimentin（-）。报告日期：2012-6-14。

2012年7月27日，安贞医院向王明×家属出具《死亡通知书》，载明："……我院建议您们能同意对死者在死亡后48小时内进行尸检，尸检工作由我院病理科负责。……如果您们对患者的死因存有异议，根据国务院《医疗事故处理条例》的相关规定，为明确死因，我院建议您们能同意对死者在死亡后48小时内进行尸检。因我院具备尸体冻存条件，故尸检时间可以延长至7日。尸检可以在法大法庭科学技术鉴定研究所或北京市尸检中心（北京大学医学部病理系）进行，也可委托其他合法鉴定机构进行。"同日，屈××在《死亡通知书》上签字，但与《死亡通知书》同页的《尸检意见书》无任何签章。安贞医院称系王明×家属拒绝签字。屈××、屈×不认可安贞医院的主张，称王明×去世的当天下午就曾要求进行尸检，但未举证，亦未就其未在《尸检意见书》上签署意见做合理解释。

在一审法院审理中，屈××、屈×申请对王明×的死亡原因以及安贞医院对王明×的医疗行为有无过错，如有过错，与王明×的损害后果之间是否存在因果关系及责任比例进行鉴定，安贞医院申请对王明×的生存时限进行鉴定。经双方当事人共同选择确定，由法大法庭科学技术鉴定研究所作为本案的鉴定机构。2013年5月27日和11月1日，法大法庭科学技术鉴定研究所分别做出法大（2013）医鉴字第238号和第1152号《司法鉴定意见书》。就死亡原因，鉴定结论为："被鉴定人王明×因卵巢粘液性、浆液性混合性囊腺瘤，部分恶性变，部分肉瘤样改变，术后发生腹腔内广泛肿瘤播散浸润，持续高代谢、高消耗状态，终因多器官功能衰竭而死亡。"就医疗过错和生存时限，鉴定结论为：诊疗评价：1. 根据被鉴定人王明×病程情况及术前检查所见，考虑其左卵巢粘液性囊腺瘤符合临床诊断思维，具有手术适应证。虽然选择腹腔镜手术方式并未违反相关禁忌原则，但对术者操作要求较高。2. 根据病历记载，在术中冰冻病理结果回报为卵巢浆液性及粘液性混合性肿瘤的情况下，继续进行腹腔镜左侧附件切除术并不违反原则。但经审阅冰冻切片（编号为"123813冰"，共4张）可见：（卵巢）粘液性、浆液性混合性囊腺瘤，局部恶性变，有浸润。说明术中冰冻病理回报结果存在明显偏差，导致术者未能及时更改术式或按照恶性肿瘤方式进行手术操作，医院存在不当。3. 根据被鉴定人王明×病程情况，发现肿瘤一年余且肿瘤巨大，第一次手术（腹腔镜手术）中未见腹腔内广泛肿瘤播散浸润，但术后短时间内发生腹腔内广泛肿瘤播散浸润的结果，说明其腹腔内广泛肿瘤播散浸润应与手术高度相关。根据病历中手术记录记载，虽然未见因术中明显操作不当（如囊液漏入腹腔）所致肿瘤腹腔内广泛播散浸润的依据，但由于术者未能得到该肿瘤存在恶性变和有浸润的病理检验信息，会导致在术中处理所发现的粘连部位（粘连的原因系肿瘤已有浸润且存在局部播散、种植的可能性较大）过程中未能给予足够的重视，从而增加肿瘤的播散和种植的机会。同时，也应考虑到被鉴定人王明×所患肿瘤类型在临床上较为少见、恶性程度较高，不论选择何种手术方式，发生肿瘤播散和种植均难以完全避免。4. 根据现有病历材料，未见第一次出院前存在腹胀、腹痛的情况的记载，从病历记载此次出院当时的情况来看，符合出院条件。但在术后病理高度怀疑恶性肿瘤并请外院进行病理会诊的同时，应明确告知患者及家属病情的严重性，得到会诊结果后，应主动联系患者考虑给予进一步治疗，医院在此问题上尚显不积极。5. 根据现有病历中记载，第二次术后11天开始进行周化疗，方法为6-30（紫杉醇90mg+卡铂450mg），7-7（紫杉醇90mg+卡铂150mg），7-14（紫杉醇90mg+卡铂100mg），7-21（紫杉醇90mg+卡铂450mg）。根据被鉴定人王明×以前化疗后的情况，于7月21日再次给予化疗不违反化疗原则，同时亦无由于此次化疗导致病情恶化的依据。6. 关于多巴胺使用，考虑多巴胺是升压药物，结合当时情况可以使用，尚无导致血压下降的理论基础。综上，医院主要存在术中冰冻病理诊断不准确导致手术方式选择不当，以及对病情严重性认识不足的不当，上述不当与被鉴定人王明×术后短期内出现腹腔内广泛肿瘤播散浸润、病情迅速恶化并死亡的结果之间存在一定程度的因果关系。关于生存时限：被鉴定人王明×所患疾病为卵巢粘液性、浆液性混合性囊腺瘤，部分恶性变，部分肉瘤样改变，该类型肿瘤恶性程度高，预后较差。结合其自身具体情况，难以准确判断其生存期限，但医院存在的上述不当，加速了患者发生死亡的结果，在一定程度上缩短了生存时限。综上所述，首都医科大学附属北京安贞医院在对被鉴定人王明×的诊疗行为中，主要存在术中冰冻病理诊断不准确导致手术方式选择不当，以及对病情严重性认识不足的不当，上述不当与被鉴定人王明×术后短期内出现腹腔内广泛肿瘤播散浸润、病情迅速恶化并死亡的结果之间存在一定程度的因果关系。考虑到被鉴定人王明×所患肿瘤恶性程度高、预后较差的特点以及难以准确判断其生存时限等情况，无法给出具体参与度，但医院的不当在一定程度上缩短了其有效生存时限。鉴定意见为：首都医科大学附属北京安贞医院在对被鉴定人王明×的诊疗行为中，主要存在术中冰冻病理诊断不准确导致手术方式选择不当，以及对病情严重性认识不足的不当，上述不当与被鉴定人王明×术后短期内出现腹腔内广泛肿瘤播散浸润、病情迅速恶化并死亡的结果之间存在一定程度的因果关系，在一定程度上缩短了有效生存时限。屈××、屈×为此支付鉴定费 18000 元；鉴定机构未向安贞医院收取鉴定费。

就责任比例，一审法院于 2013 年 11 月 5 日致电鉴定人张××，张××称："王明×所患癌症较少见，全国报道的也没有几例，且恶性程度高，预后差，其生存年限很难预测。至于进行手术，如果不做手术可能还不至于马上破坏肿瘤的稳定性，毕竟王明×发现肿物都一年多了，再加上肿瘤形成的时间实际已经很长了。但以当时王明×的情况，不做手术又不行。所以两方面都很矛盾。王明×腹腔内广泛肿瘤播散浸润与手术高度相关，但按照王明×所患肿瘤类型，不论选择何种手术方式，都难以避免发生肿瘤播散。建议参与度范围在 25% 至 50% 之间比较合适。至于生存年限，我们很难通过现有的病历资料去判断一个具体病患的生存时间。这与五年生存率的流行病学统计不同。所以我们没有给结论。具体到每一个患者，去鉴定他的生存年限没有什么意义。生存年限鉴定也非法医类鉴定中的一项。"2013 年 11 月 19 日，一审法院致函法大法庭科学技术研究所，要求其书面说明安贞医院的过错参与度或可供参考的责任比例范围。2013 年 11 月 29 日，法大法庭科学技术研究所做出法大（2013）函字第 646 号复函，说明如下："1. 被鉴定人王明×所患疾病为卵巢粘液性、浆液性混合性囊腺瘤，部分恶性变，部分肉瘤样改变。该类型肿瘤在临床上较为少见、恶性程度高、预后较差。因此，在诊疗上具有难以预见和治疗风险程度较高的特点。2. 本例具有手术适应证，术前所选择的术式不违反原则。通过审查发现，医院主要存在术中冰冻病理诊断不准确，导致术者未能及时更改术式或按照恶性肿瘤方式进行手术操作，以及对病情严重性认识不足的不当。上述不当会导致术中处理所发现的粘连部位（粘连的原因系该处存在肿瘤已有浸润且存在局部播散、种植的可能性较大）过程中未能给予足够的重视，从而增加肿瘤的播散和种植的机会。同时，由于肿瘤本身具有较为少见、恶性程度较高的特点，不论选择何种手术方式，发生肿瘤播散和种植均难以完全避免。也就是说，即使医院不存在上述不当，也可发生肿瘤播散和种植的情况。综上，考虑到：（1）被鉴定人王明×的病情应进行手术治疗；（2）其肿瘤本身特点又决定了无论采取何种术式都可能发生肿瘤播散和种植；（3）理论上分析，医院存在的不当具有增加肿瘤播散和种植的机会，但该机会的具体程度大小（即该不当在肿瘤播散和种植的结果中所起作用的大小）没有参考依据，无法准确判断。3. 鉴于上述情况，考虑到疾病本身的难以预见性和治疗的高风险性，以及肿瘤恶性程度高、预后较差的特点和难以准确判断其生存时限等情况，无法从技术角度客观判断医院不当在被鉴定人王明××死亡结果中所起作用程度的大小（即具体的参与度），但医院不当缩短了有效生存时限。"2013年12月12日，鉴定人张××应安贞医院的申请出庭接受质询，就责任比例的范围其表示："之前谈话中所说比例是安贞医院实施的手术造成王明×肿瘤扩散的比例。而就造成王明×死亡的因果关系比例问题，在恶性肿瘤病情很重的情况下，鉴定机构一般不会做出参与度的意见，因为在这种情况下医院治疗或不治疗，患者的生存期可能都不长。具体在本案中，建议25%～50%之间。"

就医疗费，屈××、屈×提交《住院收费专用收据》和《结算清单支付明细》各两张，其中显示王明×两次住院天数为16天和41天，患者自付部分金额为7397.22元和28186.77元。此外，屈××、屈×提交PICC发票两张、挂号费收据两张、安贞医院医生所写收据一张以及肿瘤医院检测费收据一张，金额分别为两次PICC花费1400元、挂号费10元、专家会诊费3000元、肿瘤医院化验费2500元、律师见证费200元，共计42693.99元。安贞医院认可证据的真实性，但均不同意承担。

就交通费，屈××、屈×提交加油费票据18张，欲证明交通费金额。安贞医院认可证据的真实性，但称2012年5月15日、6月16日的费用发生在王明×住院之前；2012年7月7日、7月19日的费用发生在王明×第二次住院期间，但王明×实际未外出检查；其他费用均发生在王明×死亡之后，均与案件无关。

屈××、屈×称王明×第一次住院自2012年5月21日至2012年6月4日共计14天；第二次住院自2012年6月16日至2012年7月25日共计39天，两次共计53天。就护理费，屈××、屈×主张加上王明×出院后卧床6天，共计59天。王明×均由屈××、屈×共同护理，未请护工，现仅主张屈×一人的误工损失，屈×的工作是自己开一个钓具店，按照北京市职工年平均工资标准/30天×59天计算。就住院伙食补助费，屈××、屈×主张按照每天50元标准计算53天，金额为2650元。就营养费，屈××、屈×主张按照北京市城镇居民人均消费性支出标准/365天×53天计算金额为3540元。就丧葬费，屈××、屈×主张按北京市职工年平均工资标准×6个月计算。就冷冻存尸费，屈××、屈×主张包括王明×尸体存放在安贞医院处直至鉴定机构进行尸检的停尸费11850元、低档车费570元以及殡葬用品费用390元，经一审法院释明后，屈××、屈×坚持将殡葬用品费和车费在丧葬费之外另行主张。就死亡赔偿金，屈××、屈×主张按北京市城镇居民人均可支配收入标准×19年计算。

另查，屈××、屈×起诉时另有王明×之父王×清（身份证号×××）作为案件共同原告。在一审法院审理过程中，王×清于2013年2月23日去世。王×清与王明×之母黄念贞（已于2010年1月30日去世）共生有三个子女：王明×、王永×（身份证号×××）和王如×（身份证号×××）。王×清去世后，王永×和王如×均向一审法院表明不参加本案诉讼，放弃王×清在案件中的一切权利。

[裁判结果]

一审法院判决：

一、首都医科大学附属北京安贞医院于判决生效后七日内赔偿屈××、屈×医疗费一万四千九百四十二元九角、护理费二千一百元、住院伙食补助费九百二十七元五角、交通费一千零五十元、营养费一千二百二十五元、丧葬费一万零九百六十八元三角、死亡赔偿金二十四万二千五百一十八元八角五分、精神损害抚慰金三万五千元。二、驳回屈××、屈×的其他诉讼请求。

二审法院判决：

驳回上诉，维持原判。

[裁判理由]

法院生效裁判认为：《中华人民共和国侵权责任法》规定：患者在诊疗活动中受到损害，医疗机构及其医务人员有过错的，由医疗机构承担赔偿责任。

根据本案已经查明的事实，鉴定人确认安贞医院在对王明×的诊疗过程中存在过失，且与王明×的死亡后果具有因果关系，并提出参与度的建议，一审法院在此基础上结合现有证据及本案的实际情况，确定安贞医院承担民事责任的比例为35%并无不妥。安贞医院认为屈××、屈×的损失与该医院的诊治行为无关的上诉意见，缺乏事实基础，二审法院不予采纳。关于本案的鉴定过程亦是依据法定程序进行，上诉人安贞医院认为鉴定程序违法的意见，亦依据不足，二审法院不予采纳。综上所述，上诉人安贞医院不同意赔偿屈××、屈×损失的请求，无事实与法律依据，二审法院不予支持。

附：一审法院裁判理由：

医疗机构承担医疗侵权损害赔偿责任的前提条件是其医疗行为存在过错并与患者的损害后果有因果关系。经鉴定，鉴定人认为安贞医院在对王明×的诊疗过程中存在过失，且与王明×的损害后果之间存在因果关系，并建议责任参与度以25%～50%为宜，故法院根据现有证据及案件的实际情况，依法确定安贞医院承担民事赔偿责任的比例为35%。

屈××、屈×主张的住院天数不超过王明×实际住院天数，法院不持异议。医疗费根据医疗机构出具的医药费、检查费、住院费以及会诊费等收款凭证予以确定。住院伙食补助费参照北京市国家机关一般工作人员的出差伙食补助费标准予以确定。死亡赔偿金，按照北京市2012年城镇居民人均可支配收入标准，按19年计算。屈××、屈×虽未就王明×的护理费和营养费举证，但结合王明×的疾病类型及程度、年龄、诊疗经过等因素，可以认定王明×确需护理及加强营养，但屈××、屈×未就其所主张的护理费计算标准举证，故护理费依据王明×住院时间及北京市同行业收费标准等，营养费依据王明×患病时间及病程等，交通费根据王明×及其必要的陪护人员因就医实际发生的费用，精神损害抚慰金结合安贞医院的过错程度等因素，具体赔偿数额由法院依法酌情判处，但均以屈××、屈×的诉讼请求为限。

就丧葬费和冷冻存尸费，丧葬费是指侵害自然人的生命权致使受害人死亡的，受害人的亲属对死亡的受害人进行安葬所产生的丧葬费用的支出。一般用于逝者服装、整容、遗体存放、运送、告别仪式、火化、骨灰盒、骨灰存放等。《最高人民法院关于审理人身损害赔偿案件适用法律若干问题的解释》第二十七条规定:"丧葬费按照受诉法院所在地上一年度职工月平均工资标准,以六个月总额计算。"可见,殡葬用品费和车费均应包括在丧葬费之内,现屈××、屈×另行主张,于法无据,法院不予支持。且案件中,屈××、屈×提交的证据不足以证明对王明×延期进行尸检系因安贞医院原因所导致,故用于安葬王明×所需的停尸费亦应属丧葬费之列,而屈××、屈×主张安贞医院承担过高的停尸费无事实依据,法院不予支持。

二十六、如何认识医疗损害责任司法解释的适用效力

【医疗损害责任司法解释条文】

第二十六条 本院以前发布的司法解释与本解释不一致的，以本解释为准。

本解释施行后尚未终审的案件，适用本解释；本解释施行前已经终审，当事人申请再审或者按照审判监督程序决定再审的案件，不适用本解释。

【导读】

根据新法优于旧法的基本原理，我院以前发布的司法解释与本解释不一致的，在本解释施行后，在法律适用上要以本解释为准。同时，为保持生效裁判的既判力和稳定性，本解释不适用于其施行前人民法院已经终审的医疗损害责任纠纷案件。

司法解释对其生效以前的事件和行为有无溯及力的问题，是一个较为复杂的问题，一直存有不同认识：一种意见认为，司法解释是对现行立法的解释，故应当自公布之日起，对于人民法院尚未审结的一、二审案件均应当适用。这种对司法解释施行前人民法院已经受理、司法解释施行时尚未审结的案件加以适用司法解释的主张，实际上是赋予了司法解释一定的溯及力。另一种意见认为，司法解释虽然理论上是对既有法律的解释，但我国的司法解释在一定程度上起着填补立法空白，甚至创设新规则的作用。按照法律不溯及既往的原则，司法解释只能适用于公布施行后起诉到

人民法院的案件。只要案件的一审程序受理于司法解释生效施行之前的,都不能适用该司法解释。① 我们倾向于第一种观点。一般认为,根据《人民法院组织法》等有关规定,最高人民法院对于在审判过程中如何具体应用法律、法令的问题,进行解释。司法解释是对法律的释明,虽在被解释法律实施后制定,但应视为被解释法律的一部分,其在失效之日就应适用于审判实践,而且具有溯及力,但其溯及力应受被解释法律的时间效力范围的限制,即如果以制定法为解释对象,该司法解释一般与被解释法律同步发生效力,被解释法律如果能够适用于某一纠纷,该司法解释同样也应适用于该纠纷。

对于本条在审判实践中的适用,需要把握好本解释适用的案件范围问题。"实体从旧、程序从新"是大陆法系和普通法系公认的法则。因此,在本解释施行后,所有的医疗损害责任纠纷案件,无论是一审案件还是二审案件,均适用本解释。但对于本解释施行前已经终审的案件,在当事人申请再审或者按照审判监督程序决定再审而进入审理程序的,则不适用本解释。这是司法解释溯及力的例外原则,涉及司法解释的溯及力与生效裁判的既判力的平衡问题。一般情况下,裁判的既判力应当优于司法解释的溯及力,即不得以判决的个案解释不同于司法解释为由推翻已经生效的判决。此理由在于,即使司法解释溯及既往,也要以不违反法的安定性和信赖利益保护原则为前提,而维护裁判的既判力也是法的安定性的一项基本要求,如果溯及力优于既判力,则势必在一定程度上动摇法的安定性和生效裁判的权威性、公信力。

【相关法条】

《最高人民法院关于民事诉讼证据的若干规定》

第二条 当事人对自己提出的诉讼请求所依据的事实或者反驳对方诉讼请求所依据的事实有责任提供证据加以证明。

没有证据或者证据不足以证明当事人的事实主张的,由负有举证责任

---

① 最高人民法院民事审判第一庭编著:《最高人民法院建设工程施工合同司法解释的理解与适用》,人民法院出版社2004年版,第244页。

的当事人承担不利后果。

第三条 人民法院应当向当事人说明举证的要求及法律后果，促使当事人在合理期限内积极、全面、正确、诚实地完成举证。

当事人因客观原因不能自行收集的证据，可申请人民法院调查收集。

第四条 下列侵权诉讼，按照以下规定承担举证责任：

（一）因新产品制造方法发明专利引起的专利侵权诉讼，由制造同样产品的单位或者个人对其产品制造方法不同于专利方法承担举证责任；

（二）高度危险作业致人损害的侵权诉讼，由加害人就受害人故意造成损害的事实承担举证责任；

（三）因环境污染引起的损害赔偿诉讼，由加害人就法律规定的免责事由及其行为与损害结果之间不存在因果关系承担举证责任；

（四）建筑物或者其他设施以及建筑物上的搁置物、悬挂物发生倒塌、脱落、坠落致人损害的侵权诉讼，由所有人或者管理人对其无过错承担举证责任；

（五）饲养动物致人损害的侵权诉讼，由动物饲养人或者管理人就受害人有过错或者第三人有过错承担举证责任；

（六）因缺陷产品致人损害的侵权诉讼，由产品的生产者就法律规定的免责事由承担举证责任；

（七）因共同危险行为致人损害的侵权诉讼，由实施危险行为的人就其行为与损害结果之间不存在因果关系承担举证责任；

（八）因医疗行为引起的侵权诉讼，由医疗机构就医疗行为与损害结果之间不存在因果关系及不存在医疗过错承担举证责任。

有关法律对侵权诉讼的举证责任有特殊规定的，从其规定。

【典型案例】

王××与华中科技大学同济医学院附属协和医院、上海铠唏尔医疗器械贸易有限公司医疗产品责任纠纷案

—— 医疗损害解释前发生的医疗损害责任纠纷
适用当时的法律确定相应的举证责任

案号：（2015）鄂武汉中民二终字第00768号

[裁判要点]

本案裁判发生在医疗损害解释施行前，当时对于医疗产品缺陷的举证责任分配给哪一方当事人并没有明确规定，审判实务中对此也存在不一致的做法。本案确立了由原告对于医疗产品缺陷程度举证责任的做法，最终原告方因不能提供相应证据而导致败诉。具体而言，本案中的原告已经就相关专门性问题申请鉴定，但被鉴定机构认为无法鉴定，虽然法院也采取了举证责任缓和的做法，适当分配给被告方一定举证责任，但最终还是认为应当由原告就缺陷承担举证责任。在医疗损害解释施行后，则应当适用本解释关于医疗产品责任的举证责任的规定，但当然对于本解释施行后再审的案件，则不能适用本解释的规定。

[法条索引]

《中华人民共和国侵权责任法》第五十九条

[基本案情]

2013年1月21日王××因左足溃烂入住协和医院，经诊断为糖尿病足并感染，2月1日手术切除坏死的脚趾后，采用人工皮辅料后续治疗。同年2月8日经协和医院向王××告知相应病情及治疗方案后，王××同

意后协和医院使用铠唏尔公司销售的 kci 人工辅料负压吸引治疗，使用三天后，因负压吸引仪器报警，王××对治疗效果不满意，2013 年 2 月 11 日王××外出后坚持要求出院，协和医院为其办理出院手续。同年 2 月 15 日，王××转入华中科技大学同济医学院附属梨园医院继续治疗。2013 年 3 月 12 日，协和医院与王××女儿魏丽就"关于患者王××医疗事件的处理意见"达成一致，协和医院一次性补偿患者 6000 元，患者及其家属放弃其他赔偿要求。

铠唏尔公司系具备合法销售医疗器械的独立法人。其销售 kcimedical-products（uk）ltd 的负压创伤治疗仪于 2010 年 9 月 15 日由国家食品药品监督管理局颁发国食药监械（进）字 2010 第 2542738 号医疗器械注册证，kciusa，inc 生产负压辅助愈合治疗系统耗材及积液罐于 2010 年 8 月 23 日由国家食品药品监督管理局颁发国食药监械（进）字 2010 第 3662592 号医疗器械注册证。在该注册证附页中对于负压辅助愈合治疗系统耗材及积液罐型号表中即载明包括有原告在被告协和医院治疗时使用的型号为 m8275051 小号黑色敷料组合包装及以型号为 m8275063 的 500ml 积液罐。经审理，以上产品符合医疗器械产品市场准入规定，有效期为四年。且以上产品经中华人民共和国出入境检验检疫合格。铠唏尔公司销售的负压创伤治疗仪、负压辅助愈合治疗系统耗材及积液罐经国家食品药品监督管理局上海医疗器械质量监督检验中心检验合格。因王××认为协和医疗在对其治疗中使用由铠唏尔公司销售的"美国 kci 负压辅助治疗仪"为缺陷产品，以医疗产品责任纠纷为案由诉至法院，提出前述诉讼请求。

一审法院审判期间，因王××提出对于铠唏尔公司销售的对其进行治疗的仪器及相关耗材提出鉴定申请。因王××未缴纳相关费用而退案。经法院向王××释明后其再次提出鉴定申请，后湖北省科学技术咨询服务中心技术鉴定部以其没有对此次涉案设备的检测仪器为由再次退回鉴定。嗣后，王××坚持认为对于医疗产品责任纠纷举证责任在于对方，王××无需证明产品不合格和有缺陷。

[裁判结果]

一审法院判决：

驳回王××的全部诉讼请求。一审减半收取案件受理费525元、邮寄费92元，共计617元，由王××负担。

二审法院判决：

驳回上诉，维持原判。

二审案件受理费1050元，由王××负担。

［裁判理由］

法院生效裁判认为本案系医疗产品责任纠纷。王××认为其在协和医院使用铠唏尔公司的辅助治疗仪存在产品缺陷，要求协和医院和铠唏尔公司承担赔偿责任，现王××上诉认为铠唏尔公司没有提供其使用的型号为m8275051敷料的合格证。二审法院认为，铠唏尔公司提交了王××所使用医疗产品的医疗器械注册证及同种类产品的检验报告，能够证明王××所使用的产品符合医疗器械产品市场准入规定，且该医疗器械注册证的附页耗材型号表中包含王××所使用型号为m8275051小号黑色敷料组合包装，王××使用该型号产品时亦在注册证批准的有效期内，铠唏尔公司已尽到其举证责任。现王××提交的证据并不足以证明铠唏尔公司提供的该型号敷料不符合质量要求，亦未有有关机构对该敷料是否合格作出鉴定意见，根据《最高人民法院关于民事诉讼证据的若干规定》第二条"当事人对自己提出的诉讼请求所依据的事实或者反驳对方诉讼请求所依据的事实有责任提供证据加以证明。没有证据或者证据不足以证明当事人的事实主张的，由负有举证责任的当事人承担不利后果"的规定，王××应承担举证不能的法律后果。故一审以王××无证据证明产品有缺陷，而驳回了王××的诉请，并无不当。王××上诉认为所涉产品无相应检验报告、无合格证的观点，二审法院不予采纳。综上，王××的上诉请求，缺乏事实和法律依据，二审法院依法不予支持。